U0616329

PUTONG GAODENG YUANXIAO
TUMU GONGCHENG LEI GUIHUA XILIE JIAOCAI
普通高等院校土木工程类规划系列教材

桥梁工程计算机辅助设计
——Midas/Civil教程

QIAOLIANG GONGCHENG JISUANJI FUZHU SHEJI
Midas/Civil JIAOCHENG

主　编　许立英
副主编　袁　翱　郭金英　姜海燕
主　审　李文渊

西南交通大学出版社
·成都·

图书在版编目（ＣＩＰ）数据

桥梁工程计算机辅助设计：Midas／Civil 教程／许立英主编. 一成都：西南交通大学出版社，2015.11（2024.1 重印）

普通高等院校土木工程类规划系列教材
ISBN 978-7-5643-4203-6

Ⅰ．①桥… Ⅱ．①许… Ⅲ．①桥梁工程－计算机辅助设计－高等学校－教材　Ⅳ．①U44-39

中国版本图书馆 CIP 数据核字（2015）第 195872 号

普通高等院校土木工程类规划系列教材

桥梁工程计算机辅助设计
——Midas／Civil 教程
主编　许立英

*

责任编辑　曾荣兵
封面设计　何东琳设计工作室
西南交通大学出版社出版发行
四川省成都市金牛区二环路北一段 111 号西南交通大学创新大厦 21 楼
邮政编码：610031　发行部电话：028-87600564
http://www.xnjdcbs.com
四川森林印务有限责任公司印刷

*

成品尺寸：185 mm × 260 mm　　印张：29.5
字数：735 千
2015 年 11 月第 1 版　　2024 年 1 月第 6 次印刷
ISBN 978-7-5643-4203-6
定价：59.50 元

课件咨询电话：028-81435775
图书如有印装质量问题　本社负责退换
版权所有　盗版必究　举报电话：028-87600562

前　言

"桥梁工程计算机辅助设计"是土木工程专业的一门选修课。在进行桥梁设计时，运用计算机辅助设计技术能够极大地提高设计人员的工作效率，减轻设计者的工作强度。目前系统介绍桥梁工程计算机辅助设计软件的教材相对较少，因此希望本书的出版，能够对桥梁设计工作者运用 Midas/Civil 软件有所帮助。

本书共分为 7 章，第 1 章主要是将 Midas/Civil 软件与其他桥梁设计软件进行了对比，指出 Midas/Civil 软件的优点所在；第 2 章介绍了软件前处理模式中的材料定义、截面定义、边界条件定义、外荷载定义；第 3 章主要介绍了结构建模助手在建模过程中的运用；第 4 章介绍了前处理模式中的外荷载及边界条件的施加；第 5 章介绍了软件的运行分析和后处理模式下的操作；第 6 章结合具体的工程实例，详细阐述了 Midas/Civil 软件的完整操作流程；第 7 章结合桥梁工程方向的本科毕业设计，介绍了连续梁桥的设计及验算。**在此应特别说明的是，工程实例部分，是将 Midas 公司提供的例子加以汇编整理而成。**

本书由西南科技大学许立英任主编，成都大学袁翱和四川交通职业技术学院郭金英、姜海燕任副主编。具体编写分工如下：第 1 章、第 3 章、第 6 章由许立英编写，第 2 章由袁翱、许立英编写，第 4 章由郭金英、许立英编写，第 5 章由姜海燕、许立英编写，第 7 章由张姚、许立英编写。成都大学建筑与土木学院院长李文渊教授审阅了本书，并提出了诸多宝贵意见。

在本书的编写过程中，得到了北京迈达斯技术有限公司高校事业部王宇工程师以及西南地区负责人胡原的大力支持，西南科技大学土木工程与建筑学院和西南交通大学出版社的领导提出了诸多宝贵意见，西南交通大学研究生张姚同学参与收集整理了一些重要资料，在此一并表示由衷的感谢。

由于时间仓促，加之编者水平有限，书中难免存在不足之处，恳请读者批评指正。

编　者

2015 年 6 月

目　录

第 1 章　桥梁工程常用软件概述

1.1　ANSYS 软件

　　ANSYS 程序是由美国 ANSYS 公司开发的一个通用设计分析软件。ANSYS 公司成立于 1970 年，其早期的产品只提供热分析和线性结构分析功能，只能在大型计算机上运行，且必须通过编写分析代码按照批处理方式执行。20 世纪 70 年代以后，逐步增加了非线性计算功能以及更多的单元类型以及子结构等技术。随着小型机和 PC 机的出现，操作系统进入图形交互方式以后，为 ANSYS 程序建立了交互式操作菜单环境，极大地简化了分析过程的操作性，使设计分析更加直观和可视化，程序不再仅仅是求解器，同时也是前后处理器，对模型的创建和结果的处理提供了方便。

　　经过四十多年的发展，ANSYS 软件已经是融结构、流体、电场、磁场、声场分析于一体的大型通用有限元分析软件。它的功能包括各种结构的静、动力线性或非线性分析、温度场的稳态或瞬态分析及相变计算、流体动力学分析、声学分析和电磁分析；另外，还提供了目标设计优化、拓扑优化、概率有限元设计、二次开发技术、子结构、子模型、单元生死、疲劳断裂计算等先进技术。

　　ANSYS 软件主要包括三个部分：前处理模块、分析计算模块和后处理模块。

　　（1）前处理模块：提供了一个强大的实体建模及网格划分工具，用户可以方便地构造有限元模型。

　　（2）分析计算模块：包括结构分析（可进行线性分析、非线性分析和高度非线性分析）、流体动力学分析、电磁场分析、声场分析、压电分析以及多物理场的耦合分析，可模拟多种物理介质的相互作用，具有灵敏度分析及优化分析能力。

　　（3）后处理模块：可将计算结果以彩色等值线显示、梯度显示、矢量显示、粒子流迹显示、立体切片显示、透明及半透明显示（可看到结构内部）等图形方式显示出来，也可将计算结果以图表、曲线形式显示或输出。

　　ANSYS 软件的特点如下：

　　（1）ANSYS 软件提供了 100 种以上的单元类型，用来模拟工程中的各种结构和材料。该软件有多种版本，可以运行于个人机到大型机的各种计算机设备上，如 PC、SGI、HP、SUN、DEC、IBM 和 CRAY 等。

　　（2）ANSYS 软件能与多数 CAD 软件接口，实现数据的共享和交换，如 Pro/Engineer、NASTRAN、Alogor、I-DEAS、AutoCAD 等。

　　（3）ANSYS 软件具有强大的设计与分析功能，可应用于建筑、勘察、地质、水利、交通、电力、测绘、国土、环境、林业等方面。对于桥梁结构分析来说，应用 ANSYS 有限元分析软件比用专门的桥梁分析软件要复杂得多，尤其对于初学者来说，灵活使用 ANSYS 软件有一定难度。

1.2　桥梁博士软件

"桥梁博士"是由同济大学桥梁结构系研制开发的大型桥梁结构分析软件，于 1995 年投放市场，并在 2004 年以后按照《公路桥涵设计通用规范》(JTG D60—2004)和《公路钢筋混凝土及预应力混凝土桥涵设计规范》(JTG D62—2004)进行了补充修改。该软件可以计算钢筋混凝土及预应力混凝土连续梁、刚构、连续拱、桁架梁、斜拉桥等多种桥梁。

"桥梁博士"具有以下功能：

（1）可以分析直线桥梁。

能够计算钢筋混凝土、预应力混凝土、组合梁以及钢结构的各种结构体系的恒载与活载的各种线性与非线性结构响应；对于带索结构，可根据用户要求计算各索的一次施工张拉力或考虑活载后估算拉索的面积和恒载的优化索力，其中活载的类型包括公路汽车、挂车、人群、特殊活载、特殊车列、铁路中-活载、高速列车和城市轻轨荷载；可以按照用户的要求对各种构件和预应力钢束进行承载能力极限状态、正常使用极限状态以及施工阶段的配筋计算或应力和强度验算，并根据规范限值判断是否满足规范。

（2）可以分析斜、弯和异形桥梁。

采用平面梁格系分析各种平面斜、弯和异形结构桥梁的恒载与活载的结构响应。系统考虑了任意方向的结构边界条件，自动进行影响面加载，并考虑了多车道线的活载布置情况，用于计算立交桥梁岔道口等处复杂的活载效应；最终可根据用户的要求，对结构进行配筋或各种验算。

（3）可以对基础进行分析。

整体基础：进行整体基础的基底应力验算、基础沉降计算及基础稳定性验算；单桩承载力：计算地面以下各深度处单桩的容许承载力；刚性基础：计算刚性基础的变位以及基础底面、侧面土应力；弹性基础：计算弹性基础（m 法）的变形、内力以及基底和侧面土应力；对于多排桩基础，可分析各桩的受力特征。

（4）对截面进行计算。

截面特征计算：可以计算任意截面的几何特征，并能同时考虑普通钢筋、预应力钢筋以及不同材料对几何特征的影响；荷载组合计算：对本系统定义的各种荷载效应进行承载能力极限状态荷载组合Ⅰ~Ⅲ和正常使用极限状态荷载组合Ⅰ~Ⅵ共 9 种组合的计算；截面配筋计算：可以对用户提供的混凝土截面描述和荷载描述进行承载能力极限状态荷载组合和正常使用极限状态荷载组合的计算，并进行各种组合状态下的普通钢筋或预应力钢筋的计算；应力验算：可根据用户提供的任意截面和截面荷载描述进行承载能力极限状态荷载组合和正常使用极限状态荷载组合的计算，并进行各种组合的应力验算及承载能力极限强度验算，其中强度验算根据截面的受力状态按轴心受压、轴心受拉、上缘受拉偏心受压、下缘受拉偏心受压、上缘受拉偏心受拉、下缘受拉偏心受拉、上缘受拉受弯、下缘受拉受弯 8 种受力情况分别给出结果。

（5）横向分布系数计算。

能运用杠杆法、刚性横梁法或刚接（铰接）板梁法计算主梁在各种活载作用下的横向分布系数。

（6）输入方式。

采用标准界面人机交互进行，并配有强大的数据编辑和自动生成工具，使原始数据的输入更加明了和方便；输入数据的过程中可同步以图形或文本查看输入数据的信息；新加了单元、截面、钢束与 CAD 的互导模块，使得输入更加方便；新增的引用参考线，大大简化了曲线钢束的输入；系统对原始数据采用三级检错以帮助用户确保原始数据的可靠性。

（7）输出方式。

系统对计算结果的输出比较详细，通过分类整理，可以按照用户的要求一次或多次输出，便于用户分析中间数据结果或整理最终数据文档。

输出的方式有图形输出、表格输出及可编辑的文本输出。

配有专门的图形结果后处理系统，便于用户打印出图纸规格化的计算结果图形。

报表输出，用户可自定义输出报告格式模板，如各种计算数据、效应图形按用户设定自动输出。

1.3　Midas 软件

Midas Information Technology Co., Ltd.（简称 MIDAS IT）正式成立于 2000 年 9 月 1 日，是浦项制铁（POSCO）集团成立的第一个 venture company，它隶属于浦项制铁开发公司（POSCO E&C）。POSCO E&C 是 POSCO 的一个分支机构，是韩国最具实力的建设公司之一。该公司研发的 Midas 系列软件是以有限元为理论基础的分析和设计软件。目前 Midas 系列软件包含建筑（Gen）、桥梁（Civil）、岩土隧道（GTS）、机械（MEC）、基础（SDS）、有限元网格划分（FX+）等多种软件。

北京迈达斯技术有限公司为 MIDAS IT 在中国的唯一独资子公司，于 2002 年 11 月正式成立，负责 Midas 软件的中文版开发、销售和技术支持工作。

1. 桥梁领域

Midas Civil 桥梁结构通用有限元分析与设计软件——市场占有率第一，广泛应用于各大市政设计院。Midas Bridge 桥梁结构设计一站式解决方案；Midas FEA 土木结构仿真分析软件，主要应用于节点等特殊部位的细部实体分析；Midas FX+有限元前后处理软件；建筑领域 Midas Building 建筑大师（建筑结构设计一站式解决方案）——支持带有墙单元的静力及动力弹塑性分析；Midas Gen 建筑结构通用有限元分析与设计软件——应用于混凝土收缩/徐变的施工阶段分析，如水立方的动力弹塑性分析以及北京奥运场馆、韩日世界杯主体育馆等的受力分析。

2. 岩土领域

Midas GTS 岩土与隧道三维仿真分析软件；SoilWorks 岩土工程二维设计系统。

3. 机械领域

Midas NFX 全方位仿真分析软件。

1.4 Midas/Civil 功能概述

Midas/Civil 是 Midas 公司开发的桥梁结构通用有限元分析与设计软件，可用于施工阶段分析、水化热分析、静力弹塑性分析、支座沉降分析、大位移分析，是强有力的土木工程分析与优化设计系统。其基本特点如下：

1. 适用领域

（1）适用于钢筋混凝土桥梁、板形桥梁、刚架桥梁、预应力桥梁、联合桥梁、钢箱形桥梁及梁板桥梁；

（2）适用于按悬臂法、顶推法、移动支架法、满堂支架法等不同施工方法施工的预应力钢筋混凝土箱形桥梁；

（3）适用于悬索桥、斜拉桥、拱桥等大跨桥梁；

（4）适用于对预应力钢筋混凝土箱形桥梁、桥台、桥墩、防波堤等进行大体积混凝土的水化热分析；

（5）适用于地铁、通信电缆管道、上下水处理设施、隧道等地下结构的分析与设计；

（6）适用于水塔、压力容器、电力输送塔、发电厂等工业建筑的分析与设计；

（7）适用于飞机场、大坝、港口等国家基础建设的设计。

2. 材 料

Midas Civil 软件所用材料是基于《公路钢筋混凝土及预应力混凝土桥涵及设计规范》（JTG D62—2004）、《公路桥涵钢结构及木结构设计规范》（JTJ025—86）、《混凝土结构设计规范》（GB50010—2010）、《钢结构设计规范》（GB 50017—2003）、《高层民用建筑钢结构技术规程》（JGJ99—2014）以及其他国家和地区规范（美国、加拿大、德国、英国、日本、韩国等）里规定的材料。

3. 截 面

Midas/Civil 软件所选用的截面有：角钢、槽钢、H 型钢、T 型钢、方形钢管、圆形钢管、圆形钢棒、方形钢棒等型钢截面；角钢-组合截面、槽钢-组合截面等组合截面；角钢、槽钢、H 型钢、T 型钢、方形钢管、圆形钢管等焊接组合截面以及其他国家（美国、德国、英国、日本、韩国等）标准中规定的截面。

4. 车辆荷载

Midas/Civil 软件所选用的车辆荷载有：《公路桥涵设计通用规范》（GD60—2004）的汽车荷载、平板挂车与履带车荷载；《城市桥梁设计荷载标准》（CJJ77—89）的城-A 级、城-B 级车辆荷载和车道荷载；《铁路桥涵设计基本规范》（TB10002.5—2005）的"中-活载"的普通活载、特种活载。

5. 地震设计反应谱

Midas/Civil 软件所选用的设计反应谱有：《公路工程抗震设计规范》（JTG B02—2013）、

《铁路工程抗震设计规范》（GB 50111—2006）、《抗震设计规范》（GB 50011 2010）。

6. 收缩和徐变、弹性模量的变化

Midas/Civil 软件采用《公路钢筋混凝土及预应力混凝土桥涵及设计规范》（JTG D62—2004）以及其他国家和地区（美国、日本、韩国等）规范里关于混凝土收缩与徐变、材料弹性模量变化等的规定。

7. 钢筋混凝土构件设计

《公路钢筋混凝土及预应力混凝土桥涵设计规范》（JTG D62—2004）、其他国家（美国、日本等）规范。

8. 钢结构构件设计

《公路桥涵钢结构及木结构设计规范》（JTJ025—86）以及其他国家（美国、韩国）规范。

1.5　安装及安装过程常见问题解析

1. 系统配置

Midas/Civil 所需的系统配置如下：处理器要求"奔腾"或者"奔腾"以上；内存 64MB以上；可供使用的硬盘容量 500MB 以上；Microsoft Windows 95 以上，或者 Windows XP 操作系统。

2. 安装方法

Midas/Civil 的安装方法如下：在 CD-ROM 驱动器中放入 CD，如果在放入 CD 时未按【Shift】键，安装程序会自动运行，进入主画面后点击"Midas/Civil"安装。按照提示一步步操作即可。如果自动运行功能无法正常运作，程序安装方法如下：在"开始"菜单上选择"运行"，指定CD_ROM 驱动器之后，输入以下路径 D：\civil_install（or civil_install_trial）\setup（注：D 为CD-ROM 驱动器时），点击"Yes"按键开始安装程序。安装程序开始运行后画面上会显示提示窗口，随着指示一步一步地安装。在各安装阶段，如果要继续，就按"Next"键；如果要返回，就按"Back"键。Midas/Civil 在安装有 Internet Explorer 5.0 以上版本的系统中才能安装。如果系统的 Internet Explorer 不是 5.0 以上版本的，在安装 Internet Explorer 之后，再安装Midas/Civil。如果出现使用权契约对话窗口，应根据提示仔细阅读，如果"同意"，按"Yes"继续安装。输入用户的登录情报之后按"Next"键，显示选择安装位置的对话窗口时，选择安装 Midas/Civil 的文件夹。如欲安装在基本的设置位置，就按"Next"键。如欲进行变更，按"Browse"，并选择相应的文件夹。出现选择程序文件夹的对话窗口时，输入要将 Midas/Civil及其他相关程序的图标进行登录的文件夹的名字，按"Next"键之后，文件的复制便开始了。文件的复制完成之后，就会出现告知安装完了的对话窗口。按"Finish"键，则所有的安装就结束了。此时，如果选择"浏览例题的动画"之后再按"Finish"，则安装完后自动运行例题的动画文件。安装 Sentinel/pro 驱动器，用于驱动 Sentinel 硬盘的注册号。Midas/Civil 和保护

钥匙若要运行,需事先安装驱动器。Sentinel 驱动器会在 Midas/civil 的安装过程中被自动安装。如果 Protection 驱动器损伤或升级而需要再安装时，按如下步骤安装：

（1）按左侧【Shift】键，同时在 CD-ROM 驱动器中放入 Midas Civil CD。

（2）在开始菜单中选择"运行"，指定 CD-ROM 驱动器后输入以下路径：

D：\civil_install\protection drivers\setup（注：D 为 CD-ROM 驱动器时）。

如要卸载 Sentinel 驱动器，则进行以下操作：

（1）按左键【Shift】键，同时在 CD-ROM 驱动器中放入 Midas Civil CD。

（2）在开始菜单中选择"运行"，指定 CD-ROM 驱动器后输入以下路径：

D：\civil_install\protection Drivers\setup/u（注：D 为 CD-ROM 驱动器时）。

只有将保护钥匙插入 parallel port 并登记其授权码，Midas/Civil 才可能正常驱动。

（1）将保护钥匙与 parallel port 相连接。

（2）运行 Midas Civil。

（3）在"帮助"菜单中选择"登记注册"。

（4）在注册号输入栏中输入 Program CD 封面上保护钥匙的 ID。

1.6　Midas Civil 软件输入输出文件

1. 数据文件

Filename.mcb Midas Civil 的基本数据文件。新建时使用"文件>新项目"，打开现有文件时使用"文件>打开项目"。

filename.mct Midas Civil 的基本数据文件。必要时可以通过 MCT 命令窗口或文本编辑器对其进行修改。该文件在"文件>导出>Midas Civil MCT"文件菜单中生成，通过"文件>导入>Midas Civil MCT"文件可以导入 Midas Civil 的模型数据。

2. 输出分析文件

filename.ca1 静力分析过程中生成的数据会被保存起来，是通过"分析>运行分析"功能而自动完成的。

filename.ca2 时间依存性分析过程中所生成的各时间段分析结果会被保存起来，是通过"分析>运行分析"功能而自动完成的。

filename.ca3 移动荷载分析和影响线/影响面分析过程中所生成的所有数据会被保存起来，是通过"分析>运行分析"功能而自动完成的。

filename.ca4 计划非线性分析过程中所生成的所有数据会被保存起来，是通过"分析>运行分析"功能而自动完成的。

filename.ca6 施工阶段分析过程中所生成的所有数据会被保存起来，是通过"分析>运行"分析功能而自动完成的。

filename.anl 用户对结构分析的结果（反力、变形、单元内力、应力等）自行整理的文件，可用于分析结果的检验或者作为结构计算书的附录，是通过"结果 > 文本输出"功能而自动完成的。

filename.out 在结构分析进行的过程中输出的各种信息及相关数据会被保存起来，是通过"分析>运行分析"功能而自动完成的。

3. 数据互换文件

filename.mgb Midas/Gen V4.3 以上版本中使用的数据文件以及 filename.dxf AutoCAD DXF、filename.S90 SAP90、filename.s2k SAP2000、filename.std STAAD 等的数据文件，均可用于与 Midas/Civil 进行数据交换。

4. 其他文件

filename.bak Midas/Civil 的模型数据备份文件，通过"工具>参数设置"中选择"建立备份文件"，则在保存模型数据时会自动生成。

filename.bom 保存建模中所有构建的重量数据和材料目录，是通过"工具>材料统计"功能而自动生成的。

filename.sgs 保存地震加速度和反应谱生成模块所算出的地震数据，是通过"工具>地震波数据生成器"功能而自动生成的。

filename.spd 保存地震反应谱分析中所需的反应谱数据的文件，是通过"荷载>反应谱分析数据>反应谱函数"功能而自动生成的。

filename.thd 保存时间依存性分析中所需的时间荷载函数相关数据的文件，是通过"荷载>时程分析数据>时间荷载函数"功能而自动生成的。

filename.bog 保存生成批处理结果数据的文件，此文件可以通过使用"结果"菜单查看分析结果功能中的"生成批处理结果"对话窗口的"导出"键生成，生成的文件可通过"导入"键导入，再通过"荷载>时程分析数据>时间荷载函数"功能而自动生成。

第 2 章　Midas/Civil 前处理模式

通过本章的讲解，旨在帮助用户从 Midas 的基本操作过程入手，学习在一般情况下的基本求解过程，系统全面地掌握 Midas 进行有限元分析的基本步骤和要领，建立对 Midas 的系统认识，体会 Midas 的运用规律，为深入学习 Midas 分析功能打下坚实的基础。

从总体上讲，Midas/Civil 对结构所进行的分析包含前处理、求解和后处理三个过程。Midas 的前处理模式主要进行材料定义、截面定义、结构模型建立、边界条件确定、作用荷载的施加等，最终得到一个完整、正确的桥梁结构模型；求解器用于设置求解环境，对结构进行求解，得到求解结果文件；后处理模式可以依据一定规范进行荷载组合后结构支座反力、应力、变形等的查询。有了此计算结果，就可以对桥梁结构进行 PSC（Pre-stressed concrete）或 RC（Reinforced concrete）设计验算。

一个典型的 Midas 分析过程可以分为三个步骤：

1. 建立模型（前处理模式）

（1）指定所新建立的文件名（filename）和在电脑中所处的位置（存储路径）；
（2）选择并定义材料；
（3）选择并定义截面；
（4）建立结构模型（可以用结构建模助手进行建模）；
（5）定义结构边界条件；
（6）施加结构荷载。

2. 求解过程

（1）选择分析类型并施加分析选项；
（2）执行求解。

3. 查看分析结果（后处理模式）

（1）进行荷载组合；
（2）查看分析结果；
（3）PSC 设计或 RC 设计。
最后还需分析处理并评估结果。

2.1　建模所需的基本环境设定

2.1.1　坐标系的设定

Midas/Civil 可供使用的坐标系有全局坐标系（Global Coordinate System，GCS）、单元坐标系（Element Coordinate System，ECS）、节点坐标系（Nodal Coordinate System，NCS）。

GCS 使用的是右手法则的垂直坐标系，各轴分别以大写字母 X、Y、Z 表示。节点数据、节点位移、反力等都按照 GCS 输出。GCS 主要用于输入建筑物的几何位置，坐标原点由程序自动设定为（X=0，Y=0，Z=0）。

单元坐标系 ECS 也使用右手法则垂直坐标系，各轴以小写字母 x、y、z 表示。所输入的单元内力、应力等与内力相关的大部分数据都与单元坐标系 ESC 一致。

NCS 是赋予任意节点以特殊方向的坐标系。NCS 也使用右手法则，各轴以小写字母 x、y、z 表示。

用户坐标系（User Coordinate System，UCS）是指用户为了建模方便，考虑建筑物的几何特征而在 GCS 上附加设定的坐标系。

一般，实际操作中所接触的大部分建筑物是由多个单元平面结构所组成的。因此将各个平面进行分割，使用比较便利的坐标系分别建立模型之后，再将它们以 GCS 为准进行组合来完成三维空间的方法十分有效。UCS 主要适用于这种对各单元结构另行设定坐标系的情况。

2.1.2　数据输入方式

Midas/Civil 所有数据的输入是通过对话窗口、表格窗口、MCT 命令窗口、模型窗口来进行的。

对话窗口是同时使用键盘、鼠标的一种输入方式。

表格窗口和 MCT 命令窗口主要是以键盘输入。通过表格窗口，可以一目了然地了解所有输入资料和设计结果，并可重新输入或进行窗口修改。

模型窗口主要是以鼠标来输入数据的。

MCT 命令窗口具有使用文本形式的命令语输入数据来建模的特殊功能。

2.1.3　单位体系定义

在用 Midas/Civil 软件对一个结构进行建模分析时，要设定长度单位和力的单位，如图 2.1 所示。对应命令如下：

从主菜单中选择工具 > 单位体系...。

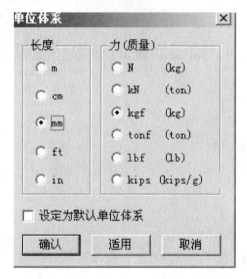

图 2.1　单位体系设定窗口

对话框中用⊙显示当前使用状态下的"长度"和"力"的单位。在结构建模过程中，可以根据需要，在模型窗口下方根据需要进行单位变换。

2.1.4　MCT（Midas Civil Text）命令窗口

Midas/Civil 虽可以通过主菜单下的命令或者图标菜单进行模型和参数输入，但是通过 MCT 文件，用户可以更方便地输入所需要的数据，且该数据可以和已有的建模数据整合在一起，如图 2.2 所示。用户使用单独建立的 MCT 文件可以随时输入模型数据，如节点坐标、材料属性、截面数据、指定位移模式和设计参数等。对应操作如下：

从主菜单中选择工具＞MCT 命令窗口…。

快捷键：Ctrl+[F12]

图 2.2　MCT 命令窗口

选择节点之后点击 插入命令 ，按指定格式在命令窗口输入参数，点击底部

运行 ⑧　，即可把材料数据并入到已建模型数据中去。命令窗口中的命令和数据将执行并反映在模型数据中。如表 2.1 所示为 MCT 命令的目录，表中左侧为 MCT 命令，右侧为命令的功能。

表 2.1　MCT 命令目录

ANAL-CTRL	Analysis Control
BEAMLOAD	Element Beam Loads
BNDR-GROUP	Boundary Group
BUCK-CTRL	Buckling Analysis Control
CAMBER-CTRL	Camber Control Data
COMPBOXLC	Pre-Combined Load Cases for Composite Bridge
CONLOAD	Nodal Loads
CONSTRAINT	Supports
CREEPCOEF	Creep Coefficient for Construction Stage
CUTLINE	Cutting Line
DYN-NLOAD	Dynamic Nodal Loads
EFF-WIDTH	Effective Width Scale Factor
EIGEN-CTRL	Eigenvalue Analysis Control
ELASTICLINK	Elastic Link
ELEM-DEPMATL	Change Element Dependent Material Property
ELEMENT	Elements
ELTEMPER	Element Temperatures
ENDDATA	End Data
FLOADTYPE	Define Floor Load Type
FLOORLOAD	Floor Loads
FRAME-RLS	Beam End Release
GRIDLINE	Define Line Grid
GROUND-ACC	Ground Acceleration
GROUP	Group
GSPRING	General Spring Supports
GSPRTYPE	Define General Spring System
HYD-AMBTEMPF	Ambient Temperature Function
HYD-CONBNDR	Element Convection Boundary
HYD-CONVCOEF	Convection Coefficient Function
HYD-CTRL	Hydration Analysis Control
HYD-HEATSRC	Assign Heat Source
HYD-HEATSRCF	Heat Source Function
HYD-NODE	Heat of Hydration Node
HYD-PCOOLELEM	Pipe Cooling
HYD-PRTEMPER	Prescribed Temperature

续表

HYD-STAGE	Define Construction Stage For Hydration
INIF-CTRL	Initial Force Control Data
INIFORCE	Initial Forces for Geometric Stiffness
LINELANE	Traffic Line Lanes
LOADCOMB	Combinations
LOAD-GROUP	Load Group
LOAD-SEQ	Loading Sequence
LOADTOMASS	Loads to Masses
LOCALAXIS	Node Local Axis
LSUPPORT	Lane Supports
MATERIAL	Material
MATL-COLOR	Material Color
MOVE-CTRL	Moving Load Analysis Control
MVLDCASE	Moving Load Cases
NAMEDPLANE	Named Plane
NAMEDUCS	Named UCS
NDTEMPER	Nodal Temperatures
NODALMASS	Nodal Masses
NODE	Nodes
NONL-CTRL	Non-linear Analysis Control
OFFSET	Beam End Offsets
PANEL-ZONE	Panel Zone
PDEL-CTRL	P-Delta Analysis Control
PLATE-RLS	Plate End Release
PRESSURE	Pressure Loads
PRESTRESS	Prestress Beam Loads
PRETENSION	Pretension Loads
PROJINFO	Project Information
RIGIDLINK	Rigid Link
SECT-COLOR	Section Color
SECTION	Section
SECT-SCALE	Section Stiffness Scale Factor
SELFWEIGHT	Self Weight
SFUNCTION	Spectrum Function
SM-GROUP	Settlement Group
SMLDCASE	Settlement Load Cases
SPDISP	Specified Displacement of Supports
SPEC-CTRL	Response Spectrum Analysis Control

续表

SPLDCASE	Spectrum Load Cases
SPRING	Point Spring Supports
STAGE	Define Construction Stage
STAGE-CTRL	Construction Stage Analysis Control Data
STLDCASE	Static Load Cases
STRUCTYPE	Structure Type
SURFINEL	Plate Elements for Influence Surface
SURFLANE	Traffic Surface Lanes
SYSTEMPER	System Temperature
TDM-ELAST	Time Dependent Material（Comp.Strength）
TDM-FUNC	Time Dependent Material
TDM-LINK	Time Dependent Material Link
TDM-TYPE	Time Dependent Material
TDN-PRESTRESS	Tendon Prestress Loads
TDN-PROFILE	Tendon Profile
TDN-PROPERTY	Tendon Property
TFUNCTION	Time History Function
THERGRAD	Temperature Gradient
TH-GRAPH	Time History Graph
THICKNESS	Thickness
THIK-COLOR	Thickness Color
THLDCASE	Time History Load Cases
TIMELOAD	Time Load
TS-GROUP	Tapered Section Group
UNIT	Unit System
UNKCONS	Unknown Load Factor Constraints
UNKFACTOR	Unknown Load Factor Data
USE-STLD	
VCLASS	Vehicle Classes
VEHICLE	Vehicles
VERSION	Version

2.1.5　用户定制

运用该命令，可以较方便地设置屏幕上的树形菜单视窗、信息窗口和状态条，设置工具条的详细选项，为经常使用的功能设置快捷键，或者对设置进行修改或删除。

对应操作如下：

从主菜单中选择工具 > 用户定制 > 树形菜单。

从主菜单中选择工具 > 用户定制 > 信息窗口。

从主菜单中选择工具 > 用户定制 > 状态条。

从主菜单中选择工具 > 用户定制 > 工具条...。

从主菜单中选择工具 > 用户定制 > 快捷键...。

图 2.3 所示对话框中罗列了可使用的工具条。工具条前面有"☑"的,表示该工具条在模型视窗里处于激活状态。

图 2.3　工具条定制窗口

2.1.6　Midas 软件操作环境的构成及菜单系统

Midas 界面窗口如图 2.4 所示。在此界面中,最顶上为标题条,显示所用 Midas/Civil 软件版本以及目前所作分析处于电脑的存储位置。

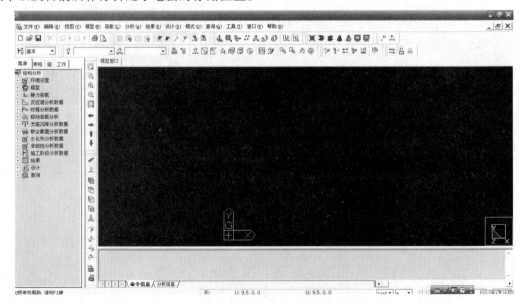

图 2.4　Midas 工作界面窗口

第 2 章　Midas/Civil 前处理模式

Midas/Civil 的菜单系统有：主菜单、图标菜单、树形菜单、关联菜单。

主菜单：Midas/Civil 内存所有功能的指示命令和快捷键，如图 2.5 所示。

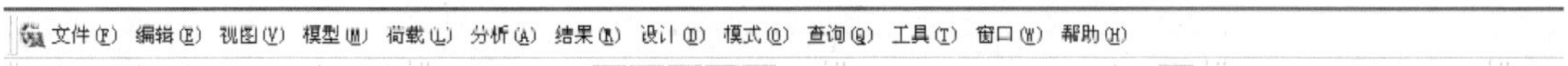

文件(F)　编辑(E)　视图(V)　模型(M)　荷载(L)　分析(A)　结果(R)　设计(D)　模式(O)　查询(Q)　工具(T)　窗口(W)　帮助(H)

图 2.5　Midas/Civil 软件主菜单

树形菜单：按照树形结构对模型的输入、结果分析、群的设定等进行整理，方便为用户所需的内容提供指示或打开相关的对话窗口。利用树形菜单，可以一目了然地对模型数据输入状况进行确认。同时，树形菜单还提供了可以对窗口进行修改的拖放方式的建模功能，如图 2.6 所示。

关联菜单：为了尽量减少鼠标的移动而提供通过在操作窗口点击鼠标右键来显示与操作内容相关的各项功能或经常使用功能的菜单系统。

模型窗口：使用 Midas/Civil 的 GUI 功能进行建模、结果分析的操作窗口，如图 2.7 所示。

模型窗口可以将几个窗口同时展现在一个画面中。

表格窗口：将各种数据的输入和分析结果以扩展表格的形式显示出来的窗口。

在表格窗口中，提供了各种数据的输入、追加输入、编辑功能、按属性整理功能、查询功能等，也可以与 Excel 或一般的数据库软件进行交换，如表 2.2 所示。

图 2.6　Midas/Civil 树形菜单

图 2.7　Midas 模型窗口

表 2.2　Midas 表格窗口

单元	类型	辅助类型	材料	截面	β角([deg])	节点1	节点2	节点3	节点4	节点5	节点6	节点7	节点8	种类	初始间隙(mm)
6293	实体单元		1	0	0.00	3524	6979	6980	3525	3545	6993	6994	3546	Lu/L	0.0000
6294	实体单元		1	0	0.00	3525	6980	6981	3526	3546	6994	6995	3547	Lu/L	0.0000
6295	实体单元		1	0	0.00	6892	6893	6983	6982	6913	6914	6997	6996	Lu/L	0.0000
6296	实体单元		1	0	0.00	6894	6892	6982	6984	6915	6913	6996	6998	Lu/L	0.0000
6297	实体单元		1	0	0.00	6895	6894	6984	6985	6916	6915	6998	6999	Lu/L	0.0000
6298	实体单元		1	0	0.00	6982	6983	6987	6986	6996	6997	7001	7000	Lu/L	0.0000
6299	实体单元		1	0	0.00	6984	6982	6986	6988	6998	6996	7000	7002	Lu/L	0.0000
6300	实体单元		1	0	0.00	6985	6984	6988	6989	6999	6998	7002	7003	Lu/L	0.0000
6301	实体单元		1	0	0.00	6986	6987	3536	3535	7000	7001	3557	3556	Lu/L	0.0000
6302	实体单元		1	0	0.00	6988	6986	3535	3537	7002	7000	3556	3558	Lu/L	0.0000
6303	实体单元		1	0	0.00	6989	6988	3537	3538	7003	7002	3558	3559	Lu/L	0.0000
6304	实体单元		1	0	0.00	6983	6893	6902	6987	6914	6923	6924	7004	Lu/L	0.0000
6305	实体单元		1	0	0.00	6990	6902	6903	6991	7004	6923	6924	7005	Lu/L	0.0000
6306	实体单元		1	0	0.00	6991	6903	6904	6992	7005	6924	6925	7006	Lu/L	0.0000
6307	实体单元		1	0	0.00	6987	6983	6990	6993	7001	6997	7004	7007	Lu/L	0.0000
6308	实体单元		1	0	0.00	6993	6990	6991	6994	7007	7004	7005	7008	Lu/L	0.0000
6309	实体单元		1	0	0.00	6994	6991	6992	6995	7008	7005	7006	7009	Lu/L	0.0000
6310	实体单元		1	0	0.00	3536	6987	6993	3545	3557	7001	7007	3566	Lu/L	0.0000
6311	实体单元		1	0	0.00	3545	6993	6994	3546	3566	7007	7008	3567	Lu/L	0.0000
6312	实体单元		1	0	0.00	3546	6994	6995	3547	3567	7008	7009	3568	Lu/L	0.0000

信息窗口：显示在建模过程中所需的各种提示、警告或者错误信息的窗口，如图 2.8 所示。

图 2.8　Midas 信息窗口

状态条：为提高效率而提供的各种坐标系状况、单位变更、过滤选择功能、快速查询功能、捕捉单元状态的调整功能等，如图 2.9 所示。

图 2.9　状态条

工具条和图标菜单：为了能够快速地导入经常使用的功能，Midas/Civil 提供将各项功能形象化了的图表菜单。各图表从属于各种类似功能图标群的工具条内。

各工具条可以用鼠标拉放到目标位置上。使用"工具>用户定制"功能可以选择或编辑工具条上的各项内容。对工具条上的某一图表的功能有疑问时，只要将鼠标移到该图标的位置上，就会出现简单的提示窗口。

2.2　Midas/Civil 软件主菜单各命令介绍

主菜单包括"文件"、"编辑"、"视图"、"模型"、"荷载"、"分析"、"结果"、"设计"、"模式"、"查询"、"工具"、"窗口"、"帮助"等命令，如图 2.10 所示。

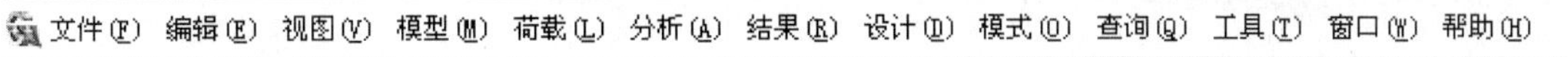

文件(F)　编辑(E)　视图(V)　模型(M)　荷载(L)　分析(A)　结果(R)　设计(D)　模式(O)　查询(Q)　工具(T)　窗口(W)　帮助(H)

图 2.10　主菜单

2.3　文件的新建、导入与导出

2.3.1　新建文件

启动 Midas/Civil 操作软件，无论是新建一个项目，还是打开已有项目并对其进行修改、查看分析结果等操作，都要用到"文件"命令。

其下级子菜单主要包括：

（1）"新项目"：创建一个新的项目。

（2）"打开项目"：打开已有文件（文件名.mcb：Midas Civil Binary 二进制文件）。

（3）"保存"：以项目文件形式保存当前工作。如果此前没有给项目文件赋名，将提示采用"另存为..."。

（4）"另存当前施工阶段为"：可将在当前施工阶段的模型另存，一般可用于对某个施工阶段单独进行失稳、抗震等分析。

导入：把 MCB 文件格式以外的文件导入 Midas/Civil。可以导入 Midas/Civil MCT 文件、AutoCAD DXF 文件、SAP2000（V6、V7）文件、SAP2000（V8）文件等。

导出：使用 Midas/Civil 的文件格式（MCB）以外的格式保存当前项目。可以导出 Midas/CivilMCT 文件、AutoCAD DXF 文件。

2.3.2　如何导入 CAD 图形文件？

具体问题

弯桥的桥梁中心线已在 AutoCAD 中做好，如何将其导入到 Midas 中？

相关命令

文件 > 导入 > AutoCAD DXF 文件.

问题解答

将 CAD 文件保存为.dxf 格式，然后在 Midas/Civil 中选择导入 AutoCAD 文件，再选择需要导入的图层"确认"即可，如图 2.11 所示。

在导入 AutoCAD 的.dxf 文件时，程序可以导入直线（L）、多段线（P）、三维网格曲面，分别对应杆系单元和板单元。一条直线对应 Midas 程序中的一个杆系单元；直线的两端点对应 Midas 程序中的两个节点；三维网格曲面的一个曲面对应 Midas 程序的一个板单元。

Midas/Civil 不仅可以与 AutoCAD 文件实现数据共享，还可以导入 SAP2000 和 STAAD2000 的数据文件。

图 2.11

2.3.3 常见问题解析

（1）如何方便地实现对施工阶段模型的数据文件进行检查？

具体问题

本模型进行施工阶段分析，在分析第一施工阶段时出现 "WARNING：NODE NO. 7 DX DOF MAY BE SINGULAR"，但程序仍显示 "计算成功结束"，并没有给出警告提示。为何仅导出第一施工阶段的模型进行数据检查？

相关命令

文件 > 另存当前施工阶段为...

问题解答

模型在第一施工阶段，除第三跨外，其他各跨结构都属于机动体系（缺少顺桥向约束），因此在进行第一施工阶段分析时，程序提示 "结构出现奇异"；而在第二施工阶段，结构完成体系转换，形成连续梁体系，可以进行正常分析。

在施工阶段信息中选择第一施工阶段并显示，然后在文件中选择 "另存当前施工阶段为..." 功能将第一施工阶段模型导出，再对导出的模型进行数据检查即可。

相关知识

施工阶段分析时，每个阶段的分析信息都会显示在分析信息窗口中，同时保存在同名的 *.out 文件中，通过用记事本查看 *.out 文件确认在哪个施工阶段分析发生奇异或错误，然后使用 "另存当前施工阶段为..." 功能来检查模型。

分析完成后的警告信息只针对成桥阶段，各施工阶段的详细分析信息需要查看信息窗口的显示内容。

（2）如何导入 CAD 图形文件？

具体问题

弯桥的桥梁中心线已在 AutoCAD 中做好，如何将其导入到 Midas 中？

相关命令

文件 > 导入 > AutoCAD DXF 文件...

问题解答

将 CAD 文件保存为.dxf 格式，在 Midas/Civil 中选择导入 AutoCAD 文件，然后选择需要导入的图层"确认"即可。

在导入 AutoCAD 的 dxf 文件时，程序可以导入直线（L）、多段线（P）、三维网格曲面，分别对应杆系单元和板单元。一条直线对应 Midas 程序中的一个杆系单元；直线的两端点对应 Midas 程序中的两个节点；三维网格曲面的一个曲面对应 Midas 程序的一个板单元。

Midas/Civil 不仅可以与 AutoCAD 文件实现数据共享，还可以导入 SAP2000 和 STAAD2000 的数据文件。

（3）如何将几个模型文件合并成一个模型文件？

具体问题

人行桥的梯道部分和桥身部分分别建模，如何将两个模型合并为一个模型文件？

相关命令

文件 > 合并数据文件...

问题解答

打开其中一个模型文件，然后选择"合并数据文件"功能，搜索要合并的另一个模型文件，再选择要合并的内容，并指定被合并模型的原点在当前模型中的坐标和模型的旋转角度，即可将两个模型合并为一个模型。

相关知识

对于复杂模型，可以将模型分为几部分分别建模，然后通过"合并数据文件"命令将多个模型整合为一个模型。

"合并多个数据文件"命令所合并的是模型的单元和节点数据；对于模型的边界条件、荷载条件，需要对整合后的模型进行再定义或再编辑。

在合并数据文件时，为保证两个模型的衔接位置准确，被导入模型的原点在当前模型中的位置要准确确定。通常在被合并的模型建模时，可以选择衔接点作为原点位置，这样在合并数据文件时，被合并模型的原点位置即为当前模型的衔接点位置；或者将合并数据中模型导入后的插入点选择为原来当前模型的位置，然后将导入的模型通过单元或节点的移动准确定位。

（4）如何将模型窗口显示的内容保存为图形文件？

具体问题

在编辑计算书的过程中，需要插入许多与模型相关的图形文件，如何将模型保存为可编辑的图形文件呢？

相关命令

文件 > 生成图形文件...

问题解答

调整好模型窗口中的显示内容，选择"生成图形文件"命令，指定图形文件的文件类型、文件名称、文件保存路径后，即可将模型窗口中的点模型文件保存为图形文件，程序可以生成多种图形文件类型。

2.4 材料定义

2.4.1 材料

输入各向同性和正交各向异性材料的材料特性，如图 2.12、2.13 所示，可以通过如下三种方式来实现：

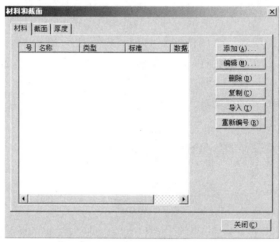

图 2.12 "材料和截面"对话框

图 2.13 "材料数据"对话框

（1）从主菜单中选择模型＞材料和截面特性＞材料...。

（2）从树形菜单的菜单表单中选择模型＞特性值＞材料。

（3）在图标菜单中单击 I 材料。

规范：在输入区内选择某个国家的材料标准。主要选项有：

无：用户直接定义材料特性。当需要编辑和修改从标准数据库得到的数据时，可选用"无"后激活标准数据输入框。

JTG04（S）：中国交通运输部公路标准。可以在数据库里选择钢束、钢丝、热处理钢筋的数据。

GB03（S）：中国国家标准，钢结构设计规范 GB 50017—2003。包括 Q235、Q345、Q390、Q420 钢的数据。

GB（S）：中国国家标准，钢结构设计规范 GBJ 17—88。包括 3 号钢、16Mn 钢、16Mnq 钢、15MnV 钢、15MnVq 钢的数据。

JGJ（S）：中国行业标准，高层民用建筑钢结构技术规程 JGJ 99—98。包括 Q235、Q295、Q345、Q390、Q420 的数据。

JTJ（S）：中国交通运输部标准，公路桥涵钢结构及木结构设计规范 JTJ 025—86。包括 A3 钢和 16Mn 钢的数据。

ASTM（S）：美国材料试验协会标准。

EN（S）：欧洲标准；JIS（S）：日本工业标准；KS（S）：韩国工业标准；KS-Civil（S）：韩国土木工程标准。数据库：选择在各标准规范中使用的钢材类型。

（1）当选择"混凝土"时，在输入区内选择某个国家的材料标准。

无：用户直接定义材料特性。当需要编辑和修改从标准数据库得到的数据时，可选用"无"后激活标准数据输入框。

JTG04（RC）：中国交通运输部公路标准；GB（RC）：中国国家标准，混凝土结构设计规范 GB 50010—2002，包括 C15 ~ C80；GB-Civil（RC）：中国交通运输部标准，公路钢筋混凝土及预应力混凝土桥涵设计规范 JTJ 023—85，包括 C15 ~ C80；ASTM（RC）：美国材料试验协会；CSA（S）：加拿大标准协会标准；BS（S）：英国标准；EN（S）：欧洲标准；JIS（S）：日本工业标准；KS（RC）：韩国工业标准；KS-Civil（RC）：韩国土木工程标准；IS（S）：印度标准。

数据库：选择在各标准规范中使用的混凝土类型。

（2）当选择"组合材料"时，与上述选择的类型"钢材"、"混凝土"情况类似，在钢筋混凝土输入窗口内选择钢筋混凝土的材料。

设计中选用中国行业标准《型钢混凝土组合结构技术规程》（JGJ 138—2001）中的相关标准。组合材料中的混凝土材料使用 GB 50010—2002 中的材料，钢材应选用 Q235 和 Q345。

选择"用户定义"时，当材料类型不是"钢"、"砼"或"组合材料"，或者用户希望直接定义材料特性时，选择该项。

材料类型：确定材料为各向同性还是各向异性。各向异性材料仅适用于用户定义的方式。需要用户输入弹性模量、泊松比、线膨胀系数、容重等参数。

容重：用于计算自重和质量。中国规范的混凝土容重均为 25 kN/m^2，钢材容重为 7 850 kg/m^3。

2.4.2 时间依存性材料（涂变/收缩）函数

时间依存性材料（徐变/收缩）函数指由用户定义的混凝土材料随时间的变化特性（徐变和收缩）函数，主要用于混凝土徐变和收缩的水化热分析和施工阶段分析。

命　令

从主菜单中选择模型＞材料和截面特性＞时间依存性材料（徐变/收缩）函数…。

从树形菜单的菜单表单中选择模型＞特性值＞时间依存性材料函数。

需要用户输入徐变和收缩应变函数。

在图 2.14 对话框中点击 　添加(A)　，输入下列数据：

徐变对话框：定义混凝土随时间变化的徐变特性。

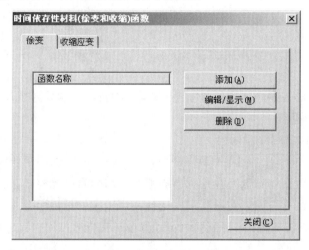

图 2.14 "时间依存性材料函数"对话框

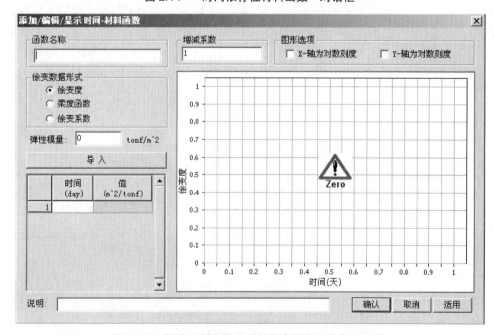

图 2.15 "添加/编辑/显示时间依存材料函数"对话框

函数名称：输入徐变函数名称。该函数名称将在"添加/编辑时间依存材料（徐变和收缩）"对话框中用户定义时使用，如图 2.15 所示。

徐变数据形式：选择徐变数据形式。

徐变度：在不变的单位应力作用下的应变（不包含瞬时弹性应变）。

柔度函数：在不变的单位应力作用下的应变（包含瞬时弹性应变）。柔度系数= 瞬时弹性应变+徐变度。

徐变系数：徐变与弹性应变的比值。

弹性模量：输入混凝土的弹性模量。

2.4.3　时间依存材料（徐变/收缩）

定义混凝土材料随时间的变化特性（徐变和收缩），主要用于混凝土徐变和收缩的水化热分析和施工阶段分析。

命　令

从主菜单中选择模型 > 材料和截面特性 > 时间依存性材料（徐变/收缩）函数...。

从树形菜单的菜单表单中选择模型 > 特性值 > 时间依存性材料函数。

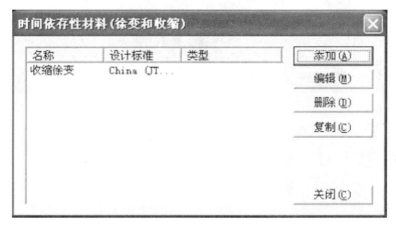

图 2.16　"时间依存材料（徐变/收缩）"对话框

如图 2.16 所示，当需要定义时间依存材料数据时，点击 添加(A)，输入名称和设计标准。

当选择"China（JTG D62—2004）"时，打开如图 2.17 所示对话框。

28 天龄期混凝土立方体抗压强度标准值，即标号强度——28 天抗压强度，该强度用于计算徐变系数，并按规范的强度与弹性模量的换算公式换算为徐变计算中使用的弹性模量。要注意的是，计算弹性变形使用的弹性模量采用时间依存材料（抗压强度）命令中的弹性模量（输入强度发展函数时，按规范的要求用实测强度进行换算），如果没有定义时间依存材料（抗压强度），则按定义材料时的弹性模量计算弹性变形。

环境年平均相对湿度（40～99）：输入相对湿度；构件理论厚度：输入一个值后可在修改单元依存材料特性值中选择自动计算；水泥种类系数（Bsc）：不同水泥的系数；收缩开始时的混凝土龄期：浇筑完成后混凝土开始收缩的时间。

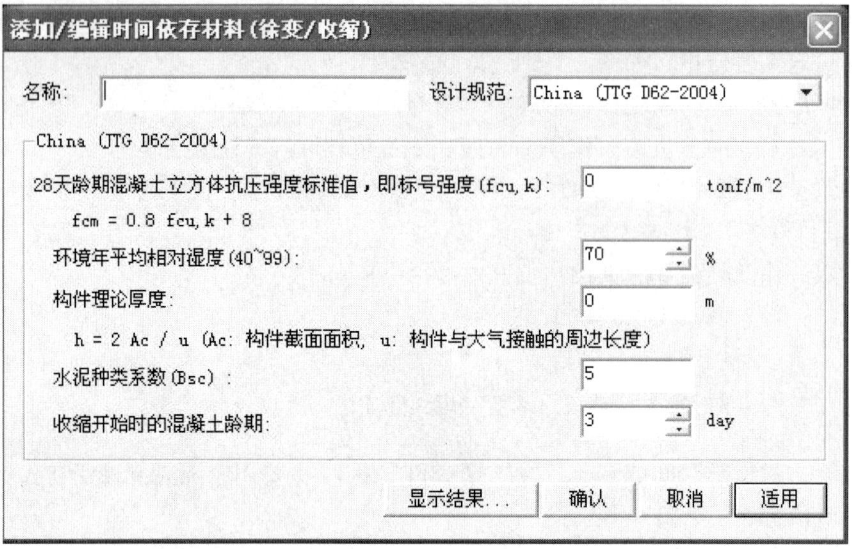

图 2.17

当选择中国规范时,如图 2.18 所示,中国规范徐变和收缩的计算采用"中国交通运输部标准"。

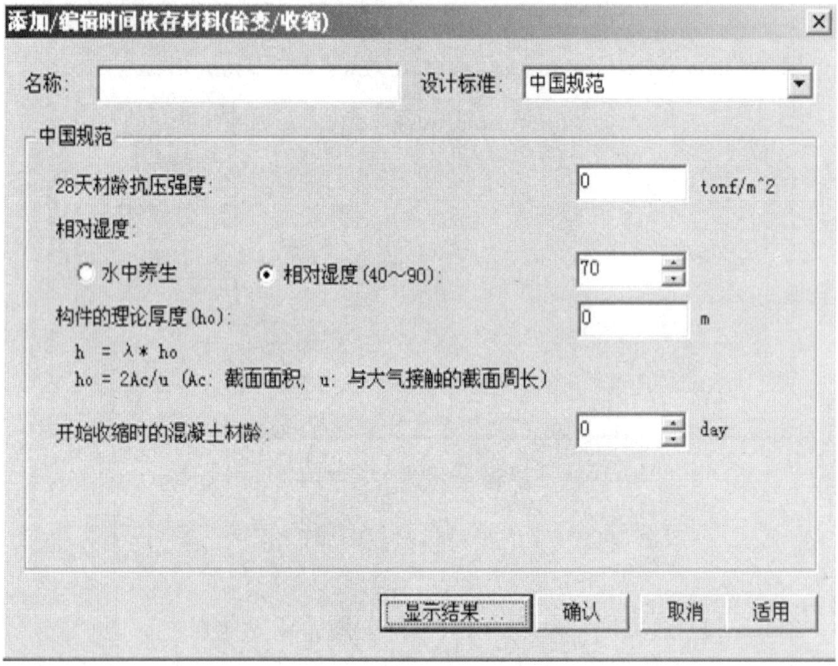

图 2.18

28 天材龄抗压强度:输入混凝土 28 天材龄的立方体抗压强度,即混凝土标号。

相对湿度:根据环境条件输入相对湿度,用于确定环境影响系数和标准厚度影响系数,计算流塑系数。

构件的理论厚度:输入构件的理论厚度 $h=\lambda \times 2A/u$,其中 λ 由相对湿度决定。

开始收缩时的混凝土材龄:浇筑完成后混凝土开始发生收缩的时间。

点击"显示结果",显示由程序按规范计算得到的徐变系数曲线和收缩应变曲线。

注：中国桥梁规范中是依靠图表计算的收缩和徐变，Midas 软件内部将规范中的图表分段模拟成公式后计算徐变和收缩。使用时，将曲线和规范中的曲线对比验证后再使用。用户可以自行定义徐变和收缩曲线，也可以参照国外一些规范中的规定。

可以在"修改单元依存材料特性"对话框中修改构件的理论厚度，也可以由程序自动计算各构件的理论厚度。自动计算功能在计算材料相同但截面大小不同的构件的理论厚度时特别有效。

2.4.4　时间依存性材料（抗压强度）

功　能

定义混凝土材料的抗压强度或弹性模量随时间变化的曲线。

命　令

从主菜单中选择模型 > 材料和截面特性 > 时间依存性材料（抗压强度）…。

从树形菜单的菜单表单中选择模型 > 特性值 > 时间依存性材料（抗压强度）。

依次打开如图 2.19、2.20 所示对话框：

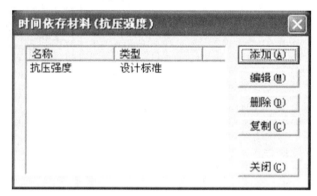

图 2.19　"时间依存材料（抗压强度）"对话框

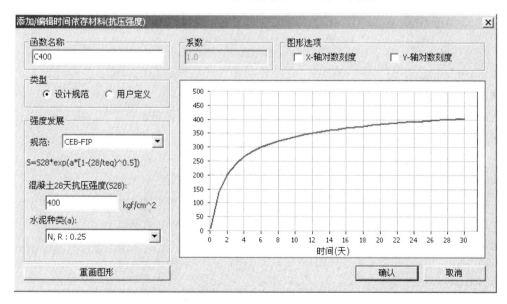

图 2.20　"添加/编辑时间依存材料（抗压强度）"对话框

在类型中选择设计规范，输入相应参数，定义抗压强度发展曲线，通过抗压强度计算弹性模量。

2.4.5 时间依存材料连接

功　能

将在时间依存材料（徐变/收缩）中定义的材料特性赋予已定义的材料，如图 2.21 所示。该功能主要适用于水化热分析和施工阶段分析。

命　令

从主菜单中选择模型 > 材料和截面特性 > 时间依存性材料连接。

从树形菜单的菜单表单中选择模型 > 特性值 > 时间依存性连接。

时间依存材料类型：选择已定义的时间依存材料特性函数名称。

选择指定的材料：选择已定义的材料赋予时间依存材料特性。将选择的材料移动到右侧列表框内。

在时间依存材料类型中选择徐变和收缩、抗压强度发展函数，然后进行下列操作：

选择 **添加 / 编辑**，在选择的材料列表框中选择相应的材料，点击此键可以添加和编辑连接的内容。

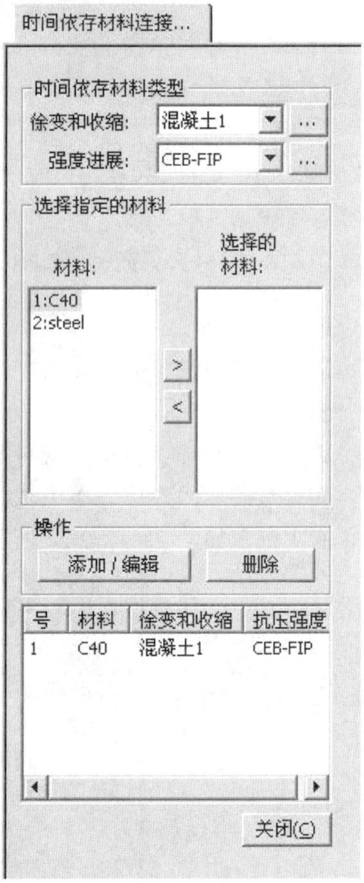

图 2.21　"时间依存材料连接"对话框

2.4.6 修改单元依存材料特性值

功　能

修改各单元的理论厚度值或者体积与面积比，如图 2.22 所示。当不同的单元使用了同一种时间依存材料或使用了变截面单元，需要分别计算各截面的理论厚度时，应用此功能会特别方便。

在此输入的构件理论厚度不适用于施工阶段联合截面，应在施工阶段联合截面对话框中直接输入。

命　令

从主菜单中选择模型 > 材料和截面特性 > 修改单元依存材料特性值。

从树形菜单的菜单表单中选择模型 > 特性值 > 修改单元依存材料特性。

当选择构件理论厚度时：

用户：由用户在输入框中直接输入理论厚度值。

自动计算：由程序自动计算各构件的理论厚度。周长（u）的计算公式中，L_0 为外轮廓周长，L_i 为内轮廓周长，a 为要考虑内轮廓周长的比例系数。

规范：可供选择的国家规范有中国规范、CEB-FIP、日本规范、韩国规范。其他规范中因计算徐变和收缩时没有使用构件理论厚度，所以在此没有列出。

注：修改构件理论厚度之后，在"时间依存材料（徐变/收缩）"中输入的理论厚度值将被替换。在此按中国桥梁规范计算的理论厚度为 h_0 值。程序内部将根据前面定义的相对湿度自动计算 λ 值后计算真正的理论厚度值 h。

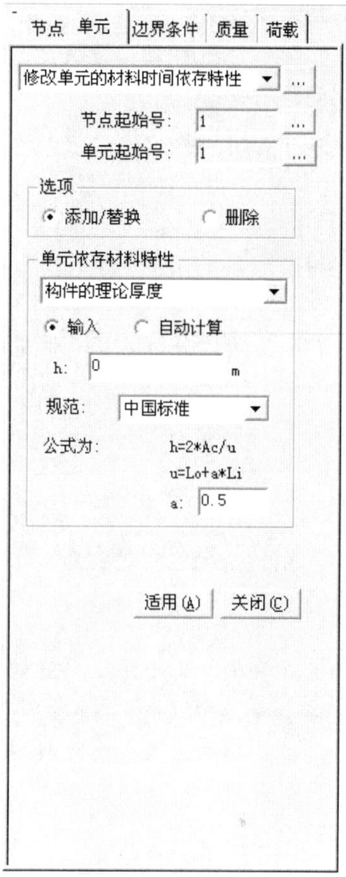

2.4.7　本节常见问题解析

（1）如何考虑组合截面中混凝土的收缩、徐变？

具体问题

采用程序中的"组合截面（钢管形-砼）"建立的模型，如何考虑钢管内混凝土部分的收缩、徐变特性？

相关命令

模型 > 材料和截面特性 > 时间依存性材料（徐变/收缩）

荷载 > 施工阶段分析数据 > 施工阶段联合截面…

问题解答

程序中的"组合截面（钢管形-砼）"定义的截面是利用使用等效截面特性值来进行分析和计算的。如果需要考虑混凝土部分的收缩、徐变特性，就得模拟出钢管与混凝土分阶段施工的过程。可采用程序中的"施工阶段联合截面"功能来模拟组合截面的分阶段施工过程，然后按通常的方法定义混凝土的收缩、徐变特性。

图 2.22　单元依存材料

相关知识

钢管混凝土截面的两种材料的时间依存特性是不同的，而且混凝土的膨胀系数也比钢材大得多，所以在实际工程中两种材料之间的互相作用是无法正确模拟的。目前还没有能够完全正确模拟两种材料之间互相作用的软件。本程序也是假定钢材和混凝土紧密地连接在一起，且没有考虑钢管对混凝土的套箍作用。

（2）定义收缩、徐变函数时的材龄与定义施工阶段时激活材龄的区别？

具体问题

定义收缩/徐变对话框中有一个定义材龄的选项，定义施工阶段对话框中也有一个定义材龄的选项，两个材龄有什么区别？可对哪些结果产生影响？

相关命令

模型 > 材料和截面特性 > 时间依存性材料（徐变/收缩）

荷载 > 施工阶段分析数据 > 定义施工阶段…

问题解答

定义收缩/徐变对话框中的材龄是混凝土开始收缩的材龄，是混凝土从浇筑到开始发生收缩（即拆模）时的时间。定义施工阶段时，也需要输入被激活结构组的材龄，这个材龄是混凝土开始能够承受荷载的材龄，也是开始徐变的材龄。

（3）如何自定义混凝土强度发展函数？

相关命令

模型 > 材料和截面特性 > 时间依存材料（抗压强度）

问题解答

目前，中国规范中还没有对混凝土是否考虑抗压（抗拉）强度的变化的说明，所以在程序中的抗压强度规范列表里找不到中国规范。此时，使用用户自定义的方法，直接输入随时间变化的抗压（抗拉）强度值即可。

相关知识

在程序中定义"抗压强度时间依存特性"时，输入的弹性模量只在施工阶段分析中起作用；在成桥阶段分析时，采用的弹性模量是定义材料时的弹性模量。

2.5 截面及截面特性值定义

2.5.1 截面定义

功 能

输入线单元（桁架、只受拉、只受压、索、间隙、钩、梁单元）的截面数据。

命 令

从主菜单中选择模型 > 材料和截面特性 > 截面...。

从树形菜单的菜单表单中选择模型 > 特性值 > 截面。

如图 2.23 所示，在材料和截面对话框中单击 添加(A)... ，所需要输入的数据如下：

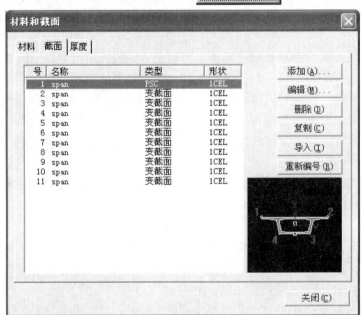

图 2.23 "材料和截面"对话框

　　修改偏心：指定截面线单元的位置，即在模型窗口中显示的线单元是以截面哪个位置为基准生成的。偏心的默认值为截面质心，若要修改偏心的位置，可点击-　　　　**修改偏心…**　　　来实现。使用💠消隐功能确认生成的截面形状，如图 2.24 所示。

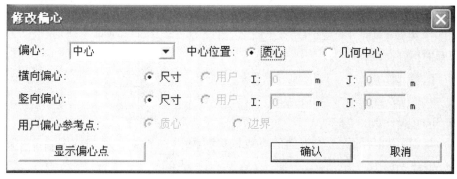

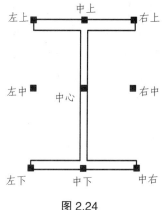

图 2.24

　　中心位置：选择质心（Centroid）或截面尺寸的几何中心（Center of Size）来定义中心。

　　横向偏心：指定截面横向的偏心位置。若选择"尺寸"，则显示在"偏心"中指定的位置。如果想将偏心指定为横向任意位置，选择"用户"，输入至"参考点"的相应距离即可。但对于"偏心"中的"中心、中-上部、中-下部"等，因横向的位置被固定为中心，故无法使用"用户"功能来指定。对于一般等截面，设定 i 端即可，故只有 i 端会被激活；对于变截面，i、j 端都会被激活。

　　竖向偏心：指定截面竖向的偏心位置。同样对于"偏心"中的"中心、左-中心、右-中心"等，因竖向的位置被固定为中心，故无法使用"用户"功能来指定。为变截面时，可激活 j 端。

　　注 1：

　　输入至参考点距离时：

　　当参考点设置为质心时，从质心向外为正（+）；

　　当参考点设置为边界时，从边界向内为正（+）。

　　用户偏心参考点：选择输入偏心距离时的参考点位置。

　　质心：截面质心为参考点。

　　边界：截面边界为参考点（"偏心"里指定的左/右、上/下）。

　　注 2：

当用户输入偏心距离时，"中心位置"不管选择为哪一项（质心、几何中心），都是以质心为参考点。例如，偏心选择左中，中心位置选择"几何中心"，偏心距离输入 0.5，则偏心点位于离质心 0.5 m 处。如图 2.25 所示。

单击 <kbd>显示截面特性...</kbd> 显示截面特性数据。截面特性数据可根据用户输入的尺寸计算得到或者从数据库中得到。

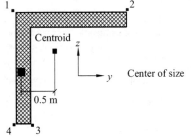

图 2.25 显示截面特性值

面积：横截面面积。

Asy：单元局部坐标系 y 轴方向的有效抗剪面积（Effective Shear Area）。

Asz：单元局部坐标系 z 轴方向的有效抗剪面积（Effective Shear Area）。

Ixx：对单元局部坐标系 x 轴的扭转惯性矩（Torsional Resistance）。

Iyy：对单元局部坐标系 y 轴的惯性矩（Moment of Inertia）。

Izz：对单元局部坐标系 z 轴的惯性矩（Moment of Inertia）。

Cyp：沿单元局部坐标系+y 轴方向，单元截面中和轴到边缘纤维的距离。

Cym：沿单元局部坐标系-y 轴方向，单元截面中和轴到边缘纤维的距离。

Czp：沿单元局部坐标系+z 轴方向，单元截面中和轴到边缘纤维的距离。

Czm：沿单元局部坐标系-z 轴方向，单元截面中和轴到边缘纤维的距离。

Zyy：对 y 轴的截面塑性模量。

Zzz：对 z 轴的截面塑性模量。

Qyb：沿单元局部坐标系 z 轴方向的剪切系数。

Qzb：沿单元局部坐标系 y 轴方向的剪切系数。

Peri：O：截面外轮廓周长。

Peri：I：箱形或管形截面的内轮廓周长。

2.5.2 截面特性调整系数

功 能

（1）输入线单元（桁架单元、只受拉单元、只受压单元、索单元、间隙单元、钩单元、梁单元）的截面特性的调整系数。

（2）可以按照不同的结构类型调整截面特性，且可以把截面特性调整赋予给相应的边界组，在不同的施工阶段采用不同的截面特性调整系数。此调整系数也适用于施工阶段联合截面，所以在定义施工阶段联合截面（"荷载＞施工阶段分析数据＞施工阶段联合截面"）时输入的刚度系数和截面特性调整系数，同时考虑。

在此定义的截面特性调整系数只对计算位移和内力时起作用，在计算应力时采用原来的截面特性值。但如果计算应力时需考虑截面特性调整系数，在主菜单的"分析＞主控数据"对话框里选择"在应力计算中考虑截面特性调整系数"选项即可。

命　令

从主菜单中选择模型＞材料和截面特性＞截面特性调整系数...。

如图 2.26 所示。

图 2.26

2.5.3　截面钢筋

功　能

输入设计截面以及联合截面的钢筋数据。可输入设计截面的纵向（单元轴方向）钢筋、抗剪钢筋、腹板钢筋、抗扭钢筋，联合截面的纵向钢筋等。输入纵向钢筋，反映在计算截面刚度和截面设计中，还可以考虑钢筋对混凝土收缩/徐变的影响。如图 2.27 所示。

命　令

从主菜单中选择模型＞材料和截面特性＞截面钢筋...

从树形菜单的菜单表单中选择模型＞材料和截面特性值＞截面钢筋...

从主菜单中选择模型＞材料和截面特性＞截面特性调整系数...。

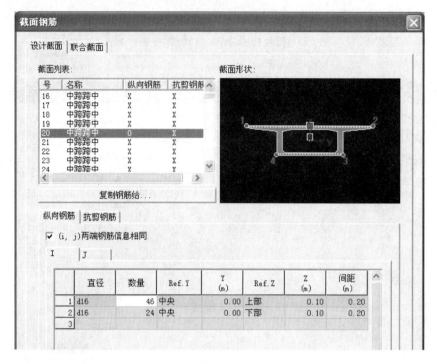

图 2.27

1. 纵向钢筋

输入纵向（单元轴方向）的钢筋数据：

两端（i, j）钢筋信息相同，单元两端（i, j）的钢筋布置相同时选择此项。如果不选择此项，可分为两个表单（i, j）来输入钢筋数据。i、j 端的钢筋布置不同时，纵向钢筋数量呈线性变化。

直径：选择钢筋直径。

数量：输入钢筋数量。

Ref.Y：为截面纵向钢筋的横向定位而指定基准点。选择"中央"，钢筋从中心至两边布置；选择"左"，钢筋从左端开始布置。

Y：输入钢筋的形心从 Ref.Y（基准点）移动的距离。

Ref.Z：为确定截面纵向钢筋竖直方向的位置而指定基准点。选择"上部"或"下部"。

Z：输入 Ref.Z（基准点）至钢筋的竖向距离。

在 Ref.Z 选择"上部"，从截面上端开始向下为"+"。

在 Ref.Z 选择"下部"，从截面下端开始向下为"+"。

间距：纵向钢筋的横向间距。

注：截面上布置的纵向钢筋可以在右侧的截面形状栏中显示。

2. 抗剪钢筋

输入 PSC 截面的腹板的抗剪钢筋及粗钢筋数据：

两端（i, j）钢筋信息相同。

单元两端（i，j）的钢筋布置相同时选择此项。如果不选择此项，分别在表单 I、J 上输入钢筋数据。

3. 弯起钢筋

进行弯起钢筋设计时，输入相应数据：

间距：输入弯起钢筋的间距。

角度：输入弯起钢筋的角度，角度符号如图 2.28 所示。

Aw：同一弯起平面的弯起钢筋截面面积。

图 2.28

4. 腹板竖筋（竖向预应力钢筋）

输入"竖向预应力钢筋"此项。

间距：输入腹板竖筋的间距。

角度：输入腹板竖筋的倾斜角度。

Ap：输入同一截面的腹板竖筋截面面积。

Pe：输入同一截面的腹板竖筋引起的有效预压力。

竖向预应力钢筋效应折减系数：抗扭钢筋。

间距：输入横向抗扭钢筋的间距。

Awt：抗扭箍筋单肢截面面积。

Alt：同一截面内纵向抗扭钢筋总截面面积。

箍筋：输入箍筋数据。

间距：输入箍筋的间距。

Aw：同一截面内箍筋各肢总截面面积。

箍筋内表面包围的截面核芯面积。

保护层厚度：箍筋保护层厚度。

包括翼缘/悬臂：选择是否包括 T 形截面的翼缘、箱形截面的悬臂部分的面积。

2.5.4　本节常见问题解析

（1）如何考虑组合截面中混凝土的收缩/徐变？

具体问题

采用程序中的"组合截面（钢管形-砼）"建立的模型，如何考虑钢管内混凝土部分的收缩、徐变特性？

相关命令

模型 > 材料和截面特性 > 时间依存性材料（徐变/收缩）

荷载 > 施工阶段分析数据 > 施工阶段联合截面…

问题解答

程序中的"组合截面（钢管形-砼）"定义的截面是利用使用等效截面特性值来进行分析和计算的。如果需要考虑混凝土部分的收缩/徐变特性，就需要模拟出钢管与混凝土分阶段施工的过程。可采用程序中的"施工阶段联合截面"功能来模拟组合截面的分阶段施工过程，然后按普通方法定义混凝土的收缩徐变特性即可。

相关知识

钢管混凝土截面的两种材料的时间依存特性是不同的，而且混凝土的膨胀系数也比钢材大得多，所以在实际工程中两种材料之间的互相作用是无法正确模拟的。目前还没有能够完全正确地模拟两种材料之间的互相作用的软件。本程序也是假定钢材和混凝土紧密地连接在一起，且没有考虑钢管对混凝土的套箍作用。

（2）定义收缩/徐变函数时的材龄与定义施工阶段时激活材龄的区别？ *

具体问题

定义收缩/徐变对话框中有一个定义材龄的地方，定义施工阶段对话框中也有一个定义材龄的地方，两个材龄有什么区别？对哪些结果产生影响？

相关命令

模型 > 材料和截面特性 > 时间依存性材料（徐变/收缩）

荷载 > 施工阶段分析数据 > 定义施工阶段…

问题解答

定义收缩/徐变对话框中的材龄是混凝土开始收缩的材龄，是混凝土从浇筑到开始发生收缩（即拆模）时的时间；定义施工阶段时，也需要输入被激活结构组的材龄，这个材龄是混凝土开始能够承受荷载的材龄，也是开始徐变的材龄。

（3）如何自定义混凝土强度发展函数？

相关命令

模型 > 材料和截面特性 > 时间依存材料（抗压强度）

问题解答

目前中国规范中没有对混凝土是否考虑抗压（抗拉）强度的变化的说明，所以在程序中的抗压强度规范列表里找不到中国规范。此时，使用用户自定义的方法，直接输入随时间变化的抗压（抗拉）强度值即可。

相关知识

在程序中定义"抗压强度时间依存特性"时，输入的弹性模量只在施工阶段分析中起作用；在成桥阶段分析时，采用的弹性模量是定义材料时的弹性模量。

相关问题

（4）如何定义变截面梁？

具体问题

程序中的变截面与变截面组有什么区别？变截面组对话框中，截面形状变化多项式的含义？

相关命令

模型 > 材料和截面特性 > 截面...

模型 > 材料和截面特性 > 变截面组...

问题解答

"变截面"只能定义一个单元的截面变化规律；"变截面组"能够定义一组单元（多个连续单元）的具有相同变化规律的变截面梁。"变截面组"对话框中的多项式，指该变截面组的截面变化曲线次数（如 2 次曲线变化，输入 2 即可），截面的各个部位均按此曲线次数变化。

相关知识

在实际工程中仔细观察 FCM 或 FSM 桥梁的变截面区段，可发现截面的各个部位并不是都以相同的曲线次数来变化的，大部分是以不同的曲线次数来变化的。例如：上翼缘板为等厚度，下部翼缘板厚度以 2 次曲线变化，且腹板厚度是线性变化的情况。这种情况，仅仅使用"变截面组"的功能是不够的，还需要用户手动进行细部尺寸数据修改才能接近于实际的模型。使用"PSC 桥梁建模助手"可以使截面的各个部位都以不同的次数来变化，能够建立更接近于实际情况的模型。

（5）定义"塑性材料"与定义"非弹性铰"的区别？

具体问题

设定塑性材料与设定非弹性铰有什么区别？

相关命令

文件 > 材料与截面特性 > 塑性材料

文件 > 材料与截面特性 > 非弹性铰特性值

模型 > 边界条件 > 一般连接特性值

问题解答

塑性材料用于静力材料非线性分析，是对材料本构特性的一个定义；非弹性铰则用于执行动力材料非线性分析，是对边界条件的一个定义。

（6）定义"非弹性铰"时，为什么提示"项目不能同时使用的材料、截面和构件类型"？

具体问题

在定义分配非弹性铰时，程序报错"不能同时使用的材料、截面和构件类型"，而实际定义的是钢筋混凝土柱的铰特性。

相关命令

模型 > 材料与截面特性 > 材料

模型 > 材料与截面特性 > 截面

模型 > 材料与截面特性 > 定义非弹性铰特性值

问题解答

在定义非弹性铰时，所定义的铰的材料类型、构件截面必须统一。即钢筋混凝土结构的铰必须采用钢筋混凝土材料和截面，钢结构的铰必须采用钢材和钢结构的截面。如果在定义钢筋混凝土结构的铰时选择钢材的材料和截面，则程序会提出警告"不能同时使用的材料、截面和构件类型"。

（7）为什么"非弹性铰特性值"不能执行自动计算？

具体问题

在定义非弹性铰/铰特性值/屈服特性值时，进行了柱截面验算数据设计和钢筋混凝土材料特性设计，但是屈服特性值不能自动计算，为什么？

相关命令

模型 > 材料与截面特性 > 定义非弹性铰特性值

问题解答

在非弹性铰定义中，截面必须是数据库/用户或者数值型截面才可以设置非弹性铰特性值。要自动计算屈服特性，截面必须是数据库/用户中定义的部分截面，数值型截面和部分数据库/用户中定义的截面不提供自动计算功能，需要手动计算强弱轴的屈服强度然后输入。

相关知识

对于截面类型中的非数据库/用户和数值型截面，是不可以设置非弹性铰特性值的。

（8）为什么"非弹性铰特性值"自动计算的结果 P1 > P2？

具体问题

对钢筋混凝土结构，考虑普通钢筋后计算铰的特性值时，计算结果 P1 > P2？

相关命令

模型 > 材料与截面特性 > 定义非弹性铰特性值

问题解答

配筋不满足最小配筋率，所以导致 P1 > P2。

相关知识

自动计算时程序会根据选择的材料、截面、构件自动计算非弹性铰的屈服特性。对钢筋混凝土截面，定义为最大弯曲应力达到混凝土的开裂应力时为第一屈服点，混凝土的应力达到极限强度或钢筋屈服时为第二屈服点，如果配筋率不足，混凝土的开裂应力应力点（P1）就会大于钢筋屈服点（P2），表现为 P1 > P2。

第 3 章　结构模型的建立

3.1　节点的建立

通过直接创建节点、单元的方式建立 Midas/Civil 模型是最常见的一种建模方式，一般适用于简单、规则并且单元数较少的模型，同时也方便初学者掌握 Midas/Civil 的基本操作过程。

命　令

从主菜单中选择模型 > 节点 > 建立节点…。

从树形菜单的菜单表单中选择模型 > 节点 > 建立。

如图 3.1 所示。

其下级子菜单的功能与用法如下：

建立节点：建立一个节点或同时复制该节点建立一组节点。

删除节点：删除无用或者多余的节点。

复制和移动节点：以等间距或不等间距移动或复制节点。等间距复制（或移动）节点时，输入在三个坐标轴上的复制（或移动）距离。可直接键入每个距离或用鼠标单击输入区后在工作窗口指定复制（或移动）距离，也可以按选定的 x、y、z 轴以不等间距复制节点或在任意方向上以不等间距复制节点。

旋转节点：绕特定轴旋转，移动或复制节点。

投影节点：通过在特定的线或面上投影，移动或复制节点。当分割板单元后想同时分割板单元边上的线单元时，可使用本功能将节点投影到直线上或投影到平面上一次性全部分割线单元。

镜像节点：以特定对称面移动或复制节点。

分割节点间距：在两个节点间按相等或不相等的间距生成新的节点。

合并节点：在给定范围内合并所有节点及其属性（节点荷载和节点边界条件）。当节点间有单元时，不能合并。

调整节点距离：在各坐标轴方向上以给定比例放大或缩小节点间的距离。

紧凑节点号：确定不用的节点号，并重新指定连续的节点编号。

重编节点号：按整体坐标系方向的优先次序对现有节点（单元）进行重新编号。

图 3.1

3.2 单元的建立

功　能

建立单元。

命　令

模型 > 单元

其下级子菜单的功能与用法如下：

建立单元：建立单元对话框时，需要输入单元类型、材料号、截面号、节点连接等数据，如图 3.2 所示。

其中材料号和截面号可以为已经定义的材料和截面；如果之前的操作没有定义，可以点击
1 [1: C50] [▼] [...] 后面的 [...] 定义材料和截面。

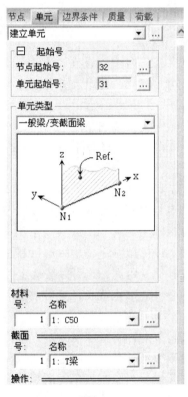

图 3.2

节点连接按显示在选择单元类型图中的顺序（N1，N2...）输入节点编号。

可以用两种方法输入节点号：

（1）直接在节点连接中输入节点号。

（2）单击节点连接输入区，其背景颜色将变为浅绿色，然后在模型窗口中连续指定目标节点，输入单元。

在曲线上建立直线单元：在某平面上定义一条曲线并在曲线上建立直线单元。

建立偏心单元：移动或复制两个以上的节点，自动连接被移动的节点生成新单元的功能。

在建立斜拉桥的模型时，首先用刚性连接把加劲梁和锚固点连接起来，然后建立拉索单元。通过此功能，可快速建立模型。具体操作如下：首先建立主塔以及加劲梁、拉索单元在同一竖直平面内相连接的二维模型，然后通过此功能移动拉索单元来生成新的拉索单元，这样可以非常方便地建立斜拉桥的三维模型。

移动和复制单元：以等间距或不等间距移动或复制单元。

旋转单元：绕特定轴旋转移动或旋转复制单元。

扩展单元：通过扩展维数建立单元，即将节点扩展为线单元，线单元扩展为面单元，面单元扩展为实体单元。

可以沿指定的路径由点形成线单元；沿指定的路径由线单元形成面单元；沿指定的路径由面单元形成实体单元。

分割单元：分割选定单元并在分割点处建立节点。

合并单元：将两个及以上的连续线单元合并为一个单元。

交叉分割单元：在先前输入的线单元（桁架、梁等）的交点处自动分割单元。

修改单元参数：改变单元的属性（材料特性号、截面号、厚度号、β 角等）。

紧凑单元号：删除不用的单元号，并对全部或某些单元按整体坐标系坐标方向的优先次序重新编号。

重编单元号：按整体坐标系方向的优先次序对现有单元（节点）进行重新编号。

3.3　梁建模助手

Midas/Civil 开发并推出了常见结构的模型助手，可以方便用户建立模型，大大提高了建模速度。常见的有：梁建模助手、柱建模助手、拱建模助手、框架建模助手、桁架建模助手、板建模助手、悬索桥建模助手、斜拉桥建模助手、顶推法桥梁模型建模助手、悬臂法桥梁建模助手、移动支架法桥梁建模助手、满堂支架法桥梁建模助手。

利用梁建模助手，在同一条直线上自动生成一系列水平梁单元。

命　令

从主菜单中选择模型 > 结构建模助手 > 梁。

从树形菜单的菜单表单中选择模型 > 结构建模助手 > 梁。

如图 3.3 所示，需要输入如下参数：

图 3.3　"输入/编辑"对话框

图 3.4　"插入"对话框

距离：输入节点间的距离。

重复：按输入的距离重复形成多个单元。最多可输入 500。

[添加]：按输入的节点距离和重复数量形成节点和单元。

自动生成边界条件：确认是否自动赋予每个节点以简支条件。

显示单元号码：显示生成的梁的单元编号。

材料：输入使用的材料号及特性。未具体定义特性时，可在号码输入位置随意输入一个数字。单击 ⋯，增加新的材料特性或修改现有的材料特性。

截面：输入使用的截面号及特性。未具体定义特性时，可在号码输入位置随意输入一个数字。单击 ⋯，增加新的截面或修改现有的截面。

插入对话框，如图 3.4 所示，需要输入如下参数：

插入点：输入建立的梁的原点在全局坐标系（用户坐标系）下插入点的坐标。或者用鼠标在输入区内单击，并在工作窗口中点击插入点的位置，则程序自动将该点的坐标显示在输入框内。

旋转：输入梁的布置方向，即输入梁绕全局坐标系的坐标轴 X、Y、Z 旋转的角度 α、β、γ。

合并重复节点：决定是否合并现有模型和最新形成的梁的节点之间重叠的节点。

在交叉点分割单元：最新形成的梁与现有模型有交叉时，决定是否在交叉点处分割现有单元。

原点：设置将建立的梁的原点，该点在建模助手窗口中显示为红色。

3.4   柱建模助手

功　能

用柱建模助手沿同一条直线自动生成一系列垂直的梁单元。

命　令

从主菜单中选择模型 > 结构建模助手 > 柱。

从树形菜单的菜单表单中选择模型 > 结构建模助手 > 柱。

输　入

如图 3.5 所示，在"输入/编辑"对话框中需要输入：

距离：输入节点间的距离。

重复：输入重复数量以形成多个单元。最多可输入 500。

[添加]：按输入的节点距离和重复数量形成节点和单元。

按输入的节点距离和重复数量形成节点和单元。

[删除]：删除选定的节点。

[全部删除]：删除输入的全部节点。

边界条件：选择底部节点的支承条件（铰支、固定或无）。

显示单元号码：显示生成的柱的单元编号。

材料：输入使用的材料号及特性。未具体定义特性时，可在号码输入位置随意输入一个数字。单击 <u>...</u>，增加新的材料特性或修改现有的材料特性。

截面：输入使用的截面号及特性。未具体定义特性时，可在号码输入位置随意输入一个数字。单击 <u>...</u>，增加新的截面或修改现有的截面。

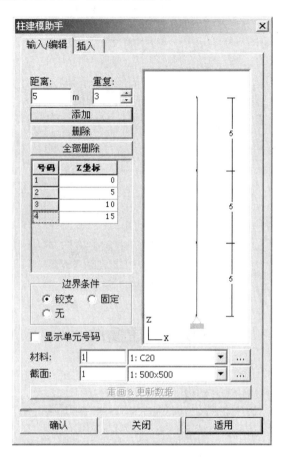

图 3.5　"输入/编辑"对话框

插入点：输入建立的柱的原点在全局坐标系（用户坐标系）下插入点的坐标，如图 3.6 所示。或者用鼠标在输入区内单击，并在工作窗口中点击插入点的位置，则程序自动将该点的坐标显示在输入框内。

显示号：显示创建的柱的节点编号。

原点：设置将建立的柱的原点，该点在建模助手窗口中显示为红色。

旋转：输入柱的布置方向，即输入柱绕全局坐标系的坐标轴 X、Y、Z 旋转的角度 α、β、γ。

合并重复节点：决定是否合并现有模型和最新形成的柱之间重叠的节点。单击 <u>...</u>，设置合并节点的容许误差（公差）。

在交叉点分割单元：最新形成的柱与现有模型有交叉时，决定是否在交叉点处分割现有单元。单击 <u>...</u>，设置单元交叉的容许误差（交叉公差），即决定多大距离下可以看成两单元已交叉在一起。

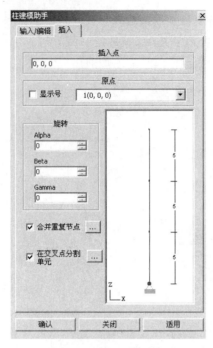

图 3.6 "插入"对话框

3.5 拱建模助手

功 能

用拱建模助手自动生成由一系列梁单元组成的拱结构。

命 令

从主菜单中选择模型 > 结构建模助手 > 拱。

从树形菜单的菜单表单中选择模型 > 结构建模助手 > 拱。

快捷键：[Ctrl]+[Shift]+W

如图 3.7 所示，在"输入/编辑"对话框中需要输入：

类型：选择拱形（圆、等投影间距抛物线、等间距抛物线、等投影间距椭圆、等间距椭圆、等投影间距悬链线、等间距悬链线等）。

分割数量：输入拱的分割数量。最多可输入 500。

边界条件：选择拱两端点处的支承条件（铰支、固定或无）。

拱类型为圆弧时：R：圆的半径；θ：圆心角。

拱类型为椭圆形或抛物线时：跨度（L）：输入

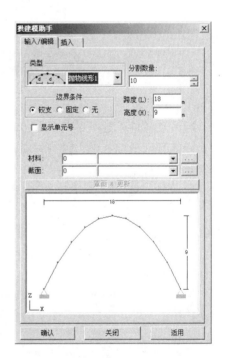

图 3.7

42

拱的水平投影长度；高度（H）：输入拱的高度。

拱类型为悬链线时：跨度（L）：输入拱的水平投影长度；高度（H）：输入拱的高度；拱轴系数（m）：输入拱轴系数。

拱类型为二次或三次曲线时：跨度（L）：输入拱的水平投影长度；$f(x)$：输入曲线的方程。

3.6　框架建模助手

功　能

使用框架建模助手在三维空间内自动生成由梁单元组成的二维平面框架。

命　令

从主菜单中选择模型 > 结构建模助手 > 框架。

从树形菜单的菜单表单中选择模型 > 结构建模助手 > 框架。

快捷键：[Ctrl]+[Shift]+X

如图 3.8 所示，在"输入"对话框中输入：

距离：输入节点间的距离。

重复：输入重复数量以在网格图形中形成多个等间距单元。最多可输入 500。

添加X坐标 ，　添加Z坐标 ：按输入的节点距离和重复数量形成节点。

删除X坐标 ，　删除Z坐标 ：删除选择的坐标方向的网格。

显示尺寸：在建模助手图形窗口中显示输入的尺寸。

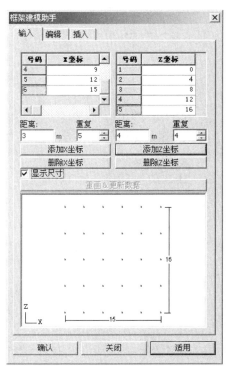

图 3.8　"输入"对话框

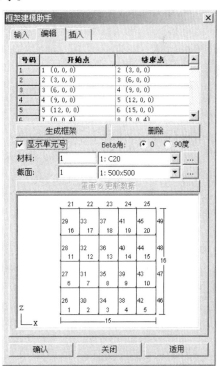

图 3.9　"编辑"对话框

如图 3.9 所示，在"编辑"对话框中输入：

生成框架：用输入的节点生成基本框架单元。

删除：删除选定的单元，删除指定单元后其余单元自动重新编号。

显示单元号：显示生成的平面框架的单元编号。

β 角：选择生成的单元的 β 角。

材料：输入使用的材料号及特性。未具体定义特性时，可在号码输入位置随意输入一个数字。单击 **...**，增加新的材料特性或修改现有的材料特性。

截面：输入使用的截面号及特性。未具体定义特性时，可在号码输入位置随意输入一个数字。单击 **...**，增加新的截面或修改现有的截面。

插入点：输入建立的框架的原点在全局坐标系（用户坐标系）下插入点的坐标，如图 3.10 所示。或者用鼠标在输入区内单击，并在工作窗口中点击插入点的位置，则程序自动将该点的坐标显示在输入框内。

旋转：输入框架的布置方向，即输入框架绕全局坐标系的坐标轴 X、Y、Z 旋转的角度 α、β、γ。

合并重复节点：决定是否合并现有模型和最新形成的框架的节点之间重叠的节点。单击 **...**，设置合并节点的容许误差（公差）。

在交叉点分割单元：最新形成的框架与现有模型有交叉时，决定是否在交叉点处分割现有单元。单击 **...**，设置单元交叉的容许误差（交叉公差），即决定多大距离下可以看成两单元已交叉在一起。

显示号：显示创建的框架的节点编号。

原点：设置将建立的框架的原点，该点在建模助手窗口中显示为红色。

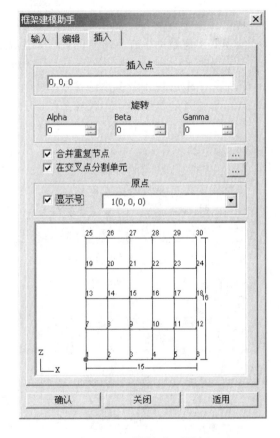

图 3.10 "插入"对话框

3.7 桁架建模助手

功　能

用桁架建模助手自动生成由梁单元和桁架单元组成的桁架结构（上下弦-梁单元、竖杆与腹杆-桁架单元）。

命　令

从主菜单中选择模型 > 结构建模助手 > 桁架。

从树形菜单的菜单表单中选择模型 > 结构建模助手 > 桁架。

快捷键：[Ctrl]+[Shift]+Y

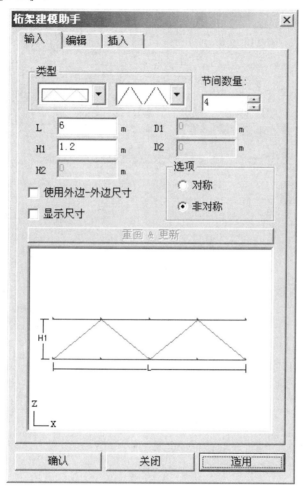

图 3.11　"输入"对话框

如图 3.11 所示，在"输入"对话框中需要输入：

类型：选择桁架类型和腹杆形式。

节间数量：输入桁架节间数量。最多可输入 500。

外侧—外侧尺寸：勾选此项时，高度方向尺寸为上、下弦构件外边缘间距离。

显示尺寸：勾选此项时，在下面视图中显示尺寸数字。

选项：选择桁架对称或不对称。

L：输入桁架半跨长度。

H1，H2：输入桁架端部和跨中高度。

D1，D2：输入下弦端部第一内节点和跨中节点与支撑节点高差。

显示尺寸：在建模助手窗口中显示输入的尺寸。

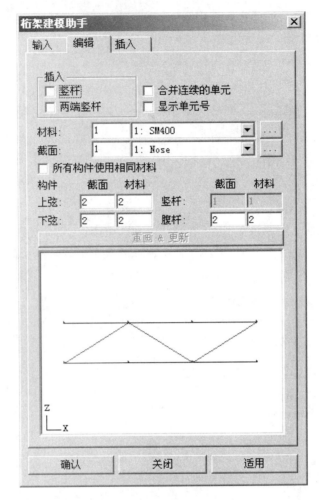

图 3.12　"编辑"对话框

如图 3.12 所示，在"编辑"对话框中需要输入如下参数：

插入：在端部或跨中增加竖杆。

合并连续的单元：不增加竖杆时，合并因分配给竖杆的节点而分离的上弦和下弦。

显示单元号：显示生成的桁架的单元编号。

如图 3.13 所示，"插入"对话框的输入内容跟前面介绍过的"插入"对话框相同。

"释放梁端约束"对话框如图 3.14 所示。

显示选项：

在建模助手对话框中显示单元号、节点号、释放梁端约束符号。

点击"use"中方框可确定释放梁端约束的节点。

旋转输入桁架的布置方向，即输入桁架绕全局坐标系的坐标轴 X、Y、Z 旋转的角度 α、β、γ。

合并重复节点：确定是否合并现有模型和最新形成的桁架的节点之间重叠的节点。单击 ⬚，设置合并节点的容许误差（公差）。

在交叉点分割单元：最新形成的桁架与现有模型有交叉时，决定是否在交叉点处分割现有单元。单击 ⬚，设置单元交叉的容许误差（交叉公差），即决定多大距离下可以看成两单元已交叉在一起。

　　显示号：显示创建的桁架的节点编号。

　　原点：设置将建立的桁架的原点，该点在建模助手窗口中显示为红色。

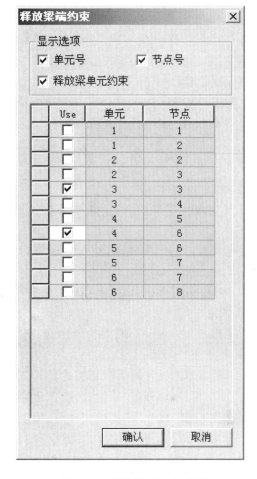

　　　图 3.13　"插入"对话框　　　　　　　　　图 3.14　释放梁端约束对话框

3.8　板建模助手

功　能

用板建模助手自动生成由板单元组成的矩形、圆形或半圆形板结构。

板单元上可有孔洞。生成的板单元的节点与原模型窗口上的梁单元相交时，将自动分割梁单元。

命　令

从主菜单中选择模型＞结构建模助手＞板。

从树形菜单的菜单表单中选择模型＞结构建模助手＞板。

快捷键：[Ctrl]+[Shift]+Z

需要输入要形成的板的形状（矩形、圆形或半圆形）；输入板结构的宽度 B；输入板结构的高度 H；输入板结构的半径（圆形或半圆形）R。

3.9 壳建模助手

功 能

用壳建模助手自动生成由板单元组成的棱锥、棱锥台、圆台、圆柱、球形或半球形壳结构。

命 令

从主菜单中选择模型 > 结构建模助手 > 壳。

从树形菜单的菜单表单中选择模型 > 结构建模助手 > 壳。

如图 3.15 所示，在"输入/编辑"对话框中需要输入：

类型：选择壳结构的形状（棱锥台、圆台、球形或半球形）。

B1，B2，B3，B4：输入棱锥台壳结构的尺寸。

R1，R2：输入圆柱形壳结构的上口半径（R_1）和下口半径（R_2）。

输入球形或半球形壳结构的半径（R_1）。

H：输入矩形箱形壳结构或球形壳结构的高度。

分割数量：输入棱锥台壳结构的长（x轴）、宽（y轴）、高（z轴）方向的分割数量（m、n、l）。最多可输入 200。

圆台壳结构的圆弧方向和高度方向的分割数量（m、l）。

球壳结构的纬度和经度方向的分割数量（m、l）。

材料：输入使用的材料的特性。

厚度：输入使用的板的厚度。

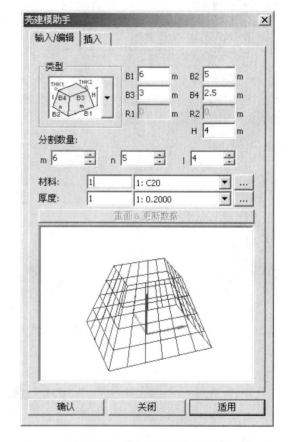

图 3.15 "输入/编辑"对话框

3.10 悬索桥建模助手

用悬索桥建模助手自动生成悬索桥的二维、三维形状，同时自动计算主缆和吊杆的无应力长度，如图 3.16 所示。以生成的桥梁模型为基准，修改其主梁和主塔、边界条件后，利用

"分析 > 悬索桥分析"控制精确计算最终的无应力长度、几何形状及初始内力。

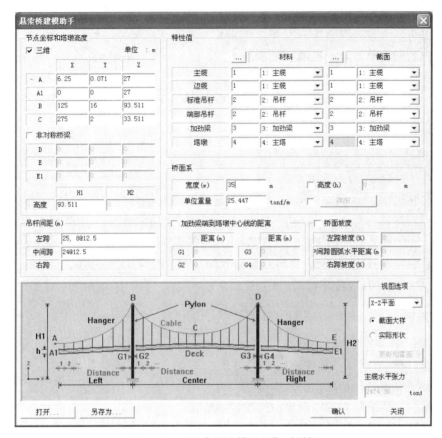

图 3.16　"悬索桥建模助手"对话框

节点坐标和塔墩高度：输入基本节点坐标，定义悬索桥。

三维：建立三维悬索桥模型时选择此项。

A：主缆起点；A1：加劲梁起点；B：左主塔顶；C：主缆跨中点

非对称桥梁：选择悬索桥是否对称。

D：右主塔顶；E：主缆终点；E1：加劲梁终点；H1：左塔高度；H2：右塔高度

吊杆间距：输入吊杆之间的距离。

左跨：左侧部分吊杆的间距；中间跨：中间部分吊杆的间距；右跨：右侧部分吊杆的间距

注：如果左侧部分没有设置吊杆，加劲梁起点至塔身输入一个间距（右侧是相同）。中间部分吊杆的数量必须时奇数，因为主缆最低点的节点数据必须输入。

1. 特性值

材料，截面：输入各组成部分的材料和截面。

2. 桥面系

宽度：输入加劲梁宽度；高度：输入加劲梁的高度。（不输入高度时，加劲梁为一根梁结构的模型；输入高度时，加劲梁分上梁和下梁，由桁架连接组成骨架模型。）

单位重量：输入加劲梁的单位长度的重量。选择 详细... 按钮，可以分别输入左跨、右跨和中间跨的单位重量。

注：在悬索桥建模助手里，计算最佳悬索桥形状时主缆和吊杆的自重自动考虑。只输入加劲梁和其他的恒荷载即可。两端没有吊杆时，一定要输入均布荷载。

加劲梁端到塔中心线的距离：

G1：输入左跨加劲梁端至塔中心的距离；G2：输入中间跨加劲梁端至左塔中心的距离；

G3：输入中间跨加劲梁端至右塔中心的距离；G4：输入右跨加劲梁端至塔中心的距离。

3. 桥面坡度

左跨坡度（%）：左边跨的坡度。

弧长（m）：中间跨为圆弧形坡度。当圆弧起点和终点各为左、右塔墩时，输入 $D—B$ 间的水平距离，程序将自动计算出与左、右跨斜度相切的圆的半径；当圆弧起点和终点各为加劲梁的起点（A_1）和终点（E_1）时，输入 $E_1—A_1$ 间的水平距离或大于 $E_1—A_1$ 间的水平距离的数字，程序将自动计算出在 A_1 点和 E_1 点与输入的左、右跨斜度相切的圆的半径。

右跨坡度（%）：右边跨的坡度。

4. 视图选项

X-Y 平面：在 X-Y 平面显示模型。

X-Z 平面：在 X-Z 平面显示模型。

截面大样：显示数据描述的位置和形状。

实际形状：用实际输入的数据显示桥的实际形状。

更新&重画 ：修改数据后点击此键，即可观察到按修改后的数据生成的桥梁形状。

主缆水平张力：当前结构的主缆内力水平分量。"悬索桥分析控制"中输入的主缆内力水平分量须是在结构合理受力状态范围内的值，此时可以利用已输出的水平分量。

确认 ：用输入的数据生成所有节点的坐标和单元，并计算出所有单元以及主缆的初始力，然后关闭建模助手窗口。

关闭 ：取消数据输入并关闭建模助手窗口。

注：关闭工程项目之前，用户输入的数据将始终存在于对话窗口中。该建模助手中默认的输入数据与韩国 Kwang-An-Grand 大桥的二维形状类似。

打开... ：打开*.wzd 格式的基本数据文件的功能。打开 Midas/Civil 以后，可利用此功能直接在建模助手的对话框中修改基本数据或予以确认。

另存为... ：在悬索桥建模助手中输入的数据以*.wzd 格式的文件保存。

3.11　使用悬索桥建模助手时的注意事项

（1）使用 Midas/Civil 分析悬索桥的基本操作步骤：

①定义主缆、主塔、主梁、吊杆等构件的材料和截面特性。

②打开主菜单"模型/结构建模助手/悬索桥"，输入相应参数（各参数意义请参考联机帮

助的说明以及下文中的一些内容）。

③ 将建模助手的数据另存为 "*.wzd" 格式的文件，以便以后修改或确认。

④ 运行建模助手后，程序会提供几何刚度初始荷载数据和初始单元内力数据，并自动生成 "自重" 的荷载工况。

⑤ 根据实际状况，在对模型的单元、边界条件和荷载进行一些必要的编辑后，将主缆上的各节点定义为更新节点组，将塔顶节点和跨中最低点定义为垂点组。

⑥ 定义悬索桥分析控制数据后运行。运行过程中需确认是否最终收敛，运行完后程序会提供平衡单元节点内力数据。

⑦ 删除悬索桥分析控制数据，将所有结构、边界条件和荷载都定义为相应的结构组、边界组和荷载组，定义一个一次成桥的施工阶段，在施工阶段对话框中选择 "考虑非线性分析/独立模型"，并勾选 "包含平衡单元节点内力"。

⑧ 运行分析后查看该施工阶段的位移是否接近于 0 以及一些构件的内力是否与几何刚度初始荷载表格或者平衡单元节点内力表格的数据相同。

⑨ 各项结果都满足要求后，即可进行倒拆施工阶段分析或者成桥状态的各种分析。

⑩ 详细计算原理请参考技术资料《用 MIDAS 做悬索桥分析》。

（2）建模助手中选择三维和不勾选三维的区别？

① 勾选三维就是指按空间双索面来计算悬索桥，需要输入桥面的宽度，输入的桥面系荷载将由两个索面来承担。

② 不勾选三维时，程序将建立单索面的空间模型，不需输入桥面的宽度，输入的桥面系荷载将由单索面来承担。

（3）建模助手中主梁和主塔的材料、截面以及重量是如何考虑的？

① 因为索单元必须考虑自重，所以在建模助手分析中对于主缆和吊杆的自重，程序会自动考虑。

② 在建模助手中，主梁和主塔的材料和截面并不介入分析，程序只是根据输入的几何数据给建立几何模型，以便进行下一步的悬索桥精密分析。即程序不会根据定义的主梁的材料和截面自动计算自重并参与分析，用户需要根据成桥状态时的桥面系荷载（如主梁自重、二期恒载等），在 "建模助手" 对话框中按线荷载或节点荷载来具体输入。

③ 在进行悬索桥精密分析时，对于主梁的自重，根据材料的容重以及截面面积来计算；对于二期恒载用户，可按梁单元荷载等形式进行定义。

注意：建模助手中输入的桥面系荷载值须等于悬索桥精密分析时考虑的各荷载工况对于桥面系作用的荷载总和（如等于按主梁自重计算的线荷载加上二期恒载梁单元线荷载）。

（4）为什么靠近主塔处的两根吊杆的初始内力比别的吊杆大？

① 在建模助手中，输入的桥面系荷载（线荷载）是由吊杆来承担的。各吊杆承受的荷载大致为线荷载与吊杆间距的乘积（若单索面承受荷载）。

② 在主塔处由于没有吊杆，与主塔处相邻的吊杆需要承受的荷载为线荷载与 1.5 倍的吊杆间距的乘积，因此会较大。

③ 如果成桥的结构在主塔与主梁的连接处，主塔对主梁有支承作用，则由上述方法求出的主塔处吊杆的初始内力是不合理的。

④ 可以在建模助手中通过勾选 "加劲梁端到塔墩中心线的距离"，输入 G_1 和 G_2 的值（吊

杆到主塔距离的1/2）来处理。但在进行悬索桥精密分析前，需要用户建立该处的主梁单元，并对主塔和主梁的支承关系进行定义。

⑤ 除了方法④，还可以通过按点荷载的方式输入桥面系荷载的方式来处理（勾选建模助手对话框中"桥面系＞单位重量＞详细"）。对于吊杆间距不等或者边跨最外侧吊杆受力大小需要调整时，使用此方法可很容易实现。

（5）悬索桥分析控制中的"主缆内力水平分量"有什么意义？如何使用？

① 地锚式悬索桥桥面系的荷载确定后，主缆内力的水平分量理论上是一定的。但根据桥梁的实际情况，对于主梁吊装连接后施加的二期恒载，主梁也会承受一部分弯矩，这时主缆上的水平分量会发生变化。

② 对于自锚式悬索桥，桥面系的荷载一部分由主缆承担、一部分由主梁承担。因此根据主缆和主梁的荷载分配比率，自锚式悬索桥的成桥状态可以有很多不同的解。

③ 设计人员可以通过调整悬索桥分析控制中的"主缆内力水平分量"，来参与确定主缆和主梁所承受荷载的比例。

④ 在"悬索桥建模助手"对话框中输入所有参数后，点击右下角的"实际形状"或者"更新或重画"，下端会显示当前结构的主缆内力水平分量。在"悬索桥分析控制"中输入的主缆内力水平分量需是在结构合理受力状态范围内的值，可参考第一步中显示的结果取值，不能随便输入。

（6）通过建模助手求出的平衡状态中，塔底有较大弯矩时，应如何解决？

① 在进行第二步悬索桥分析之前，对模型进行处理。即：将主塔顶的节点和该处主缆的节点使用上、下两个节点模拟。两个节点间使用弹性连接或刚性连接，只约束竖向的位移（根据情况也可约束面外方向的变形）。

② 该处主缆的节点坐标不得加到更新节点组中。

③ 进行完悬索桥分析得到平衡内力等数据后，在进行施工阶段或者成桥状态分析时，再将该处两个点的约束按最终状况进行模拟。

（7）不通过建模助手，如何计算初始平衡状态？

① 进行非线性分析之后，不断更新节点坐标和索单元初拉力（定义索单元时输入的）来求平衡状态。

② 程序对相应荷载工况进行非线性分析，产生位移和内力，之后将该内力作为索单元的初拉力（单元表格中）更新。

③ 更新节点坐标是将原坐标加上发生的位移之和作为新的节点坐标。如果悬索桥的索面是竖直的，则只需更新 Z 坐标；如果是空间的，还需更新 Y 坐标。

④ 由于第一步计算时变形较大，故不第一步时一般不更新节点坐标，从第二步开始更新。

⑤ 定义索单元时输入的初拉力不会进行叠加，而作为外荷载输入的初拉力会进行叠加，此为两者的最大差异。

3.12　斜拉桥建模助手

用"斜拉桥建模助手"自动生成二维斜拉桥模型，如图 3.17 所示。

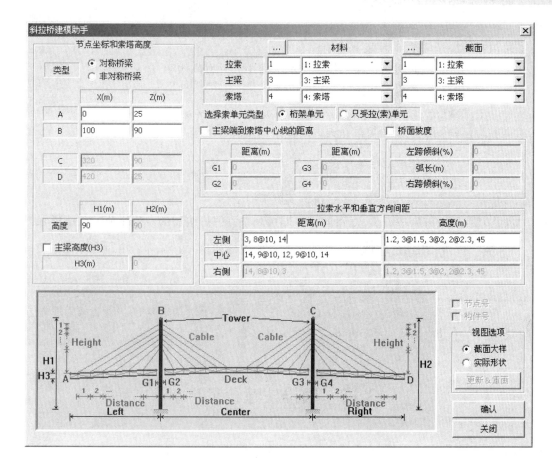

图 3.17 "斜拉桥建模助手"对话框

节点坐标和索塔高度：输入基本节点坐标，定义斜拉桥。

类型：确定斜拉桥是否对称。

A：主梁起点；B：左侧索塔顶点；C：右侧索塔顶点；D：主梁终点。

高度：左、右侧索塔高度；主梁高度（H3）：输入桁架式主梁结构的高度。不输入该项时，用梁单元模拟主梁；输入该项时，用桁架模拟主梁。桁架由上弦梁单元和下弦梁单元通过桁架杆件连接而成。

材料，截面：输入拉索、主梁、索塔的材料和截面特性。

选择索单元类型：

桁架单元：线性分析时，自动按等效桁架单元计算。

只受拉单元（索单元）：非线性分析时，自动按弹性悬链线单元计算。

主梁端到索塔中心线的距离：从塔中心线到主梁端的距离。

桥面坡度：输入两边跨的坡度和中间跨用圆弧表现的坡度。

左跨倾斜（%）：左跨的坡度。弧长（m）：中间跨为圆弧形坡度，当圆弧起点和终点各为左、右索塔时，输入 C—B 间的水平距离，程序将自动计算出与左、右跨斜度相切的圆的半径。当圆弧起点和终点各为加劲梁的起点（A）和终点（D）时，输入 D—A 间的水平距离或大于 D—A 间水平距离的数据，程序将自动计算出在 A 点和 D 点与输入的左、右跨斜度相切的圆的半径。

右跨倾斜（%）：右跨的坡度。

拉索水平和垂直方向间距：输入拉索的水平间距和垂直间距。

左侧：左边跨拉索的水平间距和垂直间距。

中心：中间跨拉索的水平间距（垂直间距默认为与左、右边跨相同）。

右侧：右边跨拉索的水平间距和垂直间距。

视图选项：

截面大样：显示数据描述的位置和形状。

实际形状：用实际输入的数据显示桥的实际形状。

更新&重画：修改数据后点击此键，即可观察到按修改后的数据生成的桥梁形状。

确认：用输入的数据生成所有节点的坐标和单元，并计算出所有单元以及拉索的初始力，然后关闭建模助手窗口。

关闭：取消数据输入并关闭建模助手窗口。

注：关闭工程项目之前，用户输入的数据将始终存在于对话窗口中。该建模助手中默认的输入数据与韩国 Samcheonpo-Grand 大桥的二维形状类似。

3.13　顶推法建模助手

通过输入一些基本数据，程序将自动生成按顶推法（Incremental Launching Method，ILM）施工的预应力箱形桥梁施工阶段分析模型。

使用建模助手功能建立的顶推法桥梁模型通过两个建模助手（顶推法桥梁模型建模助手、顶推法桥梁施工阶段建模助手）来完成。在顶推法桥梁模型建模助手中自动生成钢束的布置、截面定义及施工阶段分析所需的模型数据，在顶推法桥梁施工阶段建模助手中定义顶推阶段的施工阶段。

在顶推法桥梁模型建模助手中除了需要输入桥梁基本信息外，还需输入预应力钢束的布置信息，然后在"顶推法桥梁施工阶段建模助手"或"定义施工阶段"中划分各施工阶段。

注：顶推法桥梁建模助手的输入内容、数据会保存在对应的对话框中，所以结束了建模助手也可以重新调出输入内容以重新确认数据和修改数据。也可以将建模助手数据以 wzd 格式的文件保存，关掉程序后可以重新调出建模助手中的数据。

命　令

在主菜单中选择模型 > 结构建模助手 > 顶推法（ILM）桥梁模型…。

在树形菜单的菜单表单中选择模型 > 结构建模助手 > 顶推法桥梁模型…。

在主菜单中选择桥梁模型数据类型 > 选定输入数据类型。

类型 2 可以直接输入直线和曲线构成的钢束布置数据。

如图 3.18 所示，在"顶推法模型数据"对话框中输入：

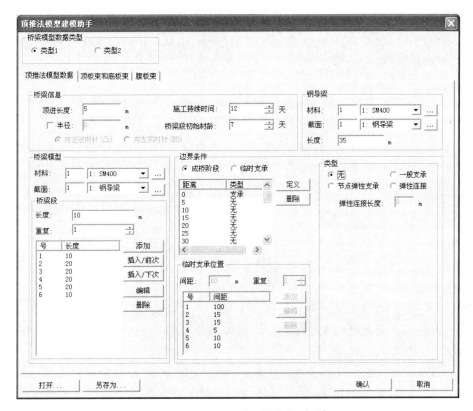

图 3.18　"顶推法模型数据"对话框

主梁和钢导梁的材料与截面、单元长度、桥梁段的划分以及施工持续时间等数据，程序将自动生成桥梁模型。

1. 桥梁信息

单元长度：桥梁段的分割单元长度。

注：桥梁段长度和钢导梁的长度应为单元长度的倍数。一般可将单元长度定义成与一次顶进长度相同。

半径：主梁为具有一个曲率半径的弯桥时，选择为"开"并输入半径。该项同样适用于钢导梁。

向左逆时针（凸）：形状为凸的弯桥（圆心在桥梁下方）。

向左顺时针（凹）：形状为凹的弯桥（圆心在桥梁上方）。

注：输入半径时，程序将按三维模型分析；没有输入半径，则程序将按二维桥梁分析。

顶推法桥梁建模助手中默认的顶进方向为从左到右，而桥梁始点默认为左侧桥台支座。

桥梁为弯桥时，单元长度、桥梁段长度、钢导梁长度均应输入箱梁中心线弧长。

施工持续时间：一个桥梁段的施工时间，包括绑扎、支模、混凝土浇筑、养生、拆模、拆除脚手架及顶进的时间。

桥梁段初始材龄：输入桥梁段的初始材龄，即从浇筑混凝土开始，经养生、拆模、拆除脚手架到顶进该桥梁段之前的时间，也是该桥梁段单元参与结构分析时的混凝土材龄。该项主要用于计算混凝土的徐变、收缩以及预应力的损失。

2. 钢导梁

定义钢导梁（Launching Nose）的材料、截面和长度。

材料：钢导梁使用的材料。

截面：钢导梁使用的截面。

注：需要添加和编辑材料和截面时，可以点击选择栏右侧的 ... 。

长度：钢导梁的长度。

注：生成变截面钢导梁的模型时，程序自动将钢导梁定义为变截面组，因此即使由单元长度将钢导梁分割成很多单元，钢导梁仍然会保持为"截面定义"中定义的变截面形状。

3. 桥梁模型

定义主梁的材料和截面，并定义各桥梁段的长度。

注：需要添加和编辑材料和截面时，可以点击选择栏右侧的 ... 。

桥梁段：定义各施工阶段桥梁段的长度。

注：该长度为在后台制作的桥梁段的长度，一个桥梁段构成一个施工阶段。建模助手又考虑到单元的长度，程序自动将一个桥梁段按单元长度划分为几个单元。因此确定单元长度时，一定要使其被桥梁段的长度整除。

长度：一个桥梁段的长度。

重复：按该长度反复制作的桥梁段数量。

点击 添加 将输入的桥梁段添加到目录中，在右侧的边界条件框中将自动显示被单元长度分割的位置。使用 插入/前次 和 插入/下次 可以调整插入的位置。如果要编辑特定的桥梁段的长度，可以在目录中选择该桥梁段并修改后单击 编辑 ；如果要删除特定的桥梁段，可以在目录中选择该桥梁段后单击 删除 。

4. 边界条件

在此定义成桥阶段（Final System）的桥墩和桥台位置的边界条件，以及后台临时桥墩的位置和边界条件。成桥阶段的边界条件也可以在施工阶段建模助手中做调整。

成桥阶段：定义成桥阶段桥墩和桥台的边界条件。

距离：桥墩或桥台与桥梁始点（即左侧桥台支座，假设右侧桥台的右侧为后台制作场）的距离，程序按输入的单元长度以及桥梁段长度自动生成距离目录。用户在目录中选择桥墩或桥台位置的相应距离后，在右侧类型中选择定义该位置的边界条件，然后点击 定义 即可。

临时支撑：定义后台临时桥墩的位置和边界条件。

间距：临时桥墩支撑间的距离，第一个输入的数据为与桥梁始点的距离。程序自动按输入的第一个临时支撑的位置和其他临时支撑的间距生成距离目录。如果要编辑特定的临时桥墩的间距，可以在临时支撑位置目录中选择该位置并经修改后单击 编辑 ；如果要删除某临时桥墩，可以在"目录"中选择该位置后单击 删除 。用户在"边界条件目录"中选择某临时支撑后，在右侧"类型"中选择定义该位置的边界条件，然后点击 定义 即可。定义多个位置的边界条件时，可以使用[Ctrl]键多重选择。

重复：按该间距反复生成临时支撑的位置。

类型：定义边界条件的类型。自由度方向为全局坐标系（定义了节点坐标系时，按节点坐标系方向定义）。

顶推法桥梁模型建模助手将自动生成施工阶段分析所必需的结构组、边界组和荷载组。（参见定义结构组、定义边界组、定义荷载组）

如图 3.19 所示，在"顶板束和底板束"对话框（类型 1）中可定义预应力箱梁的顶板束和底板束（先期束）的特性值、钢束的排列、张拉方式、张拉顺序、张拉应力以及注浆顺序等。

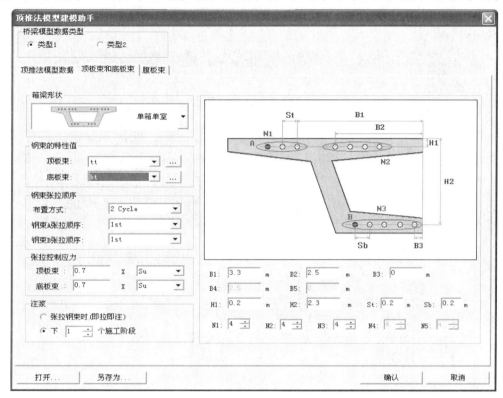

图 3.19　"顶板束和底板束"对话框（类型 1）

5. 箱梁形状

无：没有钢束的箱梁。

单箱单室：箱梁形状为单箱单室。单箱双室：箱梁形状为单箱双室。

钢束的特性值，选择钢束类型。顶板束：选择顶板束的类型。底板束：选择底板束的类型。

注：当需要添加、编辑、查看钢束的特性值时，可以点击右侧的 [...]，将弹出"钢束特性值"对话框。

6. 钢束张拉顺序

布置方式：定义顶板束和底板束的布置方式，也是张拉的顺序。

2 Cycle：从左起每间隔 1 根钢束分别张拉底板束和顶板束。例如，先张拉 1、3、5...号钢束，然后张拉 2、4、6...号钢束。

3 Cycle：从左起每间隔 2 根钢束分别张拉底板束和顶板束。例如，先张拉 1、4、7...号钢束，然后张拉 2、5、8...号钢束，最后张拉 3、6、9...号钢束。

钢束 A 张拉顺序：参见图 3.20，用绿色表示顶板束最外侧钢束（钢束 A）的张拉顺序。布置方式中选择了"2 Cycle"时，可选 1st 和 2nd（选择 1st 时，表示先张拉钢束 A 的奇数号钢束；选择 2nd 时，表示先张拉偶数号钢束）；布置方式中选择了"3 Cycle"时，可选择 1st、2nd 和 3rd（选择 1st 时，表示先张拉钢束 A 的第 1、4、7...号钢束，然后张拉 2、5、8...号钢束，最后张拉 3、6、9...号钢束。选择 2nd 时，表示先张拉张拉 2、5、8...号钢束，然后张拉 A 的第 4、7...号钢束，最后张拉 3、6、9...号钢束；选择 3rd 时，表示先张拉张拉 2、5、8...号钢束，然后张拉 3、6、9...号钢束，最后张拉 1、4、7...号钢束）。

钢束 B 张拉顺序：参见图 3.20，用绿色表示底板束最外侧钢束（钢束 B）的张拉顺序。其他说明同钢束 A。

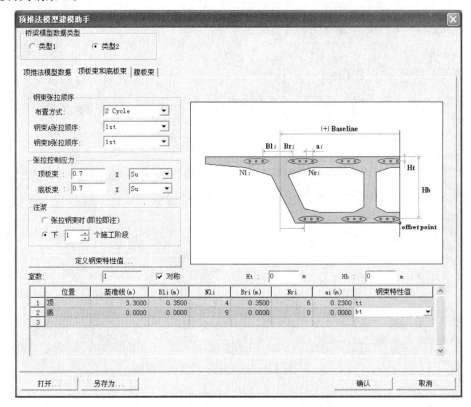

图 3.20　"顶板束和底板束"对话框（类型 2）

张拉控制应力：定义顶板束和底板束的张拉控制应力。

S_u：钢束的标准强度（极限抗拉强度）；S_y：钢束的设计强度（屈服强度）。

注浆：当预留管道注浆后，截面特性值的计算将考虑钢束和管道换算后的截面。因此注浆的时间将决定使用换算截面的时间。张拉钢束时（即拉即注）：对于每个施工阶段，张拉钢束后均立即注浆。

每 n 个施工阶段：每 n 个施工阶段注一次浆。$n=1$ 表示在张拉完本施工阶段的钢束后，在下一施工阶段的第一天开始注浆；$n=2$ 表示施工完两个桥梁段后，在施工第三个桥梁段的第一天注浆。

B1、B2、B3：输入钢束的位置和数量。

注：当底板束和顶板束有奇数个钢束时，在 B3 和 B5 里输入"0"；当为偶数个时，输入半个钢束间距。钢束的布置可以使用"钢束布置形状"功能完成。

顶推法桥梁施工阶段建模助手：自动生成顶推法（Incremental Launching Method，ILM）桥梁各施工阶段的边界条件。

7．成桥阶段边界组

边界组：选择成桥阶段的边界组。

注：Midas/Civil 中，可以使用两种方法建立顶推法桥梁模型，即建模助手方法和一般方法。两种方法定义施工阶段边界组时均只需定义成桥阶段边界组和临时支撑边界组。使用建模助手定义边界组的方法参见"顶推法桥梁模型建模助手"；使用一般方法定义边界组的方法参见"定义各施工阶段边界组"。以上两种方法虽然可以定义边界组的支撑类型和位置，但不能使程序完全识别桥墩和桥台的位置。选择此项可以使程序识别钢导梁放置的桥墩和桥台位置，并将其与放置容许误差相结合，分别计算放置前和放置后的结构受力。

悬臂法桥梁建模助手：由程序自动生成用悬臂法（Free Cantilever Method，FCM）施工的预应力箱形桥梁的单元、边界条件、钢束的布置以及各施工阶段，如图 3.21 所示。

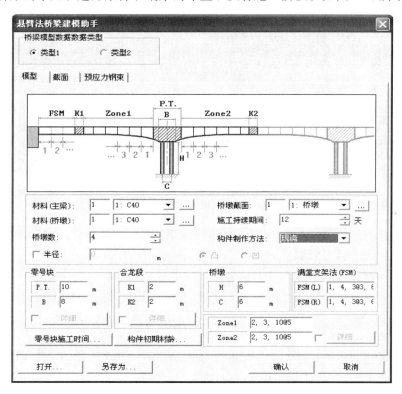

图 3.21　"悬臂法桥梁建模助手"对话框

对于非对称施工、两侧跨度不同、变截面按多项式变化、孔道灌浆的时间调整等可以反映实际施工状况要求的，都可以通过悬臂法桥梁建模助手来实现。

只要数据输入无误，在悬臂法桥梁建模助手输入的数据都将保存在该对话窗口，关闭该对话窗口后，可以重新打开查看或修改已输入的数据。另外，建模助手的数据还可以保存为 wzd 文件，在新文件中重新打开。

在"零号块"对话框的列表中将显示与在建模助手中输入的桥墩数量相同的零号块数量，如图 3.22 所示。选择相应的零号块后定义该零号块的形状和尺寸。

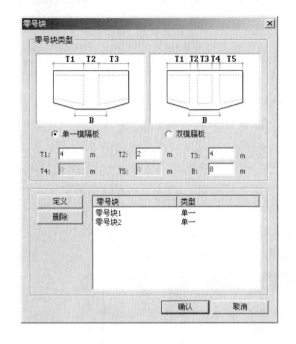

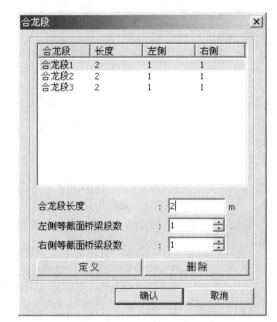

图 3.22　"零号块"对话框　　　　　图 3.23　"合龙段"对话框

零号块类型：参考相应图形，选择零号块类型（单一横膈板或双横膈板）。因为零号块的左、右尺寸可以输入不同数据，所以可以建立非对称的悬臂法桥梁模型。

单一横膈板主要适用于单柱桥墩，双横膈板主要适用于双柱桥墩。双横膈板的[$0.5 \times$（$T_2 + T_4$）$+ T_3$]与双柱间距 c 值一般相同。

8. 合龙段

K1、K2：输入合龙段的长度。使用该项，表示所有合龙段的尺寸均相同。当各合龙段的尺寸不同时，可以点击　　详细...　　键，在弹出的对话框中定义。

　　详细...　　：可以分别定义各跨合龙段的类型和尺寸。

根据前面定义的桥墩数，在合龙段对话框的目录中自动生成合龙段列表，如图 3.23 所示，选择相应合龙段修改内容。

9. 桥　墩

H、C：输入桥墩的高度和采用双柱时的双柱间距。

注：当双柱间距输（C）为"0"时，表示桥墩截面为单柱。当为双柱时，每个柱的截面大小均为前面定义的桥墩截面。

满堂支架法：输入按满堂支架法（Full Staging Method，FSM）施工的区段单元分割长度，从桥台向桥墩方向分割。

Zone：输入桥墩左侧（Zone1）和桥墩右侧（Zone2）桥梁段的单元分割长度，从零号块向桥台两边分割。当各桥墩左、右桥梁段的单元长度不同时，可以点击　　详细...　　键，在弹出的对话框中定义，如图 3.24 所示。

　　详细...　　：可以分别输入各桥墩左、右侧的桥梁段的单元分割长度，主要适用于非对称施工的桥梁和各跨跨度不相同的桥梁。

图 3.24

　　如图 3.25 所示，在"移动支架法桥梁建模助手"对话框中输入一些基本数据，程序将自动生成使用移动支架法（Movable Scaffolding System，MSS）施工的箱形桥梁各施工阶段的模型、边界条件、荷载组等。

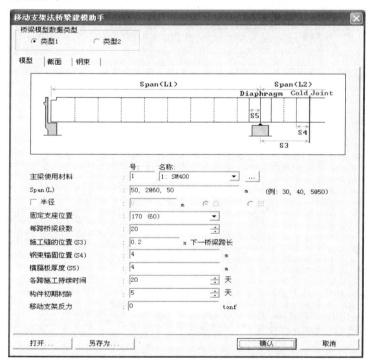

图 3.25　"移动支架法桥梁建模助手"对话框

　　如图 3.26 所示，在"满堂支架法桥梁建模助手"对话框中输入一些基本数据，程序将自动生成使用满堂支架法（Full Staging Method，FSM）施工的箱形桥梁各施工阶段的模型、边界条件、荷载组等。

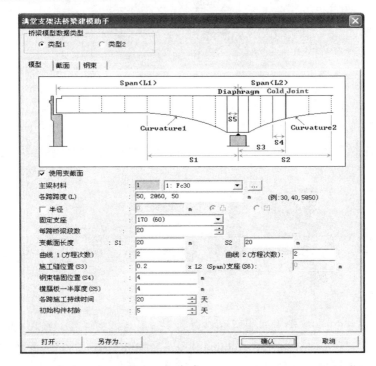

（a）

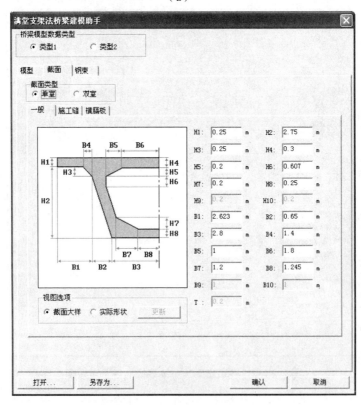

（b）

图 3.26　"满堂支架法桥梁建模助手"对话框

3.14　常见问题解析

（1）使用"悬索桥建模助手"时，如何建立中跨跨中没有吊杆的情况？

具体问题

使用"悬索桥建模助手"建立中跨为奇数跨的悬索桥模型（中跨跨中没有吊杆的情况），程序提示错误"遵守事项：中间距离数为偶数"。如何建立中跨为奇数跨的悬索桥模型？

相关命令

模型 > 结构建模助手 > 悬索桥…

问题解答

使用"悬索桥建模助手"功能只能建立偶数跨的模型。需要建立奇数跨度模型时，首先利用建模助手建立原奇数跨+1 跨（偶数跨）的模型，然后删除中跨跨中的吊杆单元，再利用"悬索桥分析控制"功能重新更新节点坐标以及几何初始刚度即可。

相关知识

使用"悬索桥建模助手"建立的模型，往往与工程师预想的模型有些差异（如主塔与加劲梁的连接处以及边界条件等），此时就需要用户自己调整模型至预想模型。模型被修改后，原来的节点坐标以及几何初始刚度不能满足新模型的平衡状态，必须对整体结构重新进行精密分析（悬索桥分析控制），求出新的节点坐标以及几何初始刚度。

（2）使用"悬臂法桥梁建模助手"时，如何定义不等高桥墩？

具体问题

使用"悬臂法桥梁建模助手"时，对桥墩只能输入一个高度，如何定义桥墩高度不一样的模型？

相关命令

模型 > 结构建模助手 > 悬臂法（FCM）桥梁

问题解答

首先使用"悬臂法桥梁建模助手"建立等高度桥墩模型，然后调整桥墩梁单元的长度即可。

相关知识

程序中的"建模助手"功能建立的模型，都可以进行编辑和修改。

（3）程序中的标准截面，为什么消隐后不能显示形状？

具体问题

模型中主梁截面采用的是"PSC-单室、双室"标准截面，为什么执行"消隐"命令后，模型只显示为一条线，而没有显示实际截面形状？

相关命令

模型 > 视图 > 消隐

问题解答

执行"消隐"命令后，程序是按实际结构的同比例尺寸显示的。但此模型主梁总长度超过了 1×10^5 m，其中最小梁单元的长度也接近 500 m，而梁截面高度只有 2 m，长细比过大，所以执行"消隐"命令后看似为一条线。放大模型后，就能够显示和查看实际的截面形状。

相关知识

程序中建立模型或导入 CAD 图来建模时，要确认程序中单位体系与数据的单位体系是否相同。

（4）如何复制单元时同时复制荷载？

具体问题

在一根主梁上已经施加了荷载，复制该主梁生成第二根主梁时，如何同时复制第一根梁上施加的荷载？

相关命令

模型 > 单元 > 复制和移动…

问题解答

在"复制和移动"对话框中，勾选"复制单元属性"选项即可。

相关知识

在"复制和移动"对话框中，有"复制节点属性"和"复制单元属性"选项。点击按钮后，将显示所有可复制的属性选项，根据用户的需要勾选选项即可。

（5）复制单元时，单元的结构组信息能否同时被复制？

具体问题

复制某结构组的单元，生成的新单元为什么不是该结构组？是不是还要重新定义？

相关命令

树型菜单 > 组表单 > 结构组

问题解答

复制单元时不能同时复制原结构组信息。选择复制生成的新单元，然后在树形菜单的"组"表单里选择原结构组名称，单击鼠标右键弹出菜单中选择"再分配"即可。或者选择所有相应单元和节点，在树形菜单的"组"表单里选择原结构组名称鼠标拖放至模型窗也可。

相关知识

当需要定义多个结构组、边界组、荷载组时，可以利用输入后缀的方法。输入后缀时直接输入多个后缀，然后以空格或逗号隔开即可。还可以输入"to"、"by"等英文字母来定义多个组。例如：后缀输入"12，5，8 to 12 by 2"，将会生成结构组 1、结构组 2、结构组 5、结构组 8、结构组 10、结构组 12。

（6）薄板单元与厚板单元的区别？

具体问题

建立板单元时，有两种类型的板单元（薄板与厚板），此两种类型的板单元有什么区别？对计算结果有什么影响？

相关命令

模型 > 单元 > 建立…（板单元）

问题解答

薄板不考虑法向剪切变形，厚板考虑剪切变形。

相关知识

板单元分为薄板 DKT、DKQ（Discrete Kirchhoff Element）与厚板 DKMT、DKMQ（Discrete

Kirchhoff-Midlin Element）。DKT（三角形单元）和 DKQ（四边形单元）是以薄板理论（Kirchhoff Plate Theory）为基础开发的；DKMT（三角形单元）和 DKMQ（四边形单元）是以厚板理论（Mindlin-Reissner Plate Theory）为基础开发的。厚板单元因为考虑了适合的剪切应变场理论，所以从薄至厚的板都能计算出较准确度结果。

三角形板单元的面内刚度使用了 LST（Linear Strain Triangle）理论，四边形板单元面内刚度使用了等参数单元（Isoparametric Plane Stress Formulation with Incompatible Modes）理论。

（7）如何定义索单元的几何初始刚度？

具体问题

建立悬索桥模型时，如何定义索单元的几何初始几何刚度？

相关命令

模型 > 单元 > 建立...

荷载 > 初始荷载 > 大位移 > 几何刚度初始荷载...

问题解答

在建立索单元时，直接输入索单元的无应力长度（L_u）、初拉力、水平力即可，或在"几何刚度初始荷载"对话框中输入也可。

相关知识

① 静力线性分析时，几何刚度初始荷载不起作用。此时必须输入"小位移 > 初始单元内力"，不然运行分析时程序会提示"发生奇异"。

② 静力非线性分析时，程序根据几何刚度初始荷载考虑结构的初始状态。根据不同的荷载工况，结构的几何刚度会发生变化。另外，不同荷载工况作用效应的算术叠加不成立。

③ 施工阶段非线性分析（独立模型，不考虑平衡单元节点内力）时，几何刚度根据不同施工阶段荷载的作用发生变化，且考虑索单元节点坐标变化引起的影响（索单元）。

④ 施工阶段非线性分析（独立模型，考虑平衡单元节点内力）时，几何刚度初始荷载不起作用，此时发生作用的是"大位移 > 平衡单元节点内力"。

⑤ 施工阶段非线性分析（独立模型，考虑平衡单元节点内力，但未输入平衡单元节点内力，只输入了几何刚度初始荷载）时，几何刚度初始荷载不起作用，对施加的荷载工况进行静力非线性分析。下一个阶段中也一样，但前一阶段的荷载和本阶段的荷载相当于一同作用并对之进行分析。

⑥ 移动荷载分析时，程序会自动将索单元转换为等效桁架单元进行线性分析，其几何刚度将利用"小位移 > 初始单元内力"来确定。

（8）索单元输入的初拉力是 i 端或 j 端的切向拉力吗？

具体问题

索单元输入的初拉力是 i 端或 j 端的切向拉力吗？

相关命令

模型 > 单元 > 建立...

问题解答

索单元输入的初拉力不是 i 端或 j 端的切向拉力。建立索单元时输入的初拉力是为了生成索单元的初始几何刚度。索单元进行非线性分析时，是以新生成的初始几何刚度为初始状态，随荷载的变化不停更新结构的几何刚度。最后根据最终的几何刚度以及索的自重重新计算出索单元两端 i 端和 j 端的切向拉力。

相关知识

初拉力荷载可分为体外力和体内力（"施工阶段分析控制"对话框）。体内力荷载分析是在索单元上作用等效于初拉力荷载的变形量，再与其他结构相连接后进行整体结构分析的过程。根据索单元两端结构的刚度，索单元两端节点会发生新的位移量，此位移量将决定索单元的内力。且同时作用在索单元上的其他荷载，也会使索单元的内力发生变化。假如索单元两端是固定边界条件，则索单元将发生与初拉力相同大小的内力。

第4章　外荷载及边界条件的施加

前面的章节详细讲解了前处理模式下各种 CAD 模型与有限元模型的建立方法和过程，本章主要介绍给结构分析模型施加各种外荷载及边界条件。

4.1　静力荷载工况

功　能

定义静力荷载工况，修改或删除先前定义的荷载工况。

用该功能可完成各种静力荷载工况下的静力分析。在"组合"中可相互组合这些分析结果。也可以用该功能生成 $P\text{-}\varDelta$ 效应曲线或用于生成屈曲分析中的几何刚度矩阵中必需的荷载工况。

在 Midas 程序中做静力分析的步骤如下：

（1）在"荷载 > 静力荷载工况"中建立静力荷载工况名称。

（2）使用"荷载"菜单中的"各种静力荷载输入功能"输入荷载。

（3）当结构模型中有几何非线性单元时，需要在"荷载 > 由荷载组合建立荷载工况"中将实现建立的荷载组合生成荷载工况，然后在"分析 > 主控数据"中输入收敛条件。

（4）在分析过程中需要考虑 $P\text{-}\varDelta$ 效应时，需要在"分析 > P-Delta 分析控制数据"中输入收敛条件和计算几何刚度所需的荷载工况和荷载系数。

（5）点击"分析 > 运行分析"菜单或点击 运行分析图标。

（6）分析过程和结束的信息将显示在下面的信息窗口中。

（7）分析结束之后，可以使用"荷载工况"和"荷载组合"在结果菜单中查看各种分析结果。

注：分析过程中产生的信息自动保存在"文件名.out"文件之中。

命　令

从主菜单中选择荷载 > 静力荷载工况…。

在树形菜单的菜单表单中选择静力荷载 > 静力荷载工况。

快捷键：[F9]

如图 4.1 所示，在指定静力荷载的各种功能的对话框中，单击荷载工况名称区右边的 ，定义或修改静力荷载工况名称和类型。

定义或增加新的静力荷载工况时，输入以下各项并单击　添加(A)　：

名称：输入静力荷载工况名称。

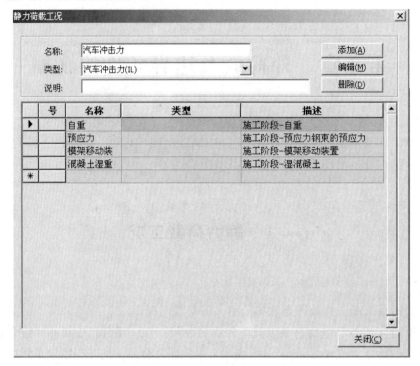

图 4.1 "静力荷载工况"对话框

类型：在静力荷载工况类型列表中选择荷载类型。在荷载组合命令中将根据各国设计规范中的规定，使用列表自动生成荷载组合。因为自动生成荷载组合的依据为静力荷载的类型，所以当用户使用自动生成的荷载组合时，需要在此正确选择荷载工况类型。遇到不常用的荷载类型，可在表中输入"用户定义的荷载"。自动生成荷载组合时不考虑用户自定义的荷载工况类型，需要用户手动调整荷载组合。

施工阶段分析时，程序内部将自动生成以下荷载工况：

恒荷载（CS）：除预应力、收缩和徐变之外，在各施工阶段激活和钝化的所有荷载均保存在该工况下。

施工荷载（CS）：当要查看恒荷载（CS）中的某个荷载的效应时，可在施工阶段分析控制对话框中的"从施工阶段分析结果的 CS：恒荷载工况中分离出荷载工况（CS：施工荷载）"中将该工况分离出来，分离出的工况效应将保存在"施工荷载（CS）"工况中。

钢束一次（CS）：钢束张拉力对截面形心的内力引起的效应；钢束二次（CS）：超静定结构引起的钢束二次效应（次内力引起的效应）；徐变一次（CS）：引起徐变变形的内力效应徐变二次（CS）：徐变变形引起的实际徐变内力效应。

注：徐变一次和二次是 Midas 程序内部为了计算方便创造的名称；收缩一次（CS）：引起收缩变形的内力效应；收缩二次（CS）：收缩变形引起的实际收缩内力效应收缩一次和二次是 Midas 程序内部为了计算方便创造的名称。

合计（CS）：上述荷载工况的合计结果。

故在定义荷载类型时，建议将施工阶段中激活的自重、二期、预应力、临时荷载等的荷载类型定义为"施工阶段荷载（CS）"；否则，在使用自动生成荷载组合时，可能会导致重复考虑以上荷载。

说明：输入对荷载工况的简要描述。

修改先前已定义的荷载工况时：

在已定义的荷载工况列表中选择相应的荷载工况，做相应修改后单击 编辑(M) 。

删除先前已定义的荷载工况时：

在已定义的荷载工况列表中选择相应的荷载工况，然后单击 删除(D) 。

注：列出的荷载工况的名称及符号可能与各国规范中给定的名称与符号不同，有的类型可能有重复，请选择相应规范的准确名称。

4.2　由荷载组合建立荷载工况

功　能

将荷载组合中的各荷载工况的组合建立为新的荷载工况。

非线性单元（如索、只受拉或只受压单元）由于具有非线性特性，单纯将各荷载工况的分析结果进行线性组合（荷载组合）是错误的，此时应该使用该功能将荷载组合（如 $1.2D+1.4L$）定义为一个荷载工况作用于结构上，方能得到正确的分析结果。如图 4.2 所示。

命　令

从主菜单中选择荷载 > 由荷载组合建立荷载工况...。

从树形菜单中选择静力荷载 > 由荷载组合建立荷载工况...。

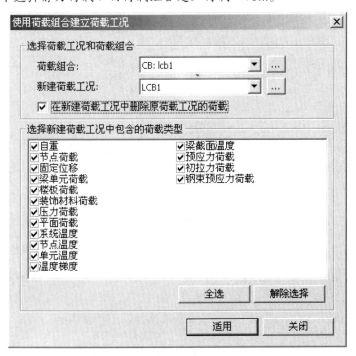

图 4.2　"使用荷载组合建立荷载工况"对话框

4.3 自重荷载

功　能

输入单元自重，也可以修改或删除先前输入的单元自重。

Midas 中使用单元的体积和密度功能自动计算模型的自重。在静力分析中，求得的自重可使用于整体坐标系的 X、Y 和 Z 轴方向。此外，在动力分析或静力等效地震荷载计算中需要将自重转换为质量时，可在"结构类型"中选择转换的方向。

计算各种单元类型自重的方法如下：

（1）桁架、只受拉、只受压和梁单元。

桁架、只受拉、只受压或梁单元的自重等于在"截面"和"材料"输入的横截面面积和比重乘以单元长度。对定义为 SRC 截面（钢和混凝土组合截面）的梁单元，其自重为分别求得的混凝土和钢的重量之和（参见"截面"中的 SRC 表单）。对定义为变截面（参见"截面"中的变截面表单）的梁单元，假设自重从一端到另一端是线性变化的。使用"刚域效应"定义刚性节点区域时，柱构件的自重用两节点间的长度计算。梁构件（与柱连接的水平构件）的自重用两节点间的长度减去两端的偏移距离计算。使用"梁端刚域"功能且单元为均匀截面时，按整个梁长计算，不考虑偏移。

使用"梁端刚域"功能且单元为变截面时，刚域部分按重量均布分配，其余部分假设自重从一刚域端到另一刚域端是线性变化的。

（2）平面应力、板、墙、平面应变和轴对称单元。

平面应力、板、墙、平面应变和轴对称单元的自重按集中荷载作用在连接节点处。

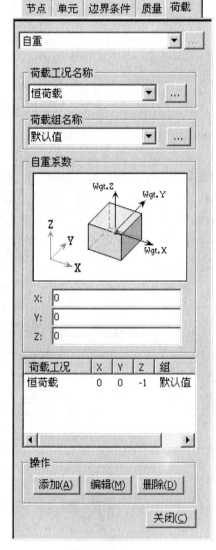

图 4.3　自重系数

该荷载等于单元面积、厚度和比重的乘积，并按各节点的面积比分配给各节点。

平面应力、板和墙单元的厚度为在"厚度"中输入的平面内厚度。平面应变和轴对称单元分别使用单位宽度（1.0）和单位角度（1.0 弧度）。

（3）实体单元。

实体单元的自重按集中荷载作用在连接节点处，该荷载等于单元体积和比重的乘积，并

第 4 章　外荷载及边界条件的施加

按各节点的体积比分配给各节点。

命令

从主菜单中选择荷载 > 自重...。

在树形菜单的菜单表单中选择静力荷载 > 自重。

X：GCS X 方向自重系数。Y：GCS Y 方向自重系数。Z：GCS Z 方向自重系数。如图 4.3 所示。

注：该系数决定自重作用方向和大小，程序将内部计算得到的结构重量乘上自重系数作用在结构上。

4.4　节点体力

功　能

将赋予在节点上的节点质量、荷载转换成质量、结构质量转换成任意方向的节点荷载。可任意定义体力系数（质量×g×系数）。在进行 Pushover 分析时，欲根据质量分配荷载，可选择"按荷载工况定义 Pushover 荷载"，并选择"节点体力工况"即可。

命　令

从主菜单中选择荷载 > 节点体力...

在树形菜单的菜单表单中选择静力荷载 > 节点体力

如图 4.4 所示，选择转换类型。

节点质量：节点的质量；荷载转换成质量：荷载转换的质量；结构质量：结构自身的质量。

节点体力系数：

X：整体坐标系 X 方向的体力系数；Y：整体坐标系 Y 方向的体力系数；Z：整体坐标系 Z 方向的体力系数。

4.5　节点荷载

功　能

输入节点集中荷载（集中力或力矩），修改或删除先前输入的集中荷载。

命　令

从主菜单中选择荷载 > 节点荷载...。

在树形菜单的菜单表单中选择静力荷载 > 节点荷载。

如图 4.5 所示，以整体坐标系为基准输入节点集中荷载。

FX：集中荷载在整体坐标系 X 轴方向的分量；FY：集中荷载在整体坐标系 Y 轴方向的分量。

FZ：集中荷载在整体坐标系 Z 轴方向的分量；MX：绕整体坐标系 X 轴的节点力矩分量；MY：绕整体坐标系 Y 轴的节点力矩分量；MZ：绕整体坐标系 Z 轴的节点力矩分量。

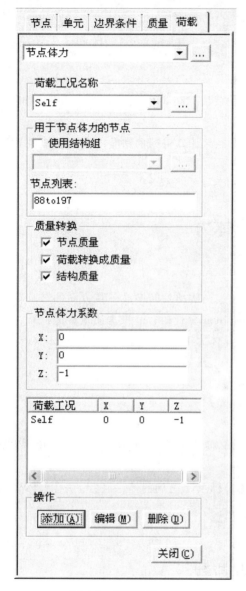

图 4.4 质量转换

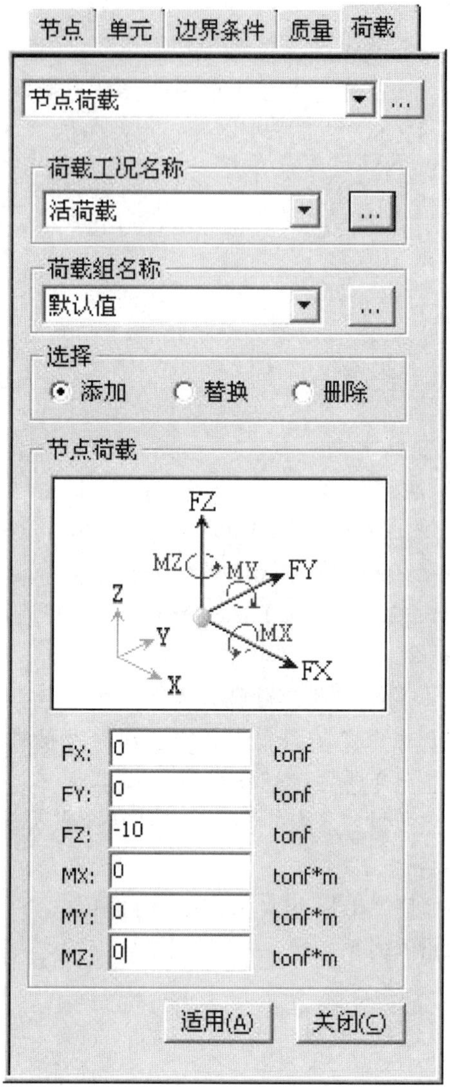

图 4.5 节点荷载

4.6 支座强制位移

功 能

输入节点指定（强制）位移，修改或删除已输入的节点指定（强制）位移，如图 4.6 所示。

命 令

从主菜单中选择荷载 > 支座强制位移...。

在树形菜单的菜单表单中选择静力荷载 > 节点强制位移。

第 4 章　外荷载及边界条件的施加

Dx、Dy、Dz 分别表示强制位移在整体坐标系或节点局部坐标系 x 方向、y 方向、z 方向的分量。

Rx、Ry、Rz 分别为绕整体坐标系或节点局部坐标系 x 轴、y 轴、z 轴的强制旋转角度分量。

注：在 Midas 中将强制位移作为一种荷载工况考虑，因此强制位移可与其他荷载工况进行组合。

模型中有强制位移荷载工况时，要注意下列事项：

如果对某节点赋予强制位移，相应的节点自由度自动被约束。该约束同样适用于其他荷载工况。如果要想使其不适用于其他荷载工况，可使用"分析 > 分配边界"转换给"荷载工况/分析"命令。

被赋予强制位移的节点的特征类似于支座，即对其他工况或荷载组合，均按支座处理。

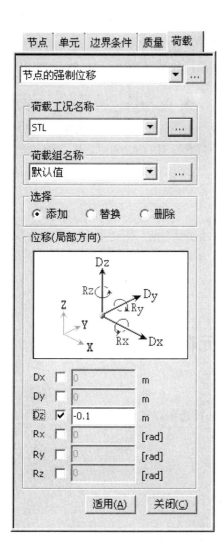

图 4.6

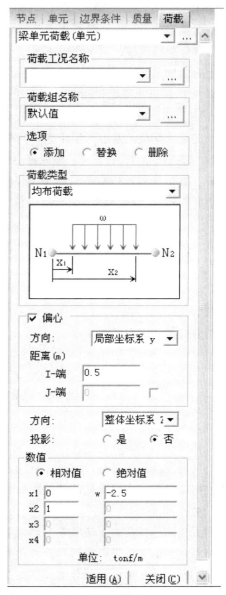

图 4.7　荷载类型

4.7　梁单元荷载

功　能

输入作用在梁单元上的荷载，如均布荷载、集中荷载等，也可以修改或删除先前输入的梁单元荷载。

命　令

从主菜单中选择荷载 > 梁单元荷载…

在树形菜单的菜单表单中选择静力荷载 > 梁单元荷载

如图 4.7 所示，输入梁单元荷载的荷载类型。荷载类型如下：

集中荷载：跨中某点处的集中荷载；集中弯矩/扭矩：跨中某点处的集中弯矩/扭矩；均布荷载：均匀分布的荷载；均布弯矩/扭矩：均匀分布的弯矩/扭矩；梯形荷载：沿梁长度方向呈线性变化的梯形荷载。

梯形弯矩/扭矩：沿梁长长度方向呈线性变化的梯形弯矩/扭矩。

偏心：定义梁单元的偏心荷载。输入偏心距离后，将自动考虑偏心荷载的弯矩、扭矩效应。方便定义风荷载等偏心作用于梁单元的荷载。

方向：选择偏心方向；距离：输入偏心距离；I-端：I 端的偏心距离；J-端：J 端的偏心距离。

投影：决定梁单元荷载是沿整个梁长作用还是沿与荷载作用方向垂直的梁的投影长度作用。该功能仅用于荷载类型为"均布荷载"或"梯形荷载"且荷载方向是在"整体坐标系"下时。

是：梁单元荷载沿与荷载作用方向垂直的梁的投影长度作用。

否：梁单元荷载沿整个梁长作用。

数值：决定是以梁长的相对比例输入梁单元荷载的加载位置，还是以实际长度输入。

相对值：梁长的相对比例。绝对值：实际长度。参考荷载类型选择区下面的图，输入相应荷载类型的加载位置和大小。

4.8　连续梁单元荷载

功　能

几个梁单元连续连接在一起时（直线或曲线），选择连续线的两端点并输入连续梁荷载；也可以根据需要修改或删除先前输入的荷载。

命　令

从主菜单中选择荷载 > 连续梁单元荷载…。

在树形菜单的菜单表单中选择静力荷载 > 梁单元荷载（连续）。

荷载类型：输入梁单元荷载的荷载类型。荷载类型如下：

集中荷载：跨中某点处的集中荷载。集中弯矩/扭矩：跨中某点处的集中弯矩/扭矩。均布荷载：均匀分布的荷载。均布弯矩/扭矩：均匀分布的弯矩/扭矩。梯形荷载：沿梁长度方向呈线性变化的梯形荷载。

梯形弯矩/扭矩：沿梁长长度方向呈线性变化的梯形弯矩/扭矩。

曲线荷载：沿梁长度方向呈曲线（2 次函数或 0.5 次函数）变化的分布荷载。

注：曲线荷载是将单元 3 等分之后加载，一个单元如果很长，其荷载形式就会接近直线，故单元分割得越细，其荷载形式就会越接近于曲线。

4.9　标准梁单元荷载

功　能

输入由楼面荷载传递的标准梁荷载，也可以修改或删除先前输入的荷载。

在二维框架分析中，使用该功能可以简便地输入由楼面传来的荷载。

命　令

从主菜单中选择荷载 > 标准梁单元荷载…。

在树形菜单的菜单表单中选择静力荷载 > 梁单元荷载（标准）。

楼面均布荷载 P，加载高度 B：

P：输入楼面单位面积荷载。当梁上为墙体荷载时，也可以输入墙体截面均布荷载。

B：输入楼面荷载加载高度。单向板时，为板跨（或净跨）一半；双向板（无次梁）时，按 40°角计算的荷载高度（参见图 4.8）；双向板（有次梁）时，可输入次梁跨度的一半。三角形荷载的位置和高度由程序自动计算。

次梁单位长度重量 w：输入次梁线长度重量，计算时可以包含次梁重量。

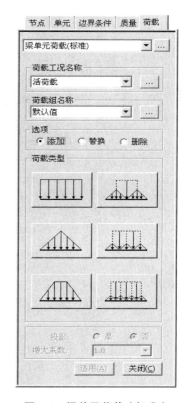

图 4.8　梁单元荷载（标准）

4.10　定义楼面荷载类型

功　能

定义楼面荷载工况及相应的楼面荷载。

此处定义的楼面荷载由"分配楼面荷载"命令施加到结构上。

尽管诸如恒载、活载、屋面荷载和雪荷载等楼面荷载的荷载形式和大小不同，但它们的加载区域可能相同。为避免重复输入并加快荷载数据的输入过程，Midas 将楼面荷载的定义和分配分开来进行。

命 令

从主菜单中选择荷载 > 定义楼面荷载类型…。

如图 4.9 所示。

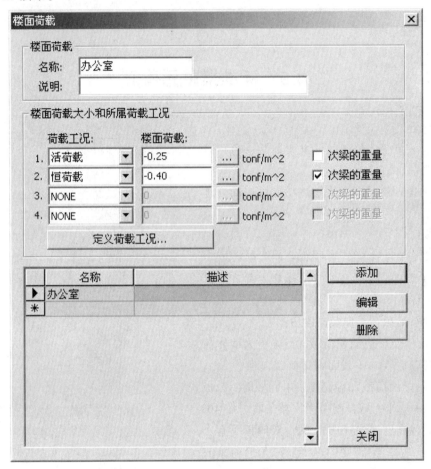

图 4.9　楼面荷载定义

4.11　压力荷载

功 能

将压力荷载作用在板、平面应力、平面应变、轴对称或实体单元的边缘或表面上，也用以修改或删除先前输入的压力荷载。

压力荷载可以按均匀分布或线性分布输入，程序自动将其转换为等效节点力。

板单元和平面应变单元的压力荷载可以以整体坐标系或单元局部坐标系为基准输入，也可以按指定方向输入。当作用在面上时，荷载方向与给定坐标系的某一轴一致；当作用在边上时，荷载方向垂直于边（平面内方向）。荷载作用方向由外向边为正（＋），反之为负（－）。作用在边上的荷载按线荷载输入。

作用在平面应变和轴对称单元的压力荷载方向垂直与单元的边缘（平面内方向）。荷载作用方向由外向边为正（＋），反之为负（－）。作用在边上的荷载按线荷载输入。

实体单元的压力荷载方向垂直于表面。荷载作用由外指向单元表面时为正方向（＋），反之为负（－）。

命　令

从主菜单选择荷载 > 压力荷载…。

在树形菜单的菜单表单中选择静力荷载 > 压力荷载。

4.12　温度荷载

1. 系统温度荷载

功　能

当整个结构温度从初始（参考）温度变化至指定温度时，为了做热应力分析，输入最终温度（或称系统温度）；也可用以修改或删除先前输入的最终温度。Midas 中对所有单元都能进行温度变化分析。温度变化产生热应变，并导致构件中产生内力：

$$\varepsilon t = \alpha(T_1 - T_2)$$

式中，α 为在"材料"中输入的线性热膨胀系数；T_1 为初始温度；T_2 为结构的最终温度，既可以赋予整个结构相同的最终温度，也可以赋予结构的不同部分以不同的最终温度。

建议在初始温度中输入 0℃，在系统温度中输入整体升温或降温的温度。

命　令

从主菜单中选择荷载 > 温度荷载 > 系统温度…。

在树形菜单的菜单表单中选择静力荷载 > 温度荷载 > 系统温度。

如图 4.10 所示。

2. 节点温度荷载

功　能

输入热应力分析时所需的节点温度，也可以修改或删除先前输入的节点温度。

命　令

从主菜单中选择荷载 > 温度荷载 > 节点温度…。

在树形菜单的菜单表单中选择静力荷载 > 温度荷载 > 节点温度。

如图 4.11 所示。

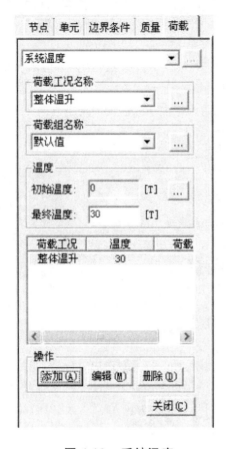

图 4.10 系统温度 　　　　　　图 4.11 节点温度荷载

3. 单元温度荷载

功　能

输入热应力分析时所需的单元温度，也可以修改或删除先前输入的单元温度。

命　令

从主菜单中选择荷载 > 温度荷载 > 单元温度…。

在树形菜单的菜单表单中选择静力荷载 > 温度荷载 > 单元温度。

4. 温度梯度荷载

功　能

输入梁或板单元顶面和底面的温度差，也可以修改或删除先前输入的温度差。

温度梯度分析适用于具有弯曲刚度的单元，如梁和板单元。对梁单元，需要输入沿单元局部坐标系 y 轴和 z 轴方向截面边缘间的距离和温度差；对板单元，温度梯度可用板上、下面的温度差和板厚表示。

命　令

从主菜单中选择荷载 > 温度荷载 > 温度梯度荷载…。

在树形菜单的菜单表单中选择静力荷载 > 温度荷载 > 温度梯度荷载。

5. 梁截面温度荷载

功　能

截面内部的温度分布为非线性分布时，可以利用梁截面温度功能输入温度荷载。Midas 中不仅可以沿截面高度分段输入温度，还可以输入沿截面横向的温度变化。

与温度梯度的功能相比，温度梯度适用于上、下缘温度差在截面内呈线性分布的情况。但是对于图 4.12 所示的钢混叠合梁桥、预应力混凝土箱型梁桥等，通常截面内的温度并非线性分布，因此需要沿高度输入不同的温度。对于用梁单元模拟的组合截面，还需输入考虑材料特性（弹性模量、热膨胀系数）差异的温度荷载。故像截面内温度非均匀分布或者组合截面时，利用梁截面温度的功能可以更真实地模拟截面内实际的温度分布情况。

提示：Midas 程序中的温度计算考虑了温度自应力。

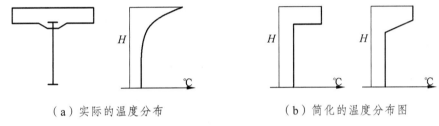

（a）实际的温度分布　　　　（b）简化的温度分布图

图 4.12

命　令

从主菜单中选择荷载 > 温度荷载 > 梁截面温度荷载…。

在树形菜单的菜单表单中选择静力荷载 > 温度荷载 > 梁截面温度荷载。

6. 预应力荷载

功　能

输入梁上的预应力荷载，也可以修改或删除先前输入的荷载。

命　令

从主菜单中选择荷载 > 预应力荷载 > 梁单元预应力荷载…。

在树形菜单的菜单表单中选择静力荷载 > 预应力荷载 > 梁单元预应力荷载。

定义梁中预应力荷载如图 4.13 所示。

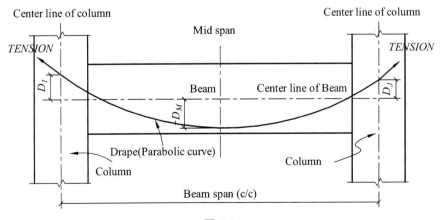

图 4.13

索道的形状由通过三个偏心点的二维曲线决定。假设偏心点在单元局部坐标系的 *x-z* 平面内，且索的拉力在索道的整个长度上是相同的（考虑预应力钢束的各种预应力损失时，应该使用"预应力钢束的预应力荷载"）。

4.13　施工阶段荷载

功　能

为了考虑相邻构件的材龄差异，并反映材料的时间依存特性（徐变、收缩、强度的变化等），给构件施加时间荷载。

命　令

从主菜单中选择荷载 > 施工阶段荷载 > 施工阶段时间荷载…。

在树形菜单的菜单表单中选择静力荷载 > 施工阶段时间荷载。

图 4.14　施工阶段荷载

4.14　移动荷载

1. 规　范

功　能

选择移动荷载的规范。在 Midas/Civil 中文版中默认的移动荷载规范为中国规范，包括公路、铁路、城市桥梁设计规范中的移动荷载。如果需要其他国家的移动荷载规范，需要另外追加购买。

命　令

从主菜单中选择荷载 > 移动荷载分析数据 > 移动荷载规范。

在树形菜单的菜单表单中选择移动荷载分析 > 移动荷载规范。

2. 车　道

功　能

定义移动荷载分析时的车道位置。

命　令

从主菜单中选择荷载 > 移动荷载分析数据 > 车道...。

在树形菜单的菜单表单中选择移动荷载分析 > 车道。

3. 车辆荷载的分布

指定所布置的车辆荷载的加载方式。可供选择的有"车道单元"和"横向联系梁"法。

车道单元法：考虑偏心扭矩影响后，将汽车荷载加载到参考单元线上。

注：当横向联系梁较少，车道线距离选择的参考单元较近时，选择此方法会得到比较好的结果。

横向联系梁法：将汽车荷载加载到横向联系梁上。

注：当使用横向联系梁法时，参考单元仅作确定偏心距离之用，先将汽车荷载加载到横向联系梁上，再根据车道线位置分配至两边的主梁上。

横向联系梁组：选择横向联系梁所属的结构组。汽车荷载（黑色）按下图进行分配（红色）后，加载到横向联系梁上。

斜交角：适用于斜桥。

始点：输入始点处的斜交角。

终点：输入终点处的斜交角

车辆移动方向：指定车辆荷载的移动方向。

向前：只考虑由始点向终点方向的移动。

向后：只考虑由终点向始点方向的移动。

往返：考虑车辆的往返移动。

偏心距离：输入实际车道相对于车道单元的偏心距离。

车轮间距：输入车辆的横向轮距。影响线分析时，在各个位置处以 0.5 倍的荷载加载。以线荷载考虑移动荷载时，车轮间距输入"0"即可。

桥梁跨度：输入桥梁跨度，当为多跨桥梁时，应对应下面的车道单元输入不同的桥梁跨度。该功能主要用于对不同跨度的桥梁段赋予不同的冲击系数。

注：在 6.3.2 以后的版本中，Civil 提供了两种用于计算冲击系数的跨度：一种是这里输入的跨度；另外一种是由程序根据影响线自动计算 L。至于选用哪种方法，则在"分析 > 移动荷载分析控制"的"跨度的计算方法"中选择。当用户选择"影响线加载长度"时，这里输入的跨度不起作用。

跨度始点：输入车道线上桥梁每跨的起始点，程序在计算冲击系数时需要跨度的数据。对于车道单元，程序默认跨度始点为所选单元的左侧点（沿着所选单元顺序方向）。程序根据用户输入的跨度始点确定桥梁每跨的长度。该长度将在计算冲击系数和确定新公路工程技术标准中车道荷载的集中力大小时使用。

例如：定义车道的顺序为 5（a，b）→8（b，c）→10（c，d）→7（d，e）号单元，括号内数字为按选择的车道单元方向的该单元的节点号。此时如果选择 10 号单元为跨度始点，则程序默认 c 点为计算跨度始点的节点。

4. 车道面

功　能

定义移动荷载分析的车道面。

命　令

从主菜单中选择荷载 > 移动荷载分析数据 > 车道面…。

在树形菜单的菜单表单中选择移动荷载分析 > 车道面。

车轮距离：输入车辆的横向轮距。影响面分析时，在各个车轮位置处以 0.5 倍的荷载加载。以线荷载考虑移动荷载时，车轮间距输入"0"即可。

与车道基准线的偏心距离：输入实际车道面中心相对于车道面基准线的偏心距离。沿着车辆移动方向，车道面在车道面基准线右侧时，输入正（＋）的偏心距离；车道面在车道面基准线左侧时，输入负（＋）的偏心距离。

5. 车　辆

功　能

定义车辆荷载。

命　令

从主菜单中选择荷载 > 移动荷载分析数据 > 车辆…。

在树形菜单的菜单表单中选择移动荷载分析 > 车辆。

6. 车辆组

功　能

输入移动荷载分析所需的车辆荷载组。

同一个车辆荷载组内的车辆将分别加载在桥梁上，程序做出分析比较后，为用户提供最大、最小值。同一车辆荷载组内的车辆也可以同时加载，但必须符合相应规范的要求。

国外某些设计规范中要求对上述进行分析，国内各种桥梁的设计规范中均没有上述分析要求，因而采用国内规范定义移动荷载时，不需要定义车辆荷载组。

命　令

从主菜单中选择荷载 > 移动荷载分析数据 > 车辆等级…。

在树形菜单的菜单表单中选择移动荷载分析 > 车辆等级。

7. 移动荷载工况

功　能

用建立的车辆荷载和车道生成移动荷载工况。

命　令

从主菜单中选择荷载 > 移动荷载分析数据 > 移动荷载工况…。

在树形菜单的菜单表单中选择移动荷载分析 > 移动荷载工况。

横向折减系数：输入车道横向折减系数。选择使用城市桥梁还是公路桥梁的折减系数，需要先在"分析 > 移动荷载分析控制"对话框中确定冲击系数，以明确桥梁的性质（公路桥梁还是城市桥梁）。

第4章 外荷载及边界条件的施加

子荷载工况：确定移动荷载工况中包含的子荷载工况（车辆荷载以及加载的车道位置）。程序根据选择的车道数量自动进行横向折减。加载时程序将对各车道可能加载的子荷载工况进行各种可能的组合，当程序做该移动荷载工况分析后，程序将输出各种子荷载工况组合下的最大值和最小值。

组合选项：组合：按提供的系数组合各子荷载工况。单独：各子荷载工况独自发生作用。

系数：输入车辆荷载组荷载的增减系数。

加载的最少车道数：输入按车辆荷载组可以加载的最少车道数量。

加载的最多车道数量：输入按车辆荷载组可以加载的最多车道数量。

注：加载的最多和最少车道数量必须小于选择的车道数量。

分配车道：选择按车辆荷载组加载的车道。

在车道列表中用鼠标指定车辆荷载组加载的车道并单击 →|选择。若要从选择结果中删除先前选定的车道，用鼠标指定车道并单击"删除"。

注：以加载的车道的最大数量为10。

4.15 一般支承

定义完外荷载之后，就应该给模型施加边界条件。

功 能

约束选定节点的自由度，或者替换或删除先前定义的支承条件。

命 令

从主菜单中选择模型 > 边界条件 > 一般支承...。

从树形菜单的菜单表单中选择模型 > 边界条件 > 一般支承。

支承条件类型（局部方向）：选择要约束的节点的自由度分量。定义节点局部坐标系时，自由度的方向为局部坐标系，否则为整体坐标系方向。

D-ALL：全部平移自由度。

Dx、Dy、Dz：整体坐标系 X 轴方向（或节点局部坐标 x 轴方向）、Y 轴方向、Z 轴方向的平移自由度。

R-ALL：全部旋转自由度。

Rx、Ry、Rz：绕整体坐标系 X 轴方向（或节点局部坐标 x 轴方向）、Y 轴方向、Z 轴方向的旋转自由度。

4.16 节点弹性支承

功 能

在 GCS 或节点局部坐标系的各个方向输入选定节点的弹性刚度，也可以替换或删除先前已定义的弹性支承刚度。

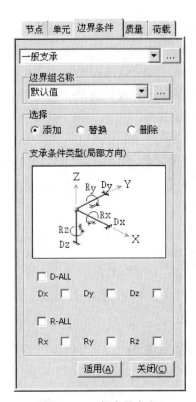

图 4.15　一般支承定义

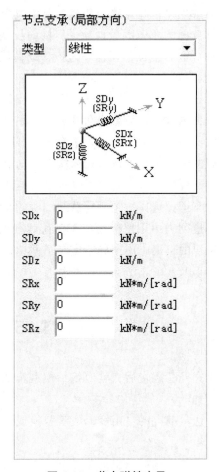

图 4.16　节点弹性支承

命　令

从主菜单中选择模型 > 边界条件 > 节点弹性支承…。

从树形菜单的菜单表单中选择模型 > 边界条件 > 节点弹性支承。

线性：输入线性弹性支承刚度。

SDx、SDy、SDz：整体坐标系 X 轴方向（或已定义的节点局部坐标系 x 方向）、Y 轴方向、Z 轴方向的弹性支承刚度。

SRx、SRy、SRz：绕整体坐标系 X 轴方向（或已定义的节点局部坐标 x 轴方向）、Y 轴方向、Z 轴方向的转动弹性刚度。

4.17　定义一般弹性支承类型

功　能

定义任意节点一般弹性支承刚度值。

命　令

从主菜单中选择模型 > 边界条件 > 定义一般弹性支承类型…。

第 4 章　外荷载及边界条件的施加

从树形菜单的菜单表单中选择模型＞边界条件＞定义一般弹性支承类型。

名称：输入节点一般弹性支承名称，如图 4.17 所示。

耦合的弹性刚度：输入节点一般弹性支承刚度。定义节点局部坐标系时，自由度的方向为局部坐标系方向，否则为整体坐标系方向。

SDx-SDx：整体坐标系 X 轴方向（或已定义的节点局部坐标系 x 方向）的弹性支承刚度。

SDx-SDy：整体坐标系 X 轴方向和 Y 轴方向（或已定义的节点局部坐标系 x 方向和 y 方向）的相关弹性支承刚度。

SRz-SRz：绕整体坐标系 z 方向的转动弹性刚度（或已定义的节点局部坐标系 z 方向）的转动弹性支承刚度。

注：一般弹性支承通常用于反映桩的支承刚度，结构分析时可以考虑与各个自由度有关的桩支承刚度。

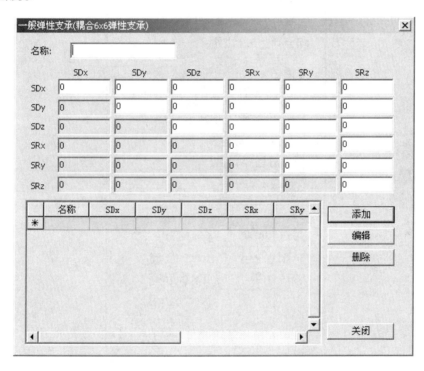

图 4.17 一般弹性支承

在典型的建筑结构中，分析模型不包括桩基础，而是假定在基础底面或桩帽处存在弹性边界。下面的通用刚度给出了桩单元的实际刚度。对斜桩，用"节点局部坐标轴"计算斜向的刚度。

4.18　一般弹性支承

功　能

分配定义的一般弹性支撑类型或输入节点通用刚度矩阵（6×6）。其中包括选定的节点在整体坐标系或节点局部坐标系内各自由度之间相关的刚度，也可以替换或删除先前定义的弹性支承刚度。

分配一般弹性支承前，首先定义节点一般弹性支承刚度。

命　令

从主菜单中选择模型 ＞ 边界条件 ＞ 一般弹性支承…。

从树形菜单的菜单表单中选择模型 ＞ 边界条件 ＞ 一般弹性支承。

输　入

单击一般弹性支承右边的 ⋯ ，将显示一般弹性支承表格，如图 4.18 所示。

图 4.18

4.19　面弹性支承

功　能

通过输入单位面积对应的弹簧刚度，自动生成板单元的多节点弹性支承或弹性连接单元。

例如，对于板单元类型的地基基础等构件，定义边界条件时，需要对所有节点定义弹性连接条件。此时，每个单元的大小都将影响每个弹簧的刚度。手动定义弹簧单元是非常不方便的。

通过此功能只输入单位面积对应的地基弹性刚度，即可自动生成多节点的弹性支撑，并自动计算每个弹簧的弹簧刚度。

命　令

从主菜单中选择模型 〉边界条件 〉面弹性支承...。

从树形菜单的菜单表单中选择模型 〉边界条件 〉面弹性支承。

4.20　弹性连接

功　能

形成或删除弹性连接。由用户定义弹性连接及其弹性连接的两个节点。

命　令

从主菜单中选择模型 〉边界条件 〉弹性连接...。

从树形菜单的菜单表单中选择模型 〉边界条件 〉弹性连接。

剪切型弹性支承位置：输入剪切型弹性支承在弹性连接单元上的位置。该项主要为了考虑弹性支承两端因剪力传递的弯矩。当弹性连接两端作用有弯矩和剪力时，弯矩通过弹性连接的旋转刚度传递，剪力引起的弯矩通过定义的剪切型弹性支承位置通过计算后进行传递。

SDy：输入局部坐标系 y 轴方向的剪切型弹性支承的位置（按到端点 I 的距离比输入）。

SDz：输入局部坐标系 z 轴方向的剪切型弹性支承的位置（按到端点 I 的距离比输入）。

Beta 角：输入弹性连接单元的角度。

两点：输入弹性连接单元的两个节点号。

4.21　释放梁端约束

功　能

输入梁两端的梁端释放条件（铰接、滑动、滚动、节点和部分固定），或替换或删除先前输入的梁端释放条件。

命　令

从主菜单中选择模型 〉边界条件 〉释放梁端部约束...。

从树形菜单的表格表中选择模型 〉边界条件 〉释放梁端部约束。

输　入

选择类型释放比率：确定选定节点在单元局部坐标系中各自由度方向的约束条件。

类型：当选择"相对值"时，输入释放后残留的约束能力的百分比；当选择"数值"时，输入释放后残留的约束能力的绝对数值大小。

选择某个自由度方向时，表示将释放该自由度方向上的约束。在后面的输入框中可以输入释放后残留的约束能力。例如，i 节点（N_1 端节点）弯矩 M_y 的值为 0.3，当选择"相对值"时，表示 M_y 抗弯刚度的 30% 有效；当选择"数值"时，表示 M_y 的抗弯刚度在 0.3 kN·m/[rad]

内有效。右侧 j 节点（N_2 端节点）弯矩 M_y 值为 0，表示 M_y 抗弯刚度为 0，即成为铰支。

F_x、F_y、F_z、M_x、M_y、M_z 释放单元局部坐标系 x 轴、y 轴、z 轴方向的约束以及 x 轴方向、y 轴方向、z 轴方向的扭矩，并按需要输入部分约束的大小。

4.22　刚性连接

功　能

强制某些节点（从属节点）的自由度从属于某节点（主节点）。

包括从属节点的刚度分量在内的从属节点的所有属性（节点荷载或节点质量）均将转换为主节点的等效分量。

命　令

从主菜单中选择模型 > 边界条件 > 刚性连接…。

从树形菜单的菜单表单中选择模型 > 边界条件 > 刚性连接。

4.23　刚域效果

功　能

自动考虑杆系结构中柱构件和梁构件（与柱连接的水平单元）连接节点区的刚域效应。刚域效应反映在梁单元中，平行于整体坐标系 Z 轴的梁单元将被视为柱构件，整体坐标系 X-Y 平面内的梁单元将被视为梁构件。

命　令

从主菜单中选择模型 > 边界条件 > 刚域效果…。

从树形菜单的菜单表单中选择模型 > 边界条件 > 刚域效果。

考虑刚域效果，计算刚域长度：基于构件尺寸的长度，自动计算刚域长度。

修正系数：修正刚域长度（系数不大于 1）。

输出位置：单元内力的输出位置。

刚域：在节点区边缘输出单元内力。

修正后刚域：在经修正系数调整后的位置处输出单元内力。

不考虑：不考虑刚域效果。

注：当选择"输出位置＝修正后刚域"时，自重、分布荷载的大小及构件内力的输出位置取决于经修正系数调整后的距离。另外，如果选择"输出位置＝刚域"，自重、分布荷载的大小及构件内力的输出位置取原节点区边缘（对梁，为柱面；对柱，为梁的上下翼缘）。

在刚域效应中，在修正系数＝1.0 的情况下，"输出位置＝修正后刚域"与"输出位置＝刚域"的条件相同。修正系数＝0 的情况下，"输出位置＝修正后刚域"与根本不考虑刚域效应的条件是相同的。

第 4 章　外荷载及边界条件的施加

因为结构分析时考虑刚域效应，将发生下列变化，用户使用该功能时需格外小心。

1. 单元刚度计算

单元两端节点的距离用于计算轴向刚度和抗扭刚度。反映修正系数的距离$[L_1 = L - ZF \times (R_i + R_j)]$用于计算剪切刚度和弯曲刚度，与指定的输出位置无关。其中，L 为单元两端节点的距离，ZF 为修正系数，R_i 和 R_j 为刚域长度。

2. 分布荷载计算

如果选择"输出位置=刚域"，在修正后刚域位置和节点之间的截面上的分布荷载只作为相应节点上的剪力，其余截面上的分布荷载将换算为剪力和弯矩。

当"输出位置=修正后刚域位置"时，使用经修正系数调整后的位置计算。

3. 自重计算长度

不管是否使用刚域效应，柱构件的自重考虑两端节点之间的长度。对梁构件，当"输出位置=刚域"时，用除节点区外的净距离$[L_1 = L - (R_i - R_j)]$计算自重；当"输出位置=修正后刚域位置"时，使用经修正系数折减后的刚域长度$[L_1 = L - ZF \times (R_i + R_j)]$。此外，分析中将已定义的自重转换为剪力和弯矩的方法类似于上述分布荷载。

4. 构件内力的输出位置

如果选择"输出位置=刚域"，将输出节点区之间净长度的四分点处的梁柱构件内力。

如果选择"输出位置=修正后刚域位置"，将输出基于修正系数调整后的构件长度四分点处的梁构件内力。

在修正系数=1.0 的情况下，"输出位置=刚域"与"输出位置=修正后刚域位置"的输出位置相同。

设计功能中将使用这些位置输出的内力。

考虑梁端释放条件时的刚域：在梁端释放点处不考虑刚域效应，使用刚域效应时，考虑各种构件刚域的方法。

第5章 结构运行分析及结果查看

5.1 结构运行分析

前面的章节详细介绍了结构模型、边界条件、外荷载的定义等前处理模式，运行分析之后便进入后处理模式。本节主要介绍屈曲分析、特征值分析、反应谱分析、水化热分析、非线性分析、施工阶段分析。

屈曲分析控制：输入结构屈曲分析的荷载工况及相关数据。屈曲分析采用子空间迭代法。

Midas/Civil 做屈曲分析的步骤如下：

（1）对结构做屈曲分析时，需要构成几何刚度。为了构成几何刚度，需要静力分析的内力结果。所以，应建立屈曲分析所需的荷载工况。

（2）在"分析>屈曲分析"控制中输入屈曲模态的数量和分析的收敛条件。

（3）运行"分析>运行结构分析"或点击图标菜单 运行结构分析。

（4）结构分析结束之后，可以在"结果>屈曲模态或结果>分析结果表格>屈曲模态"中查看各模态和临界荷载系数。

（5）输入自重（不变）和二期荷载（可变）后进行屈曲分析。分析结果输出的特征值变成屈曲荷载系数，屈曲荷载系数乘以二期荷载（可变）加上自重等于屈曲荷载值。

做考虑几何非线性的屈曲分析时可使用非线性分析功能中的位移控制法。

从主菜单中选择分析 > 屈曲分析控制...

特征值分析控制：输入特征值分析的控制数据。

Midas 做特征值分析的步骤如下：

（1）在"模型 > 质量"菜单中输入模型的质量数据，即建立模型的质量矩阵。

（2）在"分析 > 特征值分析控制"中输入特征值数量和各种分析控制数据。

（3）运行"分析 > 运行结构分析"或点击图标菜单 运行结构分析。

（4）结构分析结束之后，可以在"结果 > 振型形状"或"结果>分析结果表格>振型形状"中查看各振型形状和特征值（自振周期和自振频率）。

注：在"模型 > 质量 > 将荷载转换成质量"中可以将输入的外部荷载转换为质量数据。该功能可以用来计算地震作用时的重力荷载代表值。

从主菜单中选择分析 > 特征值分析控制...。

反应谱分析控制：输入振型组合方法并指定是否考虑反应谱分析数据的正负号。

用 Midas 做反应谱分析的步骤如下：

（1）在"模型 > 质量"菜单中输入模型的质量数据，即建立模型的质量矩阵。

（2）在"分析 > 特征值分析控制"中输入特征值数量和各种分析控制数据。

（3）在"荷载＞反应谱分析数据＞反应谱函数"中输入反应谱数据。

（4）在"荷载＞反应谱分析数据＞反应谱荷载工况"中定义反应谱荷载工况。

（5）在"分析＞反应谱分析控制"中输入"振型组合方法和振型"符号。

（6）运行"分析＞运行结构分析"或点击图标菜单 ⚡ 运行结构分析。

（7）结构分析结束之后，可以利用结果中的各种后处理功能查看各荷载工况和荷载组合的分析结果。

从主菜单中选择分析＞反应谱分析控制...。

按图5.1所示输入。

1. 振型组合方法

设定振型组合的方法。

SRSS: Square Root of Sum of the Squares（平方和开平方法）。

CQC：Complete Quadratic Combination（完全平方组合法）。

ABS：ABsolute Sum（绝对总和法）。

阻尼比：在 CQC 中使用。

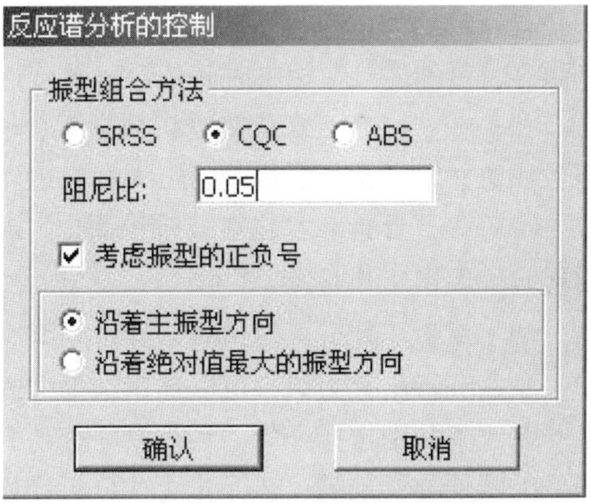

移动荷载分析控制：输入移动荷载分析的方法和分析结果的输出位置。移动荷载分析中，程序默认所有的车轮通过所有指定车道上的点。

图 5.1　"反应谱分析控制"对话框

从主菜单中选择分析＞移动荷载分析控制...。

荷载控制选项：设定车辆/列车荷载的加载位置。

2. 加载位置

影响线加载：车轮只加载在使各节点内力发生最大、最小值的位置处。即当前、后车轮位于影响线符号不同的区域时，忽略负值（或正值），只加载在正值（或负值）区域。使用该方法得到的结果将比实际结果稍大一些。该方法一般用于公路、城市桥梁车辆荷载的加载上。

所有点：与影响线的正、负符号无关，各集中荷载依次沿车道行进，加载到能加载的所有点上（包括节点和定义的线单元影响线分析位置）。一般用于铁路、地铁、轻轨桥梁的列车荷载的加载。

每个线单元影响线分析点：可以选择影响线的分析和加载位置，即可以将一个线单元再细分，如选择为"3"，则输出两端点和中央的影响线分析结果。

计算位置：指定移动荷载分析结果输出内容和单元输出位置。

板单元：板单元将输出单位宽度上的构件内力。

内力（中心）：计算单元中心点处单位长度上的构件内力，并作为整个单元的结果。

内力（中心+节点）：计算和输出单元中心点和节点处单位长度上的构件内力。

应力：决定是否计算板的应力。

杆系单元：杆系单元默认输出 5 点处的构件内力。当在"线单元影响线分析位置"处输入的数字不是 5 时，程序将按内插法求出 5 点处的内力。

内力（最大值）：输出每个梁单元 5 点处的构件的最大、最小内力，但不输出对应的其他内力。该项主要为了提高计算速度和减少输出量。

内力（最大值+其他内力值）：输出每个梁单元 5 点处的构件内力，并输出各位置发生最大、最小轴力时，其对应的弯矩。同样，可以输出各位置处发生最大和最小弯矩时相应的轴力。

应力：决定是否计算梁单元的应力。

水化热分析控制：输入水化热分析控制数据。

在 Midas 中做水化热分析的步骤如下：

（1）在"模型 > 材料和截面特性 > 时间依存材料(徐变/收缩)和模型 > 材料和截面特性 > 时间依存材料(抗压强度)"中输入材料的时间依存特性值，然后在"模型 > 材料和截面特性 > 时间依存材料的连接"中将时间依存材料特性与定义的一般材料连接起来。

（2）在"荷载 > 水化热分析数据"中输入水化热分析必要的数据（环境温度函数、对流系数函数、定义及分配热源、定义对流边界和施工阶段）。

（3）在"分析 > 水化热分析控制中"输入积分常数和初始温度，并确定应力输出位置以及是否考虑徐变和收缩。

（4）点击"分析 > 运行结构分析"或点击图标菜单 ⚡ 运行结构分析。

结构分析结束之后，可以利用结果中的各种后处理功能查看分析结果。

从主菜单中选择分析 > 水化热分析控制...。

非线性分析控制：选择非线性分析计算方法和收敛控制条件。

在 Midas 程序中，进行静力分析、施工阶段分析时，均可以考虑大位移。

在 Midas/Civil 中做非线性分析的步骤如下：

（1）在"荷载 > 非线性分析数据 > 非线性分析加载顺序"中输入荷载的加载顺序。也可以不输入该项。

（2）在"分析 > 非线性分析控制"中选择计算方法和收敛控制条件。

（3）"运行分析>运行结构分析"或点击图标菜单 ⚡ 运行结构分析。

（4）结构分析结束之后，可以利用结果中的各种后处理功能查看分析结果。

在 Midas/Civil 中当前版本中除了实体单元外，对所有的单元均可以做大位移分析。

从主菜单中选择分析 > 非线性分析控制...。

施工阶段分析控制：输入施工阶段分析所需的各种控制数据。

时间依存材料特性：包括材龄不同的混凝土构件的徐变、材龄不同的混凝土构件的收缩应变、混凝土抗压强度随时间的变化特性、钢束预应力的各种损失。

施工阶段的定义：

① 结构模型的变化（结构组的激活和钝化）；② 荷载条件的变化（荷载组的激活和钝化）；③ 边界条件的变化（边界组的激活和钝化）。

在 Midas/Civil 中考虑材料时间依存特性的施工阶段分析的步骤如下：

（1）建立结构整体模型（包括材料、截面、荷载、边界）。

（2）在"模型 > 材料和截面特性 > 时间依存材料(徐变/收缩)和模型 > 材料和截面特性 > 时间依存材料(抗压强度)"中输入材料的时间依存特性值，然后在"模型 > 材料和截面特性 > 时间依存材料的连接"中将时间依存材料特性与定义的一般材料连接起来。

（3）定义各施工阶段的结构组、荷载组、边界组。

（4）按实际施工顺序和工期定义施工阶段（利用定义的结构组、荷载组、边界组）。

（5）在"分析＞施工阶段分析控制"中选择施工阶段分析中要考虑的时间依存特性，并输入计算徐变所需的迭代次数以及其他的一些选项。

点击"分析＞运行结构分析"或点击图标菜单 运行结构分析。

结构分析结束之后，可以利用结果中的各种后处理功能查看分析结果。

从主菜单中选择分析 ＞ 施工阶段分析控制...。

运行结构分析：

从主菜单中选择分析 ＞ 运行结构分析...。

在图标菜单中单击"运行结构分析"。

快捷键：F5。

导入分析结果：其他结构分析程序的分析结果可以用此功能导入 Midas/Civil 后，用 Midas/Civil 的后处理功能进行校核。

（1）对准备好的 MGT 格式的模型数据文件的处理流程为"文件 ＞ 导入 ＞ Midas/Civil MGT"文件。

（2）点击 保存为"fn.mgb"。

（3）将准备好的以"fn.sar"保存的分析结果文件导入。这时候文件的扩展名不一定是"sar"，只要格式是相同的，文本文件均能导入。

从主菜单中选择分析 ＞ 导入分析结果...。

按图 5.2 所示输入。

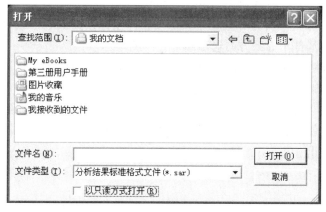

图 5.2

怎样生成 fn.sar 文件？

（1）*：命令。

（2）**：描述。

（3）UNITSYS，定义单位，这个命令应该放在所有命令的最前面。

（4）ENDDATA，这个命令应该放在所有命令的最后。

（5）其他命令可以随便放置，和位置无关。

（6）这些命令及输入的数据应该用（，）或分割线分开。

（7）单元的内力结果数据应按单元坐标系输入。

（8）平面应变单元和轴对称单元不能和其他类型单元同时输入。

5.2 荷载组合及结果查看

荷载组合时，既可以由用户输入荷载组合，也可以选择相应规范，自动生成荷载组合。Midas 支持下列四个荷载组合输入表单：

（1）一般：所有的荷载组合，一般用于查看分析结果。

（2）钢结构设计：输入钢结构验算用荷载组合。Midas/Civil 中提供的中国钢结构设计规范为《公路桥涵钢结构及木结构设计规范》（JTJ 021—89）。

（3）混凝土设计：输入混凝土结构和预应力结构验算用荷载组合。Midas/Civil 中提供的中国混凝土结构设计规范为《公路钢筋混凝土及预应力混凝土桥涵设计规范》（JTJ 023—85）、《公路桥涵设计通用规范》（JTG D60—2004）、《铁路桥涵设计基本规范》（TB 10002.1—2005）。

（4）SRC 设计：输入钢-砼组合结构（SRC）验算用荷载组合。Midas/Civil 中提供的中国 SRC 结构设计规范为《型钢混凝土组合结构技术规程》（JGJ 138—2001）《钢管混凝土结构设计与施工规程》（CECS28：90）。

1. 荷载组合

命　令

从主菜单中选择结果 > 荷载组合…。

选择输出的反力分量。反力分量程序默认按整体坐标系提供。当已为节点定义节点局部坐标系时，可按节点局部坐标系方向输出结果。

FX、FY、FZ：整体坐标系 X 轴方向或节点局部坐标系 x 方向、y 方向、z 方向的反力分量。

FXYZ：同时输出 F_X、F_Y、F_Z。

MX、MY、MZ：绕整体坐标系 X 轴或节点局部坐标系 x 轴、绕整体坐标系 Y 轴或节点局部坐标系 y 轴、绕整体坐标系 Z 轴或节点局部坐标系 z 轴的弯矩反力分量。

MXYZ：同时输出 M_X、M_Y、M_Z。

2. 位移形状查看

功　能

查看模型变形后的形状。

命　令

从主菜单中选择结果 > 位移 > 位移形状…。

DX：整体坐标系 X 轴方向的位移分量。

DY：整体坐标系 Y 轴方向的位移分量。

DZ：整体坐标系 Z 轴方向的位移分量。

$$D_{XY} = \sqrt{D^2_X + D^2_Y}$$

$$D_{YZ} = \sqrt{D^2_Y + D^2_Z}$$

$$D_{XZ} = \sqrt{D^2_X + D^2_Z}$$

$$D_{XYZ} = \sqrt{D^2_X + D^2_Y + D^2_Z}$$

3. 位移等值线

功　能

用位移等值线查看模型的位移。

命　令

从主菜单中选择结果 > 位移 > 位移等值线...。

荷载工况/荷载组合：选择荷载工况或荷载组合。

单击右边的 ▦，输入新的或修改现有的荷载工况。（参见"荷载工况/荷载组合"）

步骤：选择输出的步骤。可以选择非线性分析的荷载步骤、施工阶段分析的各步骤、水化热分析的各步骤。

位移：显示模型的最大变形形状。（进行时程分析后激活）

速度：显示模型的最大节点速度。（进行时程分析后激活）速度值的显示与位移值的显示极其相似。

加速度：显示模型的最大节点加速度。（进行时程分析后激活）加速度值的显示与位移值的显示极其相似。

绝对加速度：显示模型的最大节点绝对加速度。（进行时程分析后激活）绝对加速度值的显示与位移值的显示极其相似。

4. 查看位移

功　能

检查特定节点处的位移值。

命　令

从主菜单中选择结果 > 位移 > 查看位移...。

5. 查看内力

功　能

用等值线查看梁单元的内力。

命　令

从主菜单中选择结果 > 内力 > 梁单元内力...。

注：当没有定义施工阶段时，下面的列表中将列出各荷载工况。

输出保存的结果：选择此项时，在上面列表中选择的荷载工况将不起作用，程序将输出保存在"输出内容"中的荷载工况和荷载组合信息。

施工阶段荷载工况/荷载组合：当定义了施工阶段时，下面的列表中将显示各施工阶段的荷载工况和荷载组合。没有定义施工阶段时，下面的列表为"空"。

选择各阶段内子步骤如下：

保存的子步骤：选择此项时，将输出保存在"输出内容"中的施工阶段（在左侧列表中选择的施工阶段）的子步骤信息。

所有子步骤：选择此项时，将输出在左侧列表中选择的施工阶段的所有子步骤信息。

输出文件类型：选择将要输出的文件的格式（BMP 或 EMF 文件）。

输出的路径：指定输出的文件保存地址的目录。

文件名称前缀：指定要生成的图形文件名称的前缀。文件名称后缀根据"输出文件类型"确定（*.bmp 或*.emf）。

自动生成说明：在生成的图形左上端显示输出的信息内容、施工阶段、子步骤、荷载工况和荷载组合等信息。

6. 查看应力

功　能

用等值线查看梁单元（一般梁、变截面梁等）的应力。

命　令

从主菜单中选择结果 > 应力 > 梁单元应力…

在下列各项中选择输出应力分量：

部分：选择要查看的分析结果的施工阶段联合截面位置。可输出全截面分析结果以及各个位置的分析结果。

Sax：在单元局部坐标系 x 轴方向，轴力产生的轴向应力。

Ssy：在单元局部坐标系 y 轴方向，剪力 Q_y 产生的剪应力。

Ssz：在单元局部坐标系 z 轴方向，剪力 Q_z 产生的剪应力。

Sby：在单元坐标系 y 轴方向，使用弯矩 M_z、截面数据 C_{yp} 与 C_{ym} 计算的截面应力，输出的是两个数值中绝对值的较大值。

Sbz：在单元坐标系 z 轴方向，使用弯矩 M_y、截面数据 C_{zp} 与 C_{zm} 计算的截面应力，输出的是两个数值中绝对值的较大值。

组合应力：轴力产生的应力加上两个方向的弯矩产生的应力，计算位置是截面位置中的点 1、2、3、4 处的轴向应力。

最大值：在 1、2、3、4 位置中组合应力的绝对值的最大值所在点的应力。只有在定义截面，输入有计算梁单元的应力所需的数据（或程序可以自动计算出相应数据）时，程序才提供梁单元的计算结果；反之，不提供应力计算结果（为 0 值）。例如：当在截面中按用户定义输入刚度，只输入面积、惯性矩时，程序不能获得计算相应应力所需信息（如截面高度 y 值），所以不能提供应力值。

梁单元应力（PSC）：用图表的形式（Diagram）查看梁单元的应力。只有截面为 PSC 截面时才能在此输出应力。

从主菜单中选择结果 > 应力 > 梁单元应力（PSC）。

可输出 10 个点的应力，按参考图选择输出位置。

1～10：应力输出位置。

注：应力计算考虑了钢束和普通钢筋对截面特性值的影响（对中和轴位置也有影响）。成桥阶段的中和轴位置与最终施工阶段的中和轴位置相同。考虑钢束对截面特性的影响，是在"施工阶段分析控制"对话框中勾选"钢束引起的变化"选项；考虑普通钢筋对截面特性的影响，是在主控数据中选择"在刚度及抗力计算中考虑普通钢筋的作用（仅适用于 PSC 截面）"选项。

最大：输出 10 个输出位置中的最大值。（注意：此时 0 比负值大）

最小：输出 10 个输出位置中的最小值。（注意：此时 0 比负值大）

最大/最小：同时输出 10 个输出位置中的最大值和最小值。

绝对最大值：10 个输出位置中绝对值中的最大值。

应力：选择要输出的应力成分。

Sig-xx（仅轴力）：输出轴力引起的单元坐标系 x 轴方向的应力。

Sig-xx（弯矩-y）：绕单元坐标系 y 轴的弯矩引起的单元坐标系 x 轴方向的应力。

Sig-xx（弯矩-z）：绕单元坐标系 z 轴的弯矩引起的单元坐标系 x 轴方向的应力。

Sig-xx（仅竖筋）：腹板竖筋引起的单元坐标系 x 轴方向的应力。

Sig-xx（合计）：单元坐标系 x 轴方向的应力之和（上面四个 sigma_xx 项之和）。

Sig-zz（竖筋）：腹板竖筋引起的单元坐标系 z 轴方向的正应力。

Sig-xz（剪力-包含竖筋）：剪力和腹板竖筋引起的剪应力之和。

Sig-xz（扭矩）：扭矩引起的剪应力。

Sig-xz（仅竖筋）：腹板竖筋引起的剪应力。

注：（1）计算剪应力时的抗剪厚度在定义 PSC 截面时定义，用户没有定义厚度时也可以勾选"自动计算"。

（2）当定义了纵向钢束时，腹板竖筋的结果将保存在"CS：钢束一次"中（当然也包含"在 CS：合计"中）；当没有定义纵向钢束时，腹板竖筋的结果将保存在"CS：合计"中。

Sig-Is（主拉——不含扭矩）：不包含扭转引起的剪应力的主应力。

Sig-Is（主拉——含扭矩）：考虑了扭转和剪力引起的剪应力的主应力。

Sig-Ps1（大）：最大主应力（一般为主拉应力），包含扭矩引起的剪应力。

Sig-Ps2（小）：最小主应力（一般为主压应力），包含扭矩引起的剪应力。

注：反应谱分析的结果为各模态结果的组合结果（SRSS、CQC、ABS）。平面应力单元/板单元应力：用等值线查看平面应力单元或板单元的应力。

从主菜单中选择结果 > 应力 > 平面应力单元/板单元应力…。

单元坐标系：显示单元坐标系方向的应力。

UCS：显示用户坐标系的应力，默认值为整体坐标系。

输出 UCS 轴：勾选时输出用户定义的用户坐标系的坐标轴。（仅在打印或打印预览时显示）

单元：用单元各节点的应力显示等值线。

节点平均：用共享节点的各单元在共享节点位置的平均节点应力显示等值线。

取被激活节点的平均值：取当前被激活单元在共享节点的应力平均值显示等高线。

板顶：显示板单元顶面处的应力。顶面指单元局部坐标系 z 方向上缘。

板底：显示板单元底面处的应力。底面指单元局部坐标系 z 方向下缘。

板顶、板底：同时显示顶面和底面处的应力。板单元厚度方向的应力按线性内插取得。

绝对值最大：仅显示顶面和底面处应力绝对值的最大值。

平面应变单元应力：用等值线查看平面应变单元的应力。

从主菜单中选择结果 > 应力 > 平面应变单元应力...。

轴对称单元应力：用等值线查看轴对称单元的应力。

实体单元应力：用等值线查看实体单元的应力。

从主菜单中选择结果 > 应力 > 实体单元应力...。

梁单元细部分析：通过梁的细部分析，生成梁的变形形状、剪力图（SFD）、弯矩图（BMD），并给出截面的应力分布图。

从主菜单中选择结果 > 梁单元细部分析...。

位移/剪力/弯矩图 z-轴方向表单。

显示梁单元强轴方向的位移变形形状、剪力图（SFD）、弯矩图（BMD）。

位移：Dz：单元局部坐标系 z 轴方向的变形形状和相应的数值；Di（abs）：节点 i（N_1）端的绝对位移；Dj（abs）：节点 j（N_2）端的绝对位移；Di（rel）：节点 i（N_1）端的相对位移；Dj（rel）：节点 j（N_2）端的相对位移。

注：将节点 i 和 j 的较小位移设为 0，计算另一端的相对位移，即得相对位移。

Dmax（abs）：最大绝对位移及相应位置；Dmax（rel）：最大相对位移；Dmin（abs）：最小绝对位移及相应位置；Dmin（rel）：最小相对位移；Duser（abs）：用户指定位置处的绝对位移及相应位置；Duser（rel）：用户指定位置处的相对位移。

剪力图：Fz：单元局部坐标系 z 轴方向的剪力及相应的数值。Fi：节点 i 处的剪力；Fj：节点 j 处的剪力；Fmax：最大剪力及相应位置；Fmin：最小剪力及相应位置；Fuser：用户指定位置处的剪力及相应位置。

弯矩图：My：绕单元局部坐标系 y 轴的弯矩及相应的数值。Mi：节点 i 处的弯矩。Mj：节点 j 处的弯矩。Mmax：最大弯矩及相应位置；Mmin：最小弯矩及相应位置。Muser：用户指定位置处的弯矩及相应位置。

移/剪力/弯矩图 y-轴方向表单：显示梁单元弱轴方向的位移变形形状、剪力图（SFD）、弯矩图（BMD）。

位移：Dy：单元局部坐标系 y 轴方向的变形形状和相应的数值。Di（abs）：节点 i（N_1）端的绝对位移。Dj（abs）：节点 j（N_2）端的绝对位移。Di（rel）：节点 i（N_1）端的相对位移。Dj（rel）：节点 j（N_2）端的相对位移。

注：将节点 i 和 j 的较小位移设为 0，计算另一端的相对位移，即得相对位移。

单元详细分析结果：检查单元属性及不同荷载工况和组合下的内力和应力。

从主菜单中选择结果 > 单元详细分析结果...。

内力表单如下：

当为杆系单元时，将输出单元坐标系的内力分量。红色数字为最大值，蓝色数字为最小值。

当为平面单元时，将输出单元坐标系、整体坐标系、用户坐标系方向的内力分量。

第 5 章　结构运行分析及结果查看

当为实体单元时，将输出单元坐标系、整体坐标系方向的内力分量。

内力（L）：单元局部坐标系下的单元内力。

内力（G）：整体坐标系下的单元内力。

内力（U）：板单元用户坐标系方向单位宽度内的单元内力。

应力表单如下：

当为杆系单元时，将输出单元坐标系的应力分量。

当为平面单元时，将输出单元坐标系、整体坐标系方向的应力分量。可选择查看顶面和底面应力。节点号和中心后面的（T）表示板顶面应力、（B）表示底面应力。

当为实体单元时，将输出单元坐标系、整体坐标系方向的应力分量。

内力（L）：单元局部坐标系下的单元应力。

内力（G）：整体坐标系下的单元应力。

局部方向内力的合力：选择一些板单元的边缘（或一些实体单元的平面），将这些边缘上的节点（或实体单元平面上的节点）的各内力相加，然后将相加的内力输出，输出位置为选择的板单元边缘的中心（或选择的实体单元平面的中心）。当做细部精密分析时，有时会将梁单元模拟成板单元或实体单元（或将板单元模拟成实体单元），此时可用该功能计算出设计时所需的构件内力，即重新计算出按梁单元（或板单元）设计时所需的内力。

查看内力的截面中的实体单元中有四面体单元时，尽量不要使用此功能查看内力的合力。例如：四面体单元的其中只有一个节点在指定截面上时，程序将丢掉此单元的内力。

从主菜单中选择结果＞局部方向内力的合力…。

周期与振型：查看模型的特征值分析得到的振型形状和自振周期。

从主菜单中选择结果＞周期与振型…。

模态如下：

在下列各项中选择要求的振型分量：

Md-X：振型分量 X 轴方向振型分量。

Md-Y：振型分量 Y 轴方向振型分量。

Md-Z：振型分量 Z 轴方向振型分量。

$$Md\text{-}XY：\sqrt{(M_d - X)^2 + (M_d - Z)^2}$$

$$Md\text{-}YZ：\sqrt{(M_d - Y)^2 + (M_d - Z)^2}$$

$$Md\text{-}XZ：\sqrt{(M_d - X)^2 + (M_d - Z)^2}$$

$$Md\text{-}XYZ：\sqrt{(M_d - X)^2 + (M_d - Y)^2 + (M_d - Z)^2}$$

指数型：数值按指数形式显示。

最大和最小值：显示模态值的最小值和最大值；绝对最大值：显示绝对值最大值；最大值：仅显示最大值；最小值：仅显示最小值。

显示范围（%）：当某模态值与选定的最大值或最小值的差在规定的范围以内时，在屏幕上显示该模态值。

显示方向：数值的显示方向。

注：默认的小数点可在"参数设置"中输入。当显示方向=0 时，在节点或单元右侧，水平显示数值。角度的正方向为逆时针方向，正确选择显示方向，能更加清晰地看到数值。

7. 时程分析

功 能

查看时程分析后模型的位移、速度、加速度结果。

命 令

从主菜单中选择结果 > 时程分析结果 > 位移/速度/加速度...。

内力（梁/桁架/一般连接）：以等高线的形式查看梁、桁架、一般连接单元的时程分析后的结构内力。

从主菜单中选择结果 > 时程分析结果 > 内力（梁/桁架/一般连接）...。

力（梁/桁架）：以等高线的形式查看梁、桁架单元的时程分析后的结构应力。

从主菜单中选择结果 > 时程分析结果 > 应力（梁/桁架）...。

非弹性铰状态：查看非弹性铰的结果。

非弹性铰仅适用于非弹性时程分析。

从主菜单中选择结果 > 时程分析结果 > 非弹性铰状态...。

8. 影响线

功 能

查看任意支承点的反力影响线、查看节点的位移影响线。

从主菜单中选择结果 > 影响线 > 反力...。

命 令

从主菜单中选择结果 > 影响线 > 位移...。

桁架单元内力：校核桁架单元内力影响线。

从主菜单中选择结果 > 影响线 > 桁架单元内力...。

反力影响面：在移动荷载作用下，基于影响面分析结果校核支承反力影响面。

从主菜单中选择结果 > 影响面 > 反力...。

5.3 结构设计

5.3.1 公路 RC 设计

1. 设计流程

程序根据《公路钢筋混凝土及预应力混凝土桥涵设计规范》（JTGD62—2004）内容，按照不同的构件类型，分别执行 RC 梁设计和 RC 柱设计。具体设计流程如下：

（1）建立分析模型；

（2）运行分析；

（3）定义公路 RC 设计用荷载组合；

（4）定义 RC 设计参数及材料特性；

（5）指定 RC 设计截面位置和计算书中输出详细计算过程的截面位置；

（6）运行 RC 设计——分别执行"梁的设计"和"柱的设计"；

（7）查看 RC 设计结果表格——分别查看"RC 梁的设计结果"和"RC 柱的设计结果"；

（8）查看 RC 设计计算书——选择"设计 > RC 设计 > 输出 RC 设计计算书"。

2. 注意事项

（1）进行公路 RC 设计的混凝土材料及钢筋材料特性必须选择 JTG04（RC）规范，否则程序提示"[错误]RC 设计单元材料选择不正确"（结构分析时可不受此限制）。

（2）进行公路 RC 梁设计的截面必须是"设计截面"中的截面或变截面；柱设计的截面必须选择"数据库/用户"中的截面，否则程序提示"RC 设计用数据不存在"。

（3）若设计截面的剪切验算位置栏中不输入信息，程序将按默认的剪切验算位置自动计算剪切应力。

（4）定义设计截面时输入的抗剪用腹板最小厚度将用来作为抗弯和抗剪验算的腹板厚度，因此一定要指定抗剪用腹板厚度，否则抗弯验算的结果不可信，且不能得到剪切应力的计算结果。

（5）程序默认将水平方向建立的"设计截面"梁单元按梁设计，竖直方向建立的"数据库/用户"截面梁单元按柱设计；对于倾斜的梁单元，需要在"设计 > 一般设计参数 > 编辑构件类型"中指定构件类型，否则程序提示"不是适合的构件类型"的错误信息。

（6）RC 梁构件的普通钢筋数据要在前处理的"截面钢筋"中输入；RC 柱构件的普通钢筋数据要在"设计 > RC 设计 > RC 设计截面配筋"中输入，否则程序提示"RC 设计用数据不存在"。

（7）RC 柱必须在"设计 > 一般设计参数 > 自由长度、计算长度系数"中定义柱构件计算长度数据，否则程序提示"[错误]设计单元缺少计算长度数据，生成 RC 设计用数据失败"。

（8）RC 设计必须进行施工阶段分析，否则无法得到短暂状态下的验算结果。

（9）公路 RC 设计用荷载组合必须在"结果 > 荷载组合 > 混凝土设计"中定义（程序自动生成或用户自定义），激活方式必须是"承载能力"或"使用性能"，否则程序提示"RC 设计用荷载组合数据不存在"。

（10）采用程序自动生成荷载组合时，在施工阶段中作用的荷载其荷载类型必须定义为"施工阶段荷载"，否则程序会对这些荷载重复组合。荷载类型选择"用户自定义荷载"时，将不参与自动生成荷载组合。

（11）如果成桥阶段有移动荷载作用，那么必须在"移动荷载分析控制数据"中输出"内力（最大值+当前其他内力）"。

（12）移动荷载冲击系数如果按照 JTGD60—2004 的规定进行计算，在自动生成的使用阶段"荷载组合"中程序会自动排除冲击作用的影响，表现为使用阶段长、短期组合中移动荷载的组合系数为 $0.4/（1+u）$ 或 $0.7/（1+u）$，故显示的组合系数比 0.4 或 0.7 小。对于冲击系数，采用其他规范进行计算时，在自动生成的使用阶段荷载组合中的移动荷载是考虑了冲击作用的，因此在进行截面验算时需要用户手动修改各使用阶段荷载组合中的移动荷载组合系数。

5.3.2 铁路 RC 设计

1. 设计流程

程序根据《铁路桥涵钢筋混凝土和预应力混凝土结构设计规范》（TB 10002.3—2005）的内容，按照不同的构件类型，分别执行 RC 梁设计和 RC 柱设计。具体设计流程如下：

（1）建立分析模型；

（2）运行分析；

（3）定义铁路 RC 设计用荷载组合；

（4）定义 RC 设计参数及材料特性；

（5）指定 RC 设计截面位置和计算书中输出详细计算过程的截面位置；

（6）运行 RC 设计——分别执行"梁的设计"和"柱的设计"；

（7）查看 RC 设计结果表格——分别查看"RC 梁的设计结果"和"RC 柱的设计结果"；

（8）查看 RC 设计计算书——选择"设计 > RC 设计 > 输出 RC 设计计算书"。

2. 注意事项

（1）进行铁路 RC 设计的混凝土材料及钢筋材料特性必须选择《TB05（RC）规范》，否则程序提示"以下错误信息"（结构分析时可不受此限制）。

（2）进行铁路 RC 梁设计的截面必须是"设计截面"中的截面或者变截面；柱设计的截面必须是"数据库/用户"中的截面，否则程序提示"RC 设计用数据不存在"。

（3）若设计截面的"剪切验算位置"栏中不输入信息，程序将按默认的剪切验算位置自动计算剪切应力。各种截面程序默认的剪切验算位置参见"联机帮助"。

（4）定义设计截面时输入的"抗剪用腹板最小厚度"将用来作为抗弯和抗剪验算的腹板厚度，因此一定要指定抗剪用腹板厚度；否则抗弯验算的结果不可信，且不能得到剪切应力的计算结果。

（5）程序默认将水平建立的"设计截面"梁单元按梁构件设计，竖直建立的"数据库/用户"截面梁单元按柱构件设计；对于倾斜的梁单元，需要在"设计 > 一般设计参数 > 编辑构件类型"中指定构件类型，否则程序提示"不是适合的构件类型"的错误信息。

（6）RC 柱必须在"设计 > 一般设计参数 > 自由长度、计算长度系数"中定义柱构件计算长度数据，否则程序提示"[错误]设计单元缺少计算长度数据，生成 RC 设计用数据失败"。

（7）RC 梁构件的普通钢筋数据要在前处理的"截面钢筋"中输入，RC 柱构件的普通钢筋数据要在"设计 > RC 设计 > RC 设计截面配筋"中输入，否则程序提示"RC 设计用数据不存在"。

（8）铁路 RC 设计用荷载组合必须在"结果 > 荷载组合 > 混凝土设计"中定义（程序自动生成或用户自定义），激活类型必须是"主力组合、主力+附加力 组合"中的一种，否则程序提示"RC 设计用荷载组合数据不存在"。

（9）采用程序自动生成荷载组合时，在施工阶段中激活的所有荷载其荷载类型必须定义为"施工阶段荷载"，否则程序会对这些荷载重复组合。荷载类型选择"用户自定义荷载"时，将不参与自动生成荷载组合。

（10）如果成桥阶段有移动荷载作用，那么必须在"移动荷载分析控制数据"中输出"内力（最大值+当前其他内力）"。

5.3.3　RC 设计参数/材料

设置 RC 设计的参数及设计材料如图 5.3 所示。

命　令

从主菜单中选择设计 > RC 设计 > RC 设计参数/材料...

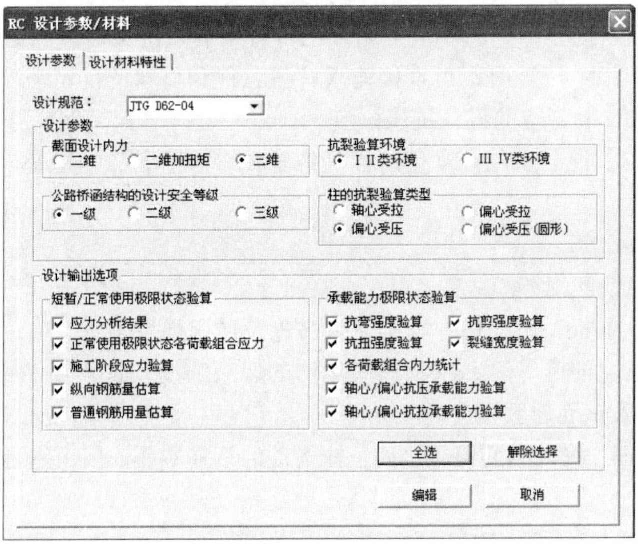

（a）

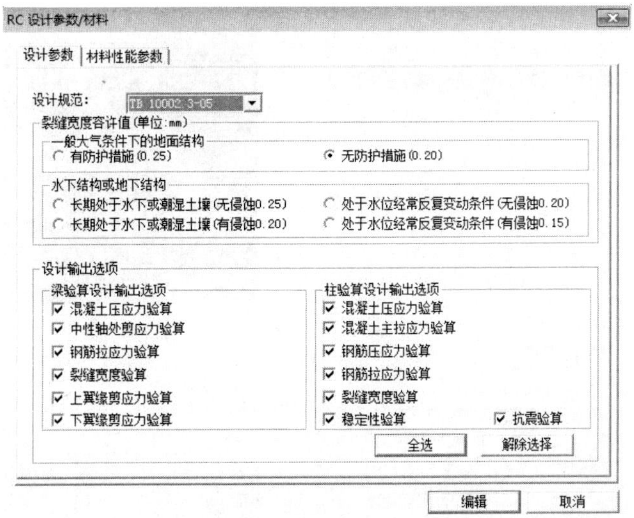

（b）

图 5.3

1. 设计参数

略。

2. 设计规范

本程序提供 JTG D62—04 以及 TB 10002.3—05 规范。

（1）混凝土材料。

显示选择的材料数据，可以在这里修改材料数据。

有材料数据库和用户直接输入两种方法。

材料数据库方法：直接用鼠标选择相应的规范和材料名称即可。

钢筋与混凝土可以选择不同的规范；用户也可直接输入定义材料的数据。

当设计规范选择"None"时，可直接输入材料名称和材料的抗压强度。

抗压强度（$f_{cu,k}$）：混凝土的设计抗压强度。

选择"None"时，混凝土的强度值可以任意输入，在进行安全验算和维修加固设计时比较方便。

（2）钢筋。

设计规范：选择钢筋规范。

设计规范选择"None"时，用户直接输入名称及屈服强度值。

主筋等级：输入主筋的等级；Fy：输入主筋的屈服强度；输入箍筋等级：箍筋（抗剪钢筋）等级；Fyv：输入箍筋屈服强度。

RC 设计截面配筋：输入钢筋混凝土梁、柱构件的钢筋数据，用来进行强度验算，如图 5.4 所示。

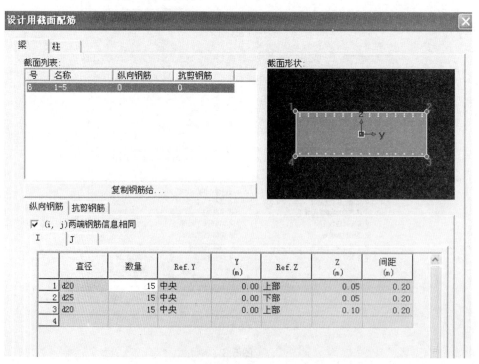

图 5.4

命　令

从主菜单中选择设计＞RC 设计＞RC 设计截面配筋...。

从树形菜单的菜单表单选择设计＞RC 设计＞RC 设计截面配筋。

（3）纵向钢筋。

输入纵向（单元轴方向）的钢筋数据。

两端（i，j）钢筋信息相同。

单元两端（i，j）的钢筋相同布置时选择。如果不选择此项，可分为表单 I、J 来输入钢筋数据。i、j 两端的钢筋布置不同时，纵向钢筋数量线性变化。

直径：选择钢筋直径。数量：输入钢筋数量。

Ref.Y：为截面纵向钢筋的横向定位而指定基准点。选择中央，钢筋从中心至两边布置；选择左，钢筋从左端开始布置。

Y：输入钢筋的形心从 Ref.Y（基准点）移动的距离。Ref.Z：为确定截面纵向钢筋竖直方向的位置而指定基准点，选择上部或下部。Z：输入 Ref.Z（基准点）至钢筋的竖向距离。在 Ref.Z 选择上部，从截面上端开始向下为"＋"；在 Ref.Z 选择下部，从截面下端开始向上为"＋"。间距：纵向钢筋的横向间距。

注：截面上布置的纵向钢筋可以在右侧的截面形状栏中显示。

（4）抗剪钢筋。

输入 RC 截面的腹板抗剪钢筋数据。

两端（i，j）钢筋信息相同：单元两端（i，j）的钢筋布置相同时选择此项。如果不选择此项，分为表单 I、J 输入钢筋数据。

弯起钢筋：进行弯起钢筋设计时，输入相应数据。间距：输入弯起钢筋的间距。角度：输入弯起钢筋的角度。

主筋数据：As：显示主筋面积；层：主筋的层数；Pos1-3：把截面分为 3 部分，输入钢筋数据；Div.：单排钢筋根数。

直径：主筋的直径；Dc：主筋的保护层厚度，主筋中心至截面外边缘的距离。

RC 设计截面位置：对结构进行部分构件设计时，选择要进行设计的部分单元和验算项目。没有设定 RC 设计选项时，运行设计时对全结构进行设计验算。

从主菜单中选择设计＞RC 设计＞RC 设计截面位置...

选项：选择添加/替换和删除功能。

添加/替换：添加最初输入的单元，修改已输入的单元。

删除：删除已输入的单元。可以直接在模型窗口或单元表单里选择要删除的单元。

弯矩：无：不进行弯矩验算。I：只进行 I 端的弯矩验算；J：只进行 J 端的弯矩验算；I & J：对两端都进行弯矩验算。

RC 裂缝宽度系数：输入裂缝宽度验算时使用的系数。可参考 JTG D62—2004 第 6.4.3 条的公式。

从主菜单中选择设计＞RC 设计＞裂缝宽度系数...。

裂缝系数：

C1：钢筋表面形状系数；C2：作用（或荷载）长期效应影响系数；C3：与构件受力性质有关的系数。

5.3.4 公路 PSC 设计流程及注意事项

1. 设计流程

（1）建立施工阶段分析模型；

（2）运行结构分析；

（3）定义公路 PSC 设计用荷载组合；

（4）定义 PSC 设计参数及材料特性；

（5）指定 PSC 设计截面位置和需输出详细计算过程的截面位置；

（6）运行 PSC 梁设计；

（7）查看 PSC 设计结果表格；

（8）查看 PSC 设计计算书。

2. 注意事项

（1）进行公路 PSC 设计的混凝土材料及钢筋材料特性必须选择 JTG04（RC）规范，否则程序提示"不是适合的材料类型"（结构分析时可不受此限制）。

（2）同一钢束组里面包含的预应力钢束必须具有相同的钢束特性值，否则程序提示"钢束组中有其他类型的钢束材料"。目前的版本没有必要定义钢束组。

（3）进行公路 PSC 设计的梁截面必须是"设计截面"中的截面或变截面，否则程序提示"PSC 设计用数据不存在"。

（4）若定义设计截面的"剪切验算位置"栏中不输入信息，程序将按默认的剪切验算位置自动计算剪切应力。

（5）定义设计截面时输入的"抗剪用腹板最小厚度"将用来作为抗弯和抗剪验算的腹板厚度，因此一定要指定抗剪用腹板厚度，否则抗弯验算的结果不可信，且不能得到剪切应力的计算结果。

（6）截面配有普通钢筋时，可在分析的"主控数据"中选择"在 PSC 截面刚度计算中考虑普通钢筋"，否则程序计算截面特性和结构验算时将不考虑普通钢筋的作用。

（7）必须做施工阶段分析才能进行公路 PSC 梁设计，目前程序不支持公路 PSC 柱设计。

（8）在"施工阶段分析控制数据"中截面特性值如果不考虑钢束引起的变化，而按常量考虑，那么在进行 PSC 设计时程序会提示"在施工阶段分析控制中梁截面特性值变化选择为常量时在后处理上不能做 PSC 设计"。

（9）公路 PSC 设计用荷载组合必须在"结果 > 荷载组合 > 混凝土设计"中定义（程序自动生成或用户自定义），激活方式必须是"承载能力"或"使用性能"，否则程序提示"PSC 设计用荷载组合数据不存在"。

（10）采用程序自动生成荷载组合时，在施工阶段作用的荷载其荷载类型必须定义为"施工阶段荷载"，否则程序会对这些荷载重复组合。荷载类型选择"用户自定义荷载"时，将不参与自动生成荷载组合。

（11）如果成桥阶段有移动荷载作用，则必须在"移动荷载分析控制数据"中勾选输出"内力（最大值+当前其他内力）"。

（12）移动荷载冲击系数如果按照 JTG D60—2004 的规定进行计算，在自动生成的使用阶段，荷载组合中程序会自动排除冲击作用的影响，表现为使用阶段长、短期组合中移动荷载的组合系数为 $0.4/（1+\mu）$ 或 $0.7/（1+\mu）$。对于冲击系数，采用其他规范进行计算时，在自动生成的使用阶段，荷载组合中移动荷载是考虑了冲击作用的，因此在进行截面验算时需要用户手动修改各使用阶段荷载组合中的移动荷载组合系数。（故自动生成荷载组合后，若系数比 0.4 或 0.7 小，可通过反算得出冲击系数）

（13）进行公路 PSC 设计时，可以不考虑普通钢筋作用（不在"设计截面钢筋"中输入信息），但验算 B 类预应力混凝土构件时必须输入普通钢筋数据，否则程序将不执行"使用阶段裂缝宽度验算"。

（14）对公路 PSC 构件进行抗裂验算时，必须定义活荷载工况或移动荷载工况，否则程序因缺少短期荷载组合而无法输出"使用阶段正/斜截面抗裂验算"和"使用阶段裂缝宽度验算"的结果。

（15）进行公路 PSC 普通钢筋估算时，只有先确定了预应力钢筋的面积、布置位置及预应力荷载，才能进行"普通钢筋量估算"。

（16）进行公路 PSC 预应力钢筋量估算时，建模输入的预应力钢筋面积不会影响"预应力钢筋量估算"的结果。

（17）在公路 PSC 斜截面抗剪承载力验算中，如果用户不输入截面箍筋数据，程序仅按规范公式（5.2.7-3）和（5.2.7-4）计算截面的抗剪承载力，此时仅预应力筋和弯起钢筋提供抗剪能力；如果用户输入了截面箍筋数据，程序则会按公式（5.2.7-1）计算截面的抗剪承载力。因此，抗剪箍筋的输入一定要符合实际情况，否则可能导致验算结果不正确。

（18）在公路 PSC 抗扭承载力验算中，抗扭箍筋默认按双肢箍进行验算，因此如果设计截面配筋中有多只闭合箍筋，需要将其换算为双肢闭合箍筋，并输入单肢箍筋面积。

（19）进行公路 PSC 抗压承载力验算时，要在"设计 > 一般设计参数 > 自由长度、计算长度系数"中定义构件计算长度。

5.3.5　铁路 PSC 设计

1. 设计流程

程序根据《铁路桥涵钢筋混凝土和预应力混凝土结构设计规范》（TB10002.3—2005）的内容，按照不同的构件类型，分别执行 PSC 梁设计和 PSC 柱设计。具体设计流程如下：

（1）建立分析模型；

（2）运行分析；

（3）定义铁路 PSC 设计用荷载组合；

（4）定义 PSC 设计参数及材料特性；

（5）指定 PSC 设计截面位置和计算书中输出详细计算过程的截面位置；

（6）运行 PSC 设计——分别执行"梁的设计"和"柱的设计"；

（7）查看 PSC 设计结果表格——分别查看"PSC 设计结果表格"和"PSC 柱的设计结果"；

（8）查看 PSC 设计计算书。

2. 注意事项

（1）进行铁路 PSC 设计的混凝土材料及钢筋材料特性必须选择 TB05（RC）规范，否则程序提示"不是适合的材料类型"（结构分析时可不受此限制）。

（2）同一钢束组里面包含的预应力钢束必须具有相同的钢束特性值，否则程序提示"钢束组中有其他类型的钢束材料"。

（3）PSC 柱的预应力钢束布置形状宜采用"单元"方式布置。

（4）进行铁路 PSC 梁设计的截面必须是"设计截面"中的截面或者变截面，柱设计的截面必须是"数据库/用户"中的截面，否则程序提示"PSC 设计用数据不存在"。

（5）若设计截面的剪切验算位置栏中不输入信息，程序将按默认的剪切验算位置自动计算剪切应力。各种截面程序默认的剪切验算位置参见"联机帮助"。

（6）定义设计截面时输入的抗剪用腹板最小厚度将用来作为抗弯和抗剪验算的腹板厚度，因此一定要指定抗剪用腹板厚度，否则抗弯验算的结果不可信，且不能得到剪切应力的计算结果。

（7）程序默认水平的"设计截面"梁单元按梁设计，竖直的"数据库/用户"截面梁单元按柱设计；对于倾斜的梁单元，需要在"设计 > 一般设计参数 > 编辑构件类型"中指定构件类型，否则程序提示"不是适合的构件类型"的错误信息。

（8）PSC 柱必须在"设计 > 一般设计参数 > 自由长度、计算长度系数"中定义柱构件计算长度数据，否则程序提示"[错误] 设计单元缺少计算长度数据，生成 PSC 设计用数据失败"。

（9）PSC 梁构件的普通钢筋数据要在前处理的"截面钢筋"中输入，PSC 柱构件的普通钢筋数据要在"设计 > RC 设计 > RC 设计截面配筋"中输入，否则程序提示"PSC 设计用数据不存在"。

（10）截面配有普通钢筋时，可在分析的"主控数据"中选择"在 PSC 截面刚度计算中考虑普通钢筋"，否则程序计算截面特性和结构验算时将不考虑普通钢筋的作用；但对于允许开裂的预应力混凝土构件，必须输入普通钢筋数据，否则程序不执行"运营阶段裂缝宽度验算"。

（11）计算模型如果不做施工阶段分析，则 PSC 设计无法输出传力锚固阶段的"预应力钢筋应力验算"和"混凝土法向应力验算"两项内容。

（12）在"施工阶段分析控制数据"中截面特征值如果不考虑钢束引起的变化，而按常量考虑，那么在进行 PSC 设计时程序会提示"在施工阶段分析控制中梁截面特性值变化选择为常量时在后处理上不能做 PSC 设计"。

（13）铁路 PSC 设计用荷载组合必须在"结果 > 荷载组合 > 混凝土设计"中定义（程序自动生成或用户自定义），激活类型必须是"主力组合、主力+附加力组合"中的一种，否则程序提示"PSC 设计用荷载组合数据不存在"。

（14）采用程序自动生成荷载组合时，在施工阶段作用的荷载其荷载类型必须定义为"施工阶段荷载"，否则程序会对这些荷载重复组合。荷载类型选择"用户自定义荷载"时，将不参与自动生成荷载组合。

（15）如果成桥阶段有移动荷载作用，那么必须在"移动荷载分析控制数据"中输出"内力（最大值+当前其他内力）"。

（16）在铁路 PSC 梁-斜截面抗剪验算中，如果用户不输入截面箍筋数据，则程序仅按规范附录 C 中的公式（C.0.2-3）计算截面的抗剪承载力，此时仅预应力弯起钢筋提供抗剪能力；

如果用户输入了截面箍筋数据，程序会按公式（C.0.2-1）计算截面的抗剪承载力。因此，抗剪箍筋的输入一定要符合实际情况，否则可能导致验算结果不正确。

（17）在铁路 PSC 梁-抗扭承载力验算中，抗扭箍筋默认按双肢箍进行验算，因此如果设计截面配筋中有多肢闭合箍筋，则需要将其换算为双肢闭合箍筋，并输入单肢箍筋面积。

3. 设计参数

截面设计内力：二维：按弯、剪构件进行设计，且不考虑抗扭和 M_z；二维 + 扭矩：按弯、剪、扭构件进行设计，且不考虑 M_z 和 V_y；三维：按弯、剪、扭构件进行设计，且考虑 M_z（但没有考虑 V_y）。

（1）构件类型。

选择 JTG D62—04 时：

全预应力：短期荷载组合条件下，混凝土不允许产生拉应力；A 类部分预应力：允许混凝土产生拉应力，但不开裂；B 类部分预应力：允许产生拉应力和少许裂缝。

选择 TB 10002.3—05 时：不允许出现拉应力，允许出现拉应力（不允许开裂），允许开裂。

最大裂缝宽度限值：精轧螺纹钢筋Ⅰ、Ⅱ：0.20 mm；Ⅲ、Ⅳ：0.15 mm；钢丝和钢绞线Ⅰ、Ⅱ：0.10 mm，Ⅲ、Ⅳ：0 mm。

公路桥涵的设计安全等级：一级：重要性系数取 1.1，适用于特大桥、重要大桥；二级：重要性系数取 1.0，适用于大桥、中桥、重要小桥；三级：重要性系数取 0.9，适用于小桥、涵洞。

构件制作方法：预制、现浇，该选项将影响抗裂验算（参见 JTG D62—2004 的 6.3.1 条）。

输出参数：选择要输出的设计结果。

PSC 设计材料：对建模过程中输入的 PSC 截面的混凝土和 PSC 钢筋的数据进行局部修改或调整，使它们成为符合设计条件的材料。

从主菜单中选择设计 > PSC 设计 > PSC 设计材料...

混凝土材料：显示选择的材料数据，可以在这里修改材料数据，如图 5.5 所示。

图 5.5

有材料数据库和用户直接输入两种方法：

材料数据库方法：直接用鼠标选择相应的规范和材料名称即可。

钢筋与混凝土可以选择不同的规范。

（2）用户直接输入材料数据的方法。

设计规范选择"None"时被激活，直接输入材料名称和材料的抗压强度。

抗压强度（$f_{cu,k}$）：混凝土的设计抗压强度。

选择"None"时，混凝土的强度可以任意输入。（在进行安全验算和维修加固设计时比较方便）

钢筋：设计规范：选择钢筋规范。

设计规范选择"None"时，用户直接输入名称及屈服强度值。

主筋等级：主筋等级；Fy：主筋的屈服强度；箍筋等级：箍筋（抗剪钢筋）等级。

钢筋混凝土梁设计：根据整个结构分析结果和补充设计资料，按以下规范自动设计混凝土梁构件：

JTJ023—85；AASHT0—LRFD02；AASHT0—LFD96；CSA-S6-00；极限强度设计，韩国混凝土学会（KCI—USD99）；极限强度设计系数设计，韩国土木工程师协会（KSCE—USD96）

从主菜单中选择设计 > 钢筋混凝土构件设计 > 梁设计…。

Fyv：箍筋屈服强度。

（3）生成结果。

按照混凝土设计荷载组合，计算每个单元在 I、1/4、1/2、3/4 及 J 位置处的最大正负弯矩和剪力，在此基础上按照单元整理自动设计结果。

按照混凝土设计荷载组合，考虑每个截面特性的所有单元和截面位置，得到计算的最大配筋量，在此基础上按照截面特性整理自动设计结果。

如果自动设计结果满足给定的特性，则结果显示为蓝色，否则显示为红色。

位置 M 表示 1/4、1/2、3/4 处的位置之一，在这些位置处考虑最不利的正负弯矩和剪力。

按用户输入主筋（最多 5 种类型）和辅筋（1 种类型），自动设计提供最优化钢筋规格和数量，满足间距和配筋率的要求。

如果用户选择"不输入钢筋数据"，程序默认主筋类型为#9，2 排设置，辅筋类型为#4，自动设计构件。

按用户选择的单位，系统生成自动设计结果。

（4）柱设计。

根据整个结构分析结果和补充设计资料，根据如下规范自动设计混凝土柱构件：

JTJ023—85；AASHT0—LRFD02；AASHT0—LFD96；CSA-S6-00；极限强度设计，韩国混凝土学会（KCI—USD99）；极限强度设计系数设计，韩国土木工程师协会（KSCE—USD96）

命 令

从主菜单中选择设计 > 钢筋混凝土构件设计 > 柱设计…。

梁截面验算：根据整个结构分析结果和补充设计资料，根据如下规范校核混凝土梁构件的强度：

JTJ023—85；AASHT0—LRFD02；AASHT0—LFD96；CSA-S6-00；极限强度设计，韩国混凝土学会（KCI—USD99）极限强度设计系数设计，韩国土木工程师协会（KSCE—USD96）。

从主菜单中选择设计 > 钢筋混凝土截面验算 > 梁截面验算...。

设计截面：按照用户定义的钢结构或者混凝土结构的截面数据进行构件设计和强度校核。

从主菜单中选择设计 > 设计截面...。

用图 5.6 所示对话框输入数据。

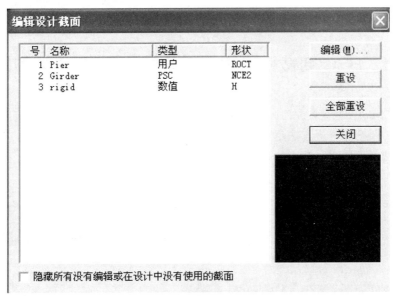

图 5.6

钢结构/SRC 最优化设计：根据构件通过迭代分析和最优设计（截面最优化设计）提出最优截面形式。以结构分析结果、钢结构设计模块、SRC 设计模块为基础进行强度校核。

SRC 构件截面最优化设计通过改变钢构件的截面尺寸得到。混凝土截面尺寸、钢构件形状和钢筋数量不能改变，设计也必须满足容许长细比的要求。

只能在前处理模式下执行此功能；当运行钢结构设计模块时，不能执行钢结构最优化设计模块。如果执行 SRC 设计模块，同样也不能执行 SRC 最优设计模块。

第 6 章　典型算例

6.1　PSC 变截面箱梁施工阶段及 PSC 设计例题

对于常规的 PSC 连续梁桥，通常可以参考建模助手建立模型；对于特殊的桥型或有特殊要求的结构，需要按照一般方法建立有限元模型、施加边界条件和荷载，然后进行结构分析。本例题主要说明如何使用一般方法建立 PSC 连续梁桥并进行结构设计。

6.1.1　结构描述

一座 50 + 62 + 50 m 三跨预应力混凝土连续箱梁桥（这里仅模拟其上部结构），采用悬臂浇筑的方式施工，跨中截面和端部截面分别如图 6.1、6.2 所示。

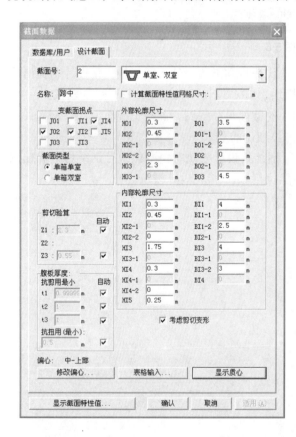
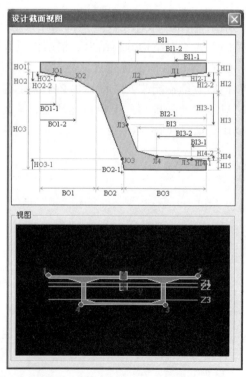

图 6.1　跨中截面示意

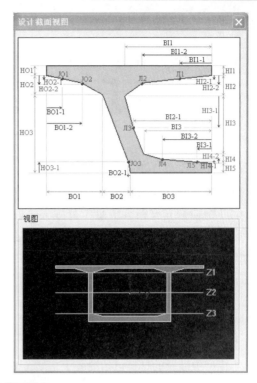

图 6.2　支座截面示意

桥梁立面图和钢束布置分别如图 6.3、6.4 所示。

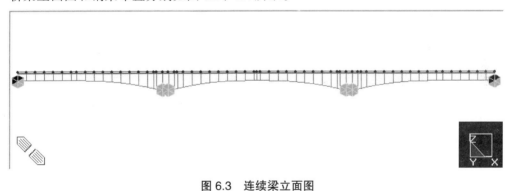

图 6.3　连续梁立面图

图 6.4　钢束布置形状

6.1.2 结构建模

对于施工阶段分析模型，通常采用的建模方法是：

（1）定义材料和截面特性（包括混凝土收缩徐变函数定义）；

（2）建立上部梁单元并赋予单元截面属性；

（3）定义结构组并赋予结构组信息；

（4）建立边界组并定义边界条件；

（5）定义荷载工况和荷载组；

（6）定义施工阶段；

（7）分阶段定义荷载信息（分施工阶段荷载和成桥荷载两部分）；

（8）分析，分析完成后定义荷载组合进行后处理结果查看；

（9）定义设计验算参数，根据 JTG D62 对结构进行长期荷载、短期荷载及承载能力验算。

6.1.3 步骤说明

1. 定义材料和截面特性

本模型中涉及的材料包括混凝土主梁（C40）、预应力钢绞线（Strand1860），如图 6.5 所示。

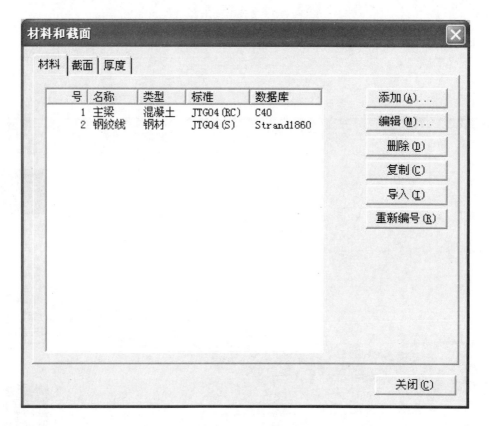

图 6.5 材料列表

通常，预应力混凝土结构（PSC 结构）现浇施工时，要考虑混凝土的收缩/徐变效应，因此需要在建模前定义混凝土的收缩/徐变函数，按照图 6.6 所示定义混凝土收缩/徐变函数。

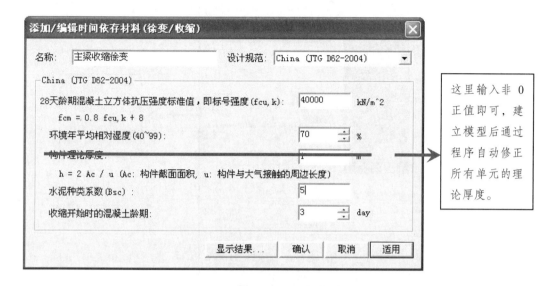

图 6.6　混凝土收缩徐变/函数定义

主梁截面为变截面箱梁，共有两个控制截面：一个是跨中截面，一个是支座处截面。以跨中截面和支座截面定义变截面。截面列表如图 6.7 所示。其中跨中截面和支座截面在前面的结构描述中都有图示。"跨中-支座"以及"支座-跨中"的变截面定义通过分别导入跨中截面和支座截面来定义就可以了。如图 6.8 所示。

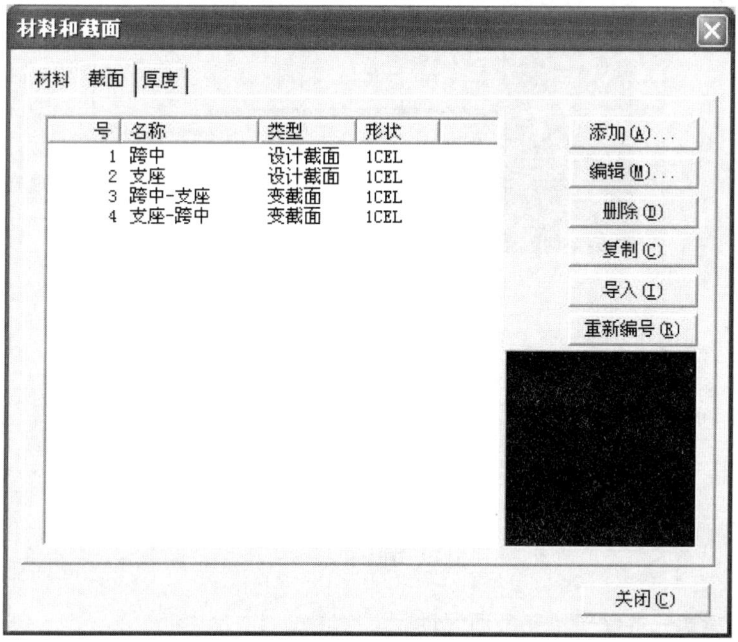

图 6.7　截面列表

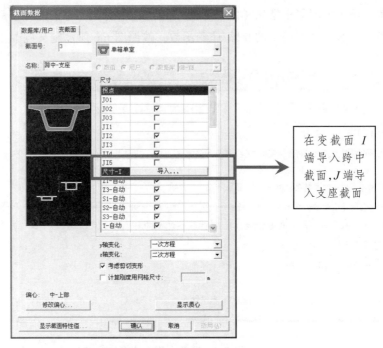

（a）跨中-支座段变截面

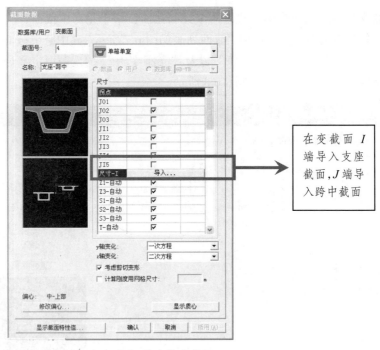

（b）支座-跨中段变截面

图 6.8

2. 建立上部梁单元并赋予单元截面属性

建立桥梁模型时，如果要同时进行施工阶段分析，就需针对施工的特点建立有限元模型。

本例中所示结构根据悬臂法施工，悬臂施工段为每段 3 m，因此在建立模型时考虑按 1.5 m 或 3 m 长度单元建立模型。本例题中主梁是直梁结构，因此建模方式可选性很广，可以通过扩展单元的方式建立，或者从 AutoCAD 导入已划分节段的主梁中心线，或者采用逐个建立单元的方式。这里采用扩展单元的方式建立一半主梁，然后通过镜像单元生成另一半主梁。

首先在（0，0，0）位置上建立主梁端部节点，然后通过对该节点进行扩展生成左半部主梁结构。如图 6.9 所示。

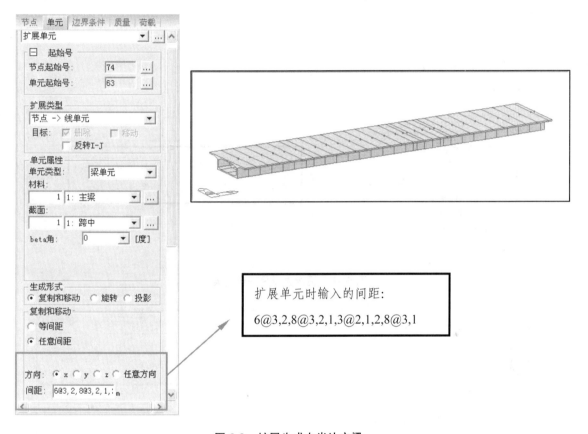

图 6.9　扩展生成左半边主梁

然后对生成的左半边主梁进行镜像生成另一半主梁，如图 6.10 所示。

生成全桥单元后，因为由镜像生成的梁单元的编号顺序也是镜向的，因此要对所有梁单元进行重新编号，以便于后续的单元选择（保证单元编号有规律的连续性对单元的选择操作很有帮助）。

上述步骤生成全桥单元时使用的是跨中截面，因此对生成的全桥单元应根据实际对应的截面信息修改单元的截面信息。可以通过修改单元参数修改单元信息，也可以通过 Midas 特有的拖放功能赋予单元截面信息，这里以拖放的方式赋予每段单元实际的截面信息。

首先选择支座附近的单元，修改其截面类型为"支座"截面，打开单元编号显示，选择单元"18to20，43to45"，如图 6.11 所示。

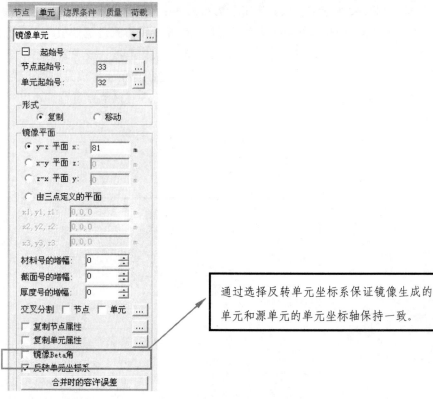

图 6.10　镜像生成另一半主梁

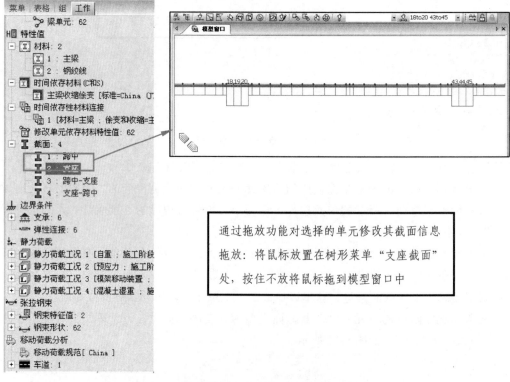

图 6.11　拖放功能修改支座附近单元的截面信息

用同样的方法，选择单元"9to17，34to42"，将截面"3：跨中-支座"拖放至模型窗口，得到如图 6.12 所示的模型。

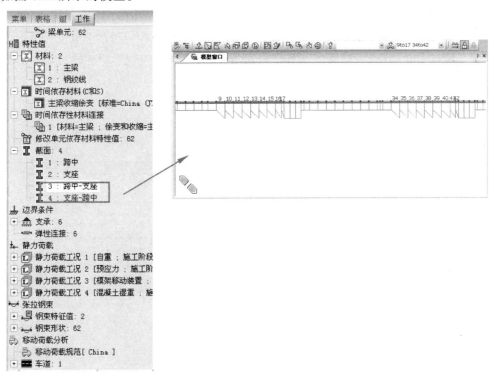

图 6.12　修改截面高度由低变高段（跨中-支座）

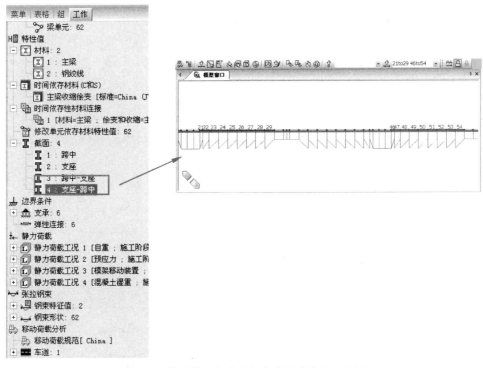

图 6.13　修改截面高度由低变高段（支座–跨中）

用同样的方法，选择单元"21to29，46to54"，将截面"4：支座-跨中"拖放至模型窗口，得到如图 6.13 所示的模型。

赋予变高梁段变截面信息后，桥梁模型都显示为锯齿状，此时需要将同类的变截面定义为一个变截面组，保证单元截面变化的连续性。如图 6.14 所示，在树形菜单双击"跨中-支座"，在变截面组信息中定义名称为"跨中-支座"，z 轴变化选择 2 项式变化，对称轴为单元组的 i 端。

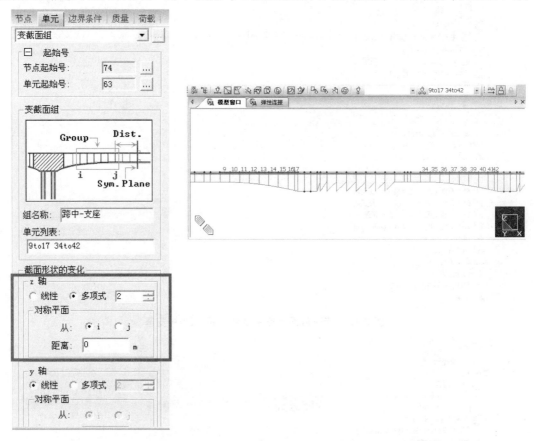

图 6.14　变截面组"跨中–支座"定义图示

在树形菜单中双击"支座-跨中"，在变截面组信息中定义名称为"支座-跨中"，z 轴变化选择 2 项式变化，对称轴为单元组的 j 端。

3. 定义结构组并赋予结构组单元信息

结构组名称及结构组单元信息如表 6.1 所示。

表 6.1　结构组名称及单元信息

结构组名称	结构组所含单元	结构组名称	结构组所含单元
左支座处梁段	17to21	桥梁段 2—3	39　49
右支座处梁段	42to46	桥梁段 2—4	38　50
桥梁段 1—1	16　22	桥梁段 2—5	37　51
桥梁段 1—2	15　23	桥梁段 2—6	36　52

续表

结构组名称	结构组所含单元	结构组名称	结构组所含单元
桥梁段 1—3	14　24	桥梁段 2—7	35　53
桥梁段 1—4	13　25	桥梁段 2—8	34　54
桥梁段 1—5	12　26	桥梁段 2—9	33　55
桥梁段 1—6	11　27	左边跨合龙段	7
桥梁段 1—7	10　28	跨中合龙段	31　32
桥梁段 1—8	9　29	右边跨合龙段	56
桥梁段 1—9	8　30	左侧满堂支架区段	1to6
桥梁段 2—1	41　47	右侧满堂支架区段	57to62
桥梁段 2—2	40　48	所有合龙段	7 31 32 56
		桥梁主梁	1to62

注："左支座处梁段"、"右支座处梁段"、"左侧满堂支架区段"、"右侧满堂支架区段"还应包括在步骤 4 中建立的支座节点。

建立好模型后，就可以执行程序自动修改构件理论厚度的功能了。选择所有梁单元，在"模型 > 材料和截面特性 > 修改时间依存材料特性"中选择修改构件理论厚度，如图 6.15 所示。

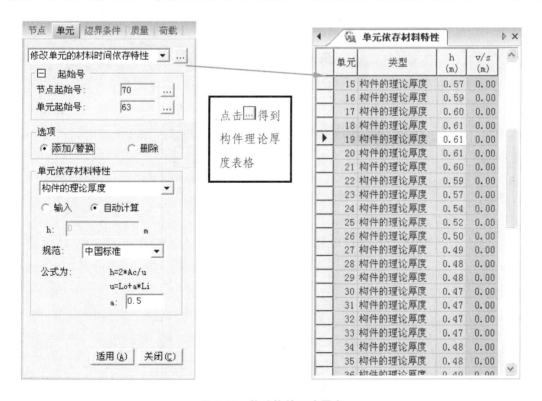

图 6.15　修改构件理论厚度

4. 定义边界组并定义边界条件

边界采用一般支承来模拟，因为截面选择的是"顶对齐"，因此需要在梁底支座支承的位置处建立支座节点，然后将支座节点和主梁节点通过"弹性连接 > 刚性连接"连接起来。

选择中部节点 19、20、44、45，选择"节点 > 复制移动"，对选择的两个节点向下复制 5.9 m，生成新节点 64～67；选择边跨端部节点 1 和 63，选择"节点 > 复制移动"，对选择的两个节点向下复制 3.05 m，生成新节点 68、69。（新生成的支座节点要按照步骤 3 的注释将节点放置在对应的结构组中。）

定义边界组和边界信息如表 6.2 所示。

表 6.2

边界组名称	支座约束		支座与主梁约束	
	一般支承	适用支座节点	弹性连接	适用节点
支承	111111	64to67	刚性	19—64，20—65，44—66，45—67
左边跨	011100	68	刚性	1—68
右边跨	011100	69	刚性	63—69

得到结构的边界条件如图 6.16 所示。

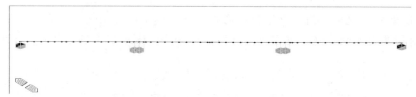

图 6.16　结构边界条件

注：约束、荷载及其他模型中的内容可以在"视图 > 显示"中定义显示，如上述边界条件的显示，在显示菜单中选择要显示的内容即可，如图 6.17 所示。

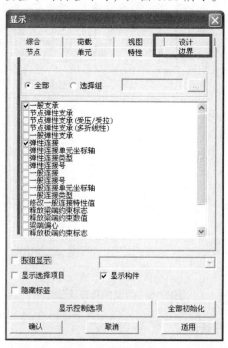

图 6.17　显示菜单

5. 定义荷载工况和荷载组

荷载工况和荷载组定义如表 6.3 所示。

表 6.3

编号	荷载工况名称	荷载类型	荷载组	说明
1	自重	施工阶段荷载（CS）	自重	结构自重
2	预应力	施工阶段荷载（CS）	钢束 1-0to 钢束 1—9 钢束 2-0to 钢束 2—9 合龙段钢束 1to3	不同施工阶段对于预应力钢束的预应力
3	挂篮重	施工阶段荷载（CS）	挂篮 1to9	模架移动装置换算荷载
4	合龙段挂篮重	施工阶段荷载（CS）	合龙段挂篮 1，2—1，2—2，3	模架移动装置换算荷载

6. 定义施工阶段

本模型采用悬臂浇筑施工方法，从施工零号块开始，对称浇筑两端悬臂段，直至全桥合龙，共分 12 个施工阶段。施工阶段信息如表 6.4 所示。

表 6.4　施工阶段信息

施工阶段名称	结构组		边界组		荷载组	
	激活	钝化	激活	钝化	激活	钝化
1-零号块施工	左、右支座处梁段	—	支承	—	自重，挂篮 1，钢束 1—0，钢束 2—0	—
2-悬浇 1	桥梁段 1—1，桥梁段 2—1	—	—	—	挂篮 2，钢束 1—1，钢束 2—1	挂篮 1
3-悬浇 2	桥梁段 1—2，桥梁段 2—2	—	—	—	挂篮 3，钢束 1—2，钢束 2—2	挂篮 2
4-悬浇 3	桥梁段 1—3，桥梁段 2—3	—	—	—	挂篮 4，钢束 1—3，钢束 2—3	挂篮 3
5-悬浇 4	桥梁段 1—4，桥梁段 2—4	—	—	—	挂篮 5，钢束 1—4，钢束 2—4	挂篮 4
6-悬浇 5	桥梁段 1—5，桥梁段 2—5	—	—	—	挂篮 6，钢束 1—5，钢束 2—5	挂篮 5
7-悬浇 6	桥梁段 1—6，桥梁段 2—6	—	—	—	挂篮 7，钢束 1—6，钢束 2—6	挂篮 6
8-悬浇 7	桥梁段 1—7，桥梁段 2—7	—	—	—	挂篮 8，钢束 1—7，钢束 2—7	挂篮 7
9-悬浇 8	桥梁段 1—8，桥梁段 2—8	—	—	—	挂篮 9，钢束 1—8，钢束 2—8	挂篮 8
10-悬浇 9	桥梁段 1—9，桥梁段 2—9	—	—	—	合龙段挂篮 1，2—1、2—2，3，钢束 1—9，钢束 2—9	挂篮 9
11-边跨合龙		—	左、右边跨	—	合龙段钢束 1、3	合龙段挂篮 1、3
12-中跨合龙		—	—	—	合龙段钢束 2	合龙段挂篮 2—1、2—2

7. 分阶段定义荷载信息

本例题主要模拟 5 种荷载作用：结构自重、挂篮荷载、预应力荷载、混凝土收缩徐变荷载、公路 I 级车道荷载。以上 5 种荷载，除收缩/徐变由程序根据已定义的收缩徐/变函数自动计算外，其他的都要定义荷载信息。分述如下：

（1）自重：在"荷载"中选择"自重"，指定荷载工况名称、荷载组、自重系数添加即可，如图 6.18 所示。

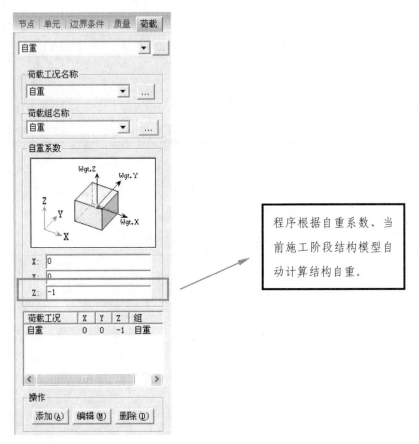

图 6.18　自重定义

（2）挂篮荷载：主梁合龙前，在悬臂端都有挂篮荷载的作用，由于结构是对称施工，而且结构本身也是对称结构，因此施工过程中的等效挂篮荷载也是对称的。这里通过节点荷载来模拟。挂篮作用在悬臂端外 2.452 m 处，挂篮换算荷载为 10 kN 及附加弯矩 24.52 kN·m。

以第一阶段挂篮 1 为例，定义挂篮荷载如图 6.19 所示。

选择显示第一施工阶段，然后选择两个零号块的右端节点 22 和 47，选择荷载工况为"模架移动装置"，荷载组选择"挂篮 1"，添加节点荷载值 $F_z=-10$ kN、$M_y=24.52$ kN·m 适用；再选择节点 17 和 42，选择荷载工况为"模架移动装置"，荷载组选择"挂篮 1"，添加节点荷载值 $F_z=-10$ kN、$M_y=-24.52$ kN·m 适用。

（3）预应力荷载：定义预应力荷载分三步：钢束特性值—钢束布置形状—钢束预应力荷载。钢束布置形状只能在基本状态下添加，而预应力荷载可以在施工阶段添加。

例题中的结构顶板和底板均配预应力钢束，因此涉及两种钢束特性值，如图 6.20 所示。

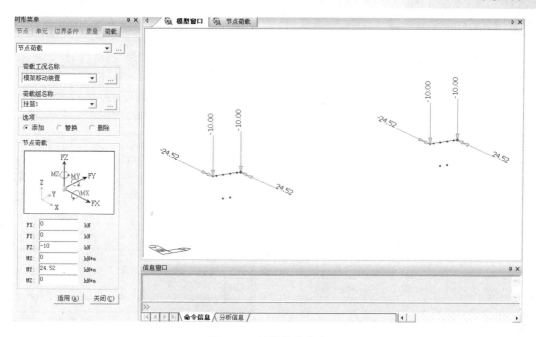

图 6.19　挂篮荷载定义

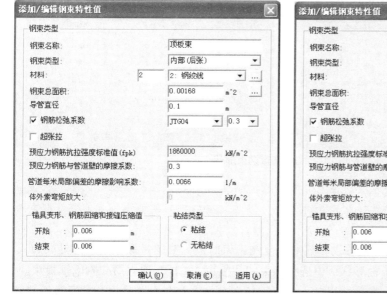
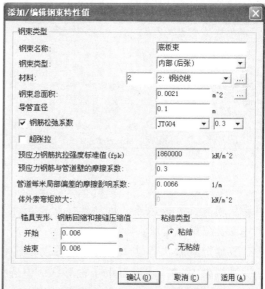

图 6.20　预应力钢束特性值

　　"钢束布置形状"首先定义一对顶板束和一对底板束作为标准钢束，其他位置的钢束通过标准钢束的复制移动功能生成。将第一施工阶段中的顶板束作为顶板的标准束，采用第二阶段边跨合龙时的左侧底板束作为底板标准束。如图 6.21 所示。

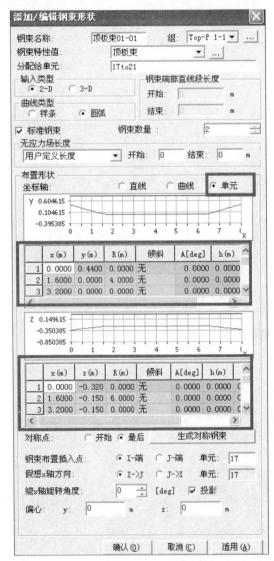
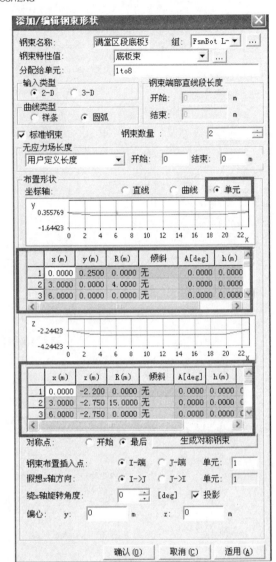

图 6.21　添加/编辑钢束形状

注：只有"单元"类型钢束支持复制移动钢束时重新分配单元以及根据分配单元长度自动调整钢束长度的功能，所以选择钢束坐标轴为"单元"类型，方便使用钢束的复制移动功能建立其他钢束形状，如图 6.22 所示。

其他钢束形状通过"钢束复制移动"建立。复制钢束时最重要的是保证钢束位置准确。

顶板束 1—2：在"钢束布置形状"中选择钢束"顶板束 1—1"，建立第二阶段顶板束。

注：如果选择了"自动调整钢束长度"功能，程序根据重新分配单元的长度通过调整钢束的直束部分来调整建立新钢束，然后对复制生成的钢束名称更名为"顶板束 01-02"。重新分配单元编号可通过查看每个施工阶段主梁段的单元编号获得。

对于顶板上的钢束形状，可以通过复制功能很快的生成，钢束复制移动的时候可以一次复制或移动生成多根钢束。以顶板束 01-01 为例，以此钢束为源钢束，可以一次性生成主梁顶部所有靠近主梁右侧的钢束，如图 6.23 所示。

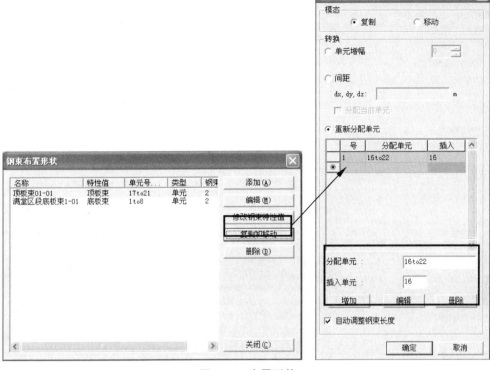

图 6.22 布置形状

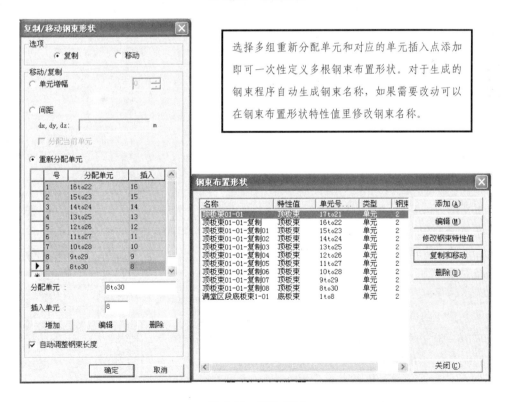

选择多组重新分配单元和对应的单元插入点添加即可一次性定义多根钢束布置形状。对于生成的钢束程序自动生成钢束名称，如果需要改动可以在钢束布置形状特性值里修改钢束名称。

图 6.23 钢束复制

显然底板钢束布置形状在右侧深入主梁内部的 z 向位置偏上，需要按照底板的变化向下弯曲。

图 6.24　底板钢束

在复制底板束时，仅通过对原钢束形状的复制移动对于变高度梁单元的底板束是不足的，还需要使用钢束布置形状中的另一项功能，即程序根据底板变化形状自动调整钢束在 x 向的布置形状。

在上述定义好的底板束中，深入到变截面单元 10 及其后面单元的钢束，其形状需作改动，改动方式如图 6.24 所示。

定义好钢束布置形状后，就可以定义钢束预应力荷载了，这项内容建议在施工阶段执行。如第一施工阶段要张拉零号块顶板的两根钢束，在阶段显示第一施工阶段，然后选择"荷载＞预应力荷载＞钢束预应力"，荷载工况选择"预应力"，荷载组选择钢束 1—0，如图 6.25 所示。

（4）公路 I 级车道荷载：按照"选择移动荷载规范—定义车道—定义移动荷载工况"的顺序定义移动荷载。移动荷载属于成桥荷载，必须在基本状态下定义。

在定义车道时，可以指定车轮间距来模拟车辆或车道的三维布载形式，如果车轮间距输入为 0，则该荷载

图 6.25　定义钢束预应力荷载

即为规范规定的等效二维荷载，如图 6.26 所示。

注：图中绿色圆点标志即为荷载加载位置，程序默认在单元的二分点上加载，如果增大要求加载密度，可以在"分析〉移动荷载分析控制选项"中的加载位置处进行调整。

图 6.26　车道定义

8. 分析及后处理查看

定义好以上各项荷载后，就可以选择执行分析了。但在进行分析计算之前，首先要在主菜单分析中定义相应的分析控制选项。这里要定义的是移动荷载分析控制选项和施工阶段分析控制选项，前者包括定义移动荷载分析输出内容和冲击系数计算方法，后者包括施工阶段分析的各项参数。

在查看后处理结果之前，要先定义荷载组合；在分析结果查看时，可以在任何一栏内定义荷载组合，可以选择按照规范自动生成组合，也可根据经验自定义荷载组合。

后处理的查看除常规的反力、位移、内力、应力查看外，对于移动荷载分析，还可利用移动荷载追踪功能查看移动荷载的最不利布置情况，并可将这种荷载布置形式转化为静力荷载，在动力分析、非线性分析中代替移动荷载使用。还可查看每个施工阶段的分析结果以及预应力损失计算的详细结果，在"结果 > 分析结果表格 > 预应力钢束 > 预应力损失…"结果表格中按照施工阶段查看每项预应力损失。

9. 按照 JTG D62 规范的要求对结构进行 PSC 设计

执行 PSC 设计的步骤：① 定义混凝土荷载组合（见图 6.27）；② 定义 PSC 设计参数（见图 6.28）；③ 定义 PSC 设计材料强度；④ 指定验算单元；⑤ 指定计算书输出内容。其中步骤①和③为必选项，其他内容为可选项。验算用荷载组合必须在混凝土设计栏内定义，不能在"一般"栏中定义。（其他项目验算也一样，如执行钢结构设计时，必须在荷载组合钢结构栏内定义验算用荷载组合；如果执行组合结构设计，必须在 SRC 栏内定义验算用荷载组合。）

PSC 设计结果均以结果表格的形式表示，并且对所有验算结果超限的验算内容均以红色显示。对于 PSC 设计承载能力验算结果，还可以图形的形式显示，即以设计内力和承载能力包络图的形式给予直观地显示。如图 6.29 所示。

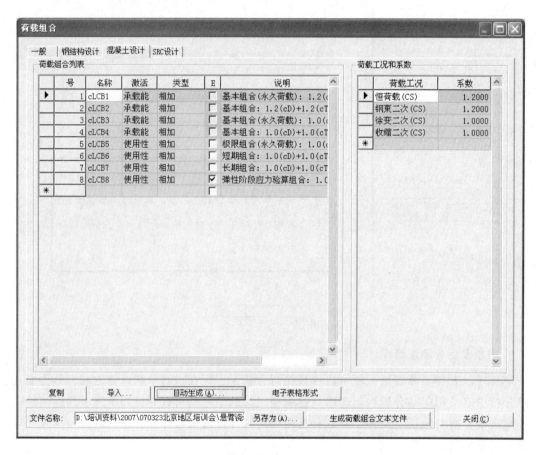

图 6.27　荷载组合

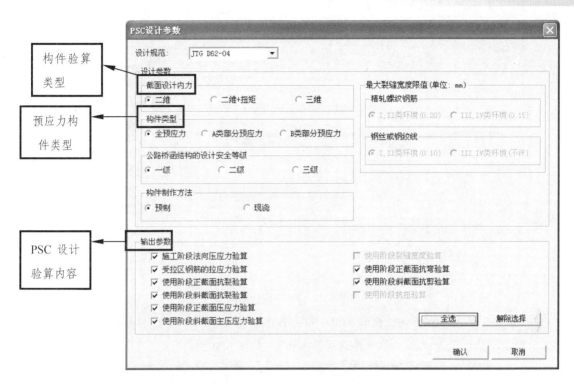

图 6.28　定义 PSC 设计参数

（a）

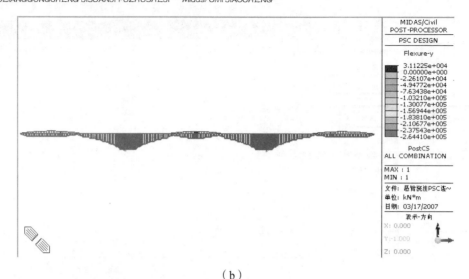

（b）

图 6.29　PSC 设计结果

如果要考虑结构中普通钢筋的作用，可以在前处理中通过定义截面钢筋来实现，并且在"分析 > 主控数据"中选择"考虑普通钢筋作用"。如图 6.30 所示。

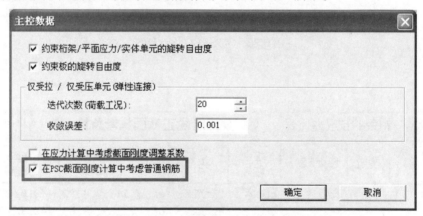

图 6.30　考虑普通钢筋作用的主控数据

6.2　使用建模助手做悬臂法（FCM）桥梁施工阶段分析

1. 概　要

预应力箱形梁桥（PSC BOX Bridge）的施工工法一般有顶推法（ILM）、悬臂法（FCM）、移动支架法（MSS）等。悬臂法是由桥墩向跨中方向架设悬臂构件的方法，该方法不用水上作业，也不需要架设大量的临设架和脚手架，因此可以灵活使用桥下空间。另外，因为不直接与桥下河流或道路接触，因此被广泛应用于高桥墩、大跨度桥梁中。

使用悬臂法（FCM）施工的预应力箱形梁桥，因为各施工阶段的结构体系不同，所以只有对各施工阶段做结构分析才能最终确定截面大小。另外，为了正确分析混凝土材料的时间依存特性和预应力钢束的预应力损失，需要前阶段累积的分析结果。

本节主要介绍使用悬臂法桥梁建模助手建立悬臂法（FCM）各施工阶段和施工阶段分析的步骤，以及确认各施工阶段应力、预应力损失和挠度的方法。

例题中的桥梁为按悬臂法施工的现浇桥梁，如图6.31所示。

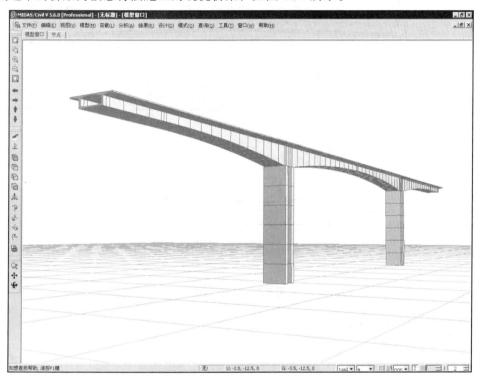

图6.31 分析模型（竣工后）

桥梁基本数据以及一般截面如图6.32、6.33所示。

桥梁基本数据如下：

桥梁类型：三跨预应力箱型连续梁桥（FCM）

桥梁长度：$L = 85.0 + 130.0 + 85.0 = 300.0$ m

桥梁宽度：$B = 12.7$ m（2车道）

斜交角度：90°（正桥）

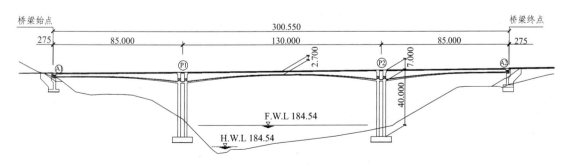

图6.32 纵向剖面

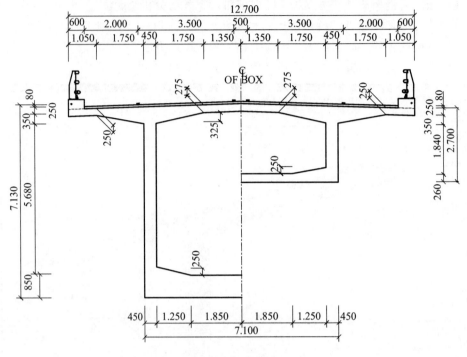

图 6.33　标准截面

（1）定义材料和截面；

（2）建立结构模型；

（3）定义并构建结构群；

（4）定义并构建边界群；

（5）定义荷载群；

（6）输入荷载；

（7）布置预应力钢束；

（8）张拉预应力钢束；

（9）定义时间依存性材料特性值并连接；

（10）运行结构分析；

（11）确认分析结果。

悬臂法建模助手能帮助用户自动完成上述（2）～（8）步。本节详细介绍利用悬臂法建模助手做悬臂法施工阶段分析的步骤和方法。

2. 使用材料以及容许应力

（1）上部结构混凝土。

材料强度标准值：$f_{ck} = 400 \, \text{kgf} / \text{cm}^2$

初始抗压强度：$f_{ci} = 270 \, \text{kgf} / \text{cm}^2$

弹性模量：$E_c = 3\,000 \, W_c^{1.5} \sqrt{f_{ck}} + 70\,000 = 3.07 \times 10^5 \, \text{kgf/cm}^2$

容许应力如下：

容许应力	施加预应力初期	预应力损失之后
压 缩	$f'_{ca} = 0.55 f_{ci} = 148.5 \, \text{kgf/cm}^2$	$f_{ca} = 0.4 f_{ck} = 160.0 \, \text{kgf/cm}^2$
张 拉	$f'_{ta} = 0.8 \sqrt{f_{ci}} = 13.1 \, \text{kgf/cm}^2$	$f_{ta} = 1.6 \sqrt{f_{ck}} = 32.0 \, \text{kgf/cm}^2$

（2）下部结构混凝土。

材料强度标准值：$f_{ck} = 270 \, \text{kgf/cm}^2$

弹性模量：$E_c = 2.35 \times 10^5 \, \text{kgf/cm}^2$

预应力钢束（$\phi 15.2 \, \text{mm}$）

屈服强度：$f_{py} = 160 \, \text{kgf/mm}^2 \to P_y = 22.6 \, \text{tonf/strand}$

抗拉强度：$f_{pu} = 190 \, \text{kgf/mm}^2 \to P_u = 26.6 \, \text{tonf/strand}$

截面面积：$A_p = 138.7 \, \text{cm}^2$

弹性模量：$E_p = 2.0 \times 10^6 \, \text{kgf/cm}^2$

张拉力：$f_{pj} = 0.72 f_{pu} = 137 \, \text{kgf/mm}^2$

锚固端滑移：$\Delta s = 6 \, \text{mm}$

摩擦系数：$\mu = 0.30 / \text{rad}$

容许应力如下：

最大控制应力	张拉初期（f_{po}）	预应力损失之后
$0.9 f_{py} = 144 \, \text{kgf/mm}^2$	$0.7 f_{pu} = 133 \, \text{kgf/mm}^2$	$0.8 f_{py} = 128 \, \text{kgf/mm}^2$

（3）荷载。

➢ 永久荷载

结构重力

在程序中以自重输入

二期恒载

$w = 3.432 \, \text{tonf/m}$

➢ 预应力荷载

钢束：$\phi 15.2 \, \text{mm} \times 19$

截面面积：$A_p = 1.387 \times 19 = 26.353 \, \text{cm}^2$

孔道直径：$100 / 103 \, \text{mm}$

张拉力：施加 72% 抗拉强度的张力

$f_{pj} = 0.72 f_{pu} = 13\,680 \, \text{kgf/cm}^2$

$P_j = A_p \cdot f_{pj} = 360.5 \, \text{tonf}$

张拉初期的损失（由程序计算）

摩擦损失：$P(x) = P_0 \cdot e^{-(\mu\alpha + kL)}$

顶板束：$\mu = 0.20$，$k = 0.001$

底板束：$\mu = 0.30$，$k = 0.006$

锚固端滑移量：$\Delta l_c = 6 \, \text{mm}$

混凝土弹性压缩预应力损失：损失量，$\Delta P_E = \Delta f_p \cdot A_{SP}$

预应力长期损失（由程序计算）

应力松弛

徐变和干缩引起的损失

➤ 徐变和干缩

➤ 条件

水泥：普通水泥

施加持续荷载时混凝土的材龄：t_o=5 日

混凝土暴露在大气中时的材龄：t_s=3 日

相对湿度：RH = 70%

大气或养生温度：T = 20 ℃

适用标准：道桥设计标准（CEB-FIP）

徐变系数：由程序计算

混凝土干缩应变：由程序计算

➤ 挂篮（form traveller）荷载

假设挂篮自重（见图 6.34）如下：

P = 80.0 tonf

e = 2.50 m

$M = P \times e$ = 200.0 tonf

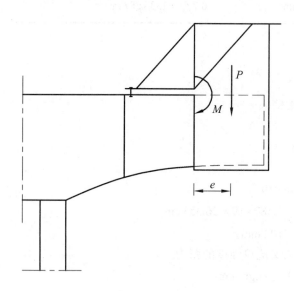

图 6.34　挂篮自重

3. 设定建模环境

为了进行悬臂法桥梁的施工阶段分析，首先打开新项目（□新项目）以"FCMwizard"名字保存（■保存）文件，然后将单位体系设置为"tonf"和"m"。该单位体系可以根据输入的数据类型随时更换。如图 6.35 所示。

文件 ／ 🗋 新项目

文件 ／ 🖫 保存（FCMwizard）

工具 ／ 单位体系 ♀

长度＞m；力＞tonf

4. 定义截面及材料

定义上部结构和下部结构以及预应力钢束的材料特性，如图 6.36 所示。

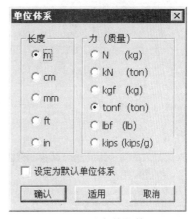

图 6.35　设定单位体系

模型 ／ 特性值 ／ ⚏ 材料

类型＞混凝土；规范＞ KS-Civil（RC）

数据库＞C400 ♀

类型＞混凝土；规范＞ KS-Civil（RC）

数据库＞ C270

名称（钢束）；类型＞用户定义；规范＞ None

分析数据

弹性模量（$2.0e^7$）

线膨胀系数（$1.0e^{-5}$）

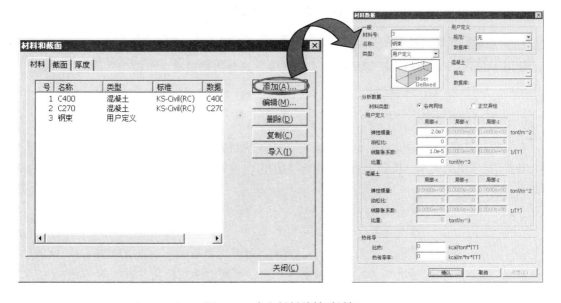

图 6.36　定义材料特性对话框

将桥墩的截面特性定义为用户类型，如图 6.37 所示。

模型 ／ 特性值 ／ ⚏ 截面

数据库 ／ 用户表单

截面号（1）；名称（桥墩）

截面形状＞ 实心矩形；用户＞H（1.8），B（8.1）

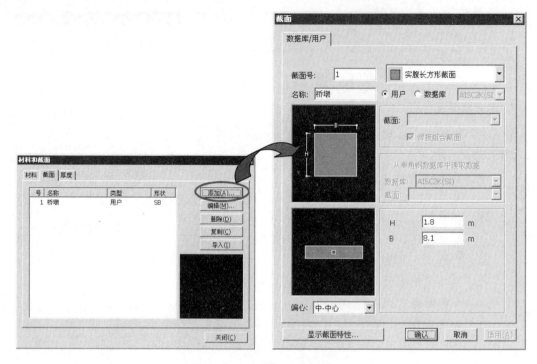

图 6.37　定义截面特性对话框

5. 使用悬臂法建模助手建模

使用 Midas/Civil 的悬臂法建模助手功能建模。悬臂法建模助手由模型、截面、钢束三个表单组成，如图 6.38 所示。

6. 输入模型数据

在悬臂法建模助手的模型表单中，可定义桥梁的材料、基本数据、桥梁段的划分（参见图 6.39）、零号块的大小、桥墩类型和尺寸等，还可定义每个桥梁段的施工持续时间（12 天），见图 6.40。

模型/结构建模助手/悬臂法建模助手

模型表单

材料（主梁）＞1：C400；材料（桥墩）＞2：C270

桥墩数（2）；桥墩截面＞1：桥墩；施工阶段持续时间（12）

方法＞现浇

零号块＞P.T.（14）；B（6）

合龙段＞K1（2）；K2（2）

桥墩＞H（40）；C（4.2）

满堂支架法（FSM）＞ FSM（左）（2，4@4.25）；FSM（右）（2，4@4.25）

Zone1（12@4.75）；Zone2（12@4.75）

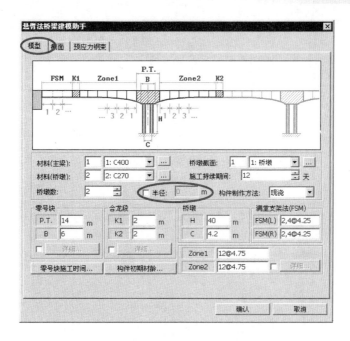

图 6.38　悬臂法桥梁建模助手的模型表单

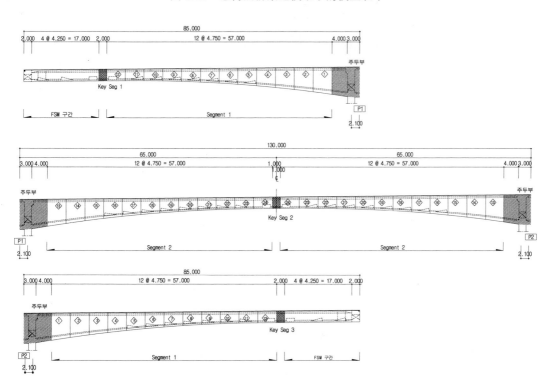

图 6.39　桥梁段的划分

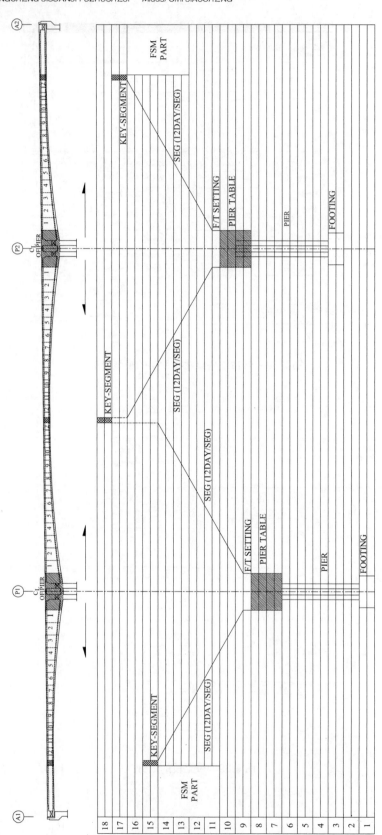

图 6.40　施工工序计划表

悬臂法的施工工期与桥墩数量和投入的作业车辆（挂篮等）有关。因为各桥墩的悬臂部分并不是同时施工的，所以施工合龙时合龙段两侧悬臂桥梁段的混凝土材龄是不同的。由于两侧悬臂桥梁段混凝土材龄的差异，引起同一施工阶段内施工的悬臂桥梁段的徐变和干缩以及预应力钢束的预应力损失量的差异。也就是说，施工合龙时合龙段两侧的截面应力和位移是不同的，施工阶段分析时一定要考虑到这种情况。

在 Midas/Civil 中，通过"施工阶段时间荷载"🎧功能确定单元的材料时间依存特性，合龙段两侧桥梁段的材龄差异由施工完两桥墩的零号块之后施工第一个桥梁段的时间差异来体现。

在图 6.41 的预定施工工序中以一行为 15 天来表示施工桥梁所需时间以及预定的工序。根据预定的工序，两桥墩第一个桥梁段的开始施工时间差为 60 天。

点击　零号块施工时间... ，输入两桥墩零号块的施工时间差。

零号块施工时间...

P.T. ＞ P.T. 2

Day（60）；　　定义

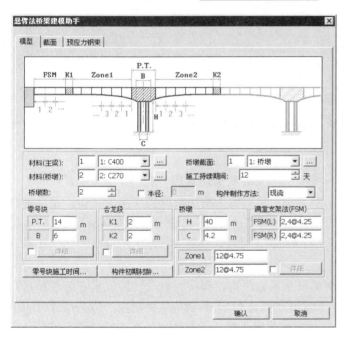

图 6.41　输入桥墩零号块的施工时间差

混凝土是具有时间依存特性的材料，其强度、徐变和干缩系数都会随时间而变化。混凝土的材龄越小，其时间依存特性值的变化越大。在施工阶段分析中，因为混凝土一般都处于早期材龄状态，为了正确地反映混凝土的材料时间依存特性，需要正确输入混凝土初始材龄的信息，见图 6.42。初始材龄是指在混凝土养生期间拆模之后，开始施加持续荷载时的混凝土材龄。程序将利用输入的初始材龄计算混凝土的弹性系数、徐变系数、干缩系数。主要构件的初始材龄从施工工序计划表中构件的施工持续时间里扣除支模和绑扎钢筋所需时间而得。

FSM 区段：60 天；合龙段（Key Seg.）：10 天；零号块：15 天；

一般桥梁段：5 天；桥墩：100 天

点击 构件初期材龄... ，输入各主要构件的初期材龄。

构件初期材龄... FSM（60）；Segment（5）；Key　Seg（10）Pier（100）；Pier　Table（15）

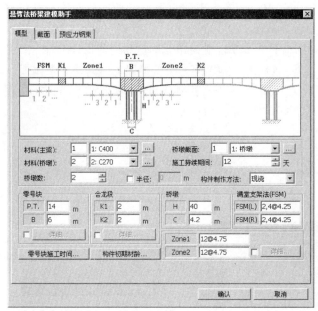

图 6.42　输入各主要构件的初期材龄

7. 预应力箱形截面数据的输入

为了能承受悬臂法施工时的弯矩和剪力，FCM 桥梁的截面一般设计成支座截面高于跨中截面的变截面梁。在悬臂法建模助手中，用户只需输入跨中截面和支座处截面，程序将自动生成截面高度按二次方程变化的曲线桥梁。参照图 6.43 的截面图形输入截面尺寸。输入完截面尺寸以后在"查看"选项中选择"实际截面"，可以观察到实际输入的截面形状，如图 6.44 所示。

挂篮的荷载应输入包含模板的重量以及偏心距离，程序将自动转换成垂直荷载和弯矩。如果选择考虑混凝土湿重，则在支模和绑扎钢筋之后 （默认为从桥梁段的施工持续时间中扣除桥梁段的初期材龄时间），程序将自动施加混凝土湿重。在结构体系不变的情况下，如果已经施加挂篮荷载（包括模板重量）而由于不可知的原因没有立即施加混凝土湿重时，不需要另外建立施工阶段，只需利用"添加步骤"功能输入一个步骤即可。

截面表单：单箱单室（开）

H1（0.25）；H2（2.19）；H3（0.26）；H4（0.35　）

H5（0.325）；H6（0.25）；H2-1（5.9）；H3-1（0.85）

B1（2.8）；B2（0.45）；B3（3.1）；B4（1.75）；B5（1.75）

B6（1.25）

挂篮荷载（包含模板荷载）>考虑混凝土湿重（开）

P（80）；e（2.5）查看选项>实际截面

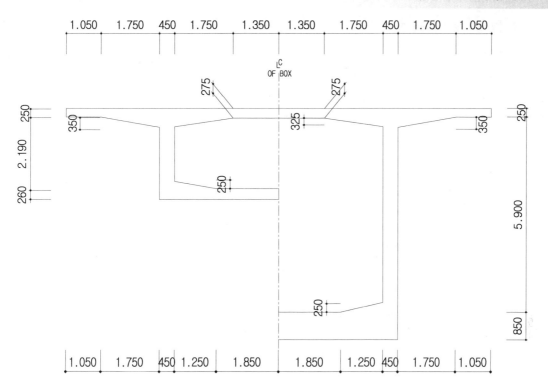

图 6.43　预应力箱形截面

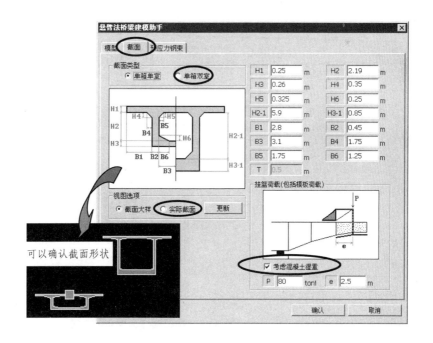

选择单箱双室时，可以建立中间有腹板的双格预应力箱形截面。

在悬臂法建模助手中预应力箱形梁的刚度中心的偏心自动设置为"中央-顶"。这考虑了变截面的实际变化形状，因此也将按"中央-顶"为基准计算刚度并适用于分析。

图 6.44　输入截面尺寸

8. 预应力钢束的布置

在预应力钢束表单可将输入钢束在横截面上的位置以及在各桥梁段锚固的钢束数量。输入了钢束在各横截面上的位置以及锚固数量后，程序将自动生成预应力钢束的形状。

预应力钢束在横截面方向上的布置在建模助手中只能按等间距布置，因为预应力钢束在横截面方向的间距对整个施工阶段分析的结果影响不大，所以当钢束在横截面方向上的布置不是等间距时，可以输入各钢束距离的平均值。如图 6.45 ~ 6.47 所示。

钢束表单

预应力钢束和预应力（开）

截面类型 > 单箱单室

H1（0.17）；H2（0.32）；H3（0.29）；H4（0.14）

W1（0.1）；W2（0.1）；W3（0.06）；S（0.175）

DX1（0.1）；DY1（0.3）；DX2（0.1）

DY2（0.3）；DX3（0.3）；DY3（0.19）

所有钢束数量...

相等（开）

N1（7）；N2（3）；N3（6）；N4（3）；N5（2）N6（7）；N7（2）；N8（5）

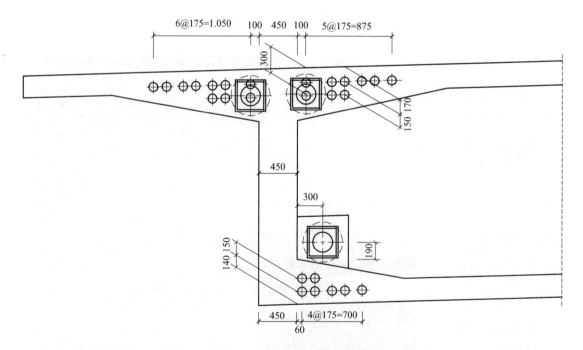

图 6.45　边跨预应力钢束的布置

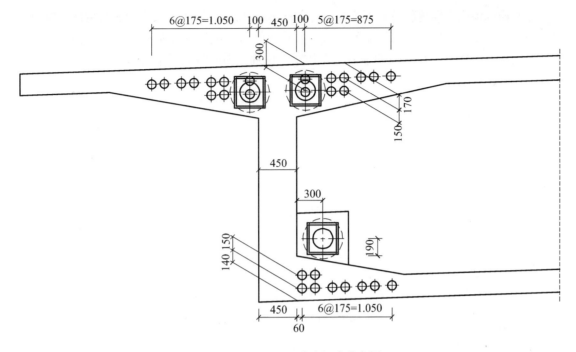

图 6.46　中间跨预应力钢束的布置

在"钢束数量"
对话框中选择"不
等"选项时，可以在
各跨各桥墩中输入
不同的预应力钢束
数量。

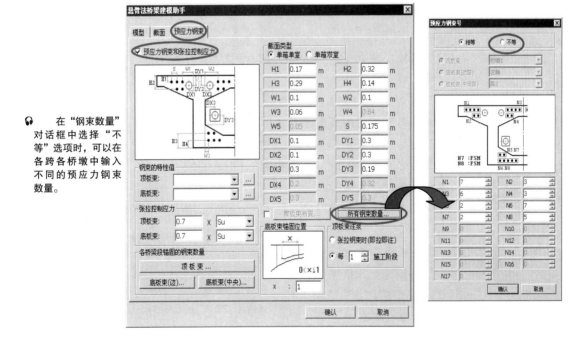

图 6.47　预应力钢束在横截面方向的布置

　　下面输入预应力钢束的特性值和张力，如图 6.48 所示。因为顶板束和底板束的预应力损失量不同，所以应分别定义顶板束和底板束。钢束张力设定为极限强度的 72%。因为底板束的锚固位置有可能不在桥梁段的端部而在任意的位置，因此将底板束的锚固位置定义为与桥梁段的比例长度，如图 6.49 所示。

预应力钢束的特性值 > ... ； 添加(A)

钢束名称（顶板束）；钢束类型 > 内部

材料 > 3：钢束

钢束截面面积（0.002 635 3）

或按 ...

钢绞线公称直径 > 15.2 mm（0.6 " ）

钢绞线股数（19）

> 🎧 计算预应力钢束的预应力松弛损失时，一般使用Magura公式。松弛系数是包含在公式中的反映钢束品种松弛特性的常数。一般钢束常数为10，低松弛钢束松弛系数为45。关于松弛系数的详细内容，请参照土木结构分析中的"预应力损失"章节。

孔道直径（0.103）；松弛系数（45）🎧

钢束与孔道壁的摩擦系数（0.2）

孔道每米长度局部偏差的摩擦系数（0.001）

极限强度（190 000）；屈服强度（160 000）

荷载类型 > 后张

锚具变形及钢筋回缩值 > 始点（0.006）；终点（0.006）

钢束名称（底板束）；钢束类型 > 内部

材料 > 3：钢束

钢束截面面积（0.002 635 3）

或按 ...

钢绞线公称直径 > 15.2 mm（0.6 " ）

钢绞线股数（19）

孔道直径（0.103）；松弛系数（45）

钢束与孔道壁的摩擦系数（0.3）

> 🎧 将顶板束孔道注浆设定为每一施工阶段时，张拉钢束之后在施工阶段将按注浆后的截面特性计算应力。

孔道每米长度局部偏差的摩擦系数（0.006 6）

极限强度（190 000）；屈服强度（160 000）

荷载类型 > 后张

锚具变形及钢筋回缩值 > 始点（0.006）；终点（0.006）

关闭(C)

顶板束 > 顶板束；底板束 > 底板束

张拉应力 > 顶板束（0.72）×（Su）；底板束（0.72）×（Su）

锚具位置（1）

顶板束孔道注浆 > 每（1）个施工阶段

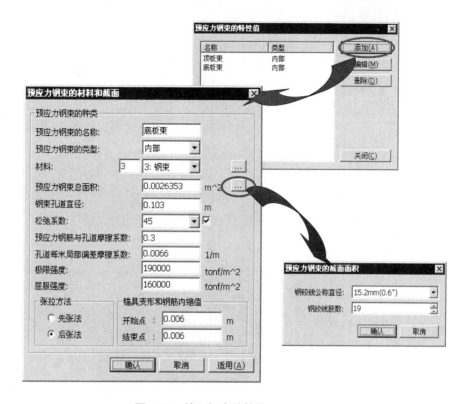

图 6.48 输入钢束特性值

因为弯矩随悬臂长度增加而增大，所以所需钢束数量也将增多，从而会产生一个桥梁段内锚固两个钢束的情况。参照图 6.50 输入锚固在各桥梁段的钢束的数量。

钢束锚固数量

　　　顶板束...

🎧 按住[Ctrl]键，可以同时选取多个桥梁段。

相同（开）

桥梁段 > P.T，Seg6，Seg7，Seg8，Seg9，Seg10 🎧

锚固数量（2）；　　定义

　　底板束(边)...

相同（开）；桥梁段 > Seg1，Seg2，Seg3，Seg4，Seg12

锚固数量（0）；　　定义

　　底板束(中央)...

相同（开）；桥梁段 > Seg1，Seg2，Seg3，Seg4，Seg12

锚固数量（0）；　　定义

桥梁段 > Seg5，Seg11

锚固数量（2）；　　定义

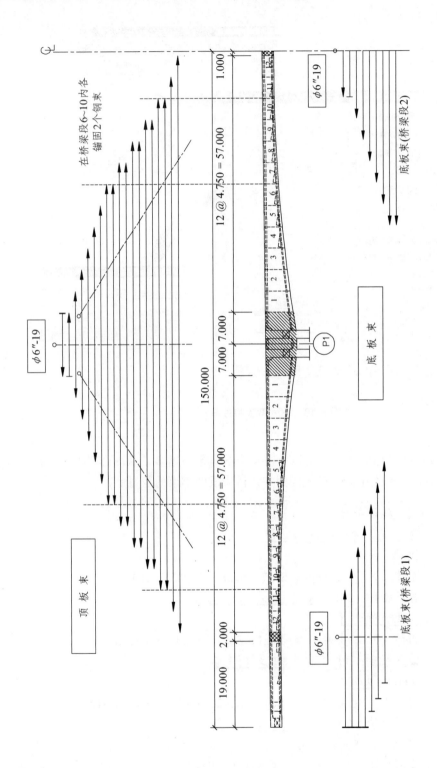

图 6.49　预应力钢束布置图（纵向）

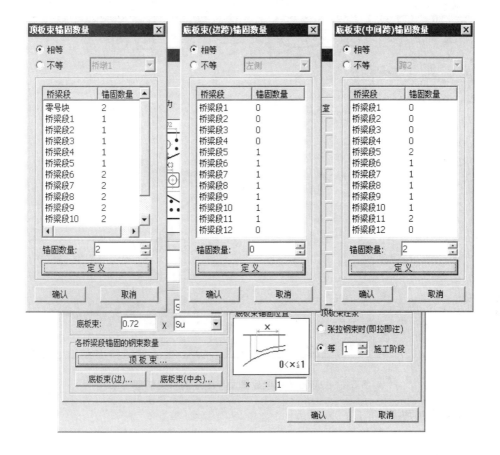

图 6.50　输入各桥梁段锚固数量

输入完所有数据之后，单击 OK 键结束悬臂法桥梁建模助手并确认建立的模型，如图 6.51 所示。

确认建立的桥梁模型和预应力钢束的布置情况时，可以利用 🔍 "窗口缩放功能" 和 🔍 "对齐" 缩放功能详细确认指定部位。

🎧　在悬臂法桥梁建模助手中自动将各边界条件定义成如下：桥梁两端为可移动铰支座，桥墩底部为固定支座，桥墩和预应力箱形梁用具有强大刚度的弹性单元连接。

▦ 点栅格（关），📐 捕捉点栅格（关），🖉 捕捉轴网（关），

📏 捕捉节点（开），🖈 捕捉单元（开）

🖥 显示

杂项表单

钢束形状（开）

边界条件表单

支撑（开）；弹性连接（开）

🔲 对齐缩放，◈ 消隐（开）

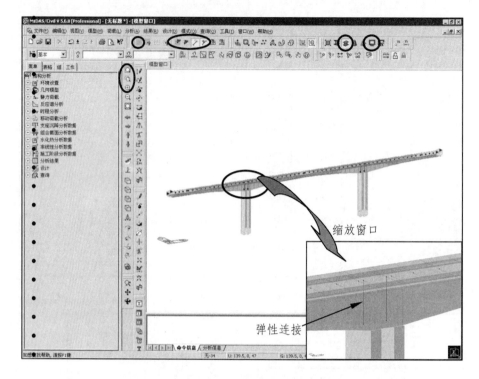

6.51　由悬臂法桥梁建模助手生成的桥梁模型

9. 编辑和添加数据

（1）查看施工阶段。

在定义了施工阶段之后，Midas/Civil 将在两个作业模式（基本阶段和施工阶段）内工作。

在基本阶段模式中，用户可以输入所有结构模型数据、荷载条件以及边界条件，但不在此阶段做结构分析。施工阶段模式是指能做结构分析的模式。在施工阶段模式中，除了各施工阶段的边界条件和荷载之外，用户不能编辑修改结构模型。

施工阶段不是由个别的单元、边界条件或荷载组成的，而是将单元群、边界条件群以及荷载群经过激活和钝化处理后形成的。在施工阶段模式中可以编辑包含处于激活状态的边界群、荷载群内的边界条件和荷载条件。

> 🎧 在施工阶段模式中不能修改或删除节点和单元。除了处于激活状态的边界条件和荷载条件以外，其他数据的修改和删除只能在基本阶段模式中进行。

可以在施工阶段工具条和工作树形表单中查看施工阶段信息。用户在施工阶段工具条中选择基本阶段以外的施工阶段后，可以在工作树形表单中一目了然地查看当前施工阶段中被激活和钝化了的结构群、边界群和荷载群。另外，用户通过在施工阶段工具条中变换施工阶段，可以在模型空间中及时查看施工阶段的变化情况。

在施工阶段工具条中选择各施工阶段确认各施工阶段的荷载，如图 6.52 所示。

🖥 显示

荷载表单

荷载工况 > 节点荷载（开）

树形菜单 >　工作表单

施工阶段 >　CS4 🎧

🎧　在光标处于施工阶段工具条中的状态下，使用键盘内的向上或向下移动键按顺序确认各施工阶段。

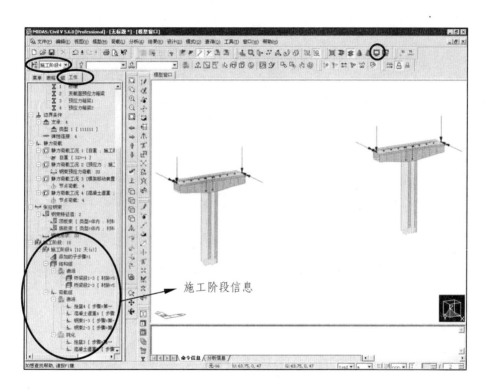

图 6.52　施工阶段 4 的结构体系

（2）修改施工阶段。

在悬臂法桥梁建模助手中，我们之前将桥梁段的施工持续时间统一设定为 12 天。在图 6.53 的预定工程表中预定合龙段的施工持续时间为 30 天。因此桥梁段 12 被激活后施工合龙段的准备时间为 30-10（合龙段的初期材龄）=20 天。将桥梁段 12 处于激活状态的施工阶段（CS13）持续时间修改为 30 天，将合龙段混凝土湿重（KeyWetConc1~3）加载时间利用"添加步骤"功能设定为阶段内的一个步骤并设定加载时间为第 20 天。

🎧　因为只有在基本模式内才能修改施工阶段的信息，所以将施工阶段转换到基本模式状态。

🎧　合龙段2的混凝土湿重应加载于施工阶段15，所以在施工阶段13中将其删除。

🟦 消隐（关）

施工阶段 > 基本阶段 🎧

荷载 / 施工阶段分析数据 / 🔢 定义施工阶段

名称 > CS13;

施工阶段 > 持续时间（30）添加步骤 > 步骤 > 1;　删除(D)　🎧; 时间（20）;　添加(A)

荷载表单

激活

群列表 > 名称 > KeyWC2

激活日期 > 20

群列表 > 名称 > KeyWC1，KeyWC3　编辑

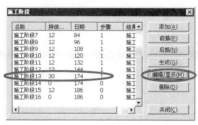
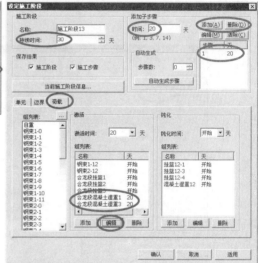

🎧　由悬臂法桥梁建模助手自动生成的单元群、边界条件群、荷载群的名称说明参见用户在线帮助手册中"定义结构（边界、荷载）群"章节。

图 6.53　修改施工阶段 13 的信息

使用与施工阶段 13 相同的方法修改施工阶段 15，如图 6.54 所示。根据施工工序计划表合龙段 2 的施工持续时间为 30 天，所以将施工阶段 15 的施工阶段持续时间修改为 30 天。

荷载 / 施工阶段分析数据 / ⊞ 定义施工阶段

名称 > CS15；　编辑/显示(M)

施工阶段 > 持续时间（30）

添加步骤 > 时间（20）　添加(A)

荷载表单

群列表 >　KeyWC2

激活

激活日期 > 20　添加(A)

当所有的合龙段的连接（钢束连接）最终完成之后，加载桥面铺装、栏杆、护墙等二次设计恒载。将二次设计恒载加载至 10 000 天，在考虑了徐变和干缩的影响后生成预拱度控制图。将二期恒载加载到施工阶段 CS16，并把 CS16 的施工持续时间设置为 10 000 天。为了加载二期恒载，要先定义荷载条件并生成荷载群，如图 6.55 所示。

荷载 / 静力荷载工况

名称（2nd）；类型 >　施工阶段荷载　添加(A)

⚙ 群

群 / 荷载群 / 新建（2nd）　Enter 键

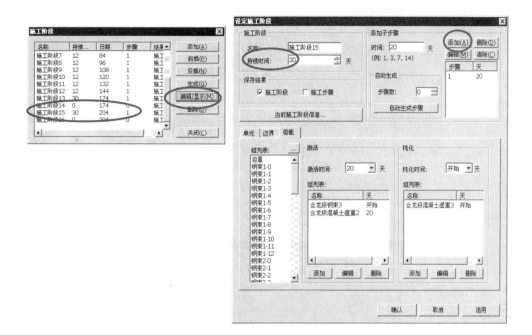

图 6.54 修改施工阶段 15 的信息

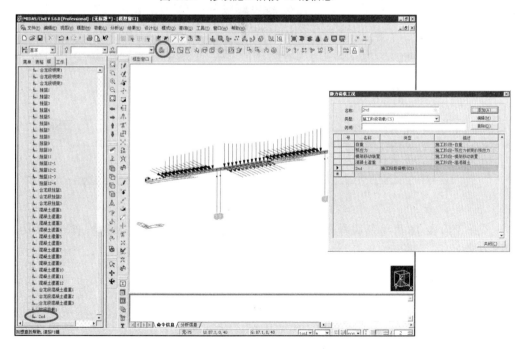

图 6.55 定义荷载条件以及生成荷载群

将二期恒载施加给预应力箱形梁。二期恒载的大小为 tonf/m，加载方向为 –Z 方向，如图 6.56 所示。

        🖵 显示

        荷载表单

        荷载工况 ＞ 节点荷载（关）

杂项表单

钢束形状（关）

边界表单

一般支撑（关）；弹性连接（关）

荷载 / 梁单元荷载

🔲 窗口选择（图 27 的①部分）

荷载工况名称＞2nd；荷载群名称＞2nd

选项＞添加；荷载群＞均布荷载

方向＞全局坐标 Z；投影＞否

数值＞相对值；x1（0），x2（1），W（−3.432）

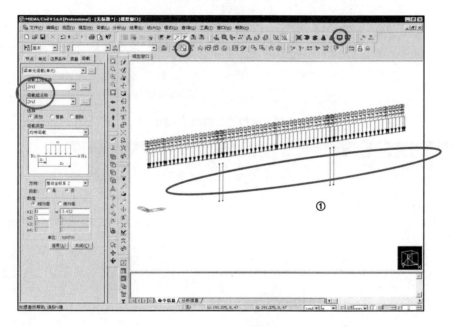

图 6.56　施加二期恒载

在施工阶段 16 里将荷载群 2nd 激活，并将施工阶段 16 的施工持续时间设定为 10 000 天，如图 6.57 所示。

荷载 / 施工阶段分析数据 / 🔳 定义施工阶段

名称＞CS16　　显示(S)

施工阶段＞持续时间（10000）

结果输出方式＞施工阶段（开）；添加步骤（开）

荷载表单

群列表＞名称＞2nd

激活

激活日期＞开始

添加

图 6.57　修改施工阶段 16 的信息

10. 时间依存性材料特性的定义和连接

　　建立了上部和下部混凝土结构的模型之后，即可定义各截面的混凝土材料时间依存特性（强度发展曲线、徐变系数、干缩系数）。🎧

🎧　　因为徐变和干缩系数是构件形状指数（Notational Size of Member）的函数，所以需要定义了变截面尺寸之后再输入混凝土的时间依存性材料特性。

　　根据道桥设计规范和 CEB-FIP 的规定，构件的尺寸不同时混凝土的徐变系数和干缩系数将不同。因此为了在分析时能正确考虑材料的时间依存特性，必须分别计算各构件的材料时间特性，也就是说必须定义相当于不同截面单元总数的材料并赋予材料不同的时间依存特性值。Midas/Civil 根据各单元的材龄自动计算材料的时间特性。使用修改单元依存材料特性值功能可以生成符合 CEB-FIP 规定的材料时间依存特性以及与此相对应的材料，并能自动赋予各相关单元以该材料特性值。

🎧　　为了自动将材料和时间依存性材料特性值连接起来，应使用数据库/用户类型或PSC类型定义截面特性值。

　　使用修改单元依存材料特性值功能生成变截面单元的徐变系数和干缩系数的步骤如下：

　　（1）定义 CEB-FIP 规定的徐变和干缩材料特性；

　　（2）将时间依存性材料特性与实际定义的材料连接；

　　（3）使用修改单元依存材料特性值功能，将与构件尺寸有关的系数（构件几何形状指数）赋予各单元。

　　进行上述步骤时，在施工阶段分析中，凡是由"修改单元依存材料特性值"功能修改的单元的构件几何形状指数均按步骤（3）的结果计算[步骤（1）中定义的构件几何形状指数将被替代]徐变和干缩系数，如图 6.58 所示。

　　参照下面数据输入时间依存材料特性值：

28 天强度：$f_{ck} = 400 \text{ kgf/cm}^2$（预应力箱形梁），$270 \text{ kgf/cm}^2$（桥墩）

相对湿度：RH = 70 %

几何形状指数：输入任意值

混凝土种类：一般混凝土（N.R）

拆模时间：3 天

模型 / 特性值 / ▣ 时间依存材料（徐变和干缩）

名称（C400）；设计标准 ＞ CEB-FIP

混凝土 28 天抗压强度（4000）🎧

相对湿度（40 ~ 99）（70）

构件几何形状指数（1）

混凝土种类 ＞ 普通或速凝混凝土（N，R）

拆模时间（开始发生干缩时的混凝土材龄）（3）

名称（C270）；设计标准 ＞ CEB-FIP

混凝土 28 天抗压强度（2700）

相对湿度（40 ~ 99）（70）

构件几何形状指数（1）

混凝土种类 ＞ 普通或速凝混凝土（N，R）

拆模时间（开始发生干缩时的混凝土材龄）（3）

🎧 将28天强度换算成当前使用的单位体系后再输入。

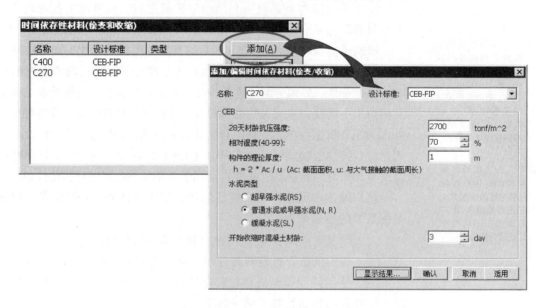

图 6.58 定义徐变和干缩材料特性

混凝土材料具有随时间的发展逐渐硬化的特性，本例题使用 CEB-FIP 规定的混凝土强度发展曲线来体现混凝土材料强度随时间变化的特性，如图 6.59 所示。输入的数值参见定义徐变和干缩时输入的数值。

模型 / 特性值 / 时间依存材料（抗压强度）

名称（C400）；类型 > 设计标准

强度发展曲线 > 设计标准 > CEB-FIP

混凝土 28 天抗压强度（S28）（4000）

🎧 N，R：0.25中0.25
为a值。

混凝土类型（a）（N，R）　　重画图形

模型 / 特性值 / 时间依存材料（抗压强度）

名称（C270）；类型 > 设计标准

强度发展曲线 > 设计标准 > CEB-FIP

混凝土 28 天抗压强度（S28）（2700）

混凝土类型（a）（N，R）　　重画图形

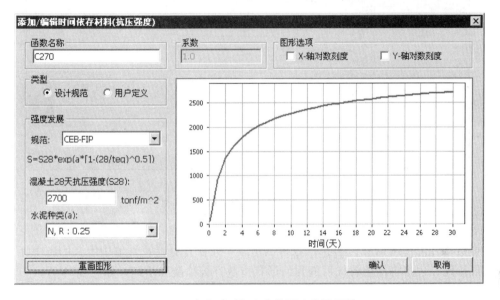

图 6.59　定义随时间变化的强度发展函数

将时间依存性材料特性连接到对应的材料上，如图 6.60 所示。

模型 / 特性值 / 时间依存材料连接

时间依存性材料类型

徐变/干缩 > C400

抗压强度 > C400

选择连接材料

材料 > 1：C400　> 　选择的材料 编辑/显示(M)

时间依存性材料类型

徐变/干缩 > C270

抗压强度 > C270

选择连接材料 > 材料 >

2：C270 > 选择的材料 编辑/显示(M)

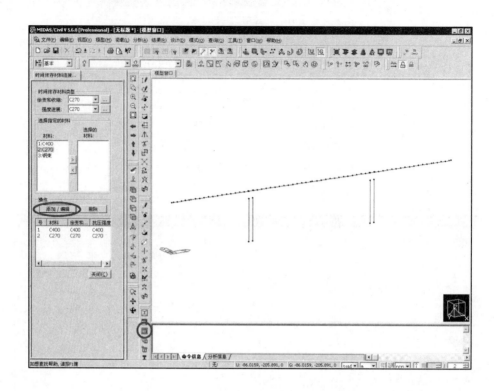

图 6.60　连接时间依存材料特性和材料

　　如果使用"修改单元依存材料特性值"功能输入构件的几何形状指数（h），在定义时间依存性材料特性时输入的几何形状指数将被修改单元依存材料特性值中定义的各单元的几何形状指数替代，程序将使用替代后的几何形状指数计算徐变和干缩。如图 6.61 所示。

11. 分解变截面群

　　使用悬臂法建模助手中的"变截面群"功能，可以自动生成变截面单元。在"变截面群"功能中，用户只需输入两个端部截面，程序将自动计算出内部变截面各部分的截面特性值。Midas/Civil 在分析具有变截面群的结构模型时，在分析之前要重新计算变截面群内各单元的截面特性值，然后生成分析数据。所以如果在结构分析之前将变截面群分解后将截面数据赋予各单元，将会缩短计算分析时间。如图 6.62 所示。

　　🎧　选择自动计算时，由程序自动计算各种截面的几何形状指数（h），并使用于徐变和干缩计算中；选择用户输入时，将使用输入的几何形状指数计算徐变和干缩。

模型／特性值／🖳 修改单元依存材料特性值

🔘 全选

选项＞添加/替换

单元依存材料

构件的几何形状指数＞自动计算

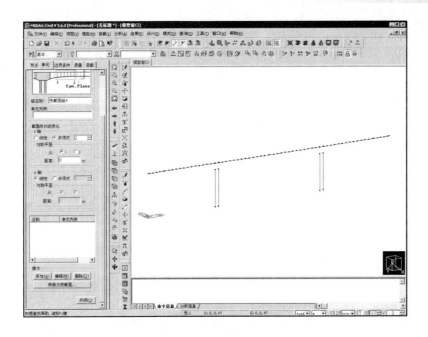

图 6.61　输入构件的几何形状指数

模型 / 特性值 / 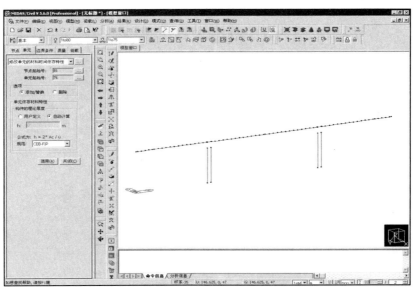 变截面群

名称 > TSGroup1 ~ 4 🎧

新开始截面号（1）🎧

🎧　　在下部的列表框中选择TSGroup1~4。

转换为变截面...

🎧　　输入随着变截面群的分解生成的新的变截面数据的起始号码。

图 6.62　分解变截面群

12. 运行结构分析

建立了结构模型和施工阶段数据之后，分析之前用户确定在施工阶段分析中是否考虑时间依存材料特性、是否考虑预应力钢束的预应力损失量，并且要输入徐变计算所需的收敛条件和计算迭代次数。

分析 / 施工阶段分析控制

最终阶段 > 最后阶段

分析选项 > 考虑时间依存材料特性（开）

时间依存材料特性

徐变和干缩（开）；类型 > 徐变和干缩

徐变计算收敛条件

迭代次数（5）；容许应力（0.01）

对较大时间间隔自动划分时间步骤（开）

钢束预应力损失（徐变和干缩）（开）

抗压强度的变化（开）

钢束预应力损失（弹性收缩）（开）

🎧 选择对较大时间间隔自动划分时间步骤时，当施工阶段的持续时间超过一定限度（参见图6.63），程序内部将自动划分时间步骤。

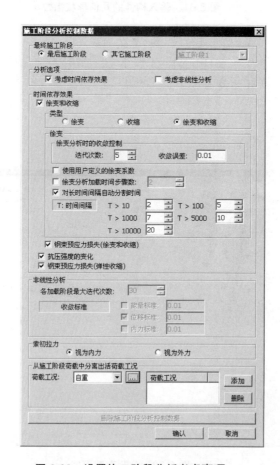

图 6.63　设置施工阶段分析考虑事项

当结构建模和施工阶段的构成以及分析选项均结束后，开始运行结构分析。

　　　分析 / 🔀 运行分析

　　　查看分析结果：

　　　确认施工阶段分析结果的方法有两种，即确认所有构件在指定施工阶段的应力及位移的方法[9]和确认指定单元在各施工阶段的应力及位移的变化的方法。

　　　在 Midas/Civil 中，用户可以使用上述两种方法以图形和表格的形式查看施工阶段分析结果。

　　　使用图形查看应力和内力：

　　　下部翼缘在施工阶段 13 受最大压应力，使用图形查看施工阶段 13 下部翼缘应力，如图 6.64 所示。

　　　施工阶段 > CS13

　　　结果 / 桥梁应力图形

　　　荷载工况/荷载组合 > 荷载工况：组合（开）；步骤 > 最后步骤

　　　图形类型 > 应力（开）；X-轴类型 > 节点（开）

　　　内力成分 > 轴力（开）；弯矩 Mz（关）；弯矩 My（开）> -z[9]

　　　桥梁单元群 > 桥梁主梁[9]

　　　画容许应力线（开）> 抗压强度（1600）；抗拉强度（320）[9]

🎧　参见用户在线手册的"Civil的功能→结果→桥梁主梁应力图形"。

🎧　参见用户在线手册的"Civil的功能→结果→施工阶段/步骤时程图形"

🎧　选择轴力、弯矩 M_y、弯矩 M_z 时，可以确认截面上下翼缘和左右端的应力。

🎧　在悬臂法桥梁建模助手中可以自动生成确认应力所需的结构群。桥梁主梁是主梁所属的结构群。

🎧　打开"画容许应力线"，输入抗压、抗拉的容许应力值时，在图形中将用虚线显示容许应力位置。

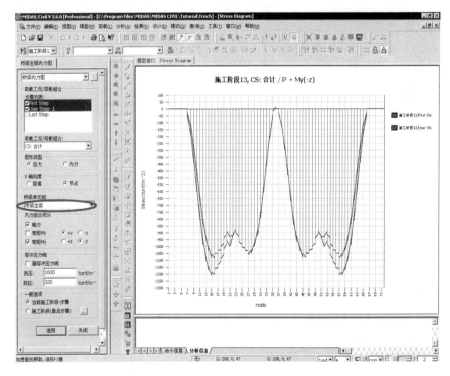

图 6.64　施工阶段 13 时下翼缘的应力图形

桥梁工程计算机辅助设计——Midas/Civil 教程
QIAOLIANGGONGCHENG JISUANJI FUZHUSHEJI — Midas/Civil JIAOCHENG

如果要详细查看指定位置的应力图形，将鼠标放在图形的指定位置按住鼠标拖动，则鼠标滑过的范围将被放大，如图 6.65 所示。在图形中按鼠标右键选择"全部放大"则图形将恢复到最初状态。

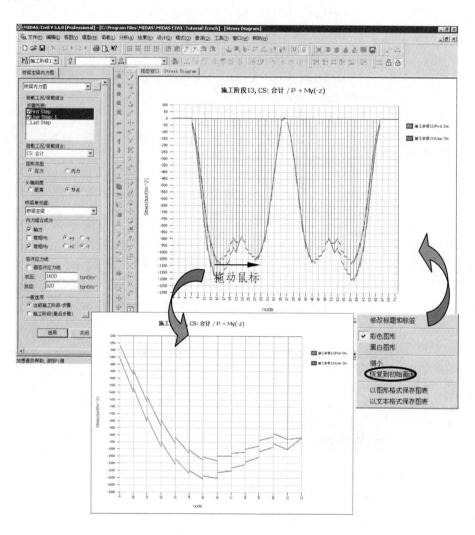

图 6.65 放大应力图形

使用"结果/施工阶段/步骤时程图形"功能查看零号块端部（单元 19 的 i 端）在各施工阶段的应力变化图形，如图 6.66 所示。

🎧　因为"施工阶段/步骤时程图形"只有在模型空间内才能使用，所以需要转换到模型空间内。

模型空间

结果 / 施工阶段/步骤时程图形

定义函数 > 梁单元内力/应力　　　　添加新的函数

梁单元内力/应力 > 名称（Top）；单元号（19）；应力（开）

节点 > I-节点；内力组成 > 弯应力（+z）

考虑轴力（开）

梁单元内力/应力 > 名称（Bot）；单元号（19）；应力（开）

节点 > I-节点；内力组成 > 弯应力（-z）

考虑轴力（开）

输出模式 > 多函数；步骤选项 > 所有步骤

选择输出函数 > Top（开）；Bot（开）

荷载工况/荷载组合 > 组合

图形标题（应力时程）

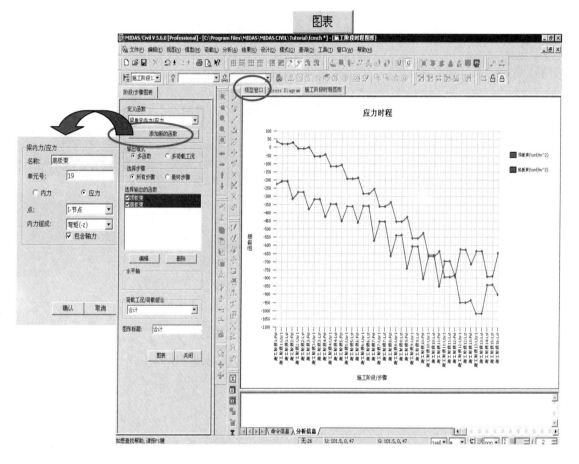

图 6.66　各施工阶段应力变化图形

在"施工阶段/步骤时程图形"上按鼠标右键将弹出关联菜单。使用关联菜单中"以文本形式保存图形"功能将各施工阶段应力的变化保存为文本形式，如图 6.67 所示。

以文本形式保存图形

文件名称（N）（StressHistory）

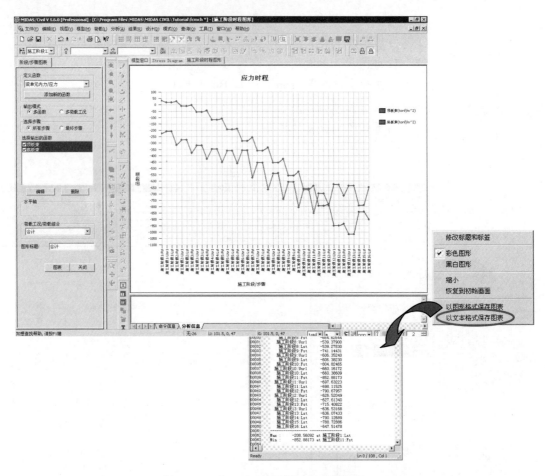

图 6.67　以文本形式保存各施工阶段的应力

使用"结果/施工阶段/步骤时程图形"功能查看零号块端部（单元 19 的 i 端）各施工阶段内力变化图形，如图 6.68 所示。

模型空间

结果 / 施工阶段 / 步骤时程图形

定义函数 > 梁单元内力/应力　　添加新的函数

梁单元内力/应力 > 名称（Moment）；单元号（19）；内力（开）

节点 > I-节点；内力组成 > 弯矩-y

输出模式 > 多荷载工况；步骤选项 > 最后步骤

选择输出荷载工况

自重（开）；恒荷载（开）；钢束张拉荷载（开）

钢束次生荷载（开）；徐变和干缩荷载（开）

徐变和干缩次生荷载（开）；组合（开）

定义的函数 > 弯矩

图形标题（弯矩）　　图表

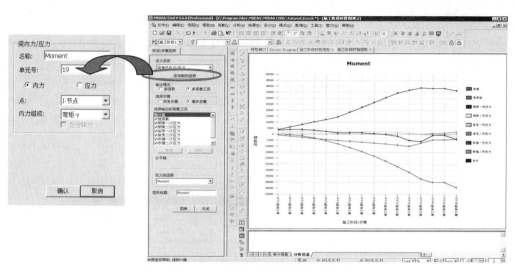

图 6.68　各施工阶段构件内力图形

13. 使用表格查看应力

使用"表格查看施工阶段分析"时，可以利用"纪录激活"对话框按单元、荷载、施工阶段、单元上应力输出位置等分类查看，如图 6.69 所示。使用表格查看零号块端部各施工阶段应力的变化。

🎧　按住Shift键选择CS1和CS16，则CS1和CS16之间的所有施工阶段将同时被选择。

结果 / 结果表格 / 梁单元 / 应力

节点或单元 > 单元（19 ）

荷载工况/荷载组合 > 组合（工况）（开）

施工阶段/步骤 > CS1：001（first）~ CS16：002（last）（开）

位置号 > 位置 i（开）

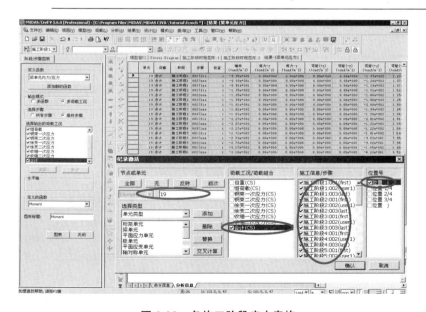

图 6.69　各施工阶段应力表格

14. 查看预应力的损失

查看各施工阶段钢束在考虑预应力损失后的张力变化。因为"钢束随时间预应力损失图形"对话框中只能查看包含在当前施工阶段的钢束，所以为了查看指定的钢束，首先要转换到包含该钢束的施工阶段，然后选择钢束随时间预应力损失图形命令，如图 6.70 所示。钢束在各施工阶段张力的变化可以点击 动画 图标用动画查看。

施工阶段 > CS16

结果 / 钢束随时间预应力损失图形

钢束 > Top1-1 动画

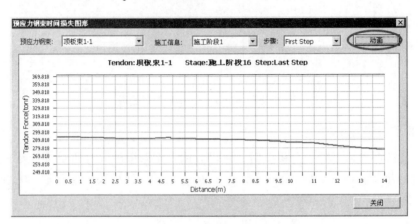

图 6.70　预应力图形

15. 查看钢束坐标

在 Midas/Civil 中可以用表格查看钢束单元四等分点的坐标，如图 6.71 所示。

结果 / 结果表格 / 钢束 / 钢束坐标

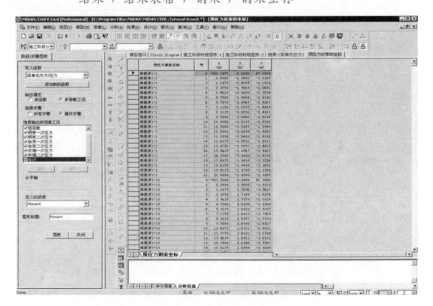

图 6.71　钢束坐标表格

16. 查看钢束伸长量

使用表格查看钢束的伸长量，如图 6.72 所示。

结果 / 结果表格 / 钢束 / 钢束伸长量

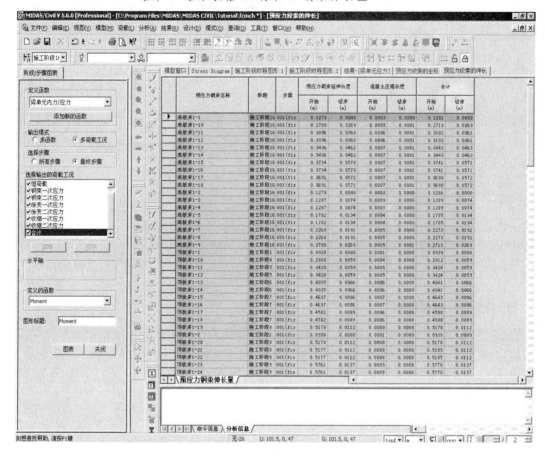

图 6.72　钢束伸长量表格

17. 查看预拱度

为了输出预拱度，首先应定义梁、支撑节点、合龙段的单元群和节点群，在悬臂法桥梁建模助手中自动生成输出预拱度所需的群。结束"钢束随时间预应力损失图形"对话框后指定悬臂法预拱度控制群查看预拱度，如图 6.73 所示。

结果 / 悬臂法预拱度 / 悬臂法预拱度

桥梁单元群 > 桥主梁

支撑节点群 > 支撑节点

合龙段单元群 > 所有合龙段

结果 / 悬臂法预拱度 / 查看悬臂法预拱度图形

预拱度荷载工况 > 组合（开）

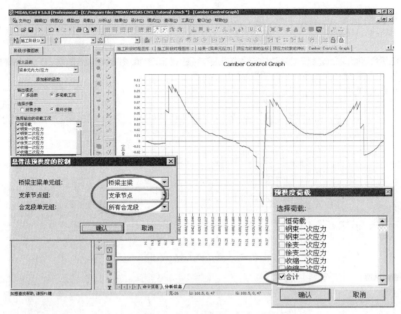

图 6.73   预拱度图形

18. 查看预拱度管理图

查看悬臂法施工管理所需的预拱度管理图，预拱度表格按满堂支架法（FSM）桥梁段和桥墩输出预拱度。本例题中的桥梁将输出桥梁两边跨的满堂支架法桥梁段（表格的第 1、4 页）和桥墩 1、2（表格的第 2、3 页）的预拱度管理图，如图 6.74 所示。

结果 / 悬臂法预拱度 / 悬臂法预拱度表格

预拱度荷载工况 > 组合（开）

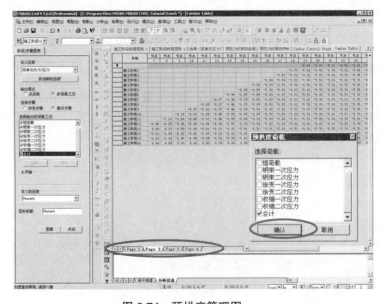

图 6.74   预拱度管理图

19. 查看荷载组合作用下的内力

当预应力箱形桥梁竣工之后，应使用活荷载、温度荷载、支座沉降以及恒荷载组合下的设计荷载对竣工后的桥梁做承载能力极限状态验算。非施工阶段荷载的结构分析将在最终施工阶段（Final Stage）进行并可以和施工阶段荷载的分析结果组合。本例题因为没有输入非施工阶段荷载，所以只定义施工阶段荷载的荷载组合并查看其内力。首先定义荷载组合，如图6.75 所示。

施工阶段 > 最终

结果 / 荷载组合

🎧　定义和删除荷载组合只能在基本阶段和最终阶段进行，所以转换到最终阶段。

　　　　激活（开）名称（恒荷载）；类型 > 累加

　　　　荷载工况 > 自重（工况）；分项系数（1.3）

　　　　荷载工况 > 恒荷载（工况）；分项系数（1.3）

　　　　荷载工况 > 钢束次生荷载（工况）；分项系数（1.0）

　　　　荷载工况 > 徐变/干缩次生荷载（工况）；分项系数（1.3）

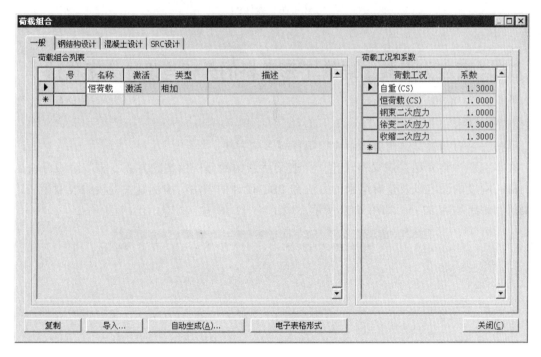

图 6.75　定义荷载组合

查看分项系数荷载组合的弯矩，如图 6.76 所示。

结果 / 内力 / 〰 梁单元内力图
荷载工况/荷载组合 > 荷载组合：恒荷载
内力组合 > My
显示选项 > 5 点（开）、填充线（开）、比例（1.0）
显示类型 > 等高线（开）；图例（开）

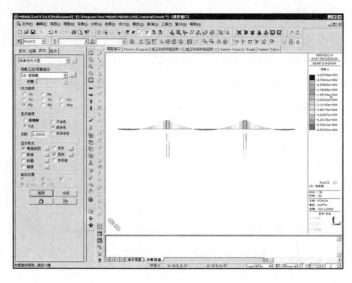

图 6.76　弯矩图

6.3　预应力混凝土连续 T 形梁桥的分析与设计（梁格法）

1. 概　要

梁格法是目前桥梁结构分析中应用得比较多的方法。

在本例题中将介绍采用梁格法建立一般梁桥结构的分析模型的方法、施工阶段分析的步骤、横向刚度的设定以及查看结果的方法和 PSC 设计的方法。本例题中的桥梁模型为三跨连续梁桥，每跨均为 32 m，如图 6.77 所示。

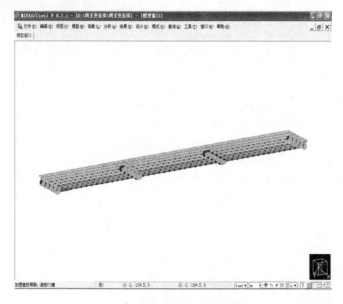

6.77　简支变连续分析模型

2. 桥梁的基本数据

为了说明采用梁格法分析一般梁桥结构的分析步骤，本例题采用了一个比较简单的分析模型——一座由五片预应力 T 形梁组成的 3×32 m 桥梁结构，每片梁宽 2.5 m，如图 6.78 所示。桥梁的基本数据取自实际结构但和实际结构有所不同。

本例题的基本数据如下：

桥梁形式：三跨连续梁桥

桥梁等级：I 级

桥梁全长：3×32 = 96 m

桥梁宽度：12.5 m

设计车道：3 车道

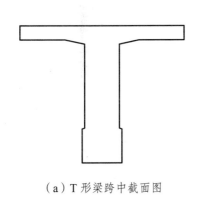 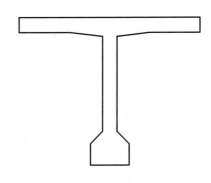

（a）T 形梁跨中截面图　　　　　　　　（b）T 形梁端部截面图

图 6.78

3. 使用材料以及容许应力

混凝土：

采用 JTG04（RC）规范的 C50 混凝土。

普通钢筋：

普通钢筋采用 HRB335（预应力混凝土结构用普通钢筋中箍筋、主筋和辅筋均采用带肋钢筋既 HRB 系列）。

预应力钢束：

采用 JTG04（S）规范，在数据库中选 Strand1860。

钢束（ ϕ 15.2 mm）（规格分别有 6 束、8 束、9 束和 10 束四类）：

钢束类型：后张拉。

钢筋松弛系数（开）：选择 JTG04 和 0.3（低松弛）。

超张拉（开）：

预应力钢筋抗拉强度标准值（ f_{pk} ）：1 860 N/mm^2

预应力钢筋与管道壁的摩擦系数：0.3。

管道每米局部偏差对摩擦的影响系数：0.006 6（1/m）。

锚具变形、钢筋回缩和接缝压缩值：

开始点：6 mm。

结束点：6 mm。

张拉力：抗拉强度标准值的 75%。

4. 徐变和收缩

条件：水泥种类系数（Bsc）：5（5 代表普通硅酸盐水泥）。

28 天龄期混凝土立方体抗压强度标准值，即标号强度（$f_{cu,f}$）=50 N/mm^2

长期荷载作用时混凝土的材龄：t_o=5 天。

混凝土与大气接触时的材龄：t_s=3 天。

相对湿度：RH = 70%。

大气或养护温度：T=20°C。

构件理论厚度：程序计算。

适用规范：中国规范（JTG D62—2004）。

徐变系数：程序计算。

混凝土收缩变形率：程序计算。

5. 荷 载

静力荷载/自重：

由程序内部自动计算。

二期恒载：

桥面铺装、护墙荷载、栏杆荷载、灯杆荷载等。

具体考虑：

桥面铺装层：厚度 80 mm 的钢筋混凝土和 60 mm 的沥青混凝土，钢筋混凝土的重力密度为 25 kN/m^3，沥青混凝土的重力密度为 23 kN/m^3。每片 T 形梁宽 2.5 m，所以铺装层的单位长度质量为

$$（0.08×25+0.06×23）×2.5=8.45（kN/m^2）$$

护墙、栏杆和灯杆荷载：以 3.55 kN/m^2 计。

二期恒载 = 桥面铺装 + 护墙、栏杆和灯杆荷载 = 8.45+3.55 = 12 kN/m^2。

预应力荷载：全桥结构的预应力索分成正弯矩钢束和负弯矩钢束，全桥共 65 束钢束，其中正弯矩钢束 45 束，负弯矩钢束 20 束。在本文中不一一列出每根钢束的具体坐标，只列出典型的几束钢束的坐标，如表 6.5 所示。

表 6.5 典型几束钢束的具体数据

钢束名称	坐标/m				钢束类型	钢束名称	坐标/m				钢束类型
	X	Y	Z	R			X	Y	Z	R	
1t1-1	0	0	1.72	0	正弯矩钢束 7	1t1-2	0	0	1.36	0	正弯矩钢束 8
	7.6	0	0.22	40			6.8	0	0.17	40	
	23.85	0	0.22	40			24.65	0	0.17	40	
	31.45	0	1.72	0			31.45	0	1.36	0	

续表

钢束名称	坐标/m				钢束类型	钢束名称	坐标/m				钢束类型
	X	Y	Z	R			X	Y	Z	R	
1t1-3	0	0	0.96	0	正弯矩钢束9	2t1-1	32.55	0	1.76	0	正弯矩钢束7
	5.9	0	0.12	40			40.15	0	0.22	40	
	25.55	0	0.12	40			55.85	0	0.22	40	
	31.45	0	0.96	0			63.45	0	1.76	0	
2t1-2	32.55	0	1.36	0	正弯矩钢束8	2t1-3	32.55	0	0.96	0	正弯矩钢束9
	40.15	0	0.17	40			40.15	0	0.12	40	
	55.85	0	0.17	40			55.85	0	0.12	40	
	63.45	0	1.36	0			63.45	0	0.96	0	
3t1-1	64.55	0	1.76	0	正弯矩钢束7	3t1-2	64.55	0	1.36	0	正弯矩钢束8
	72.15	0	0.22	40			72.15	0	0.17	40	
	88.4	0	0.22	40			88.4	0	0.17	40	
	96	0	1.76	0			96	0	1.36	0	
3t1-3	64.55	0	0.96	0	正弯矩钢束9	12t1-1	24	-0.62	1.825		负弯矩钢束10
	72.15	0	0.12	40			40	-0.62	1.825		
	88.4	0	0.12	40		12t1-2	24	0.62	1.825		负弯矩钢束10
	96	0	0.96	0			40	0.62	1.825		
23t1-1	56	-0.62	1.825		负弯矩钢束10	23t1-2	56	0.62	1.825		负弯矩钢束10
	72	-0.62	1.825				72	0.62	1.825		

对各参数的说明如下：

本例题中预应力钢束的编号处理有两类，分别是 AtB – C 和 EDtG – F，具体表示如下：

AtB-C：

其中　A——第几跨；

B——该跨的第几根主梁，主梁编号从桥梁纵向左侧开始编号，最右为 1；

C——第几根预应力索，索编号从 Z 向由上到下编号，总共 3 根索。

EDtG – F：

其中　ED——E 是第 E 跨和 D 是第 D 跨，ED 表示的是 E 跨和 D 跨两跨相联；

G——该跨的第几根主梁，主梁编号同 AtB-C 类；

F——第几根索，其中 1 表示主梁右侧的索，2 表示主梁左侧的索。

正弯矩钢束 7 表示的是 $7\phi j15.24$，正弯矩钢束 8 表示的是 $8\phi j15.24$，正弯矩 9 表示的是 $9\phi j15.24$，负弯矩钢束 10 表示的是 $10\phi 15.24$。

在本例题中，表中仅列出了正负弯矩的各跨中最典型的部分，其余的钢束坐标如下：正弯矩部分钢束，每跨的钢束只是横向坐标不同，其余坐标相同，横向坐标即为各主梁的横向坐标；负弯矩部分钢束，每根主梁的钢束只是横向坐标不同，横向坐标差即为各主梁之间的横向坐标差。

移动荷载：

适用规范：公路工程技术标准（JTG B01—2003）。

荷载种类：公路 I 级，车道荷载，即 CH-CD。

预应力混凝土梁桥的分析与设计步骤如下：

（1）定义材料和截面特性。

材料

截面

定义时间依存性材料（收缩和徐变）

时间依存性材料连接

（2）建立结构模型。

建立结构模型

修改单元依存材料特性

（3）输入 PSC 截面钢筋。

（4）输入荷载。

（5）恒荷载（自重和二期恒载）。

（6）预应力荷载。

钢束特性值

钢束布置形状

钢束预应力荷载

（7）温度荷载。

系统温度

节点温度

单元温度

温度梯度

梁截面温度

（8）定义施工阶段。

（9）输入移动荷载数据。

选择规范

定义车道

定义车辆

移动荷载工况

（10）运行结构分析。

（11）查看分析结果。

6. 设置操作环境

打开新文件（□新项目），以"简支变连续"为名保存（□保存）。

将单位体系设置为"tonf"和"m"，如图 6.79 所示。该单位体系可根据输入数据的种类任意转换。

文件/□新项目

🎧　**单位体系还可以通过点击画面下端状态条的单位选择键(▼)来进行转换。**

文件/💾保存（PSC Beam ）

工具/单位体系🎧

长度＞m；力＞tonf

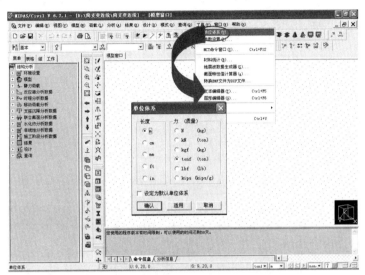

图6.79　单位体系设定

7. 定义材料和截面特性

定义结构所使用的混凝土和钢束的材料特性，如图6.80所示。

模型/材料和截面特性/🗔材料

类型＞混凝土；规范＞JTG04（RC）

🎧　**同时定义多种材料特性时，使用 适用 键可以连续输入。**

数据库＞C50　🎧

名称（Strand1860）；类型＞钢材；规范＞JTG04（S）

数据库＞Strand1860

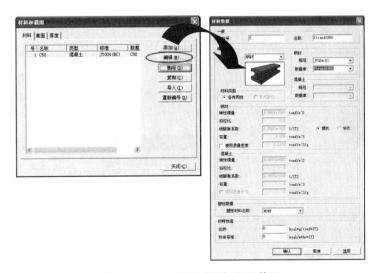

图6.80　定义材料对话框定义截面

桥梁工程计算机辅助设计——Midas/Civil 教程
QIAOLIANGGONGCHENG JISUANJI FUZHUSHEJI — Midas/Civil JIAOCHENG

8. 定义截面

本例题中桥梁结构的截面形式采用的是比较简单的预应力 T 形梁结构，T 形梁结构的中间 16 m 是等截面部分，而在两端各 8 m 的范围内是变截面。如图 6.81 所示。

（1）定义左端截面：

模型/材料和截面特性/ⓘ 截面

数据库/用户 > 截面号（1）；名称（端部变截面左）

截面类型 > 变截面>PSC-工形

尺寸

对称：（开）

拐点：JL1（开）

尺寸 I

S1－自动（开），S2－自动（开），S3－自动（开），T－自动（开）

HL1：0.20；HL2：0.06；HL2-1：0；HL3：1.15；HL4：0.19；HL5 0.40

BL1：0.24；BL2：1.25；BL2-1：0.69；BL4：0.33；

尺寸 J

S1－自动（开），S2－自动（开），S3－自动（开），T－自动（开）

HL1：0.20；HL2：0.06；HL2-1：0；HL3：1.28；HL4：0.17；HL5 0.29

BL1：0.12；BL2：1.25；BL2-1：0.69；BL4：0.27；

X 轴变化：一次方程

Y 轴变化：一次方程

考虑剪切变形（开）

偏心>中-下部

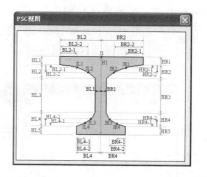
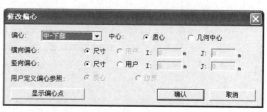

图 6.81　端部变截面截面数据

（2）定义跨中等截面（见图 6.82）：

模型/材料和截面特性/ **I** 截面

数据库/用户＞截面号（2）；名称（跨中等截面）

截面类型＞PSC-工形

截面名称：None

对称：（开）；变截面拐点：JL1（开）；

剪切验算：

Z1 自动：（开）；Z2 自动：（开）

抗剪用最小腹板厚度

t1：自动（开）；t2：自动（开）；t3：自动（开）

抗扭用：（开）

HL1：0.20；HL2：0.06；HL3：1.28；HL4：0.17；HL5：0.29

BL1：0.12；BL2：1.25；BL2－1：0.69；BL4：0.27；

考虑剪切变形（开）

偏心＞中-下部

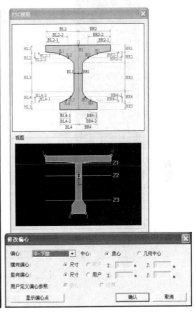

图 6.82 跨中等截面

（3）定义右端截面（见图 6.83）：

模型/材料和截面特性/ **I** 截面

数据库/用户＞截面号（3）；名称（端部变截面右）

截面类型＞变截面＞PSC-工形

尺寸

对称：（开）

拐点：JL1（开）

尺寸 I

S1－自动（开），S2－自动（开），S3－自动（开），T－自动（开）

HL1: 0.20；HL2: 0.06；HL2-1: 0；HL3: 1.28；HL4: 0.17；HL5 0.29

BL1: 0.12；BL2: 1.25；BL2-1: 0.69；BL4: 0.27；

尺寸 J

S1－自动（开），S2－自动（开），S3－自动（开），T－自动（开）

HL1: 0.20；HL2: 0.06；HL2-1: 0；HL3: 1.15；HL4: 0.19；HL5 0.40

BL1: 0.24；BL2: 1.25；BL2-1: 0.69；BL4: 0.33；

X 轴变化：一次方程

Y 轴变化：一次方程

考虑剪切变形（开）

偏心＞中-下部

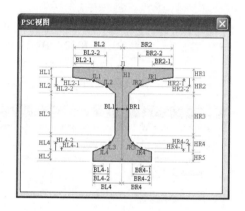
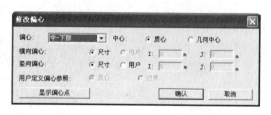

图 6.83　端部变截面（右）

9. 定义横梁

（1）定义端部横梁（见图 6.84）：

模型/材料和截面特性/工截面

数据库/用户＞截面号（4）；名称（端部横梁）

截面类型＞变截面＞PSC-T 形

尺寸

对称：（开）

左侧

HL1: 0.2；HL3: 1.8；BL1: 0.15；BL3: 1.850；BL4: 2

考虑剪切变形：（开）

剪切验算：Z1－自动（开）；Z3－自动（开）

抗剪用最小腹板厚度：t1－自动（开）；t2－自动（开）；t3－自动（开）

抗扭用：自动（开）

偏心＞中-下部

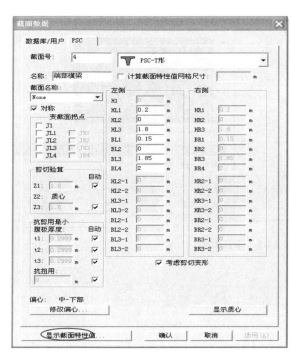
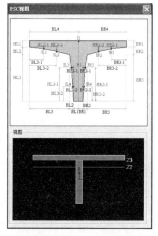
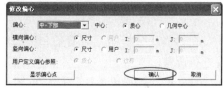

图 6.84　端部横梁

（2）定义中横梁（见图 6.85）：

模型/材料和截面特性/**I**截面

数据库/用户＞截面号（5）；名称（中部横梁）

截面类型＞变截面>PSC-T 形

尺寸

对称：（开）

左侧

HL1：0.2；HL3：1.8；BL1：0.09；BL3：1.91；BL4：2

考虑剪切变形：（开）

剪切验算：Z1－自动（开）；Z3－自动（开）

抗剪用最小腹板厚度：t1－自动（开）；t2－自动（开）；t3－自动（开）

抗扭用：自动（开）

偏心＞中-下部

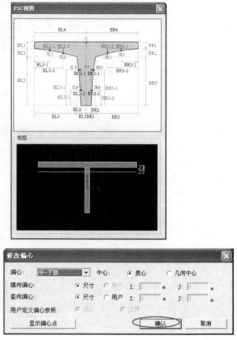

图 6.85　中部横梁

10. 调整截面特性参数

在梁格法分析中，端横梁和中横梁的质量只计算横梁部分的质量，所以需要对其质量参数进行调整。

（1）调整端横梁截面特性（见图 6.86）：

模型/材料和截面特性/截面特性调整系数…

截面＞端部横梁

调整系数：面积 1；Asy：1；Asz：1；Ixx：1；：Iyy：1；Izz：1；

自重：0.403

图 6.86　调整端横梁截面特性

（2）调整中横梁截面特性（见图 6.87）：

　　　　模型/材料和截面特性/截面特性调整系数…

　　　　截面 > 中部横梁

　　　　调整系数：面积 1；Asy：1；Asz：1；Ixx：1；：Iyy：1；Izz：1；

　　　　自重：0.288

图 6.87　调整中横梁截面特性

11. 定义材料时间依存特性并连接

为了考虑混凝土材料的徐变/收缩对结构的影响，下面定义材料的时间依存特性（见图 6.88）。材料的时间依存特性参照以下数据来输入：

🎧　理论厚度与结构模型有关，只有在建立了结构模型后才能确定理论厚度，所以此处先设定一个 1m 的厚度，在建立结构目新后再对其进行修正。

🎧　相对湿度根据结构所处的实际环境来确定，此处设定为 70%。

🎧　截面形状比较复杂时，可使用"模型 > 材料和截面特性值 > 修改单元材料时间依存特性"的功能来输入h值。

28 天强度：f_{ck}=5 000 tonf/m^2

相对湿度：RH=70 %

理论厚度：1m（采用程序自动计算）

水泥种类：普通硅酸盐水泥 5

开始收缩时的混凝土材龄：3 天

模型/材料和截面特性/🆔 时间依存性材料（徐变和收缩）

名称（Shrink and Creep）；设计标准 > China（JTG D62-2004）

28 天材龄抗压强度（5000）

环境年平均相对湿度（40～99）（70）

构件的理论厚度（1）🎧

水泥种类系数（Bsc）：5

开始收缩时的混凝土材龄（3）

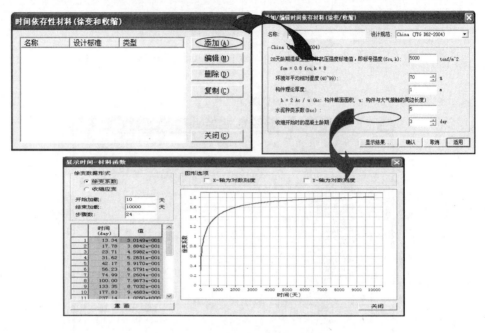

图 6.88　定义材料的徐变和收缩特性

参照图 6.89 将一般材料特性和时间依存材料特性相连接，即将时间依存材料特性赋予相应的材料。

　　模型/材料和截面特性/⊞时间依存材料连接

　　时间依存材料类型 > 徐变和收缩 > 徐变和收缩

　　选择指定的材料 > 材料>1：C50 >|选择的

　　材料 添加 / 编辑

12. 建立结构模型

采用建立节点和建立单元的常规步骤来建立结构模型（见图 6.90）。

（1）建立纵梁：

　　建立节点：

　　▦点格（开）; ▨捕捉点（关）; ▨捕捉轴

　　线（关）单元（开）

　　▣正面; ▢自动对齐

　　模型 > 节点 > ▱建立节点

　　坐标（0，0，0）

　　复制次数：0

　　距离：0 0 0

图 6.89　时间依存性材料连接

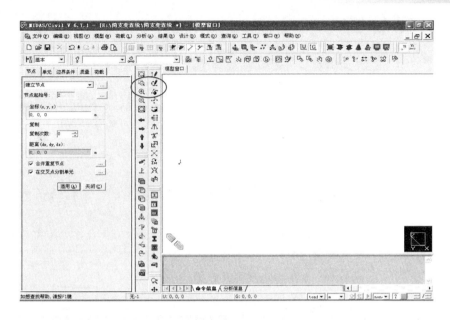

图 6.90　建立节点

（2）建立节点（见图 6.91）：

模型＞节点＞ 移动/复制节点

形式：复制

复制和移动：任意间距

方向：X（开）；间距：8 16 8 8 16 8 8 16 8

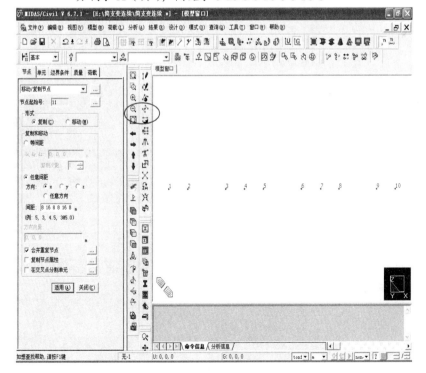

图 6.91　复制形成全桥节点

（3）建立单元（见图6.92）：

　　　　　模型>单元>建立单元

　　　　　单元类型：一般梁/变截面梁

　　　　　材料号：1 名称　C50

　　　　　截面号：3 名称　端部变截面右　　截面号：2 名称　跨中等截面

　　　　　节点连接：1 2　　　　节点连接：2 3

　　　　　截面号：1 名称　端部变截面　　截面号：3 名称　端部变截面右

　　　　　节点连接：3 4　　　　节点连接：4 5

　　　　　截面号：2 名称　跨中等截面　　截面号：1 名称　端部变截面

　　　　　节点连接：5 6　　　　节点连接：6 7

　　　　　截面号：3 名称　端部变截面右　　截面号：2 名称　跨中等截面

　　　　　节点连接：7 8　　　　节点连接：8 9

　　　　　截面号：1 名称　端部变截面左

　　　　　节点连接：9 10

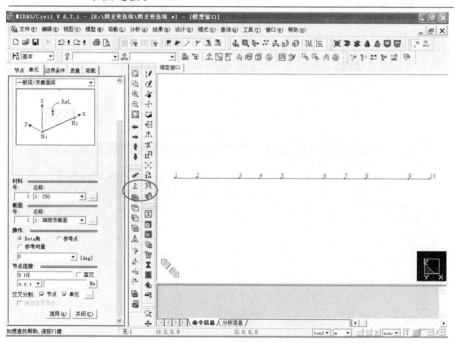

图6.92　最右边纵向 T 梁

（4）分割单元（1）：

　　已建立的每个单元长度都很长，现对单元进行分割。分割的标准根据结构的实际布置来确定，如图6.93所示。

　　　　　单元/分割单元

　　　　　分割/分割类型：线单元（开）

　　　　　任意间距（开）

　　　　　X：0.55，1.45，2，2（选择1号单元）

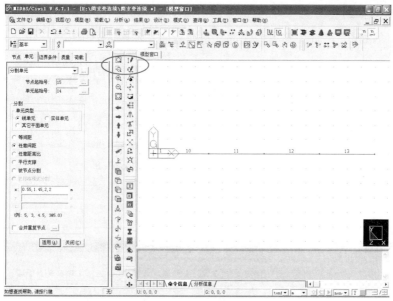

图 6.93　分割 1 号单元

（5）分割单元（2）（见图 6.94）：

　　　　　　单元/分割单元

　　　　　　分割/分割类型：线单元（开）

　　　　　　等间距：

　　　　　　X 方向分割数量（8）（选择 2、5、8 号单元）

　　　　　　X 方向分割数量（4）（选择 3、4、6、7、9 号单元）

　　　　　　任意间距：

　　　　　　X：1.45（选择 23、38、53 号单元）

　　　　　　X：0.55（选择 4、7 号单元）

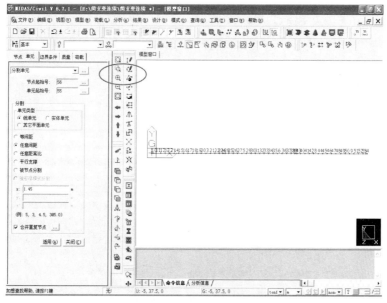

图 6.94　分割其余单元

13. 建立变截面组

对于目前的结构，每跨 T 形梁的端部都是变截面，如图 6.95 所示。

单元/变截面组：

> 组名：第一跨变截面左（选择 1 10to13 单元）
>
> 组名：第一跨变截面右（选择 3 21to24 单元）
>
> 组名：第二跨变截面左（选择 4 25to28 单元）
>
> 组名：第二跨变截面右（选择 6 36to39 单元）
>
> 组名：第三跨变截面左（选择 7 40to43 单元）
>
> 组名：第三跨变截面右（选择 9 51to54 单元）
>
> Z 轴：线性；Y 轴：线性

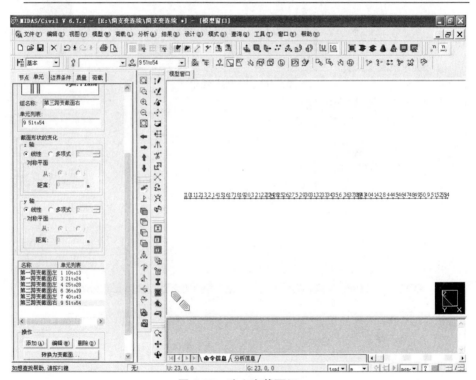

图 6.95　建立变截面组

14. 复制单元

全桥为 5 片 2.5 m 的 T 形梁组成，所以在建立好一片 T 形梁的基础上采用复制的方法建立剩余的 4 片主梁，如图 6.96 所示。

> 单元：移动/复制
>
> 形式：复制（开）
>
> 等间距：
>
> dx，dy，dz：0，2.5，0
>
> 复制次数：4
>
> 全选，适用(A)

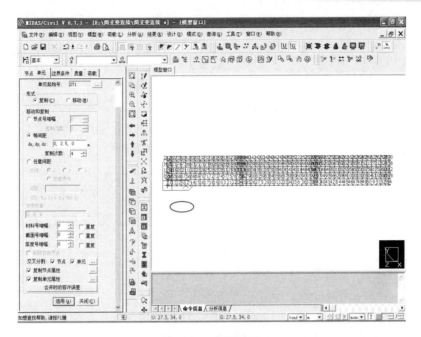

图 6.96　复制单元

15. 建立横梁

在本结构中对结构进行简化处理后，设定两种横梁：端横梁和中横梁，端横梁为各跨的端部横梁，中横梁为除端部横梁以外的部分横梁，如图 6.97 所示。

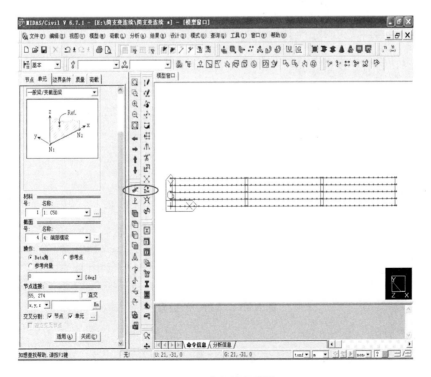

图 6.97　建立端部横梁

（1）建立端横梁：

模型>单元>建立单元

单元类型：一般梁/变截面梁

材料号：1 名称 C50

截面号：4 名称：4：端部横梁

交叉分割：节点（开）单元（开）

节点连接：（11 222）（25 250）（29 228）

（40 262）（44 234）（55 274）

（2）建立中横梁（见图 6.98）：

模型>单元>建立单元

单元类型：一般梁/变截面梁

材料号：1 名称 C50

截面号：4 名称：5：中部横梁

交叉分割：节点（开）单元（开）

节点连接：（13 240）（27 252）（42 264）

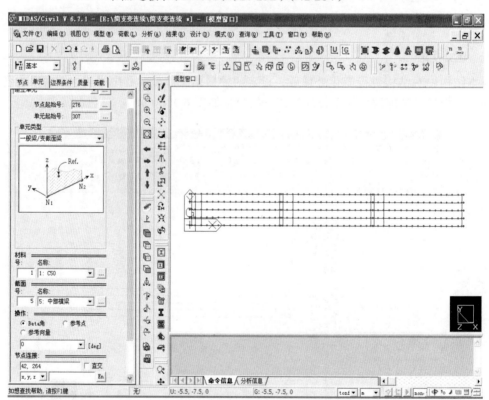

图 6.98 建立中部横梁

（3）复制中横梁（见图 6.99）：

模型>单元>移动/复制单元

单元类型：一般梁/变截面梁

形式：复制（开）

移动和复制：等间距（开）

dx，dy，dz：4，0，0

复制次数：6

交叉分割：节点（开）单元（开）

复制节点属性（开），复制单元属性（开）

选择：295to306 单元　适用(A)

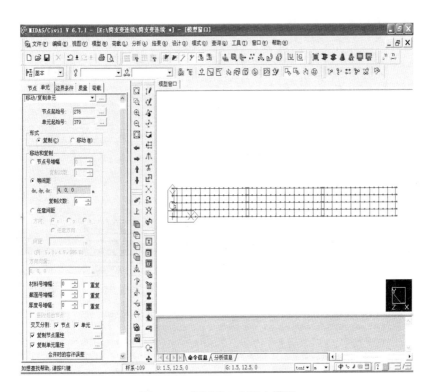

图 6.99　复制建立全部中横梁

16. 定义结构组、边界条件组、荷载组和钢束组

为了进行施工阶段分析，将在各施工阶段（construction stage）所要激活和钝化的单元、边界条件和荷载定义为组，并利用组来定义施工阶段。

（1）建立结构组（见图 6.100）：

组>结构组>新建…

定义结构组>名称（先简支）　添加(A)

定义结构组>名称（合龙段）　添加(A)

定义结构组>名称（横梁）　添加(A)

定义结构组>名称（纵梁左边）　添加(A)

定义结构组>名称（纵梁右边）　添加(A)

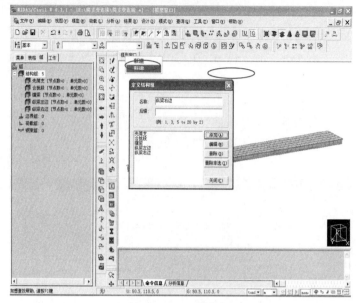

图 6.100 建立结构组

（2）建立边界组（见图 6.101）：

　　　　　　组>边界组>新建...

　　　　定义边界组>名称（两端临时支座）　　添加(A)

　　　　定义边界组>名称（两端永久支座）　　添加(A)

　　　　定义边界组>名称（中跨永久支座）　　添加(A)

　　　　定义边界组>名称（中跨临时支座）（后缀 1to2）　　添加(A)

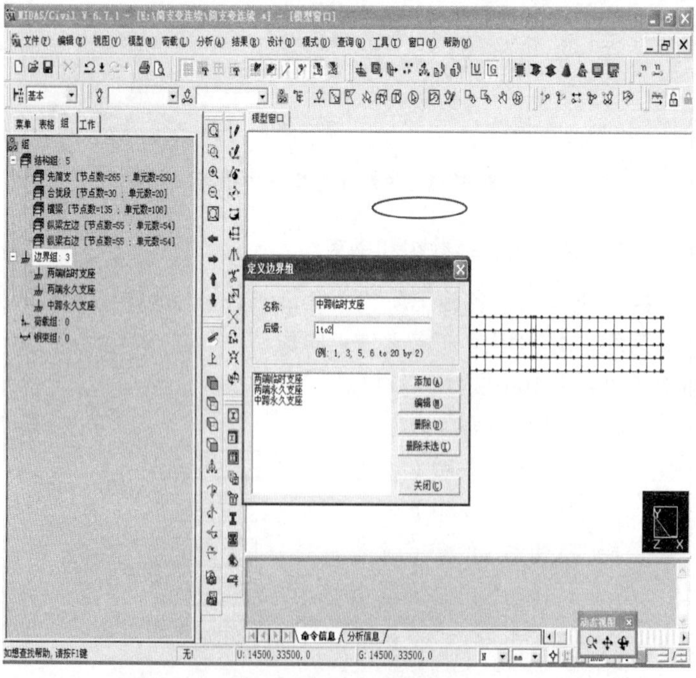

图 6.101 建立边界组

（3）建立荷载组（见图6.102）：

组 > 荷载组 > 新建...

定义荷载组 > 名称（自重）　　　添加(A)

定义荷载组 > 名称（二期恒载）　添加(A)

定义荷载组 > 名称（预应力1）　添加(A)

定义荷载组 > 名称（预应力2）　添加(A)

图6.102　建立荷载组

（4）建立钢束组（见图6.103）：

图6.103　建立钢束组

组>钢束组>新建…

定义钢束组>名称（正弯矩 7）　　添加(A)

定义钢束组>名称（正弯矩 8）　　添加(A)

定义钢束组>名称（正弯矩 9）　　添加(A)

定义钢束组>名称（负弯矩 10）　　添加(A)

（5）定义结构组（见图 6.104）：

组 > 结构组 >

单元号（on）

窗口选择：（1to3 5to221by54 6to222by54 8to23 25to38 40to57 62to77 79to92 94to111 116to131 133to146 148to165 170to185 187to200 202to219 224to239

241to254 256to270）

组 > 结构组 > 先简支（拖&放）

窗口选择：（4to220by54 7to223by54 24to240by54 39to255by54）

组 > 结构组 > 合龙段（拖&放）

窗口选择：（271to378）

组 > 结构组 > 横梁（拖&放）

窗口选择：（217to270）

组 > 结构组 > 纵梁左边（拖&放）

窗口选择：（1to54）

组 > 结构组 > 纵梁右边（拖&放）

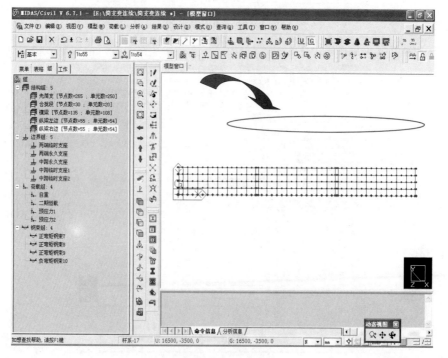

图 6.104　定义结构组

17. 输入边界条件

（1）输入两端临时支座（见图 6.105）：

　　　　组>边界组

模型/边界条件/一般支承

　　　　窗口选择（11 57 167 222）

边界组名称：两端临时支座

支承条件类型>Dx，Dy，Rx（开）

　　　　窗口选择（112）

边界组名称：两端临时支座

支承条件类型>Dx，Rx（开）

　　　　窗口选择（55 109 219 274）

边界组名称：两端临时支座

支承条件类型>Dx，Dy，Rx（开）

　　　　窗口选择（164）

边界组名称：两端临时支座

支承条件类型>Dx，Rx（开）

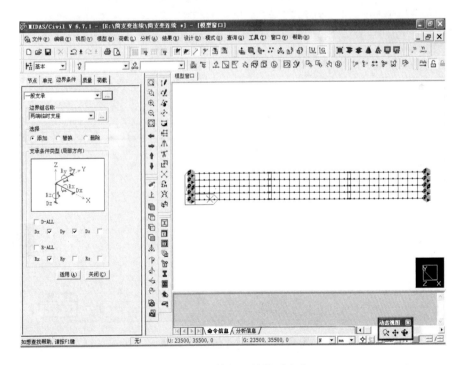

图 6.105　输入两端临时支座

（2）输入两端永久支座（见图 6.106）：

⊞ 组>边界组

模型/边界条件/一般支承

▨　窗口选择（11 57 167 222）

边界组名称：两端永久支座

支承条件类型>Dz（开）

▨　窗口选择（112）

边界组名称：两端永久支座

支承条件类型>Dy，Dz（开）

▨　窗口选择（55 109 219 274）

边界组名称：两端永久支座

支承条件类型>Dz（开）

▨　窗口选择（164）

边界组名称：两端永久支座

支承条件类型>Dy，Dz（开）

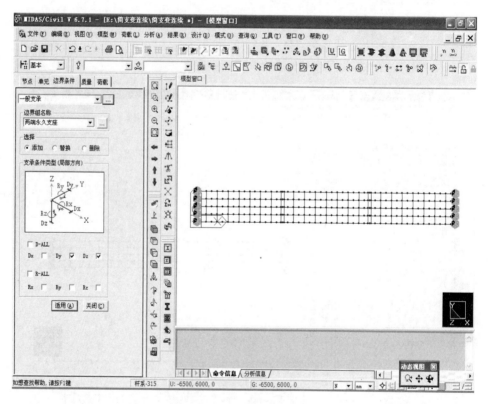

图 6.106　输入两端永久支座

（3）输入中跨临时支座 1（见图 6.107）：

组>边界组

模型/边界条件/一般支承

窗口选择（25 29 63 85 173 195 228 250）

边界组名称：跨中临时支座 1

支承条件类型>Dz（开）

窗口选择（118 140）

边界组名称：跨中临时支座 1

支承条件类型>Dy，Dz（开）

窗口选择（40 44 69 97 179 207 234 262）

边界组名称：跨中临时支座 1

支承条件类型>Dz（开）

窗口选择（124 152）

边界组名称：跨中临时支座 1

支承条件类型>Dy，Dz（开）

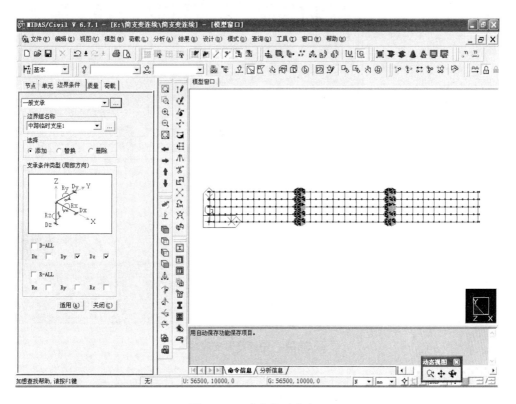

图 6.107　跨中临时支座 1

（4）输入中跨临时支座 2（见图 6.108）：

组 > 边界组

模型/边界条件/一般支承

窗口选择（25 40 85 97 195 207 250 262）

边界组名称：跨中临时支座 2

支承条件类型＞Dy（开）

🔲　窗口选择（118）

边界组名称：跨中临时支座 2

支承条件类型＞Dx，Rx（开）

🔲　窗口选择（29 44 63 69 173 179 228 234）

边界组名称：跨中临时支座 2

支承条件类型＞ Dy（开）

🔲　窗口选择（124）

边界组名称：跨中临时支座 2

支承条件类型＞ Dx，Rx（开）

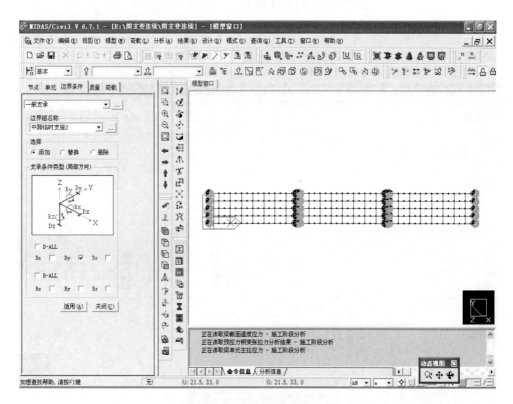

图 6.108　中跨临时支座 2

（5）输入中跨永久支座（见图 6.109）：

组＞边界组

模型/边界条件/一般支承

🔲　窗口选择（4 62 172 227）

边界组名称：中跨永久支座

支承条件类型＞Dz（开）

🔲　窗口选择（117）

第 6 章　典型算例

边界组名称：中跨永久支座

支承条件类型 > Dy，Dz（开）

☒　窗口选择（7 68 178 233）

边界组名称：中跨永久支座

支承条件类型 > Dz（开）

☒　窗口选择（123）

边界组名称：中跨永久支座

支承条件类型 > Dx，Dy，Dz（开）

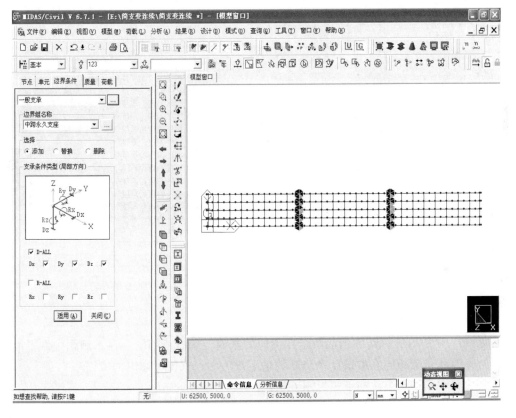

图 6.109　输入跨中永久支座

（6）修改单元的理论厚度（见图 6.110）：

模型/材料和截面特性/修改单元的材料时间依存特性

选项 > 添加/替换

单元依存材料特性 > 构件的理论厚度

自动计算（开）

规范 > 中国标准

公式为：a（0.5）

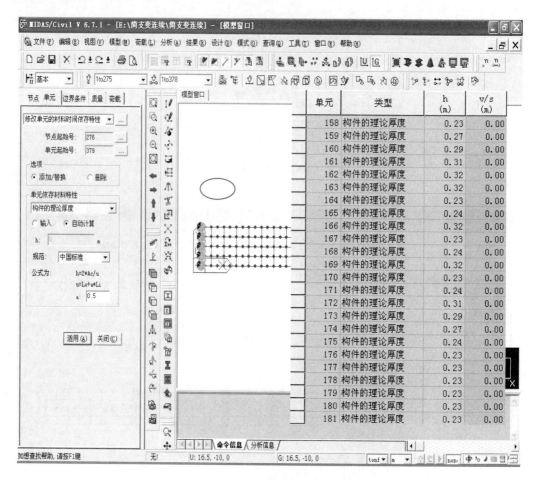

图 6.110　修改理论厚度

18. PSC 截面钢筋输入

实际结构中，PSC 截面的钢筋数量在不同的截面位置有所不同，在本例题中做了简化处理，认为其钢筋布置相同。本设计中箍筋数量不作考虑，仅仅考虑纵向主筋。

PSC 截面钢筋输入方法如下（见图 6.111）：

模型 > 材料和截面特性 > PSC 截面钢筋…

截面列表 > 跨中等截面

纵向钢筋

（i，j）两端钢筋信息相同（开）

I 端

1 直径（d22）数量（25）Ref.Y（中央）Y（0）Ref.Z（上部）

Z（0.06）

间距（0.10）

2 直径（d22）数量（6）　Ref.Y（中央）Y（0）Ref.Z（下部）

Z（0.06）

间距（0.10）

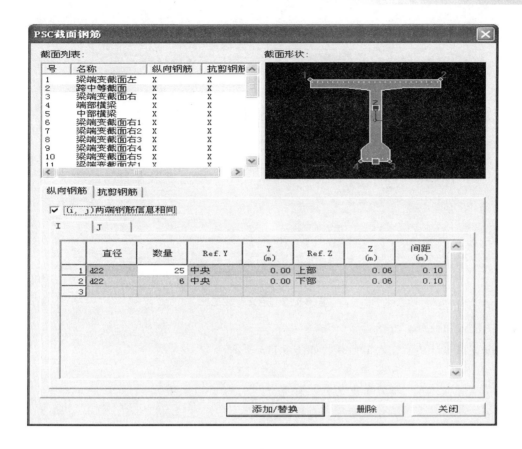

图 6.111　PSC 截面钢筋输入

注：其余的钢筋输入同图 6.111。

19. 输入荷载

输入施工阶段分析中的荷载（自重、二期恒载和预应力荷载）和非施工阶段的荷载（温度荷载），如图 6.112 所示。

（1）输入荷载工况：

　　　　　　　荷载/静力荷载工况

　　　　　　　名称（自重）　　　　　　类型（施工阶段荷载（cs））

　　　　　　　名称（二期恒载）　　　　类型（施工阶段荷载（cs））

　　　　　　　名称（预应力 1）　　　　类型（施工阶段荷载（cs））

　　　　　　　名称（预应力 2）　　　　类型（施工阶段荷载（cs））

　　　　　　　名称（系统温度升）　　　类型（温度荷载（T））

　　　　　　　名称（系统温度降）　　　类型（温度荷载（T））

　　　　　　　名称（节点温度）　　　　类型（温度荷载（T））

　　　　　　　名称（单元温度）　　　　类型（温度荷载（T））

　　　　　　　名称（梁截面温度）　　　类型（温度梯度（TPG））

图 6.112　定义荷载工况

（2）输入恒荷载。

使用"自重"功能输入恒荷载，如图 6.113 所示。

> 荷载/自重
>
> 荷载工况名称＞自重
>
> 荷载组名称＞自重
>
> 自重系数＞Z（-1）　　　添加(A)

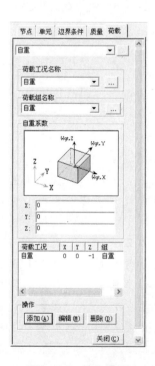

图 6.113　输入自重

（3）输入二期恒载（见图6.114）：

使用"梁单元荷载"功能输入二期恒载。

荷载/梁单元荷载（连续）

荷载工况名称 > 二期恒载

荷载组名称 > 二期恒载

荷载类型 > 均布荷载

荷载作用的单元 > 两点间直线

方向 > 整体坐标系 Z　投影 > 否（开）

数值 > 相对值（开）

X1（0）W（-1.2）

X2（1）

加载区间（两点）>（1 10）

复制荷载（开）

方向：y（开）距离：4@2.5　　适用（A）

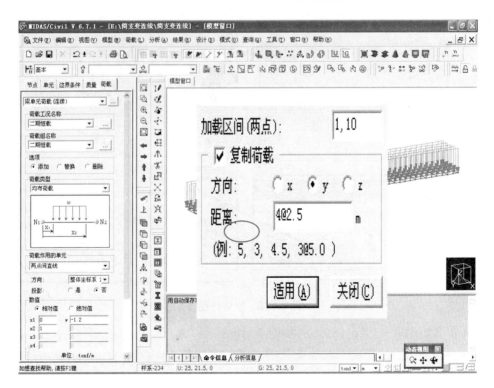

图 6.114　输入二期恒载

（4）输入预应力荷载。

输入钢束特性值：

输入正弯矩钢束 7（7ϕj15.24），如图 6.115 所示：

荷载/预应力荷载/预应力钢束的特性值

预应力钢束的名称（Tendon1）；预应力钢束的类型>内部（后张）

材料 > 2：Strand1860

钢束总面积（0.00098）

或者 ...

钢铰线公称直径 > 15.2 mm（1x7）

钢铰线股数（7）

导管直径（0.08）；

钢束松弛系数（开）：JTG04　0.3 ®

超张拉（开）

预应力钢筋与管道壁的摩擦系数：0.3

管道每米局部偏差对摩擦的影响系数：0.0066（1/m）

锚具变形、钢筋回缩和接缝压缩值：

开始点：0.006 m

结束点：0.006 m

粘结类型 > 粘结　　确认

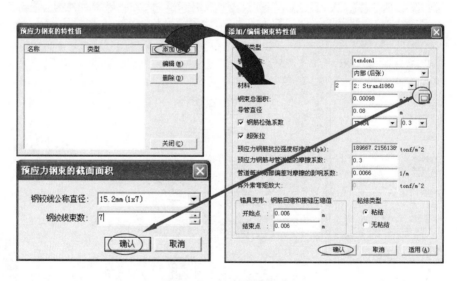

图 6.115　钢束特性值 1

输入正弯矩钢束 8（8ϕj15.24），如图 6.116 所示：

荷载/预应力荷载/预应力钢束的特性值

预应力钢束的名称（Tendon2）；预应力钢束的类型>内部（后张）

材料 > 2：Strand1860

钢束总面积（0.00112）

或者 ...

钢铰线公称直径 > 15.2 mm（1x7）

钢铰线股数（8）

导管直径（0.08）；

钢束松弛系数（开）：JTG04　0.3 ♀

超张拉（开）

预应力钢筋与管道壁的摩擦系数：0.3

管道每米局部偏差对摩擦的影响系数：0.0066（1/m）

锚具变形、钢筋回缩和接缝压缩值：

开始点：0.006 m

结束点：0.006 m

粘结类型 > 粘结　　　确认

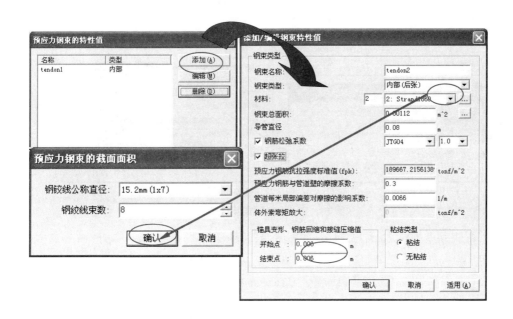

图 6.116　钢束特性值 2

输入正弯矩钢束 9（9φj15.24），如图 6.117 所示：

荷载 / 预应力荷载/预应力钢束的特性值

预应力钢束的名称（Tendon3）；预应力钢束的类型 > 内部（后张）

材料 > 2：Strand1860

钢束总面积（0.00126）

或者 …

钢铰线公称直径 > 15.2 mm（1x7）

钢铰线股数（9）

导管直径（0.08）；

钢束松弛系数（开）：JTG04　0.3 ♀

超张拉（开）

预应力钢筋与管道壁的摩擦系数：0.3

管道每米局部偏差对摩擦的影响系数：0.006 6（1/m）

锚具变形、钢筋回缩和接缝压缩值：

开始点：0.006 m

结束点：0.006 m

粘结类型 > 粘结   确认

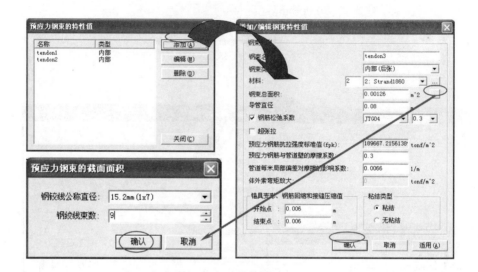

图 6.117　输入钢束特性值 3

输入负弯矩钢束 10（10ϕj15.24），如图 6.118 所示：

荷载/预应力荷载/预应力钢束的特性值

预应力钢束的名称（Tendon4）；预应力钢束的类型 > 内部（后张）

材料 > 2：Strand1860

钢束总面积（0.0014）

或者 …

钢铰线公称直径 > 15.2 mm（1x7）

钢铰线股数（10）

导管直径（0.08）；

钢束松弛系数（开）：JTG04　0.3 ♀

超张拉（开）

预应力钢筋与管道壁的摩擦系数：0.3

管道每米局部偏差对摩擦的影响系数：0.006 6（1/m）

锚具变形、钢筋回缩和接缝压缩值：

开始点：0.006 m

结束点：0.006 m

粘结类型 > 粘结   确认

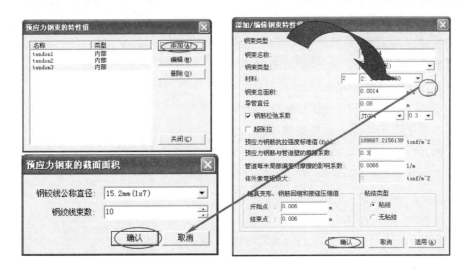

图 6.118　钢束特性值 4

20. 输入钢束形状

首先输入第一跨最右边的一个 T 形梁的钢束形状。

第一根钢束：1t1-1（见图 6.119）：

⬢ 隐藏（开）；🔢 单元号（开）；ⁿ 节点号（关）

荷载/预应力荷载/预应力钢束形状

钢束名称（1t1-1）；组：（正弯矩钢束 7）

钢束特性值>Tendon1

⬚ 窗口选择（单元：2 3 10to23）

输入类型>2-D（开）曲线类型>圆弧（开）

钢束直线段>开始点（0）；结束点（0）

布置形状

Y 轴

　　1>x（0），y（0），R（0），倾斜（无）

　　2>x（31.45），y（0），R（0），倾斜（无）

Z 轴

　　1>x（0），Z（1.76），R（0）

　　2>x（7.6），Z（0.22），R（40）

　　3>x（23.85），Z（0.22），R（40）

　　4>x（31.45），Z（1.76），R（0）

对称点>最后；钢束形状>直线

钢束布置插入点（0，0，0）；假想 x 轴方向>X

绕 x 轴旋转角度>0，投影（开）

绕主轴旋转角度>（Y），（0）

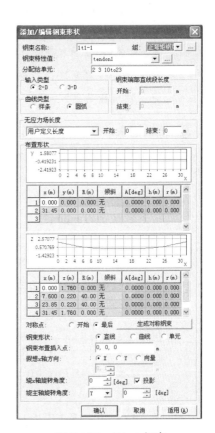

图 6.119　1t1-1 钢束

第二根钢束：1t1-2（见图 6.120）：

　　隐藏（开）；单元号（开）；节点号（关）

　　荷载/预应力荷载/预应力钢束形状

　　钢束名称（1t1-2）；组：（正弯矩钢束 8）

　　钢束特性值>Tendon2

　　窗口选择（单元：2 3 10to23）

　　输入类型>2-D（开）曲线类型>圆弧（开）

　　钢束直线段>开始点（0）；结束点（0）

　　布置形状

　　Y 轴

　　　　1>x（0），y（0），R（0），倾斜（无）

　　　　2>x（31.45），y（0），R（0），倾斜（无）

　　Z 轴

　　　　1>x（0），Z（1.36），R（0）

　　　　2>x（6.8），Z（0.17），R（40）

　　　　3>x（24.65），Z（0.17），R（40）

　　　　4>x（31.45），Z（1.36），R（0）

　　对称点>最后；钢束形状>直线

　　钢束布置插入点（0, 0, 0）　假想 x 轴方向>X

　　绕 x 轴旋转角度>0，投影（开）

　　绕主轴旋转角度>（Y），（0）

第三根钢束：1t1-3（见图 6.121）：

　　隐藏（开）；单元号（开）；节点号（关）

　　荷载/预应力荷载/预应力钢束形状

　　钢束名称（1t1-3）；组：（正弯矩钢束 9）

　　钢束特性值>Tendon3

　　窗口选择（单元：2 3 10to23）

　　输入类型>2-D（开）曲线类型>圆弧（开）

　　钢束直线段>开始点（0）；结束点（0）

　　布置形状

　　Y 轴

　　　　1>x（0），y（0），R（0），倾斜（无）

　　　　2>x（31.45），y（0），R（0），倾斜（无）

　　Z 轴

　　　　1>x（0），Z（0.96），R（0）

　　　　2>x（5.9），Z（0.12），R（40）

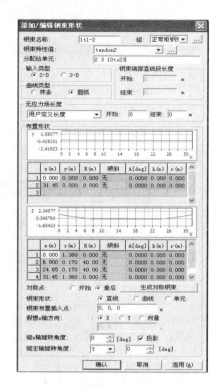

图 6.120　1t1-2 钢束

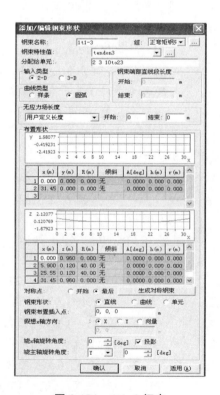

图 6.121　1t1-3 钢束

3>x（25.55），Z（0.12），R（40）

4>x（31.45），Z（0.96），R（0）

对称点>最后；钢束形状>直线

钢束布置插入点（0，0，0）；假想 x 轴方向>X

绕 x 轴旋转角度>0，投影（开）

绕主轴旋转角度>（Y），（0）

负弯矩钢束：12t1-1（见图 6.122）：

　隐藏（开）；　单元号（开）；　节点号（关）

荷载/预应力荷载/预应力钢束形状

钢束名称（12t1-1）；组：（负弯矩钢束 10）

钢束特性值>Tendon4

　窗口选择（单元：3 4 21to28）

输入类型>2-D（开）曲线类型>圆弧（开）

钢束直线段>开始点（0）；结束点（0）

布置形状

Y 轴

　　1>x（24），y（-0.62），R（0），倾斜（无）

　　2>x（40），y（-0.62），R（0），倾斜（无）

Z 轴

　　1>x（24），Z（1.825），R（0）

　　2>x（40），Z（1.825），R（0）

对称点>最后；钢束形状>直线

钢束布置插入点（0，0，0）；假想 x 轴方向>X

绕 x 轴旋转角度>0，投影（开）

绕主轴旋转角度>（Y），（0）

其余各束钢束根据实际情况输入。如图 6.123 所示，可采用以下方式查看钢束输完后实际的钢束布置得如何：

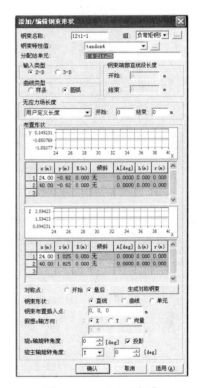

图 6.122　12t1-1 钢束

　　　　　　显示

综合>钢束形状名称（开）

钢束形状控制点（开）

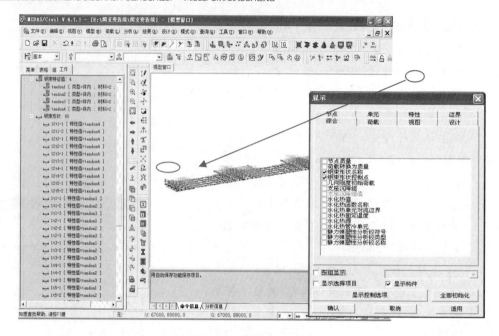

图 6.123　查看钢束

21. 输入钢束预应力荷载

定义完钢束的形状后，在各施工阶段施加相应的预应力荷载。

输入正弯矩钢束荷载（见图 6.124）：

　　　　　荷载/预应力荷载/钢束预应力荷载

　　　　　荷载工况名称 > 预应力 1

　　　　　荷载组名称 > 预应力 1

　　　　　选择加载的预应力钢束

　　　　　预应力钢束 >

🎧 选择两端张拉时的先张拉端。

　　　　　1t1-1, 1t1-2, 1t1-3; 1t2-1, 1t2-2, 1t2-3;

　　　　　1t3-1, 1t3-2, 1t3-3; 1t4-1, 1t4-2, 1t4-3;

　　　　　1t5-1, 1t5-2, 1t5-3;

　　　　　2t1-1, 2t1-2, 2t1-3; 2t2-1, 2t2-2, 2t2-3;

　　　　　2t3-1, 2t3-2, 2t3-3; 2t4-1, 2t4-2, 2t4-3;

　　　　　2t5-1, 2t5-2, 2t5-3;

🎧 定义对钢束孔道注浆的施工阶段。注浆前的应力按实际截面计算，注浆后按组合成的截面来计算。在注浆过程中输入1，意味着在张拉钢束之后的施工阶段注浆。

　　　　　3t1-1, 3t1-2, 3t1-3; 3t2-1, 3t2-2, 3t2-3;

　　　　　3t3-1, 3t3-2, 3t3-3; 3t4-1, 3t4-2, 3t4-3;

　　　　　3t5-1, 3t5-2, 3t5-3;

　　　　　▷已选钢束

　　　　　张拉力>应力

　　　　　先张拉>两端🎧

　　　　　开始点（1395）；结束点（1395）（单位体系改为 N，mm）

　　　　　注浆：下（1）🎧　[添加]

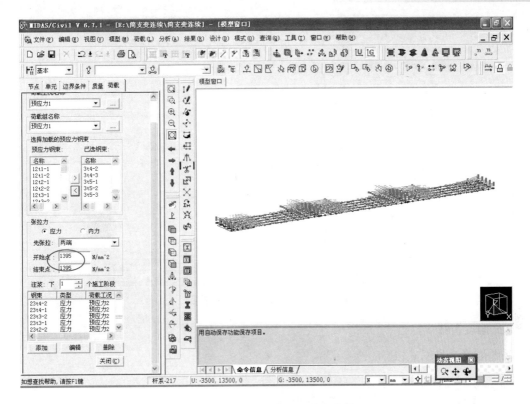

图 6.124　输入正弯矩预应力荷载

输入负弯矩钢束荷载（见图 6.125）：

　　　　　　　荷载/预应力荷载/钢束预应力荷载

　　　　　　　荷载工况名称>预应力 1

　　　　　　　荷载组名称>预应力 1

　　　　　　　选择加载的预应力钢束

　　　　　　　预应力钢束>

　　　　　　　12t1-1，12t1-2；12t2-1，12t2-2；

　　　　　　　12t3-1，12t3-2；12t4-1，12t4-2；

　　　　　　　12t5-1，12t5-2；

　　　　　　　23t1-1，23t1-2；23t2-1，23t2-2；

　　　　　　　23t3-1，23t3-2；23t4-1，23t4-2；

　　　　　　　23t5-1，23t5-2；

　　　　　　>已选钢束

　　　　　　　张拉力>应力

　　　　　　　先张拉>两端

　　　　　　　开始点（1395）；结束点（1395）（单位体系改为 N，mm）

　　　　　　　注浆：下（1）　添加

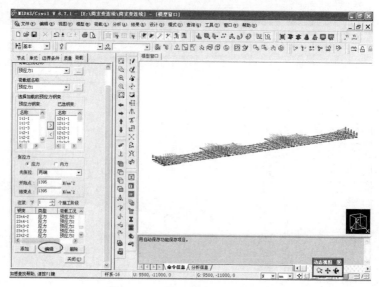

图 6.125　输入负弯矩钢束荷载

22. 温度荷载

系统温度（见图 6.126 ）：

🎧 初始温度定义为0，
其余的荷载都是初始
温度荷载的相对值。

　　荷载/温度荷载/系统温度

　　荷载工况名称>系统温升

　　荷载组名称>默认

　　温度>最终温度（10 ）　　添加(A)

🎧 温度梯度分非
线性温度和线性温
度，其中线性温度
是指温度梯度，非
线性温度指梁截面
温度。

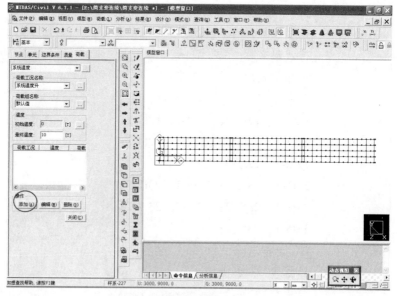

图 6.126　系统温升

系统温度（见图 6.127 ）：

　　荷载/温度荷载/系统温度

　　荷载工况名称 > 系统温降

荷载组名称＞默认

温度＞最终温度（-10）

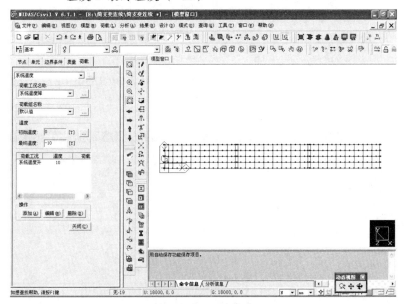

图 6.127　系统温降

节点温度（见图 6.128）：

荷载/温度荷载/节点温度

荷载工况名称＞节点温度

荷载组名称＞默认

温度＞最终温度（20）　适用(A)

选择 117 号节点

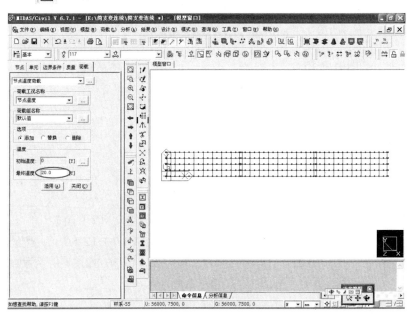

图 6.128　节点温度

单元温度（见图 6.129）：

　　　　　荷载/温度荷载/单元温度

　　　　　荷载工况名称>单元温度

　　　　　荷载组名称>默认

　　　　　温度>最终温度（15）

　　　选择（112 115 131 132 136 146 147 151 276to288by4 277to289by4）单元

　　　适用(A)

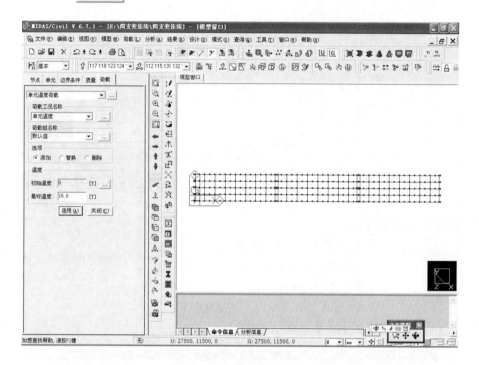

图 6.129　单元温度

梁截面温度（见图 6.130）：

　　　　　荷载/温度荷载>梁截面温度

　　　　　荷载工况名称>梁截面温度

　　　　　荷载组名称 > 默认

　　　　　单元类型>梁

　　　　　方向：局部－Z（开）

　　　　　参考位置：－边（底）　　添加(A)

　　　　　1.B（1.5）H1（1.7）T1（7）H2（1.95）T2（10）

　　　　　1.B（0.86）H1（1.65）T1（4）H2（1.7）T2（7）　　添加(A)

　　　　　1.B（0.22）H1（1.2）T1（0）H2（1.65）T2（4）　　添加(A)

　　　单元（1to270）　适用(A)

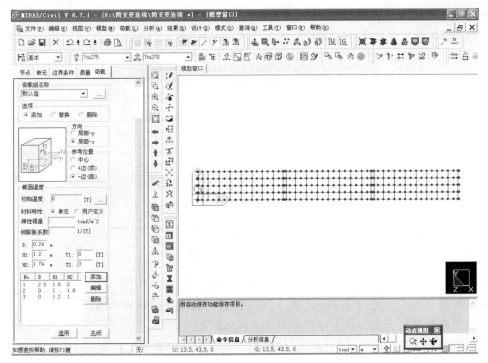

图 6.130　梁截面温度

23. 定义施工阶段

本例题的施工阶段如表 6.6 所示。

表 6.6　各施工阶段的施工信息

施工阶段	持续时间/天	结构组		边界组		荷载组		备注
		激活	钝化	激活	钝化	激活	钝化	
CS1	40	先简支		两端临时支座、两端永久支座、中跨临时支座 1、中跨临时支座 2		自重预应力 1		浇筑简支梁段
CS2	40	合龙段						施工合龙段
CS3	40	横梁			中跨临时支座 2			施工横梁，拆除中跨临时支座 2
CS4	20					预应力 2		张拉负弯矩预应力索
CS5	20	中跨永久支座		两端临时支座中跨临时支座 1				添加中跨永久支座、拆除两端临时支座和中跨临时支座 1
CS6	20					二期恒载		铺装桥面铺装层和桥面附属设施
CS7	3650							考虑 10 年的收缩徐变

第一施工阶段的主窗口如图 6.131 所示。

荷载 / 施工阶段分析数据 / 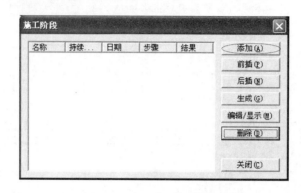 定义施工阶段

图 6.131　施工阶段输入窗口

施工阶段分析模型由基本阶段、施工阶段、最后阶段（PostCS）。

基本阶段是对单元进行添加或删除、定义材料、截面、荷载和边界条件的阶段，可以说与实际施工阶段分析无关，且上述工作只能在基本阶段进行。

施工阶段是进行实际施工阶段分析的阶段，在这里可以更改荷载状况和边界条件。

最后阶段（PostCS）是对除施工阶段荷载以外的其他荷载进行分析的阶段，在该阶段可以将一般荷载的分析结果和施工阶段分析的结果进行组合。最后阶段可以被定义为施工阶段中的任一阶段。

第一施工阶段如图 6.132 所示：

（浇筑简支混凝土梁段）

　　　　　　荷载/施工阶段分析数据/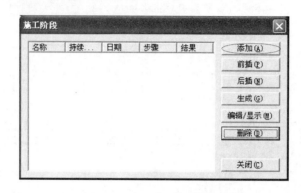定义施工阶段

　　　　　　施工阶段

　　　　　　名称（CS1）；持续时间（40）

　　　　　　保存结果

　　　　　　施工阶段（开）；施工步骤（开）

　　　　　　单元

　　　　　　组列表>先简支

　　　　　　激活>材龄（5）；　添加(A)

　　　　　　边界

　　　　　　　　组列表>两端临时支座、两端永久支座、中跨临时支座 1 和中跨临时支座 2

　　　　　　激活>支承条件/弹性支承位置>变形后；　添加(A)

　　　　　　荷载

　　　　　　组列表>自重和预应力 1

　　　　　　激活>激活时间>开始；

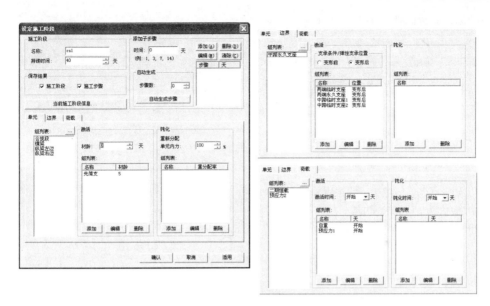

图 6.132　定义第一施工阶段（CS1）

第二施工阶段如图 6.131 所示：

（施工简支边连续的合龙段）

　　　　　荷载/施工阶段分析数据/定义施工阶段

　　　　　施工阶段

　　　　　名称（CS2）；持续时间（40）

　　　　　保存结果

　　　　　施工阶段（开）；施工步骤（开）

　　　　　单元

　　　　　组列表>合龙段

　　　　　激活>材龄（5）；添加(A)

图 6.133　施工合龙段

第三施工阶段如图 6.134 所示：

（施工五片 T 形梁之间的横向联系——横梁和拆除中跨临时支座 2）

荷载/施工阶段分析数据/ ⊞ 定义施工阶段

施工阶段

名称（CS3）；持续时间（40）

保存结果 ＞

施工阶段（开）；施工步骤（开）；

添加子步

时间（30） 添加(A)

单元

组列表＞横梁

激活＞材龄（5）； 添加(A)

边界

组列表＞中跨临时支座 2

钝化＞ 添加(A)

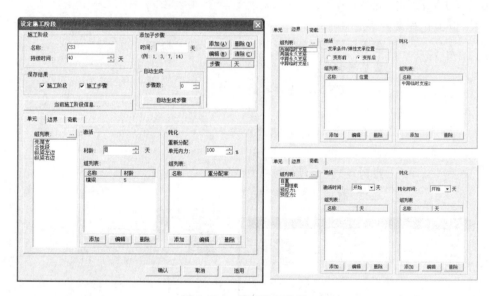

图 6.134　第三施工阶段

第四施工阶段如图 6.135 所示：

（张拉负弯矩预应力索）

荷载/施工阶段分析数据/ ⊞ 定义施工阶段

施工阶段

名称（CS4）；持续时间（20）

保存结果

施工阶段（开）；施工步骤（开）

荷载

组列表＞预应力 2

激活>激活时间>开始；

图 6.135　第四施工阶段

第五施工阶段如图 6.136 所示：

（施工中跨永久支座和拆除两端临时支座以及中跨临时支座 1）

　　　　　荷载/施工阶段分析数据/🔣定义施工阶段

　　　　　施工阶段

　　　　　名称（CS5）；持续时间（20）

　　　　　保存结果

　　　　　施工阶段（开）；施工步骤（开）

　　　　　边界

　　　　　组列表 > 中跨永久支座

　　　　　激活 > 支承条件/弹性支承位置 > 变形后；　添加(A)

　　　　　组列表 > 两端临时支座和中跨临时支座 1

图 6.136　第五施工阶段

第六施工阶段如图 6.137 所示：

（铺装桥面铺装层以及桥面附属设施）

　　　　　　荷载/施工阶段分析数据/定义施工阶段

　　　　　　施工阶段

　　　　　　名称（CS6）；持续时间（20）

　　　　　　保存结果

　　　　　　施工阶段（开）；施工步骤（开）

　　　　　　荷载

　　　　　　组列表>二期恒载

　　　　　　激活>激活时间>开始；

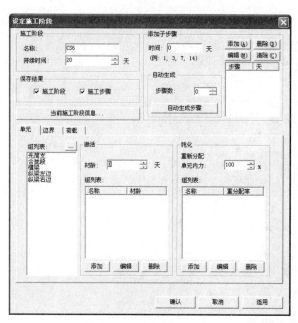

图 6.137　第六施工阶段

第七施工阶段如图 6.138 所示：

（考虑十年的混凝土收缩徐变）

　　　　　　荷载/施工阶段分析数据/定义施工阶段

　　　　　　施工阶段

　　　　　　名称（CS6）；持续时间（20）

　　　　　　保存结果

　　　　　　施工阶段（开）；施工步骤（开）

　　　　　　添加子步：

　　　　　　时间：1 2 3 4 5 6 8 10 28 36 72 100 250 365 550 730 1100 1450 1830 2190 3000

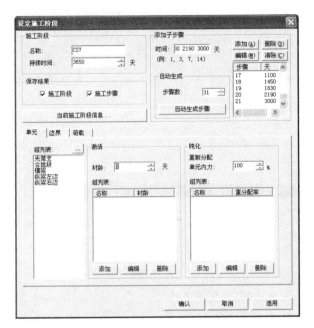

图 6.138 第 7 施工阶段

定义完 7 个施工阶段后，可以得到 7 个施工阶段的列表，如图 6.139 所示。

图 6.139 全部施工阶段列表

24. 定义施工阶段分析控制数据

完成建模和定义施工阶段后，在"施工阶段分析控制"选项中选择是否考虑材料的时间依存特性和弹性收缩引起的钢束应力损失，并指定分析徐变时的收敛条件和迭代次数，如图 6.140 所示。如果想查看当前阶段的结果，则需要打开"保存当前阶段的结果（梁/桁架）"。

🎧 最后阶段可指定为
任一阶段,通过选择其
他阶段来指定。

分析/施工阶段分析控制

最终施工阶段>最后施工阶段🎧

分析选项>考虑时间依存效果（开）

时间依存效果

徐变和收缩（开）；类型>徐变和收缩

徐变分析时的收敛控制

迭代次数（5）；收敛误差（0.01）

自动分割时间（开）

钢束预应力损失（徐变和收缩）（开）

考虑钢筋的约束效果和转换截面（开）

抗压强度的变化（开）

钢束预应力损失（弹性收缩）（开）

保存当前阶段的结果

🎧 选择"自动分割时间"的话，程序会对持续一定时间以上的施工阶段，在内部自动生成时间步骤来考虑长期荷载的效果。

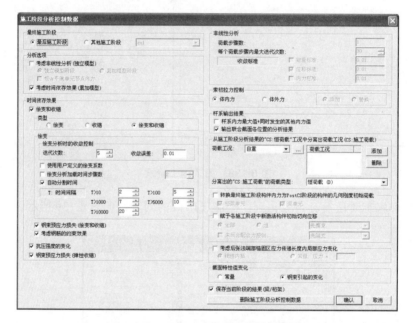

图 6.140　确定施工阶段分析控制数据

在施工阶段分析得到的结果中，将自重和二期恒载等的效应在恒载里面体现；如果想得到自重在施工荷载的效应，则需要在"从施工阶段分析结果的"CCS：恒荷载"工况分离出荷载工况（CS：施工荷载）"。

25. 输入移动荷载数据

在施工阶段分析中，对于没有将类型定义为施工阶段荷载的一般静力荷载或移动荷载的分析结果，可在最后阶段进行查看。本例题将在最后阶段查看对移动荷载的分析结果。

本例题前面部分只是输入了静力荷载工况的荷载，对于移动荷载通过移动荷载分析数据来输入。全桥宽 12.5 m，所以根据规范在桥面布置三个车道，两边各有一条 1.5 m 的人行道。

26. 选择规范和定义车道

定义第一个车道（见图 6.141）：

　　　　荷载/移动荷载分析数据

　　　　移动荷载规范/china

　　　　荷载/移动荷载分析数据

　　　　　　车道

　　　　　　车道名称（第一车道）

🎧　该项为移动荷载加　　　　车道荷载的分布>车道单元
　　载方向的选项。
　　　　　　车辆移动方向>往返（开）🎧

　　　　　　偏心距离（0.7）

🎧　输入数据时也可输　　　　桥梁跨度（32）🎧
　　入数式。
　　　　　　选择>两点（56，110）🖱

　　　　　　跨度始点：单元1（开）

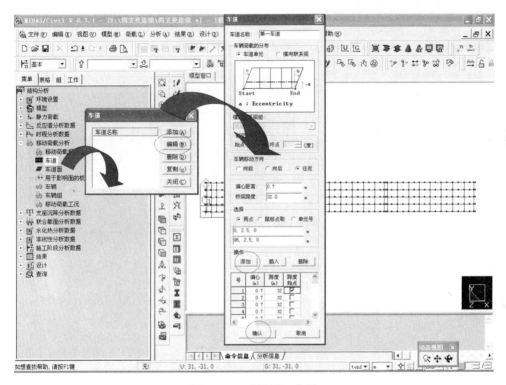

图 6.141　布置第一车道

定义第二个车道（见图 6.142）：

　　　　　　荷载/移动荷载分析数据

　　　　　　车道

　　　　　　车道名称（第二车道）

　　　　　　车道荷载的分布>车道单元

　　　　　　车辆移动方向>往返（开）🎧

　　　　　　偏心距离（0.1）

　　　　　　桥梁跨度（32）🎧

　　　　　　选择>两点（111，165）🖱

　　　　　　跨度始点：单元1（开）

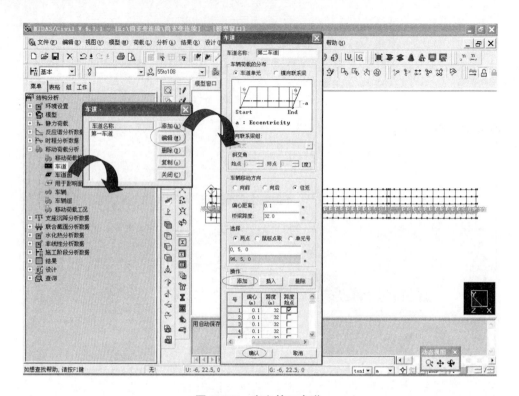

图 6.142　定义第二车道

定义第三个车道（见图 6.143）：

　　　　荷载/移动荷载分析数据

　　　　车道

　　　　车道名称（第三车道）

　　　　车道荷载的分布>车道单元

　　　　车辆移动方向>往返（开）

　　　　偏心距离（-0.5）

　　　　桥梁跨度（32）

　　　　选择>两点（166，220）

　　　　跨度始点：单元 1（开）

定义车辆（见图 6.144）：

　　　　荷载/移动荷载分析数据

　　　　车辆

　　　　添加标准车辆

　　　　规范名称：公路工程技术标准（JTG B01—2003）

　　　　车辆荷载：

　　　　车辆荷载名称：CH-CD

　　　　车辆荷载类型：CH-CD

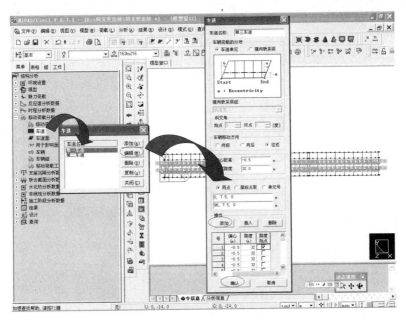

图 6.143　定义第三车道

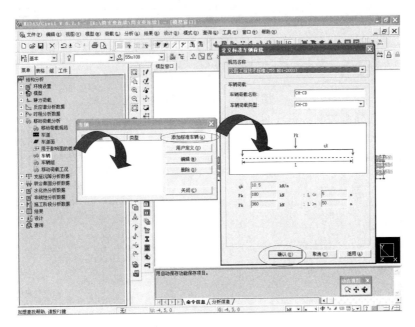

图 6.144　定义车辆

定义移动荷载工况（见图 6.145）：

        荷载/移动荷载分析数据

        移动荷载工况

        荷载工况名称：moving load

        组合选项：单独（开）

        荷载工况数据：

车辆组：VL：CH-CD

系数：1

加载的最少车道数：1

加载的最多车道数：3

分配的车道：

选择的车道：第一车道、第二车道、第三车道

图 6.145　定义移动荷载工况

定义移动荷载分析控制数据（见图 6.146）：

分析/移动荷载分析控制

荷载控制选项：

加载位置：影响线加载

每个线单元上影响线点数量：3

计算位置：

杆系单元：内力（最大值＋当前其他内力）（开）

应力（开）

计算选项：

反力（开），全部（开）

位移（开），全部（开）

内力（开），全部（开）

桥梁等级（JTG B01—2003）（开）

公路 I 级（开）

冲击系数：

规范类型：JTG D60—2004

结构基频方法：用户输入

F[Hz]=3.62

图 6.146　移动荷载分析控制数据

定义分析用主控数据（见图 6.147）：

　　　　分析/主控数据

　　　　约束桁架/平面应力/实体单元的旋转自由度（开）

　　　　约束板的旋转自由度（开）

　　　　在应力计算中考虑截面刚度调整系数（开）

　　　　在计算截面刚度时考虑钢筋（仅适用与 PSC 截面）

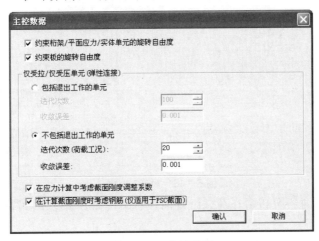

图 6.147　主控数据

27. 运行结构分析

　　　　建模、定义施工阶段、移动荷载数据和支座沉降数据全部输入结束后，运行结构分析。

分析/⇌ 运行分析

（1）查看分析结果：

　　　　对于 Midas/Civil 施工阶段分析的结果，可查看到某一施工阶段为止所累积的全部构件的应力和位移●，也可查看某一单元随施工阶段应力和位移的变化。●

　　　　查看结果有多种方法，可以用图形的方式查看，也可以用表格的方式来查看，本文中分别由图形和表格两种方式来查看计算结果。

（2）利用图形查看应力和构件内力：

　　　　利用桥梁内力图查看施工阶段 1（CS1）截面下缘的应力，如图 6.148 所示。

阶段>CS1

结果/桥梁内力图

步骤列表>最后；荷载工况/荷载组合>CS：合计（开）●

图形类型>应力；x 轴刻度>距离

桥梁单元组>纵梁左边

组合

组合（开）；3（+y，-z）

🎧　参照联机帮助的"桥梁内力图"。

🎧　参照联机帮助的"阶段/步骤时程图形"。

🎧　合计是恒荷载、施工荷载、徐变和收缩、钢束等分析结果的和。

容许应力线＞画容许应力线（开）

抗压（1600）

抗拉（320）

一般选项

当前施工阶段－步骤

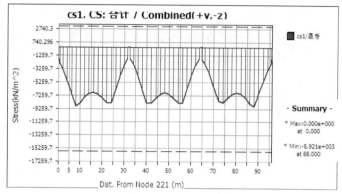

图 6.148　桥梁内力图

对于桥梁结构，进行分析后在荷载组合前查看结构在各个施工阶段的反力、位移、内力和应力。

（3）查看反力（见图 6.149）：

阶段＞CS7

结果/反力

荷载工况/荷载组合＞CS：合计

步骤：最后

反力＞FXYZ（开）

显示类型＞数值（开）

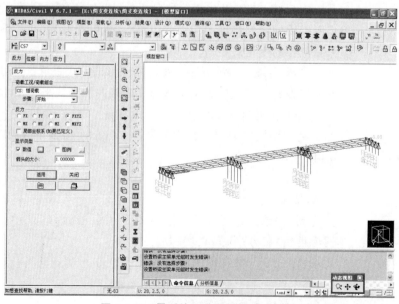

图 6.149　最后施工阶段桥梁支座反力

（4）查看位移（见图 6.150）：

        阶段 > CS7

        结果/位移

        荷载工况/荷载组合 > CS：合计

        步骤：最后

        位移 > DXYZ（开）

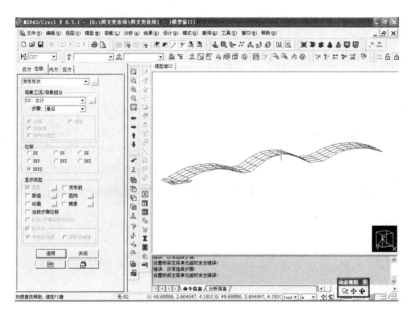

图 6.150　桥梁位移

（5）查看内力（见图 6.151）：

        阶段 > CS5

        结果/内力/梁单元内力图

        荷载工况/荷载组合 > CS：合计

        步骤：最后

        内力 > My（开）

        显示类型：等值线（开）

（6）查看应力（见图 6.152）：

        阶段 > CS3

        结果/应力/梁单元应力图

        荷载工况/荷载组合 > CS：合计

        步骤：最后

        应力 > 组合应力（开）

        3（+y，-z）

        填充类型：线（开）

        显示类型：等值线（开）

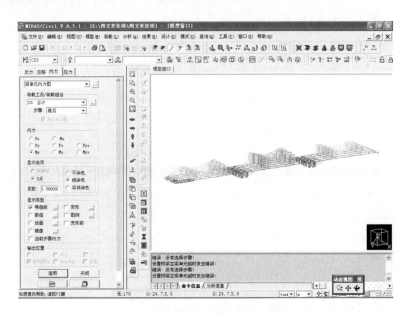

图 6.151　桥梁施工阶段内力图

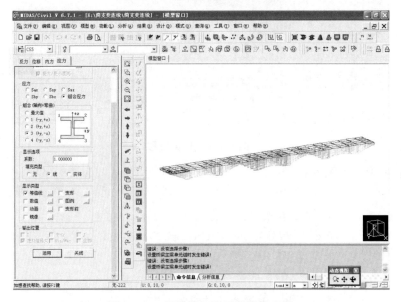

图 6.152　桥梁第五施工阶段应力图

28. 定义荷载组合

对于未定义为施工阶段荷载的其他荷载，将在最后施工阶段进行结构分析，并对其结果进行组合。在这里将与移动荷载的分析结果进行组合，查看其容许应力（Com1），而且会定义施工阶段荷载的分项系数来查看其极限强度（Com2）。荷载组合的定义步骤如下：

对于荷载组合：查看计算结果是采用一般荷载组合；结构设计采用设计的组合（钢结构设计、混凝土设计和 SRC 设计）。对于每种组合，均可以采用手动组合和自动组合两种方法来生成荷载组合。

一般荷载组合（手动）（见图 6.153）：

荷载组合的定义和删除只能在基本阶段和最后阶段进行，故需将阶段转换为最后阶段。

阶段>PostCS

结果/荷载组合

激活（开）；名称（gLCB1）；类型>相加

荷载工况>

恒荷载（CS）；系数（1.2）

钢束二次（CS）；系数（1.2）

徐变二次（CS）：系数（1.0）

收缩二次（CS）：系数（1.0）

激活（开）；名称（gLCB 2）；类型>相加

荷载工况>

恒荷载（CS）；系数（1.2）

钢束二次（CS）；系数（1.2）

徐变二次（CS）：系数（1.0）

收缩二次（CS）：系数（1.0）

Moving load：系数（1.4）

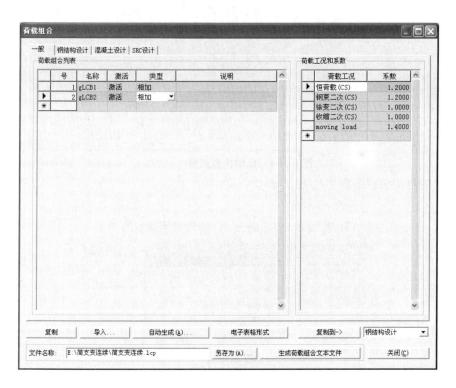

图 6.153 手动输入荷载组合

混凝土的自动荷载组合（见图 6.154）：

阶段>PostCS

结果/荷载组合>一般>自动生成（A）

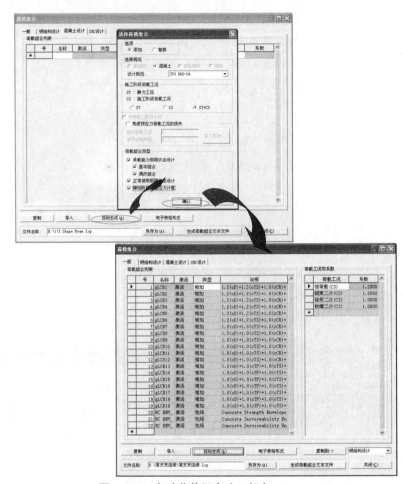

图 6.154　自动荷载组合（一般）

混凝土的自动荷载组合（见图 6.155）：

　　　　　阶段 > PostCS ⁹

　　　　结果/荷载组合 > 混凝土设计 > 自动生成（A）

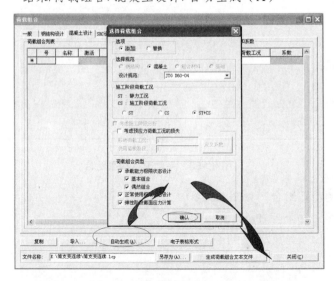

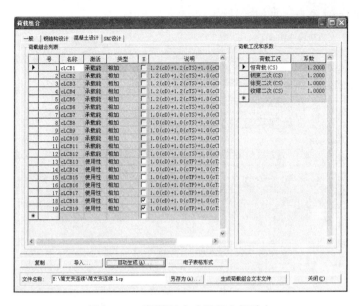

图 6.155　荷载组合（混凝土设计）

29. 利用荷载组合查看结构反力、位移、内力和应力

（1）查看结构在施工阶段和成桥阶段的支座反力。

查看施工阶段支座反力（见图 6.156）：

　　　　　阶段>CS5

　　　　　结果/反力/反力（R）…

　　　　　荷载工况/荷载组合>CS：合计；步骤：最后

　　　　　反力：Fxyz（开）

　　　　　显示类型：数值（开），小数点以下位数（2）；图例（开）

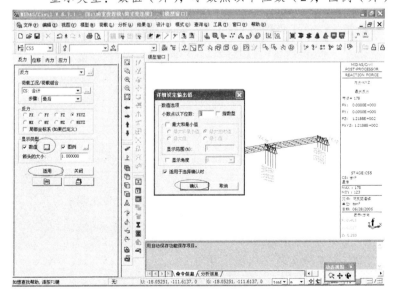

图 6.156　CS5 阶段支座反力

查看成桥阶段支座反力（见图 6.157）：

    阶段＞PostCS

    结果/反力/反力（R）…

    荷载工况/荷载组合＞CB：gLCB1

    反力：Fxyz（开）

    显示类型：数值（开），小数点以下位数（2）；图例（开）

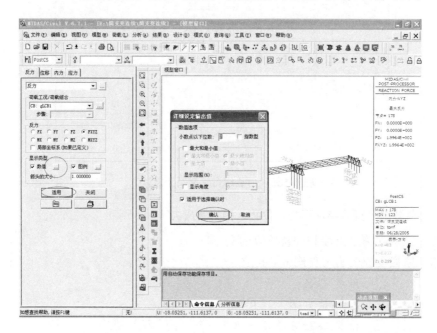

图 6.157　gLCB1 组合下 PostCS 阶段支座反力

（2）查看在施工阶段和成桥阶段的结构位移。

查看施工阶段结构位移（见图 6.158）：

    阶段＞CS6

    结果/位移/位移形状（D）…

    荷载工况/荷载组合＞CS：合计；步骤：最后

    位移：Dz

    显示类型：图例（开）

查看成桥阶段结构位移（见图 6.159）：

    阶段＞PostCS

    结果/位移/位移形状（D）…

    荷载工况/荷载组合＞CBall：glCB19

    位移：Dxyz

    显示类型：图例（开）

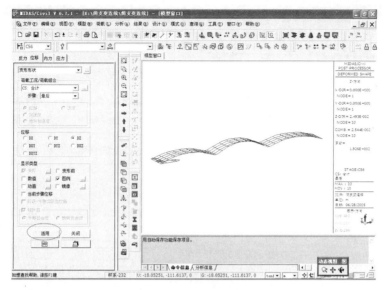

图 6.158　CS6 阶段 Dz 位移

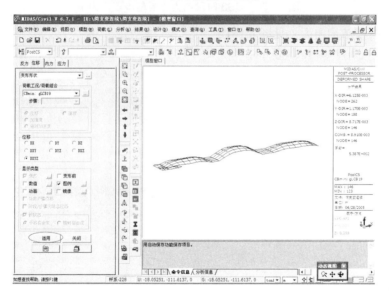

图 6.159　glCB19 组合下 PostCS 阶段结构位移

（3）查看在施工阶段和成桥阶段的结构内力。

查看施工阶段内力图（见图 6.160）：

　　　　　　阶段＞CS3

　　　　　　结果/内力＞梁单元内力图

　　　　　　荷载工况/荷载组合＞CS：合计；步骤：最后

　　　　　　内力：My（开）

　　　　　　显示选项：线涂色（开）

　　　　　　显示类型：等值线（开）；图例（开）

　　　　　　当前步骤内力（开）

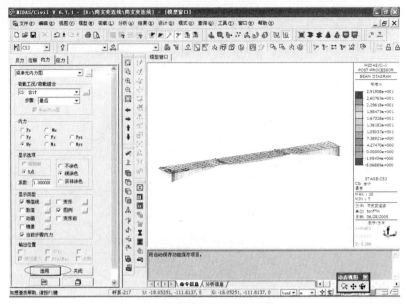

图 6.160　CS3 阶段内力（当前步骤内力）

查看成桥阶段结构内力（见图 6.161）：

　　　　阶段＞PostCS

　　　　结果/内力＞梁单元内力图

　　　　荷载工况/荷载组合＞CBall：glCB19

　　　　Max/Min 图（开）；内力：My（开）

　　　　填充类型：线涂色（开）

　　　　显示类型：等值线（开）；图例（开）

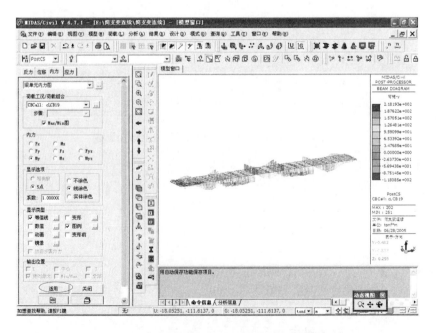

图 6.161　glCB19 组合下 PostCS 阶段内力图

（4）查看在施工阶段和成桥阶段的结构应力。

查看施工阶段主应力图（见图 6.162）：

> 阶段＞CS4
>
> 结果/应力＞梁单元应力图
>
> 荷载工况/荷载组合＞CS：合计
>
> 步骤：最后（开）
>
> 应力：组合应力（开）
>
> 组合（轴向+弯曲）
>
> 3（+y，-z）（开）
>
> 填充类型：线涂色（开）
>
> 显示类型：等值线（开）；图例（开）

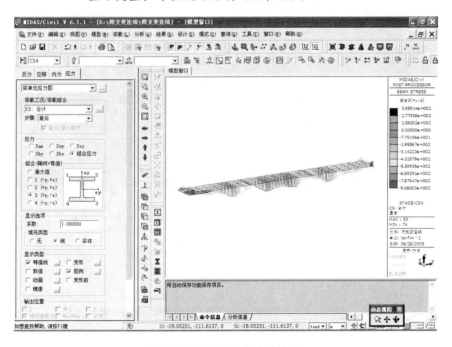

图 6.162　CS4 阶段主应力图

查看成桥阶段应力（见图 6.163）：

> 阶段＞PostCS
>
> 结果/应力＞梁单元应力图
>
> 荷载工况/荷载组合＞ST：系统温度升
>
> 应力：组合应力（开）
>
> 组合（轴向+弯曲）
>
> 3（+y，-z）（开）
>
> 填充类型：线涂色（开）
>
> 显示类型：等值线（开）；图例（开）

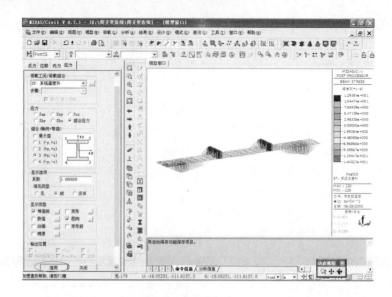

图 6.163　系统温度升影响下 PostCS 阶段应力图

在最后施工阶段查看施工阶段分析结果和移动荷载分析结果叠加起来的应力图形，如图 6.164 所示。

> 阶段>PostCS
>
> 结果/桥梁内力图
>
> 荷载工况/荷载组合>CBall：gLCB8
>
> 图形类型>应力；X-轴刻度>距离
>
> 桥梁单元组>纵梁右边
>
> 内力
>
> -sbz（开）
>
> 容许应力线>画容许应力线（关）

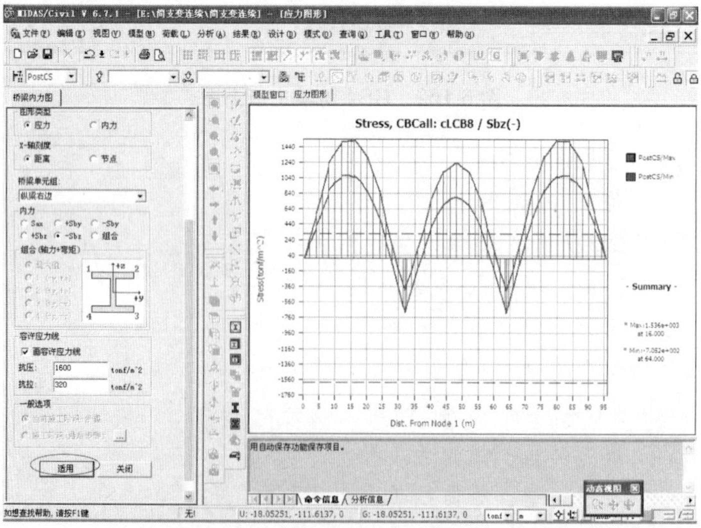

图 6.164　施工阶段荷载和移动荷载叠加的应力图

利用"阶段/步骤时程图形"查看受正、负弯矩的部位在各施工阶段的应力变化,如图 6.165 所示。

模型窗口　　　　阶段 > CS7°

结果/阶段/步骤时程图形

定义函数 > 梁单元内力/应力　　　添加新的函数

梁单元内力/应力 > 名称(正弯矩端);单元号(15);应力点 > J-节点;输出分量 > 弯曲应力(-z)

包含轴向应力(on)

梁单元内力/应力 > 名称(负弯矩端);单元号(15);应力点 > J-节点;输出分量 > 弯曲应力(+z)

包含轴向应力(开)

模式 > 多个函数;步骤选项 > 所有步骤;X-轴 > 阶段步骤

选择输出的函数 > 正弯矩端(开);负弯矩端(开)

荷载工况/荷载组合 > 合计

图形标题(Stress History)　　　图表

"阶段/步骤时程图形"在模型窗口并处于施工阶段才能被激活。

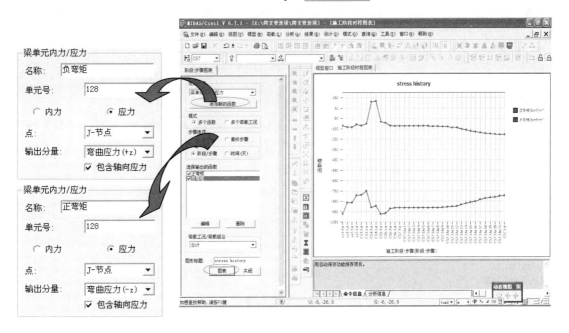

图 6.165　特定位置随施工阶段的应力变化图形

在"阶段/步骤时程图形"上点击鼠标右键会出现关联菜单,利用关联菜单的"以文本格式保存图表"可将各施工阶段的应力变化结果以文本形式保存,如图 6.166 所示。

以文本格式保存图表

文件名(N)(Stress History)

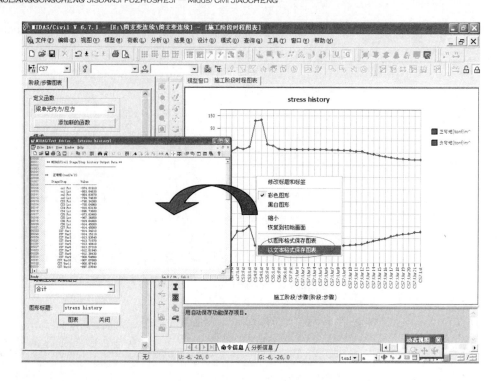

图 6.166　生成应力变化图形的文本文

30. 利用表格查看应力

利用表格查看施工阶段分析的结果时，可通过在激活纪录对话窗口对单元、荷载、施工阶段、单元应力的输出位置等进行选择来分类查看，如图 6.167 所示。下面利用表格查看第一跨跨中（单元 125 126）在施工阶段的应力变化：

> 结果/分析结果表格/梁单元/应力…
>
> 激活记录：
>
> 节点或单元：125 126

🎧 **按Shift键全选CS 1：001到CS7：023 所有的施工阶段。**

> 荷载工况/荷载组合>合计（CS）
>
> 施工阶段/步骤>CS1：001（开始）~CS7：023（最后）（开）🎧
>
> 位置号>位置 i（开）位置 j（开）

31. 查看钢束的分析结果

查看因预应力损失而引起的各施工阶段的张力变化时，"预应力钢束预应力损失图表"只能对当前施工阶段中所包含的钢束查看张力变化，故应先将施工阶段转换到包含相应钢束的施工阶段后再选择预应力钢束预应力损失图表，如图 6.168 所示。钢束在各施工阶段的应力变化还可通过点击 <kbd>动画</kbd> 按动画来查看。

> 结果/预应力钢束预应力损失变化图表…
>
> 预应力钢束：1t1-1，施工阶段：CS7，步骤：用户 6　<kbd>动画</kbd>

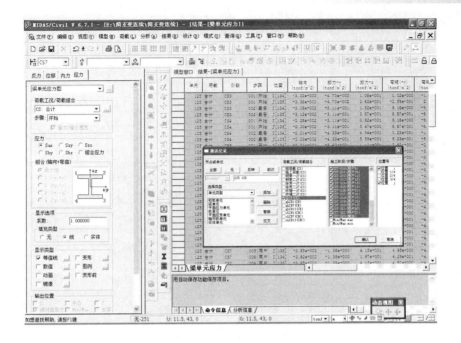

6.167　各施工阶段应力结果表

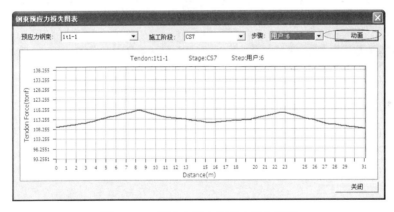

图 6.168　预应力钢束预应力损失图表

32. 查看钢束坐标

Midas/Civil 可在包含钢束的单元的 4 等分点,通过表格来查看该处钢束的坐标,如图 6.169 所示。

　　　　　　　　结果/分析结果表格/预应力钢束/预应力钢束坐标

33. 查看钢束伸长量

对钢束的伸长量可通过表格查看, 如图 6.170 所示。

　　　　　　　　结果/分析结果表格/预应力钢束/预应力钢束伸长量

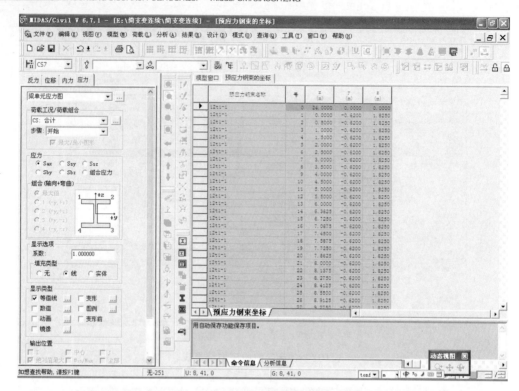

图 6.169　钢束坐标

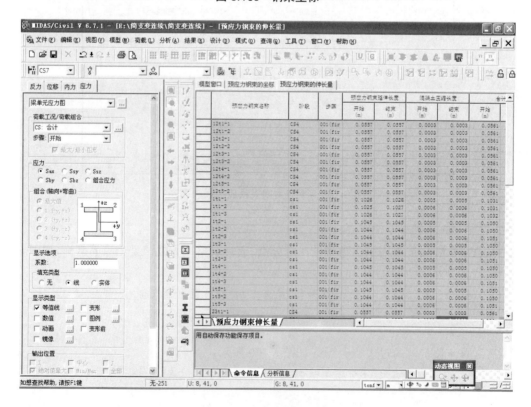

图 6.170　钢束伸长量

34. 查看钢束损失

对钢束的损失也可通过表格查看，如图 6.171 所示。

结果/分析结果表格/预应力钢束/钢束预应力损失

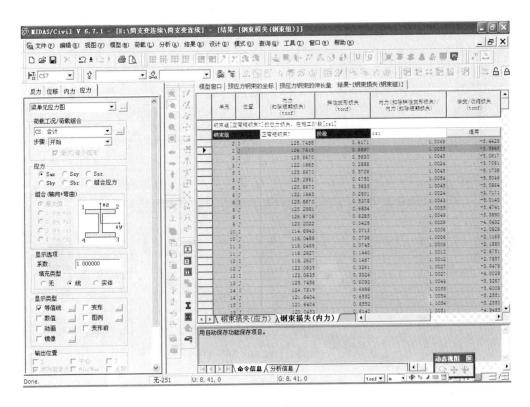

图 6.171 钢束预应力损失

6.4 悬臂梁和简支梁

1. 概 要

本节通过悬臂梁、简支梁两个简单的例题，主要介绍 Midas/Civil 的基本使用方法和一些基本功能。包含的主要内容如下：

（1）Midas/Civil 的构成及运行模式；

（2）视图（View Point）和选择（Select）功能；

（3）关于进行结构分析和查看结果的一些基本知识（GCS、UCS、ECS 等）；

（4）建模和分析步骤（输入材料和截面特性、建模、输入边界条件、输入荷载、结构分析、查看结果）。

使用的模型如图 6.172 所示包含 8 种类型，为了了解各种功能分别使用不同的方法输入。

桥梁工程计算机辅助设计——Midas/Civil 教程

QIAOLIANGGONGCHENG JISUANJI FUZHUSHEJI — Midas/Civil JIAOCHENG

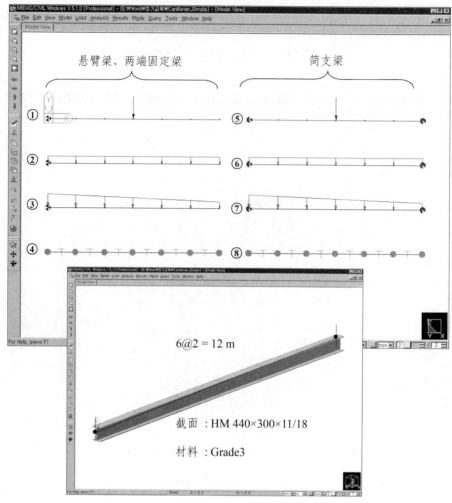

图 6.172　分析模型

2. 建立模型①

（1）设定操作环境。

首先建立新项目（ 🗋 新项目），以 "Cantilever_Simple.mcb" 为名保存（ 🖫 保存）。

> 文件 / 🗋 新项目
> 文件 / 🖫 保存（Cantilever_Simple）

🎧　也可使用窗口下端的状态条来转换单位体系。

单位体系是使用 tonf（力），m（长度）。

1. 在 "新项目" 中选择 "工具 > 单位体系" 🎧
2. "长度" 选择 "m"，"力"（Mass）选择 "tonf（ton）"
3. 点击　［ OK ］

工具 / 单位体系

长度＞m；力＞tonf

本例题中主要使用图标菜单。默认设置中没有包含输入节点和单元所需的图标，用户可根据需要将所需工具条调出，如图 6.173 所示。其方法如下：

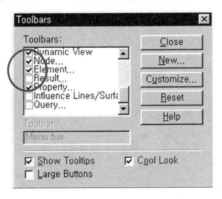

图 6.173　工具条编辑窗口

1. 在主菜单选择工具＞用户制定＞工具条。
2. 在"工具条"选择栏钩选"节点"、"单元"、"特性"。
3. 点击 Close 。
4. 工具＞用户制定＞工具条

工具条＞节点（开），单元（开），特性（开）

将调出的工具条参考图 6.174 拖放到用户方便的位置。

🎧 移动新调出的工具条时，可通过用鼠标拖动工具条名称 [图6.174（a）的①] 来完成。对于已有的工具条则可通过拖动图6.174（a）的② 来移动。

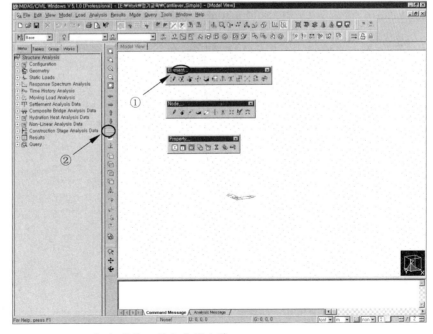

（a）调整工具条位置之前

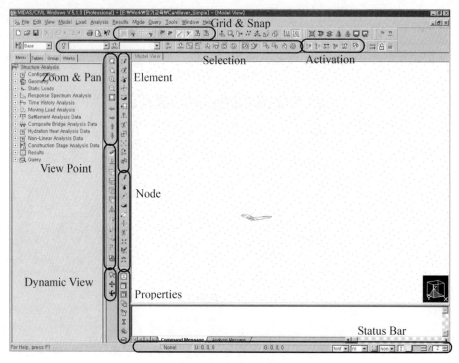

（b）调整工具条位置之后

图 6.174　排列工具条

（2）定义材料。

使用 Civil 数据库中内含的材料 Grade3 来定义材料。

🎧 材料类型中包括钢材、
混凝土、组合材料（SR
C）、用户定义等4种类型，
包含的规范有GB、AST
M、JIS、DIN、BS、EN、
KS等。

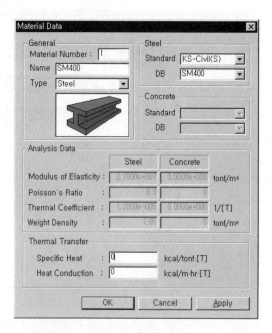

图 6.175　输入材料数据

🎧 也可不使用图标菜单而使用关联菜单的"材料"和"截面特性 > 材料"来输入。关联菜单可通过在模型窗口点击鼠标右键调出。

🎧 使用内含的数据库时,不需另行指定材料的名称,数据库中的名称会被自动输入。

1. 点击 🔣 材料 🎧
2. 点击 Add
3. 确认"一般"的"材料号"为"1"(参考图 6.175)
4. 在"类型"栏中选择"钢材"
5. 在"钢材"的"规范"栏中选择"GB(S)" 🎧
6. 在"数据库"中选择"Grade3" 🎧
7. 点击 OK

模型/特性值/🔣 材料
类型 > 钢材;钢材规范 > GB(S);数据库 > Grade3

(3)定义截面:

模型/特性值/🔣 截面
数据库/用户;截面形状 > 工字形截面;数据库;DB > KS
截面名称 > H 440×300×11/18

如图 6.176 所示。

(4)输入节点和单元。

Civil 是为分析三维空间结构而开发的,对于二维平面内的结构需约束不需要的自由度。对此可通过选择"结构类型"简单地处理。

本例题的模型处于整体坐标系(Global Coordinate System,GCS)的 X-Z 平面,故可将结构指定为二维结构(X-Z Plane)。

模型/结构类型
结构类型 > X-Z 平面

建模之前先简单介绍一下"鼠标编辑"功能。

在建立、复制节点和单元或者输入荷载等建模过程中,需输入坐标、距离、节点或单元的编号等数据,此时可使用鼠标点击输入的方式来代替传统的键盘输入方式。

用鼠标点击一下输入栏,其变为草绿色时,即可使用鼠标编辑功能。

对于大部分前处理工作都可使用鼠标编辑功能,用户手册或例题资料中的'🖰'标志即表示该处可使用鼠标编辑功能。

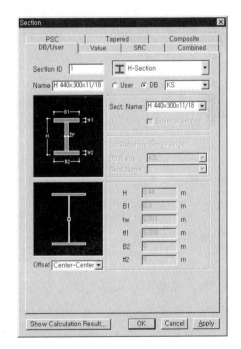

图 6.176 输入截面数据

🎧 捕捉功能的
详细说明请参
考在线帮助手
册。

为使用鼠标编辑功能需将捕捉功能激活，根据需要也可定义用户坐标系（User-defined Coordinate System，UCS）。如图 6.177 所示。

点栅格是为了方便建模而在 UCS 的 x-y 平面内显示的虚拟参照点。激活点栅格捕捉功能，鼠标就会捕捉距离其最近的参照点。🎧

🎧 点栅格的
间距可在 M
odel>Grids>
Define Point
Grid中调
整。

⬜正面，▦点格（开），捕捉点（开）
╱捕捉节点（开），捕捉单元（开）
模型/用户坐标系统/⬛X-Z 平面
坐标＞原点（0，0，0）
旋转角度＞角度（0）

🎧 Element
的1/2 捕捉
功能被激
活时，鼠标就
会捕捉单元
的中点，另
外也可将其
设置为 1/3
或1/5。

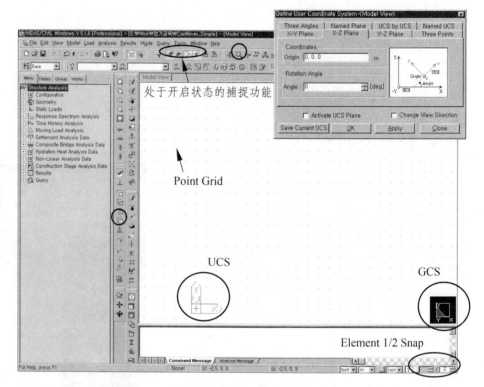

图 6.177　各种被激活的捕捉功能图标以及 GCS 和 UCS

对于模型①，采用先建立节点后再利用这些节点建立单元的方法来建模。如图 6.178 所示。

ₙ节点号（开），单元号（开）
模型/节点/建立节点
坐标（0，0，0）⏎

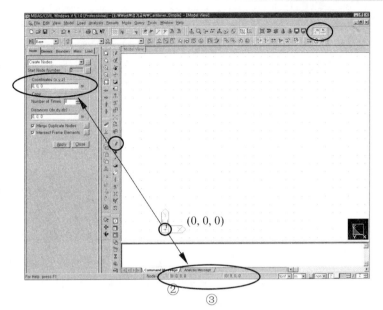

> Status Bar的U指
> UCS，G指GCS。

图 6.178　在原点（0，0，0）建立节点

　　将建立的节点复制到梁单元的各节点位置(将 12 m 长的梁单元分割成 6 等分)，如图 6.179
所示。

> 开启Auto Fitting
> 可将新建立的节点、
> 单元及整个模型自
> 动缩放使其充满窗
> 口。

> 输入dx、dy、dz
> 等两节点间距离时
> 可使用鼠标编辑功
> 能通过连续点击相
> 应节点来方便地输
> 入。

自动对齐（开）

模型/节点/移动和复制

单选（节点：1）

移动和复制 > 等间距

dx，dy，dz（2，0，0）；复制次数（6）

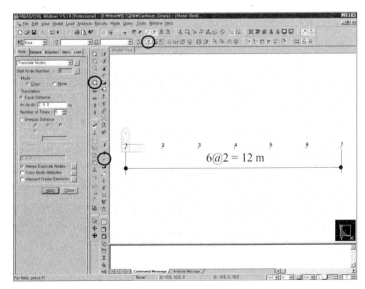

> 点栅格间距的默
> 认值为0.5m，可以此
> 确认复制的节点间
> 的距离是否正确。

图 6.179　复制节点

在"捕捉点"被激活的状态下利用"建立单元"功能输入梁单元。

勾选"交叉分割"（图 6.180 的①）的话，即使直接连接单元的起点（节点 1）和终点（节点 2），在各节点处还是会自动分割而生成 6 个单元。

> 🎧 输入单元时使用鼠标编辑功能的话，点击节点的同时会生成单元，故不需另行点击 Apply 键。

模型/单元/✏️建立

单元类型 > 一般梁/变截面梁

材料 > 1：Grade3；截面 > 1：HM 440x300x11/18

交叉分割 > 节点（开）；节点连接（1，7）🎧

> 🎧 点击🕶"隐藏面"可如图显示输入的梁单元的实际形状。

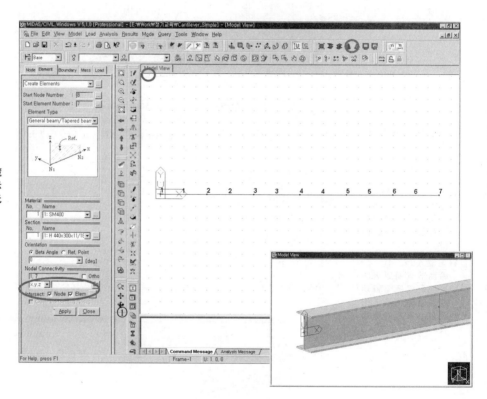

图 6.180　输入梁单元

（5）输入边界条件。

使用"一般支承"输入边界条件，即将节点 1 的 D_x、D_z、R_y 自由度约束使其成为悬臂梁。因为已将结构类型定义为了 X-Z 平面，故不需对 D_y、R_x、R_z 自由度再做约束。

Midas/Civil 是三维空间结构分析程序，故每个节点有 6 个自由度（D_x、D_y、D_z、R_x、R_y、R_z）。如图 6.181 所示，这 6 个自由度在模型中是由 6 个三角形按顺序组成的 6 边形表现的，被约束的自由度其三角形颜色会变成绿色，以便区分。

单元号（关）

模型/边界条件/一般支撑

单选（节点：1）

选择 > 添加

支撑条件类型 > Dx（开），Dz（开），Ry（开）

右上角（**Dx**）代表节点坐标系（未定义节点坐标系时为整体坐标系）x轴方向的位移自由度，并按顺时针方向分别代表y、z方向位移及绕x、y、z轴的转动位移。

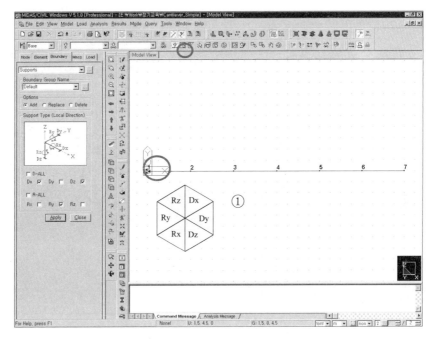

图 6.181　输入边界条件（固定端）

（6）输入荷载。

输入节点荷载、梁单元荷载、压力荷载等荷载前，需先定义静力荷载工况（Static Load Case）。如图 6.182 所示。

荷载/静力荷载工况

名称（NL）；类型 > 用户定义的荷载

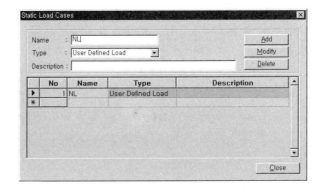

图 6.182　定义荷载工况

在悬臂梁中央（节点 4）输入大小为 1 tonf 的节点荷载，如图 6.183 所示。

🎧 节点荷载的方向为 GCS 的 Z 轴的反方向，故在 FZ 输入栏中输入"−1"。荷载的加载方向按"+、−"号来输入。

荷载/节点荷载

🔽 单选（节点：4）

荷载工况名称＞NL；选择＞添加；FZ（−1）

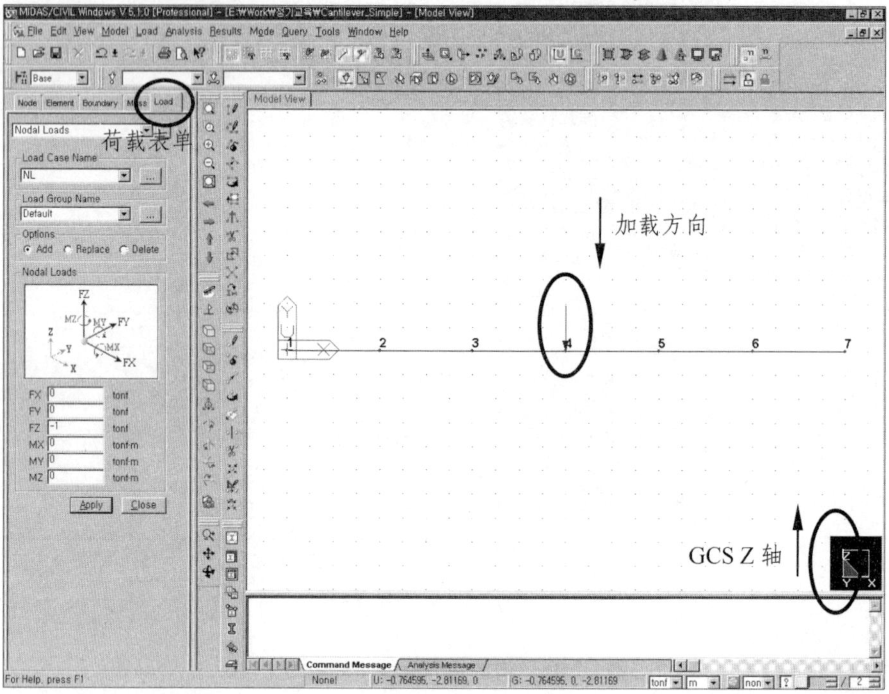

图 6.183　输入节点荷载

（7）运行结构分析。

建立悬臂梁单元、输入边界条件和荷载后，即可运行结构分析。

分析/🔁运行分析

（8）查看反力。

查看反力的步骤如下，如图 6.184 所示。由结果可以看出分析结果与手算的结果一致。（竖向反力 1tonf，弯矩−6 tonf*m）

🎧 选择 FXYZ 可同时查看水平反力和竖向反力。

🎧 选择数值，可在窗口显示结果的大小；选择图例，可在窗口右侧查看最大、最小值。

结果/反力/⭐反力/弯矩

荷载工况/荷载组合＞ST: NL；反力＞FXYZ🎧

显示类型＞数值（开）；图例（开）🎧

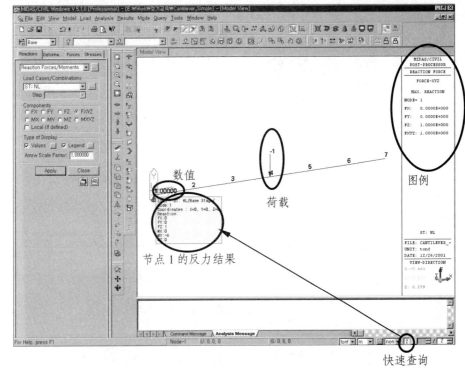

🎧　如要在模型窗口显示施加的荷载，可点击 🖥 "显示"，在"荷载"表单选择相应荷载类型(这里选择节点荷载)和荷载值即可。

🎧　在后处理模式中开启"快速查询"(Fast Query)的话，鼠标所在的节点或单元的相关分析结果就会在画面上显示。

图 6.184　查看反力

（9）查看变形和位移。

查看集中荷载的位移，如图 6.185 所示。

🎧　$DXYZ$
$= \sqrt{DX^2 + DY^2 + DZ^2}$

🎧　选择"最大和最小值"，在显示范围内（%）的结果就会在画面显示。

n 节点号（关）

结果/位移/ 变形形状

荷载工况/组合 > ST：NL；内力组成 > DXYZ 🎧

显示组成 > 变形（开）；变形前（开）图例（开）

数值 > ...

小数点（3）；指数型（开）🎧

最大值最小值 > 最大绝对值；显示范围（%）（1）🎧

（10）查看内力。

构件内力根据相应单元的单元坐标系输出[。首先确认单元坐标系，并查看弯矩。图 6.186 中 M_y 为弯矩，F_z 为剪力，F_x 为轴力。

🎧　对于单元坐标系的说明，请参考在线帮助手册。
🎧　取消之前显示的节点荷载。
🎧　将单元坐标系显示于画面。
🎧　回到初始画面状态。

🖥 显示

荷载 > 荷载值，节点荷载（关）🎧

单元 > 局部坐标轴（开）🎧

初始画面[； 隐藏（开）

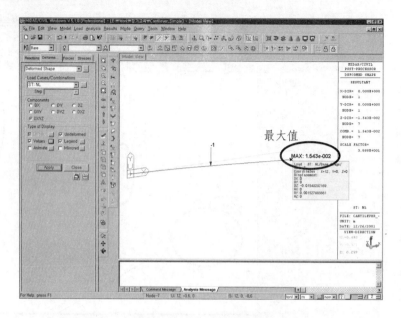

图 6.185　查看变形形状

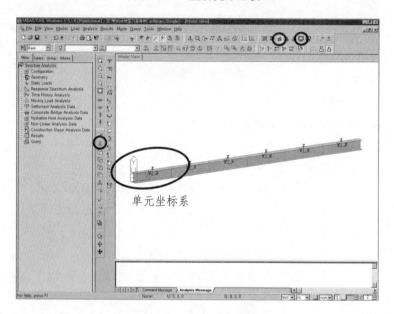

图 6.186　确认单元坐标系

下面查看悬臂梁中点作用集中荷载时的弯矩，如图 6.187 所示。

🎧　通过内力图查看构件内力。

结果/内力/🔻梁单元内力图🎧

荷载工况/荷载组合＞ST：NL；内力＞My

显示选项＞5 点（开）；线涂色（开）；系数（1）

显示类型＞等值线图（开）；图例（开）

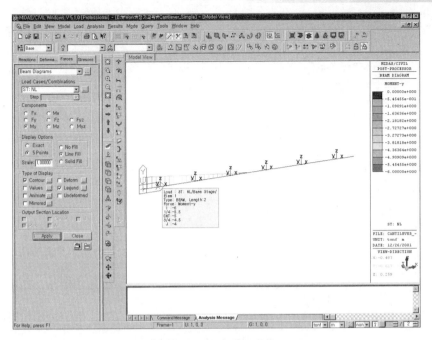

图 6.187 查看弯矩

查看弯矩后查看剪力，如图 6.188 所示。

> 结果/内力/梁单元内力图
>
> 荷载组合/荷载工况 > ST：NL；内力 > Fz
>
> 显示选项 > 5 点（开）；线涂色（开）；系数（1）
>
> 显示类型 > 等值线图（开）；数值（开）
>
> 图例（开）
>
> 数值 > ...
>
> 小数点（3）；指数型（关）
>
> 最大值最小值>最大绝对值（开）；显示范围（%）（1）

（11）查看应力。

构件的应力成分（Components）中：

S_{ax} 为单元坐标系 x 轴方向的轴向应力；

S_{sy}、S_{sz} 分别为单元坐标系 y、z 轴方向的剪切应力；

S_{by}、S_{bz} 分别为单元坐标系 y、z 轴方向的弯曲应力；

Combined 为组合应力，显示 $S_{ax} \pm S_{by} \pm S_{bz}$ 中的最大或最小值。

下面选择 S_{bz} 成分查看弯曲应力，如图 6.189 所示。

> 结果/应力/梁单元应力
>
> 荷载工况/荷载组合 > ST：NL；应力 > Sbz
>
> 显示类型 > 变形（开）；图例（开）

桥梁工程计算机辅助设计——Midas/Civil 教程
QIAOLIANGGONGCHENG JISUANJI FUZHUSHEJI — Midas/Civil JIAOCHENG

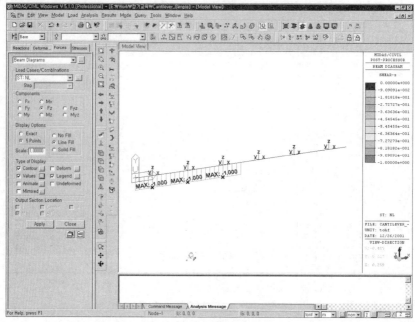

图 6.188　结构的剪力图

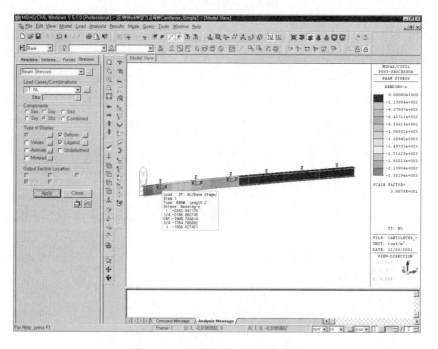

图 6.189　查看梁单元的弯曲应力

（12）梁单元细部分析（Beam Detail Analysis）。

进行完一般静力分析（移动荷载分析、反应谱分析除外）后，可使用"梁单元细部分析"（Beam Detail Analysis）查看梁单元细部的位移、剪力、弯矩、最大应力的分布及截面内的应力分布等。

在梁单元细部分析画面的下端选择截面表单，图形上就会给出左侧截面应力（Stress

Section，图 6.190 的①）栏中选择的相应应力类型的结果。详细内容请参考在线帮助手册。

> 结果/梁单元细部分系
> 荷载工况/荷载组合 > ST：NL；单元号（1）
> 截面应力 > Von-Mises

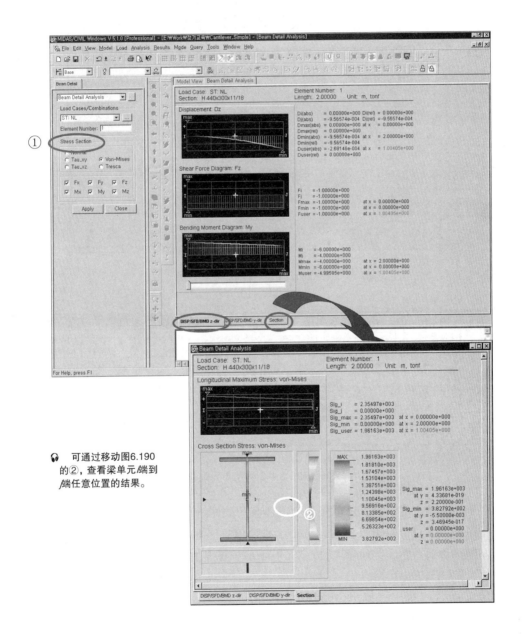

可通过移动图6.190
的②，查看梁单元*I*端到
*J*端任意位置的结果。

图 6.190　查看梁的详细分析结果

（13）表格查看结果。

Midas/Civil 可以对所有分析结果通过表格来查看。

对于梁单元，程序会在 5 个位置（i，1/4，1/2，3/4，j）输出结果。这里对 1～3 号单元的 i 端和 j 端的结果进行查看。如图 6.191、6.192 所示。

> 结果/分析结果表格/梁单元/内力
>
> 节点或单元（1to3）
>
> 荷载工况/组合 > ST：NL（开）
>
> 位置号 > 位置 i（开），位置 j（开）

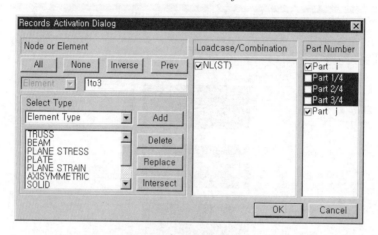

图 6.191　激活纪录对话框

Elem	Load	Part	Axial (tonf)	Shear-y (tonf)	Shear-z (tonf)	Torsion (tonf·m)	Moment-y (tonf·m)	Moment-z (tonf·m)
1	NL	i	0.00	0.00	−1.00	0.00	−6.00	0.00
1	NL	j	0.00	0.00	−1.00	0.00	−4.00	0.00
2	NL	i	0.00	0.00	−1.00	0.00	−4.00	0.00
2	NL	j	0.00	0.00	−1.00	0.00	−2.00	0.00
3	NL	i	0.00	0.00	−1.00	0.00	−2.00	0.00
3	NL	j	0.00	0.00	−1.00	0.00	0.00	0.00

图 6.192　1～3 号梁单元的构件内力

对于表格输出的结果，可以按递增或递减的顺序进行排序。

排序时在表格上点击鼠标右键调出"排序信息"对话框后，将要作为排序标准的列的名称从左侧移动到右侧，并通过"排序"（Priority，图 6.193 的①）功能调整各项的优先顺序。

C 排序对话框

🎧 勾选Asc/弯矩–y的话，
会按递增顺序排列；取消
勾选的话，则按递减顺序
排列。

表格 > 弯矩-y →| 分类

Asc|弯矩-y（开）🎧；排序 > 上

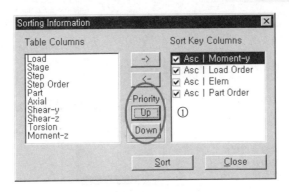

图 6.193　排序信息对话框

下面介绍指定分析结果表格形式的方法。

在类型对话框中可对结果的小数点位置、列宽、数值的对齐方式等进行调整。如图 6.194
所示。

🎧　可选择指数
　　形式输出结果。

类型对话框

弯矩-y > 格式 > Scientific 🎧；小数点（2）

	Name	Type	Width	Align	Format	Place
1	Elem	integer	45	Right		
2	Load	string	50	Left		
3	Part	string	45	Right		
4	Axial	real	80	Right	Fixed	2
5	Shear-y	real	80	Right	Fixed	2
6	Shear-z	real	80	Right	Fixed	2
7	Torsion	real	80	Right	Fixed	2
8	Moment-y	real	90	Right	Scientific	2
9	Moment-z	real	90	Right	Fixed	2

Styles

OK　　Cancel　　Apply

Result-[Beam Force]

	Elem	Load	Part	Axial (tonf)	Shear-y (tonf)	Shear-z (tonf)	Torsion (tonf·m)	Moment-y (tonf·m)	Moment-z (tonf·m)
▶	1	NL	i	0.00	0.00	-1.00	0.00	-6.00e+000	0.00
	1	NL	j	0.00	0.00	-1.00	0.00	-4.00e+000	0.00
	2	NL	i	0.00	0.00	-1.00	0.00	-4.00e+000	0.00
	2	NL	j	0.00	0.00	-1.00	0.00	-2.00e+000	0.00
	3	NL	i	0.00	0.00	-1.00	0.00	-2.00e+000	0.00
	3	NL	j	0.00	0.00	-1.00	0.00	0.00e+000	0.00

Beam Force

图 6.194　设定表格类型的对话框及结果

另外还可按荷载工况查看梁单元的构件内力（弯矩、剪力）。如图 6.195 所示。

　　1. 在关联菜单（Context Menu）选择"按荷载工况查看"。

2. 在"显示项"中只钩选"剪力-z","弯矩-y"。

3. 在"显示荷载工况"栏中勾选"NL（ST）"。

4. 点击 ____OK____ 。

🎧 在表格下端根据选择的
项目会有不同的表单，各
表单分别显示相应内容的
分析结果。

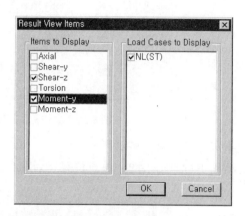

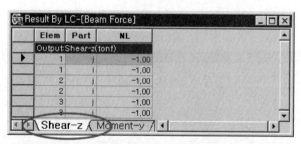

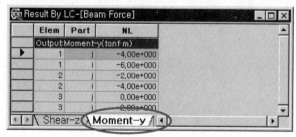

图 6.195　按荷载工况查看梁单元的构件内力

3. 建立模型②

（1）设定操作环境。

Midas/Civil 是由以下两种模式组成的：

➢ 前处理模式：建立模型并输入荷载、边界条件等。

➢ 后处理模式：查看结果及输出结果。

由于要在与模型①相同的文件里建立模型②，故需将已进行完结构分析而处于🔒后处理
模式的状态转换到🔒前处理模式。如图 6.196 所示。

🔒前处理模式🔓正面

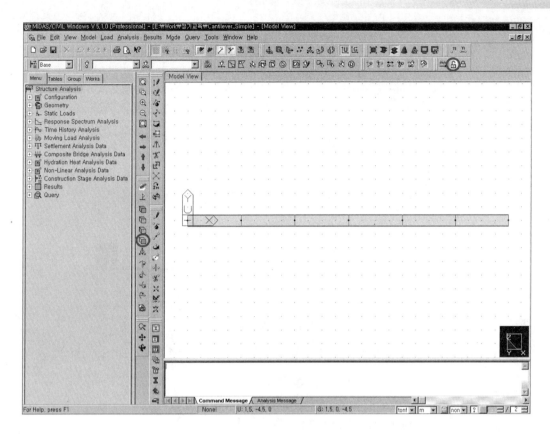

图 6.196　转换模式

（2）建立悬臂梁。

模型②使用的材料和截面特性与模型①相同，在这里使用"建立单元"（Create Elements）功能输入一个梁单元后，通过"分割单元"（Divide Elements）功能将其等分为 6 个梁单元。

对已分析的模型进行编辑的话，会出现如下对话框询问"是否要删除分析结果"。此时若要删除分析结果，可选择"是"；若想保留分析结果，可将原文件以别的名称另存为新的文件后再进行编辑。这里选择"删除"。

在距离节点 1 和节点 7 用户坐标系 UCS y 方向（GCS Z）-3 m 的位置输入节点 8 和节点 9。如图 6.197 所示。

　　ₙ节点号（开）
　　模型/单元/建立
　　单元类型 > 一般梁/变截面梁
　　材料 > 1：Grade3；截面 > 1：HM 440x300x11/18
　　节点连接（8，9）

259

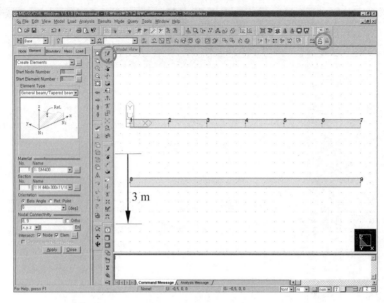

图 6.197 输入单元

下面将输入的梁单元使用 [单元] "分割单元" 功能等分为 6 个梁单元，如图 6.198 所示。

> 🎧 使用"选择最新建立的个体"功能可选择最近建立的节点和单元。

单元号（开）；隐藏（关）
模型/单元/分割单元
选择最新建立的个体 🎧
分割 > 单元类型 > 线单元；等间距
分割数量（6）

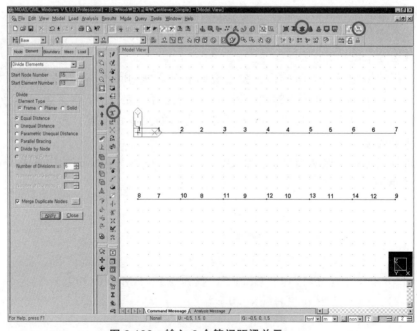

图 6.198 输入 6 个等间距梁单元

（3）输入边界条件。

输入悬臂梁固定端的边界条件。

> 模型/边界条件/一般支撑
>
> 单选（节点：8）
>
> 支撑条件类型 > Dx（开）; Dz（开）; Ry（开）

（4）输入荷载。

对模型②输入均布荷载，首先需定义静力荷载工况，如图 6.199 所示。

> 荷载/静力荷载工况
>
> 名称（UL）; 类型 > 用户定义的荷载

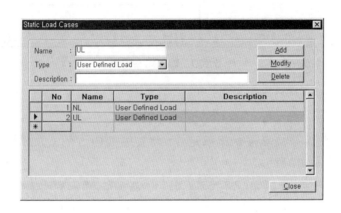

图 6.199　输入静力荷载工况

使用"梁单元荷载"功能输入均布荷载，如图 6.200 所示。

🎧　在图6.200的①可选择集中荷载、均布荷载、梯形荷载、均布扭矩等荷载类型。

> 节点号（off）
>
> 荷载/梁单元荷载
>
> 窗口选择（单元：7~12）
>
> 荷载工况名称 > UL; 选择 > 添加
>
> 荷载类型 > 均布荷载 🎧
>
> 方向 > Global Z; 投影 > No; 数值 > 相对值
>
> x1（0）; x2（1）; w（−1）
>
> 显示
>
> 荷载 > 荷载值，梁单元荷载（on）;
>
> 视图 > 标签方向（0）

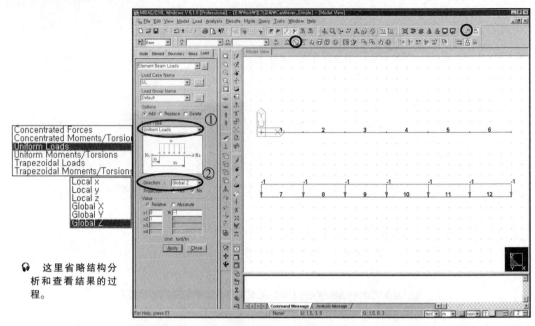

图 6.200　输入均布荷载

4. 建立模型③

（1）建模。

模型③采用先建立一个 2 m 长的梁单元后，将其按照 UCS 的 x 方向以 2 m 间距复制 5 次的方法来建模。如图 6.201 所示。

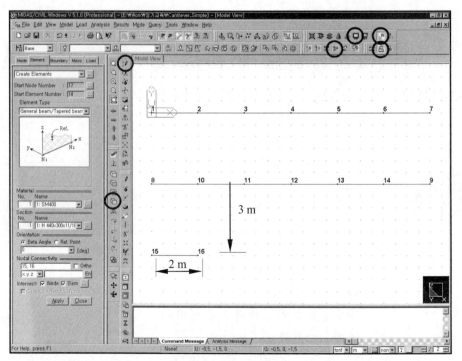

图 6.201　输入单元

🔒前处理模式🔧全部激活，⬜正面

ⁿ节点号（开）

🖥显示

荷载 > 荷载值，梁单元荷载（关）；

模型/单元/✏建立

单元类型 > 一般梁/变截面梁

材料 > 1：Grade3；截面 > 1：HM 440x300x11/18

节点连接（15，16）

将输入的单元利用🔧"移动/复制单元"功能复制。如图 6.202 所示。

模型/单元/🔧移动和复制

🔲选择最新建立的个体

形式 > 复制；移动和复制 > 等间距

dx，dy，dz（2，0，0）；复制次数（5）

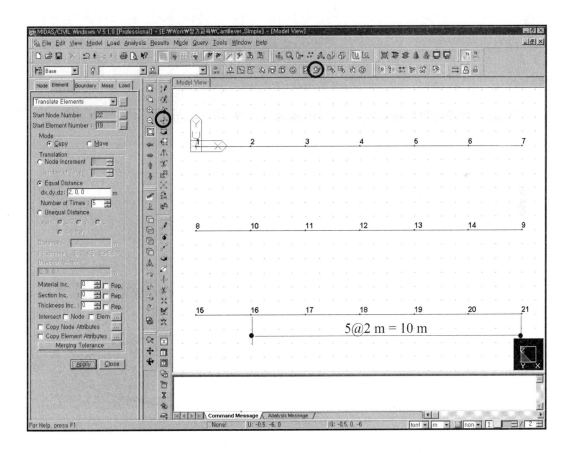

图 6.202　输入模型③

（2）输入边界条件：

　　　　　模型/边界条件/一般支撑
　　　　　⬆单选（节点：15）
　　　　　支撑条件类型 > Dx（开）；Dz（开）；Ry（开）

（3）输入荷载。

这里将对模型③利用"梁单元荷载（连续）"输入梯形荷载。

　　　　　荷载/静力荷载工况
　　　　　名称（NUL）；类型 > 恒荷载
　　　　　荷载/梁单元荷载（连续）
　　　　　荷载工况名称 > NUL；荷载类型 > 梯形荷载
　　　　　方向 > 整体坐标系 Z；投影 > No；数值 > 相对值
　　　　　x（0）；x2（1）；w1（-2）；w2（-1）
　　　　　加载区间（15，21）⬆

　　输入模型②的均布荷载时使用的"梁单元荷载（单元）"和在这里使用的"梁单元荷载（连续）"的差异如图 6.203、6.204 所示。即前者是对各个单元施加荷载，而后者是对指定了起点和终点的一条直线，将其作为一个整体来加载。

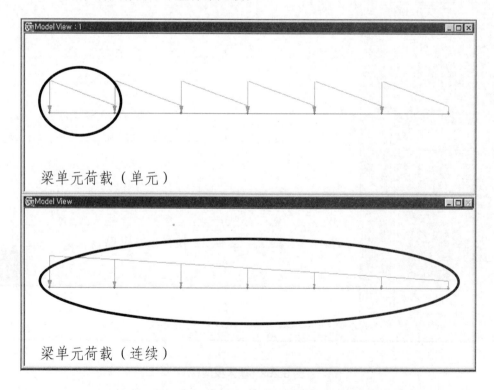

图 6.203　梁单元荷载（单元）和梁单元荷载（连续）的差异

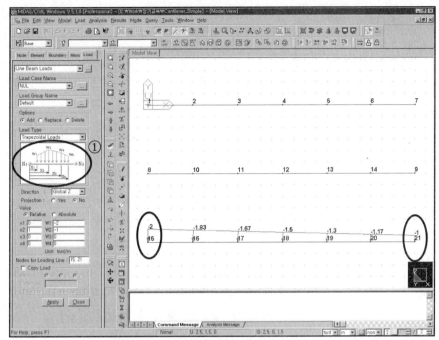

🎧 将节点1
5和21指定
为荷载的加
载区间，并
输入梯形荷
载的大小（－
2，－1）。

图 6.204　输入梯形荷载

结构分析和查看结果的方法请参考模型①的内容。

5. 建立模型④

（1）建立两端固定梁。

这里采用先建立一个节点后，将该节点进行扩展来建立梁单元的方法建模。如图 6.205
所示。

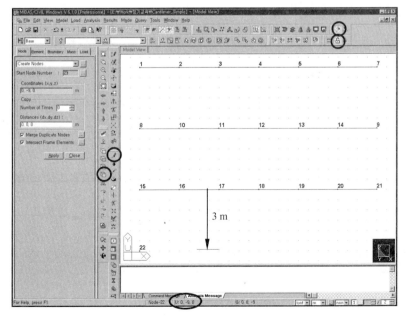

图 6.205　输入节点

🎧 "扩展单元"(Ext
rude Elements)的
功能是将节点、线单
元、面单元分别扩展
成为更高次的线(I
梁)单元、面(板)
单元和实体单元的
功能。

🔒 前处理模式; 📄 正面

ⁿ 节点号(开)

模型/节点/✏️ 新建

坐标(0, -9, 0)🔊

将新建的节点利用⊞"扩展"(Extrude Elements)功能向 UCS 的 x 轴方向扩展成 6 个梁单元。结果如图 6.206 所示。

模型/单元/⊞ 扩展 🎧

🔽 选择最新建立的个体

扩展类型 > 节点 > 线单元

单元属性 > 单元类型 > 梁单元

材料 > 1: SM400; 截面 > 1: H 440×300×11/18

生成形式 > 移动和复制; 移动和复制 > 等间距

dx, dy, dz(2, 0, 0); 复制次数(6)

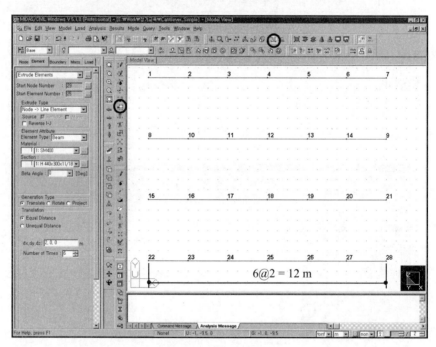

图 6.206　输入模型④

(2)输入边界条件。

输入两端固定的边界条件,如图 6.207 所示。

模型/边界条件/一般支撑

🔽 单选(节点; 22, 28)

支撑条件类型 > Dx(开), Dz(开), Ry(开)

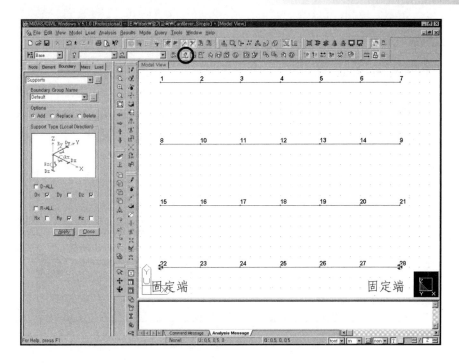

图 6.207　输入两端固定的边界条件

（3）输入荷载。

对模型④输入单元温度荷载和温度梯度荷载等温度荷载。

> 荷载/静力荷载工况
>
> 名称（NT）；类型＞温度荷载
>
> 名称（TG）；类型＞温度荷载

Midas/Civil 提供系统温度、节点温度、单元温度和温度梯度等与温度相关的荷载。

➢　系统温度：对整个模型输入的轴向温度荷载。

➢　节点荷载：对节点输入的轴向温度荷载，故如果选择了所有节点，则等同于输入系统温度。

➢　单元温度：对单元输入的轴向温度荷载。

➢　温度梯度：对梁单元和板单元输入的上下/左右各面的温度差。

首先利用节点温度功能对两端固定梁的各节点输入 20°的节点温度荷载。

> 荷载/节点温度

🎧　点击"初始温度 "右侧的 ⬚，可修改初始温度。

> ⬧ 单选（节点：22 ~ 28）（图 6.208 的①）
>
> 荷载工况名称＞NT；选择＞添加
>
> 温度＞初始温度（0）🎧；最终温度（20）

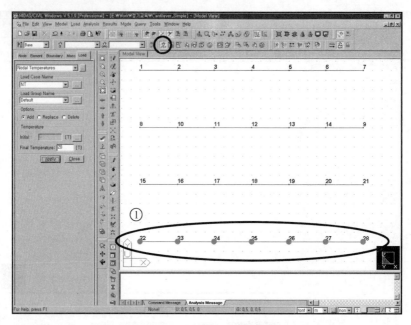

图 6.208　输节点温度荷载

下面利用温度梯度功能输入温度差。

由于弯矩是温度梯度的函数，故随着单元截面的高度或宽度不同，即使输入相同的温度差，其计算结果也会是不同的。因此，如果建立的梁单元的尺寸与实际结构有差异，可选择"使用截面的 Hz"（图 6.209 的①）后输入计算温度梯度时要使用的截面高度。

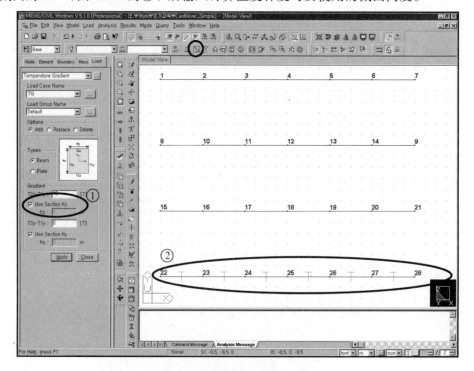

图 6.209　输入温度梯度荷载

🎧 输入单元上下面
的温度差。

模型/荷载/温度梯度

🔲窗口选择（单元：19～24）（图 6.209 的①）

荷载工况名称 > TG；选择 > 添加

单元类型 > 梁；温度梯度 > T2z-T1z（15）🎧

结构分析和查看结果的方法请参考模型①的内容。

6. 建立模型⑤、⑥、⑦、⑧

模型⑤、⑥、⑦、⑧为简支梁，可通过复制模型①、②、③、④的节点和单元及其属性（边界条件、荷载等）来建模。首先在画面上显示所有的荷载和边界条件的输入状况。如图 6.210 所示。

🔲正面，　🔆全部激活

🖥️显示

荷载 > 全部，荷载值（关）

节点荷载（开），梁单元荷载（开）

节点温度（开），温度梯度（开）

边界条件 > 一般支撑（开）

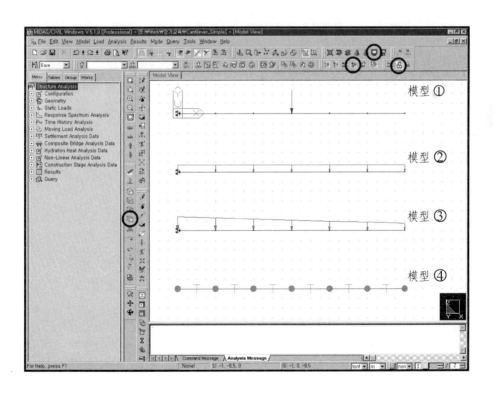

图 6.210　设定建模的操作环境

输入节点间的相对距离时，可使用"鼠标编辑"功能来完成。用鼠标点击一下输入栏后，连续点击两个相应的节点，画面上就会出现图 6.211 所示的箭头标志，同时其相对距离会自动被输入到 dx、dy、dz 输入栏。

Model View

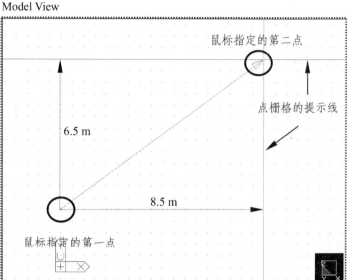

图 6.211　利用鼠标编辑功能输入相对距离（dx，dy，dz）

下面利用 "复制"功能将模型①、②、③、④复制到 UCSx 轴方向 14 m 处的位置。

复制单元时可勾选"复制单元属性"、"复制节点属性"，以便可同时复制节点和单元的边界条件、荷载和质量等。

模型/单元/移动/复制单元

全选

模型 > 复制；移动和复制 > 等间距

dx，dy，dz（14，0，0）；复制次数（1）

复制节点属性（开）（图 6.212 的③）

复制单元属性（开）

复制节点属性

边界条件 > 一般支撑（开）

静力荷载 > 节点荷载（开）

节点温度（开）

复制单元属性

静力荷载 > 梁单元荷载（开）

温度梯度（开）

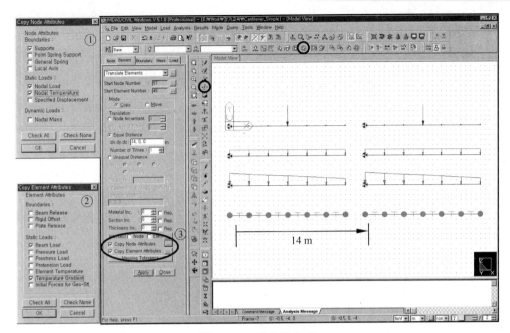

图 6.212　输入简支梁

只激活简支梁部分，以便输入边界条件，如图 6.213 所示。

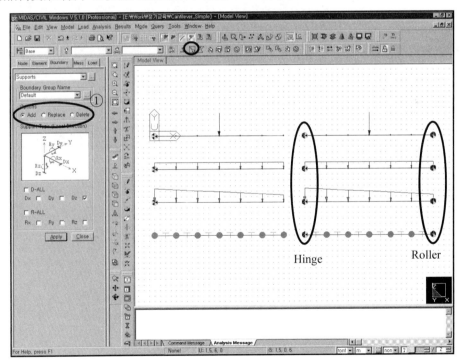

图 6.213　输入简支梁的边界条件

模型/边界条件/一般支撑

窗口选择（节点：29，36，43，50）

选择 > 替换；支撑条件类型 > Dx（开）；Dz（开）

⊠窗口选择（节点：35，42，49，56）
选择 > 替换；支撑条件类型 > Dz（开）

结构分析与结果查看：省略。

6.5 单跨拱桥

1. 概 要

本例题主要介绍如何对有车辆荷载作用的单跨拱桥进行建模、结构分析及结果校核。
各阶段分析步骤如下：

1. 打开文件并设定操作的基本环境
2. 输入构件的材料及截面数据
3. 使用节点和单元进行建模
4. 输入建筑物的边界条件
5. 输入车辆移动荷载和静力荷载
6. 进行结构分析
7. 对结果进行校核和分析

2. 分析模型与荷载条件

拱桥的模型如图 6.214 所示，其基本情况如下：

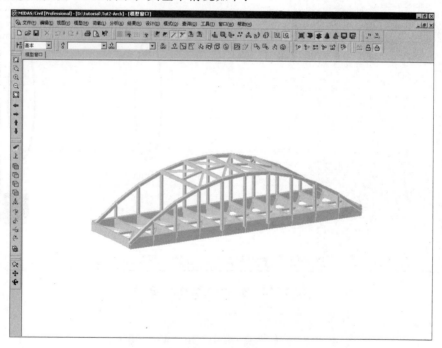

图 6.214 拱桥模型

> 桥梁形式：拱桥
> 桥梁等级：1 等桥梁
> 跨径：50 m
> 设计车道数：2 条车道
> 桥宽：14 m

结构的平面如下所示（参考图 6.215）：

> 横系梁按 5 m 间距排列
> 按桥轴方向设置纵向支撑
> 在中心线两端 7 m 的位置设置主梁和拱肋

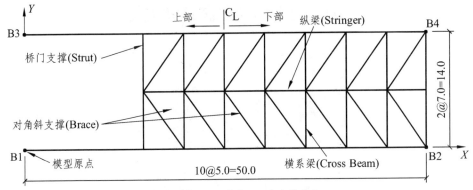

（a）平面图

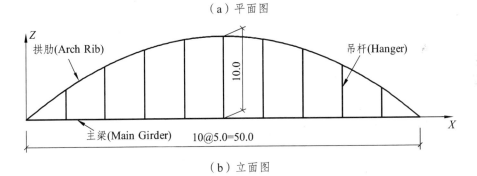

（b）立面图

图 6.215　拱桥的平面图和立面图

对于荷载条件，为了简化问题，只考虑以下 3 种条件：

> 荷载条件 1：固定荷载 90 kN/m（只作用于主梁）
> 荷载条件 2：人行道荷载 6.2 kN/m（只作用于主梁）
> 荷载条件 3：车辆移动荷载 （C-AL、C-AD）

注：本例题的主要目的是介绍 Midas/Civil 的各项功能，因此有些条件会与实际情况有出入，请作参考。

3. 打开文件与设定基本操作环境

为建立桥梁模型打开新文件（□新项目），以 "拱" 为名保存文件（▣保存）。

在画面下端的状态条点击"单位"选择键（ ▼ ）选择"kN"和"mm"。该单位系可以根据输入数据的种类按用户方便任意进行变更。

在此例题中，为了提高熟练度，在建模过程中尽量不使用树形菜单或主菜单而是以使用图标菜单为主。

以下是为了有效地利用图标菜单将操作所需的图标在画面上给予显示的步骤：

1. 在主菜单选择工具 > 用户定制 > 工具条
2. 在工具条选择栏的相应项目之前表示"✓"（参考图 6.216）
3. 点击 Close 键

图 6.216　工具条输入窗口

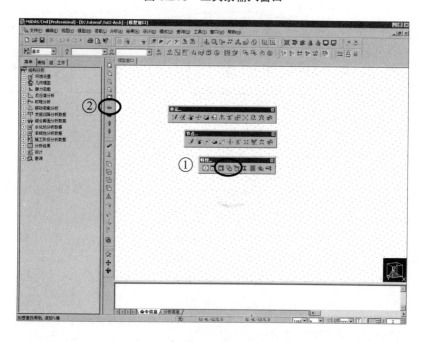

（a）排列工具条前的画面

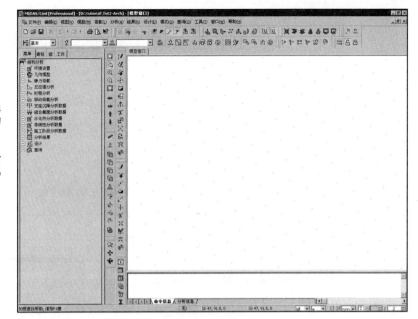

所添加的Toolbar可通过用鼠标按着Toolbar的Title Bar[图6.217（a）的❶将其拉到所需位置。对于已有的Toolbar，可点击图6.217（a）的❷来移动。

（b）将 Toolbar 排列后的画面

图 6.217　工具条的排列

4. 输入构件材料及截面

结构构件的材料及截面按以下的数据输入：

➤　材料

1：Grade3——横系梁，斜支撑，主梁，拱肋，吊杆

2：Dummy——虚设梁

➤　截面

1：B2100×600×10/10	——主梁
2：H1540×500×14/27	——横系梁
3：B 600×600×16/14	——拱肋
4：H 600×400×12/16	——吊杆
5：B 600×500×10/14	——斜支撑和横向支撑
6：H 400×400×13/21	——水平斜支撑（包括纵梁）
7：Dummy Beam	——虚设梁

截面 1～5 属于焊接制作的截面（Built-up Section），故可使用 User 功能，而截面 6 则可使用程序中内存的 GB 标准截面 DB。

上面的虚设梁是为了指定车辆移动荷载而设的，其材料和截面可使用以下数据来输入。

	Name	Type	Data
材料	Dummy	User Defined	$E = 1e^{-10}$ tonf/mm^3
截面	Dummy Beam	Value	$I_{yy} = 1$ mm^4

对虚设梁的材料和截面，可输入任意的足够小的值以使其不致对分析结果产生影响。

1. 在"材料和截面特性"中点击 $\boxed{\text{I}}$ 材料（参考图 6.218）

2. 点击 添加(A) 键

3. 在"一般"的"材料号"输入栏中确认"1"（参考图 6.219）

4. 在"类型"选择栏中确认"钢材"

5. 在钢材的规范选择栏选择"GB（S）"

6. 在"数据库"选择栏中选择"Grade3"

7. 点击 适用(A) 键

8. 用同样的方法参考上表输入虚设梁的材料

9. 点击 确认 键

图 6.218　截面设定对话窗口

图 6.219　输入材料数据的对话窗口

1. 在"材料和截面特性"对话窗口（图 6.218）中选择"截面"表单（或在特性工具条选择 $\boxed{\text{I}}$ "截面"）

2. 点击 添加(A) 键

3. 在"数据库/用户"表单的"截面号"输入栏中确认"1"（参考图 6.220）

4. 在"名称"输入栏中输入"主梁"

5. 在截面形状选择栏（图 6.220 的 ❶）选择"箱型截面"

6. 在"用户"和"数据库"中选择"用户"

7. 在"H"输入栏中输入"2100"

8. 在"B"输入栏中输入"600"

9. 在"tw"输入栏中输入"10"

10. 在"tf1"输入栏中输入"10"

11. 点击 适用(A) 键

12. 按 3～11 的步骤输入截面 2～5

🎧　输入截面名称时可以使用两种方法：

🎧　第一，点击输入栏右侧的 ▼ 键，利用Scroll Bar选择相应截面名称的方法。

第二，直接输入截面名称的方法。利用第二种方法时须将键盘转换为英文输入状态。

13. 在"截面号"输入栏中确认"6"

14. 在"名称"输入栏输入"水平斜支撑（包括纵向梁）"

15. 在"截面形状"选择栏（图7的❶）中选择"H-截面"

16. 在"用户"和"数据库"中选择"数据库"，并在右侧的选择栏确认"GB"

17. 用鼠标点击"截面"输入栏，输入"H 400×400×13/21"或利用滚动条进行选择 ♀

18. 对于 Dummy Beam，在"数值"表单中只在"Iyy"中输入"1"

19. 点击 | 确认 | 键

20. 点击 | 关闭(C) | 键

21. 在状态条中点击单位选择键（▼）将"mm"改为"m"

图 6.220　截面数据的输入

5. 使用节点和单元进行建模

（1）建立拱肋。

利用"建立拱助手"功能建立拱肋。（参考图 6.221）

1. 在树菜单的"菜单"表单中选择"模型">"结构建模助手">"拱"

2. 在"插入/编辑"表单的"类型"选择栏中确认"抛物线形" ♀

3. 在"分割数量"输入栏中确认"10"

4. 在"L"输入栏中输入"50"

5. 在"H"输入栏中确认"10"

🎧 在"输入&编辑表单的类型"选择栏可以对拱的形式（投影等间距抛物线、等间距抛物线、投影等间距椭圆、等间距椭圆）作选择。这里考虑吊杆的等间距排列，选择"Parabola1"形式以使拱肋上的节点投影到连接两端的直线上时为等间距。（参考图6.221）

6. 在"边界条件"选择栏中选择"无"

7. 在"显示单元号"中的左侧表示"✓"

8. 在"材料"选择栏中选择"1：Grade3"

9. 在"截面"选择栏中选择"3：拱肋"

10. 在"插入"表单的"插入点"输入栏中确认"0，0，0"

11. 点击 确认 键

12. 点击 🔲 "自动调节缩放"

13. 点击 🗔 "正面"

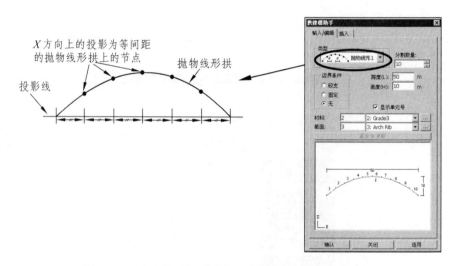

图 6.221　建立拱助手对话窗口及抛物线形 1 形式的概念

（2）建立吊杆。

利用"扩展单元"功能将拱肋上生成的节点按竖直下方投影延长以输入吊杆。（参考图6.222）

🎧 "扩展单元"是将节点或单元向任意位置移动并沿着相应的移动路径建立高维单元的功能。（如：节点→线单元，线单元→面单元，面单元→实体单元）

1. 在单元工具条中点击 🔲 "扩展单元"（图 6.222 的 ❶）🎧

2. 点击 🔲 "节点编号"（Toggle on）

3. 点击 🔲 "用窗口选择"，选择为建立吊杆要进行投影延长的节点 2～10

4. 在"扩展类型"选择栏中确认"节点→线单元"

5. 在"单元属性"选择栏的"单元类型"中确认"梁单元"

6. 在"材料"选择栏中选择"1：Grade3"

7. 在"截面"选择栏中选择"4：吊杆"

8. 在"生成形式"选择栏中选择"投影"

🎧 "定义基准线"是定义被投影直线（Line）的输入栏，可通过输入该直线上的任意两点来定义。

9. 在"投影形式"选择栏中确认"将节点投影在直线上"

10. 用鼠标点击"定义基准线"的"P1"输入栏使其变为草绿色后指定节点 1 和节点 11🎧

11. 在"方向"选择栏中确认"法向"

12. 点击 <kbd>适用(A)</kbd> 键

13. 点击 <kbd>⊞</kbd> "修改单元的参数"（图 6.222 的 ❷）

14. 点击 <kbd>✍</kbd> "选择最新建立的个体"（图 6.222 的 ❸）

15. 在 "参数类型" 选择栏中选择 "Beta 角" 🎧

16. 在 "形式" 选择栏中确认 "分配"

17. 在 "Beta 角" 输入栏中输入 "90"

18. 点击 <kbd>适用(A)</kbd> 键

🎧 调整吊杆腹板轴的方向使其与桥轴的垂直方向一致。（参考图6.223，On–line Manual的 "Civil的功能 > 模型 > 修改单元参数"）

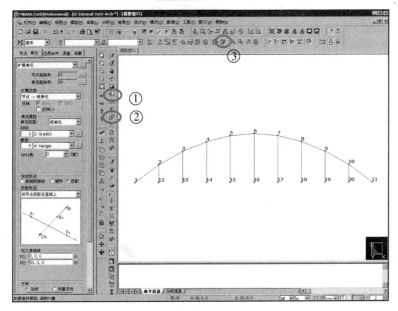

图 6.222　建立吊杆

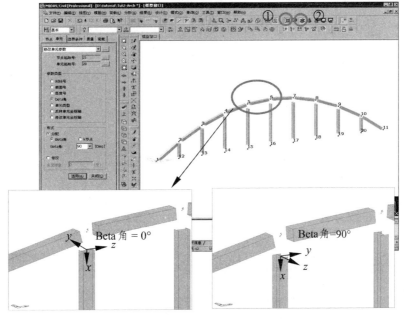

图 6.223　调整吊杆的排列角度（Beta 角）

桥梁工程计算机辅助设计——Midas/Civil 教程
QIAOLIANGGONGCHENG JISUANJI FUZHUSHEJI — Midas/Civil JIAOCHENG

点击 "收缩单元"（图 6.223 的❶）和 "隐藏面"（图 6.224 的❷）（Toggle on），可确认"Beta 角"的输入状况。确认输入状态后，点击 "收缩单元"和 "隐藏面"使其回到 Toggle off 状态。

（3）形成拱的主梁并复制构架。

连接构架的两端来输入拱的主梁，并将所完成的一侧构架复制到另一侧。

1. 点击 "点格" "捕捉点"（Toggle off）🎧

2. 点击 "标准视图"

3. 在"单元工具条"中点击 建立单元

4. 在"单元类型"选择栏中确认"一般梁/变截面梁"

5. 在"材料"选择栏中选择"1：Grade3"

6. 在"截面"选择栏中确认"1：主梁"

7. 在"方向"的"Beta 角"输入栏中确认"0"

8. 在"交叉分割"选择栏中确认"节点"左侧的"✓"

9. 用鼠标点击"节点连接"输入栏使其变为草绿色后指定节点 1 和节点 11

10. 点击 "全选"

11. 在单元工具条点击 "单元的复制和移动"

12. 在"形式"选择栏中确认"复制"

13. 在"移动和复制"选择栏中确认"等间距"

14. 在"dx，dy，dz"输入栏输入"0，14，0"

15. 在"复制次数"输入栏中确认"1"

16. 点击 适用(A) 键（参考图 6.224）

🎧 因本例题不使用点格，故为避免使用鼠标指定时出错，将点格和捕捉点格功能设置为 Toggle off 状态。

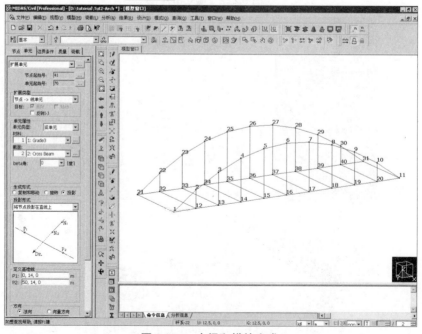

图 6.224 主梁和拱的完成

（4）建立横系梁。

利用"扩展单元"功能将一侧主梁上的节点扩展到另一侧的主梁来建立横系梁。

1. 点击 "扩展单元"

2. 点击 "用多边形选择"（图 6.225 的❶）并选择节点 1 和节点 11~20

> "投影"功能的选择项目中，"方向"是指单元投影的方向。

3. 在"扩展类型"选择栏中确认"节点→线单元"

4. 在"单元类型"选择栏中确认"梁单元"

5. 在"材料"选择栏中确认"1：Grade3"

6. 在"截面"选择栏中选择"2：横系梁"

7. 在"生成形式"选择栏中选择"投影"

8. 在"投影形式"选择栏中确认"将节点投影在直线上"

9. 点击"定义基准线"的"P1"输入栏使其变为草绿色后指定节点 21 和节点 31

10. 在"方向"选择栏中确认"法向"

11. 点击 适用(A) 键

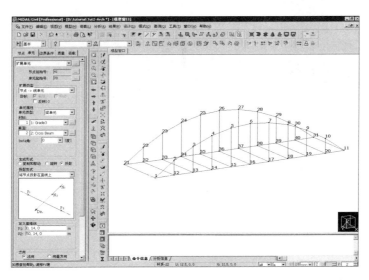

图 6.225 建立横系梁

（5）建立支撑。

仅对新建立的横系梁激活之后，利用"捕捉点"功能和"建立单元"功能来完成纵向支撑（加强肋，Stringer）。

1. 点击 "选择最新建立的个体"

2. 点击 "激活"

3. 点击 "单元编号"（Toggle on）

4. 点击 "建立单元"

5. 在"单元类型"选择栏中确认"一般梁/变截面梁"

6. 在"材料"选择栏中选择"1：Grade3"

7. 在"截面"选择栏中选择"6：水平斜支撑（包括纵向支撑）"

8. 在"方向"的"Beta 角"输入栏中确认"0"

9. 在"交叉分割"选择栏中确认"节点"左侧的"✓"

10. 在画面下端的状态条，确认捕捉点的位置是否为 1/2（参考图 6.226❶）

11. 用鼠标点击"节点连接"输入栏使其变为草绿色之后依次指定单元 59 和 60 的中点

12. 点击 ⬛ "单元编号"（Toggle off）（参考图 6.226）

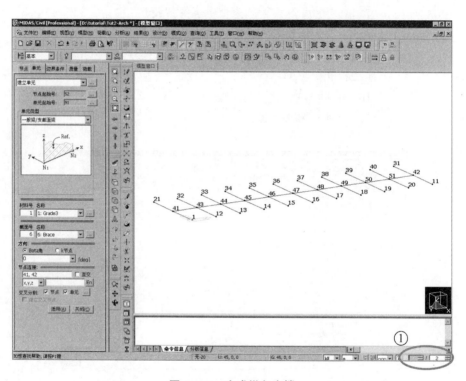

图 6.226　完成纵向支撑

输入桥面的对角斜支撑如下：

1. 在"建立单元"Dialog Bar 的"单元类型"选择栏中确认"一般梁/变截面梁"

2. 在"材料"选择栏中确认"1：Grade3"

3. 在"截面"选择栏中确认"6：水平斜支撑（包括纵向支撑）"

4. 用鼠标点击"节点连接"输入栏使其变为草绿色之后分别连接节点 1 和 43 以及节点 43 和 21 输入两个单元

5. 点击 ⬛ "单元的移动和复制"

6. 点击 ⬛ "单选"并选择上面所生成的两个斜支撑单元

7. 在"形式"选择栏中确认"复制"

8. 在"移动和复制"选择栏中确认"等间距"

9. 在"dx，dy，dz"输入栏中输入"5，0，0"

10. 在"复制次数"输入栏中输入"4"

11. 点击 适用(A) 键

12. 点击 ⋏ "镜像单元"

13. 点击 ☑ "前次的选择"、☑ "选择最新建立的个体"选择所有
对角斜支撑单元

14. 在"形式"选择栏中确认"复制"

15. 在"镜像平面"选择"y-z平面"，点击 x 输入栏使其变为草绿
色之后指定节点 16 或在 x 输入栏输入"25"

16. 点击 适用(A) 键（参考图 6.227）

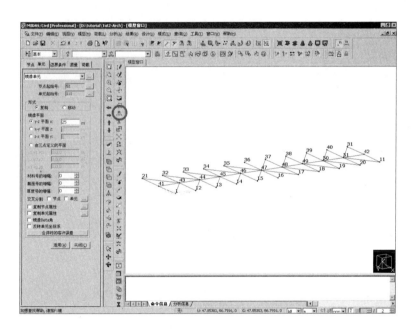

图 6.227 完成桥面

以拱肋的中央为准输入对称排列于两侧的支撑。

1. 点击 ⟷ "逆激活"（图 6.228 的 ❶）🎧

2. 点击 ✐ "建立单元"

🎧 ⟷ "逆激活"是将目
前处于激活状态的节点
和单元转换为钝化状态，
而将处于钝化状态的节
点和单元转换为激活状
态的功能。

3. 在"材料"选择栏中确认"1：Grade3"

4. 在"截面"选择栏中选择"5：桥门斜支撑及横向支撑"

5. 在"Beta 角"输入栏中确认"0"

6. 用鼠标点击"节点连接"输入栏使其变为草绿色之后，分别连
接节点 4 和 24、5 和 25、6 和 26、7 和 27、8 和 28（参考图 6.228）。

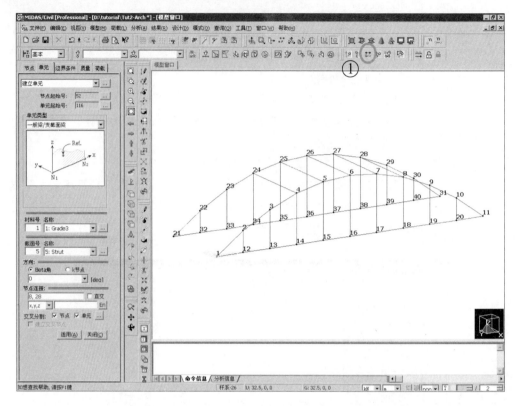

图 6.228　完成桥门斜支撑

1. 点击 ⬆ "单选"，并选择 5 个桥门斜支撑单元

2. 点击 ⬆ "激活" ⌬

3. 点击 ⬆ "单元编号"（Toggle on）

　　为建立拱中央的支撑，只选择与该单元相连的部分并将其激活。

4. 在 "建立单元" Dialog Bar 的 "单元类型" 选择栏中确认 "一般梁/变截面梁"

5. 在 "材料" 选择栏中确认 "1：Grade3"

6. 在 "截面" 选择栏中选择 "6：水平斜支撑（包括纵向支撑）"

7. 在 "方向" 的 "Beta 角" 输入栏中确认 "0"

8. 在 "交叉分割" 选择栏中确认 "节点" 左侧的 "✓"

　　输入单元的过程中未能正确选择所需对象时，可使用键盘上的 Esc 键，或点击鼠标的右键选择 Context Menu 下端的 Cancel 菜单来取消输入内容。

9. 点击 "节点连接" 输入栏使其变为草绿色之后，依次连接单元 111～115 的中央来输入纵方向的斜支撑构件 ⌬

10. 点击 ⬆ "单元编号"（Toggle off）

11. 点击 "节点连接" 输入栏使其变为草绿色之后，依次指定节点 4 和 53、24 和 53、5 和 54、25 和 54、54 和 7、54 和 27、55 和 8、55 和 28（参考图 6.229）

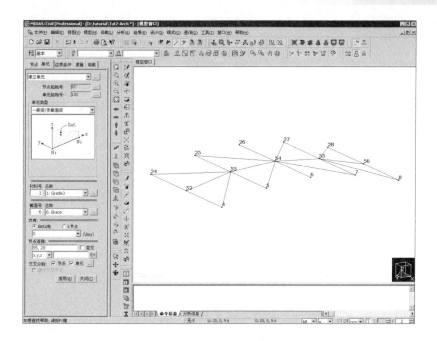

图 6.229　完成拱的斜支撑

6. 输入结构的边界条件

结构形状的输入工作完了后，即可输入边界条件（参考图 6.230 的边界条件）。

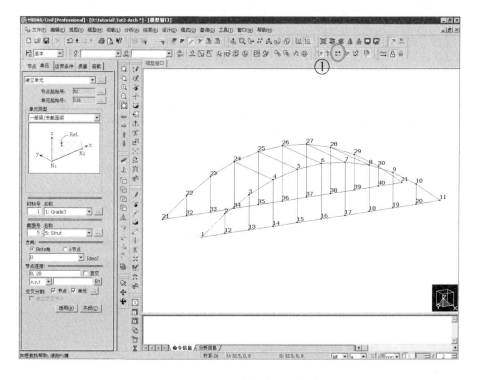

图 6.230　输入结构的边界条件

1. 点击 "全部激活"

2. 在 "Model Entity" 表单中选择 "边界条件" 确认 "支撑条件"

3. 在 "选择" 选择栏中确认 "添加"

4. 点击 "单选"

5. 选择节点 "1"，在 "D-ALL" 的左侧表示 "✓"

6. 点击 适用(A) 键

7. 选择节点 "11"，只在 "Dy，Dz" 的右侧表示 "✓"

8. 点击 适用(A) 键

9. 选择节点 "21"，只在 "Dx，Dz" 的右侧表示 "✓"

10. 点击 适用(A) 键

11. 选择节点 "31"，只在 'Dz' 的右侧表示 "✓"

12. 点击 适用(A) 键

（1）输入梁单元连接部的边界条件。

使用 "释放梁端约束" 功能按如下步骤输入梁单元两端部的边界条件。（参考图 6.231）

➤ 吊杆构件的两端：对单元坐标系 z 轴为铰接条件。

➤ 支撑构件的两端：对单元坐标系 y、z 轴为铰接条件。

➤ 与主梁相连接的横系梁两端：对单元坐标系 y、z 轴为铰接条件。

1. 在对话框上部的功能目录表中选择 "释放梁端约束"

2. 在 "选择" 选择栏中确认 "添加/替换"

> 对 "过滤选择" 的说明请参考在线帮助手册或Getting Started & Tutorials

3. 点击 "过滤" 选择栏（图 6.231 的❶）选择 "z"

4. 点击 "全选"

5. 在 "选择释放和约束比率" 选择栏只对 "i-节点"、"j-节点" 的 "Mz" 表示 "✓"

6. 点击 适用(A) 键

> 欲确认单元坐标轴时，可点击 "显示选择 "单元表单的局部坐标。

7. 点击 "过滤" 选择栏（图 6.231 的❶）选择 "无"

8. 在 "选择属性" 对话窗口的 "截面" 选择栏选择 "6：水平斜支撑（包括纵向支撑）"

9. 点击 添加 键

10. 在 "选择释放和约束比率" 选择栏中点击 铰-铰 键（或在 "i-形式"、"j-形式" 的 "My、Mz" 选择 "✓"）

11. 点击 适用(A) 键

12. 在 "选择属性" 对话窗口的 "截面" 选择栏中选择 "2：横系梁"

> "交叉线选择" 是用鼠标任意画一直线来选择与该直线相交的单元的功能。

13. 在 "选择属性" 对话窗口中点击 添加 键

14. 在 "选择属性" 对话窗口中点击选择 关闭 键

15. 点击 "激活"

16. 点击 "单元编号"（Toggle on）

17. 点击 "用交叉线选择" 选择单元 59～69

18. 在 "选择释放和约束比率" 选择栏中点击 铰-刚接 键

286

19. 点击 适用(A) 键
20. 在单元选择输入窗口中（图 6.231 的 ❷）输入"80to90"并按键盘上的回车键
21. 在"选择释放和约束比率"选择栏中点击 刚接-铰 键
22. 点击 适用(A) 键
23. 点击 n "单元编号"（Toggle off）
24. 点击 ⅋ "逆激活"

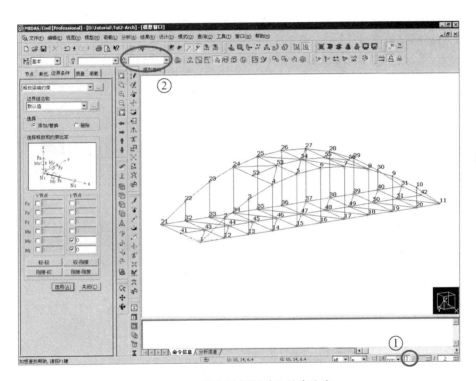

图 6.231　输入选择释放和约束比率

（2）建立虚设梁。

为输入车辆移动荷载而建立虚设梁。

1. 点击 "用平面选择"
2. 选择"XY 平面"
3. 用鼠标选择节点 1 后，点击"用平面选择"对话窗口中的 Close 键
4. 点击 "激活"
5. 点击 "顶面"
6. 选择 "单元的复制和移动"
7. 点击 "单选"后，选择处于画面下方的横系梁（参考图 6.232 的 ❶）
8. 在"任意间距"的"方向"选择"y"，在"间距"输入栏中输入"4.5，3.6"

9. 点击 适用(A) 键

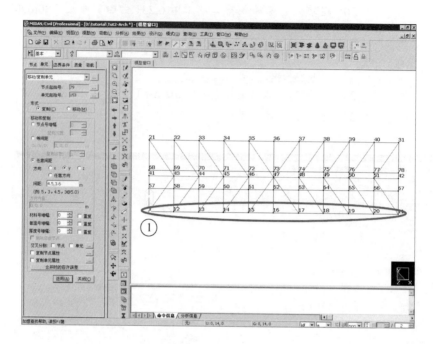

图 6.232　建立虚设梁

分割与建立虚设梁相交的 Y 方向水平支撑。

1. 点击 "节点编号"（Toggle off），点击 "单元编号"（Toggle on）

2. 在 "属性选择-单元" 输入窗口中输入 "59to69" 后按键盘上的 "回车键" 键

3. 选择 "分割单元"（参考图 6.233）

4. 在 "单元类型" 中确认 "线单元"

5. 选择 "任意间距" 后，在 x 输入栏中输入 "4.5"

6. 点击 适用(A) 键

7. 使用相同的方法在 "属性选择-单元"

8. 在输入窗口中输入 "80to90" 后按 "回车键" 键

9. 选择 "任意间距" 后在 x 输入栏中输入 "1.1"

10. 点击 适用(A) 键

11. 点击 关闭(C) 键

12. 击 "节点编号"（Toggle on）, 点击 "单元编号"（Toggle off）

13. 选择 "属性菜单" 的 "工作" 表单

14. 利用 "单选" 选择虚设梁（参考图 6.234）

15. 用鼠标选择 "材料" 的 "2：Dummy" 后，利用 "拖放" 功能指定材料

16. 点击 "前次的选择"

17. 用鼠标选择"截面"的"7：Dummy Beam"后，利用"拖放"
功能指定截面

18. 点击🖳"全部选择"、▱"标准视图"

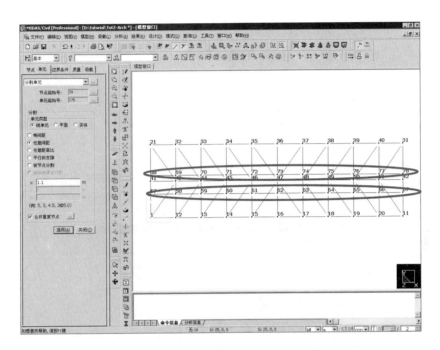

图 6.233　分割 Y 方向水平支撑

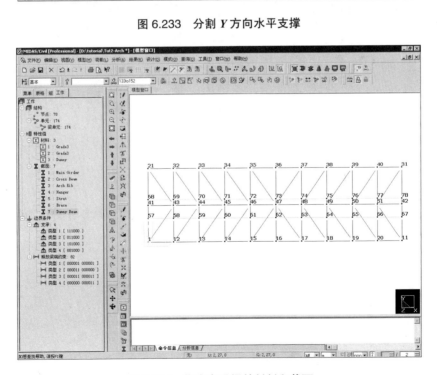

图 6.234　指定虚设梁的材料和截面

7. 输入车辆移动荷载和静力荷载

（1）设定荷载条件。

输入荷载之前先设定荷载条件（Load Cases）。

> 1. 在"荷载"菜单中选择"静力荷载工况"
>
> 2. 如图 6.235 所示，在"静力荷载工况"话窗口的"名称"输入栏中输入"恒荷载"
>
> 3. 在"类型"选择栏中选择 'Dead Load'
>
> 4. 点击 添加(A) 键
>
> 5. 在"名称"输入栏中输入"人行道荷载"
>
> 6. 在"类型"选择栏中选择"Dead Load"
>
> 7. 点击 添加(A) 键
>
> 8. 点击 关闭(C) 键

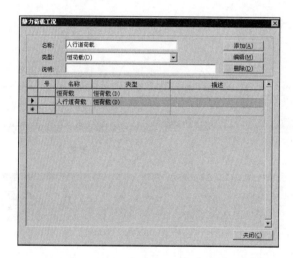

图 6.235　荷载条件输入窗口

（2）输入静力荷载。

现在输入静力荷载（荷载条件 1、2）。

为了简化问题，假定恒荷载和人行道荷载只作用于主梁之上。（参考图 6.236）

> 1. 点击 🔧 "选择属性"
>
> 2. 点击 添加 键左侧的 ▼ 选择"截面"
>
> 3. 在"截面"选择栏中选择"1：主梁"
>
> 4. 点击 添加 键
>
> 5. 在"选择属性"对话窗口点击 关闭 键
>
> 6. 在"荷载"菜单中选择"梁单元荷载"
>
> 7. 在"梁单元荷载"选择栏中确认"恒荷载"
>
> 8. 在"选择"选择栏中确认"添加"

9. 在"荷载类型"选择栏中确认"均布荷载"

10. 在"方向"选择栏中确认"整体坐标系 Z"

11. 在"投影"选择栏中确认"否"

12. 在"数值"选择栏确认"相对值"

13. 在"x1"输入栏中输入"0"，在"x2"输入栏输入"1"，在"W"输入栏中输入"-90"

14. 点击 适用(A) 键

15. 点击 "前次的选择"

16. 在"荷载工况名称"输入栏中选择"人行道荷载"

17. 在"选择"选择栏中确认"添加"

18. 在"荷载类型"选择栏中确认"均布荷载"

19. 在"方向"选择栏中确认"整体坐标系 Z"

20. 在"投影"选择栏中确认"否"

21. 在"数值"选择栏中确认"相对值"

22. 在"x1"输入栏中输入"0"，在"x2"输入栏中输入"1"，在"W"输入栏中输入"-6.2"

23. 点击 Apply 键

24. 点击 Close 键

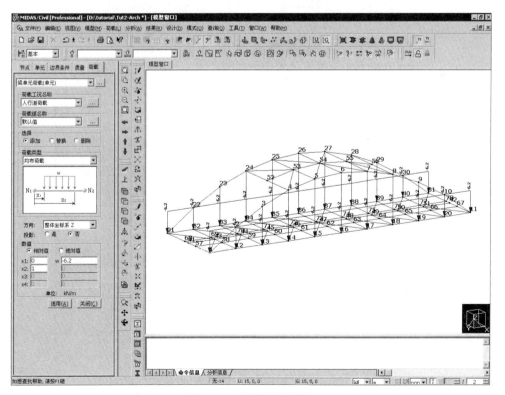

图 6.236　荷载输入状态

（3）输入车辆移动荷载🎧。

首先定义车道。（参考图 6.237）

在"属性"菜单的菜单表单中选择"移动荷载分析数据">"车道"

1. 在"车道"对话窗口中点击 添加(A) 键

2. 在"车道名称"输入栏中输入"lane 1"

3. 在"偏心距离"输入栏中确认"0"

4. 在"桥梁跨度"输入栏中输入"50"

🎧 为定义车辆移动荷载，需先了解用户手册第二册"土木结构分析"中关于桥梁移动荷载分析的内容。

5. 在"选择"确认"2 点"，用鼠标点击右侧的输入栏使其变为草绿色后，指定节点 57、67 🎧

6. 点击 确认 键

7. 在"车道"对话窗口中点击 添加(A) 键

🎧 车道为曲线或不连续而不方便以2 Points来输入时可选择Element Number，用键盘直接输入单元编号。

8. 在"车道名称"输入栏中输入"lane 2"

9. 在"偏心距离"输入栏中确认"0"

10. 在"桥梁跨度"输入栏中输入"50"

11. 在"选择"的"2点、鼠标点取"及"单元号"中选择"2点"，用鼠标点击右侧的输入栏使其变为草绿色后，指定节点 68、78

12. 点击 确认 键

13. 点击 关闭(C) 键

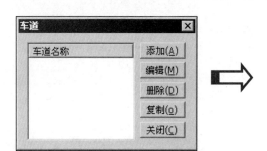

图 6.237　定义车道对话窗口

下面了解一下定义车辆移动荷载 C-AL 和 C-AD 的方法。 🎧（参考图 6.238）

🎧　Midas/Civil内存有
中国公路桥梁荷载、
中国城市桥梁荷载、
中国铁路桥涵荷载等
标准车辆荷载。

1. 在"属性菜单"的"菜单"中表单选择"移动荷载分析数据"＞"车辆"

2. 在"车辆"对话窗口中点击 添加标准车辆(A) 键

3. 在"规范名称"选择栏中确认"中国城市桥梁荷载（CJJ77—98）"

4. 在"车辆荷载名称"选择栏中确认"C-AL"

5. 点击 适用(A) 键

6. 在"车辆荷载名称"选择栏中选择"C-AD（150）"

7. 点击 确认(O) 键

8. 点击 关闭(C) 键

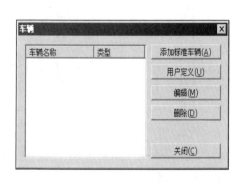

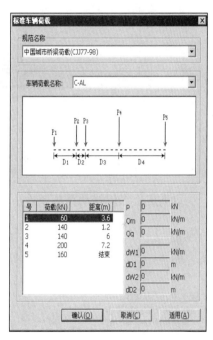

图 6.238　定义标准车辆荷载

定义车辆荷载群。🎧（参考图 6.239）

🎧　利用"Vehicle Cla
sses"功能可定义车
辆荷载组。若要像本例
题一样将C-AL和C-A
D荷载定义为相同车
辆荷载组,可在两种车
辆荷载的分析结果中
算出构件内力、变形、
反力等的最大、最小
值。

1. 在"属性"菜单的菜单表单中选择"移动荷载分析数据"＞"车辆组"

2. 在"车辆组"对话窗口中点击 添加(A) 键

3. 在"车辆组数据"对话窗口的"车辆组名称"输入栏中输入"数据"

4. 选择车辆荷载项目中的 C-AL 后，点击 -> 键将其移动到选择的荷载项目

5. 点击 适用(A) 键

6. 在"车辆组名称"输入栏输入"DL"

7. 使用同样的方法在"选择的荷载"项目中将 C-AL 换成 C-AD 后，点击 确认(O) 键

8. 点击 关闭(C) 键

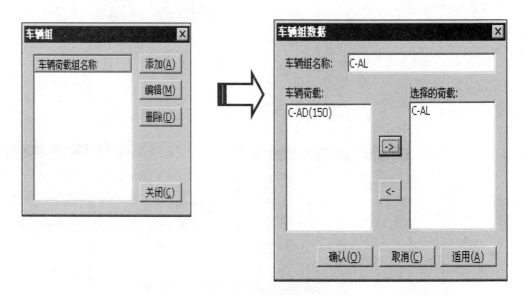

图 6.239　定义车辆荷载的分类

以下定义车辆移动荷载条件。（参考图 6.240）

1. 在"属性荷载"中选择"移动荷载分析数据"＞"移动荷载工况"

2. 在"移动荷载工况"对话窗口中点击 添加(A) 键

3. 在"移动荷载工况"对话窗口的"移动荷载工况"输入栏中输入"MVL-C-AL"

> 利用"定义移动荷载工况"功能定义车辆荷载施加条件。其中包括在哪条车道施加何种车辆荷载、可同时施加车辆荷载的最大与最小车道数等。

4. 在"子荷载工况"选择栏中点击 添加 键

5. 在"荷载工况数据"的"车辆组"选择栏中确认"C-AL"

6. 在"组合系数"输入栏中确认"1"

7. 在"可以加载的最少车道数"输入栏中输入"1"

8. 在"可以加载的最大车道数"输入栏中输入"2"

9. 选择"设置车道"的"车道列表"项目中的"lane1，lane2"后，点击 -> 键将其移动到"选择的车道列表"

10. 在"子荷载工况"对话窗口中点击 确认(O) 键

11. 在"移动荷载工况"对话窗口中点击 适用(A) 键

12. 参考图 6.230，利用相同的方法建立"MVL-C-AD"

13. 点击 关闭(C) 键

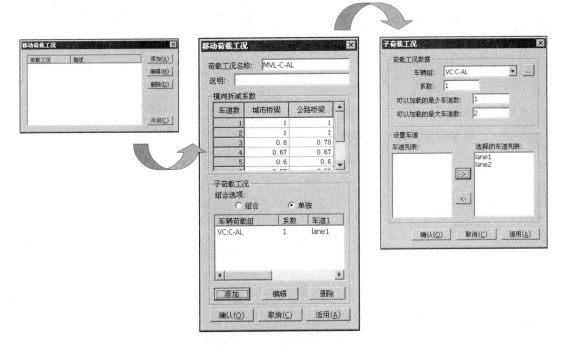

图 6.240　定义车辆移动荷载

下面定义分析车辆移动荷载。(参考图 6.241)

图 6.241　移动荷载分析方法对话窗口

1. 在"主菜单"中选择"分析" > "移动荷载分析控制数据"
2. 在"选择加载位置"选择栏中确认"最不利点"
3. 点击 确认 键
4. 点击 "节点编号"（Toggle off）

8. 进行结构分析

对输入荷载条件和边界条件的建筑物进行结构分析。

点击 运行分析

9. 查看分析结果

（1）荷载组合。

下面介绍对结构分析结束的 3 种荷载条件（恒荷载、人行道荷载、移动荷载）进行线性组合（Linear Load Combination）的方法。

在本例题中只输入以下 2 种荷载组合条件对其结果进行确认。此荷载组合是任意设置的，与进行实际设计时所使用的条件无关。

➢ 荷载组合条件 1（LCB1）：1.0（恒荷载+人行道荷载+MVL-C-AL）
➢ 荷载组合条件 2（LCB2）：1.0（恒荷载+人行道荷载+MVL-C-AD（150））

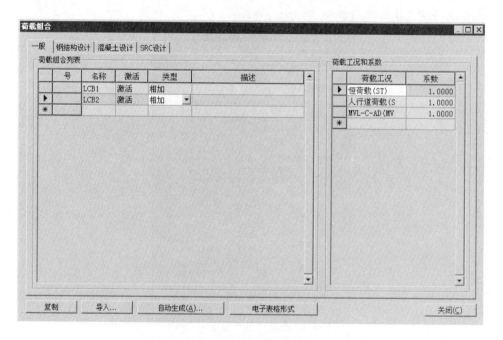

图 6.242 荷载组合条件的对话窗口

荷载组合条件是在"主菜单"的"结果 > 荷载组合"中导入荷载组合对话窗口，并按以下步骤来输入的。如图 6.242 所示。

1. 在"主菜单"选择中"结果>荷载组合"
2. 在"荷载组合列表"的"激活"中表示"✓"
3. 在"名称"输入栏中输入"LCB1"
4. 在"类型"选择栏中确认"Add"
5. 用鼠标点击"荷载工况"选择栏后，利用▼键在选择栏选择"恒荷载（ST）"
6. 用鼠标点击第二个选择栏后，利用▼键在选择栏中选择"人行道荷载（ST）"
7. 用鼠标点击第三个选择栏后，利用▼键在选择栏中选择"MVL-C-AD（MV）"
8. 在"系数"入栏中确认"1.0"
9. 用相同的方法建立第二种荷载组合 LCB2
10. 点击 关闭(C) 键

（2）确认变形。

按以下步骤确认变形。

在后处理阶段，为了便于确认各种分析结果，将建模过程中所排列的节点和单元以及属性工具条在画面上消除而以结果和影响线/面工具条来取代。

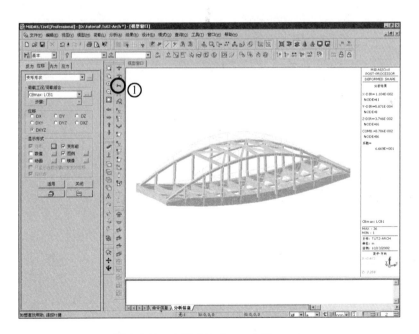

图 6.243　变形（Deformed Shape）

1. 在"结果工具条"中点击 ⬆ "变形形状"（图 6.243 的 ❶）
2. 在"荷载工况/荷载组合"选择栏中选择"CBmax：LCB1"

3. 在"内力组成"选择栏中确认"DXYZ"

4. 在"显示形式"选择栏中对"变形前"、"图例"表示"✓"标记

5. 在"显示形式"选择栏中点击位于"变形"右侧的■■键

6. 在"变形的表现方式"选择栏中选择"实际变形"

7. 确认"适用于选择确认时"的"✓"标记

8. 点击 确认 键

9. 点击 "隐藏面"（Toggle on）

（3）查看影响线结果。

首先查看对于支点反力的影响线。下面是对支点 B1（节点 1）的结果。

1. 点击 "隐藏面"（Toggle off）

2. 在"影响线/面"工具条中点击 "反力"（图 6.244 的 ❶）

3. 在"车道/车道面"选择栏中确认"lane1"

4. 在"节点号"输入栏中确认"1"

5. 在"放大系数"输入栏中确认"1.0"

6. 在"内力组成"选择栏中确认"FZ"

7. 在"显示形式"选择栏中确认"图例"

8. 点击 适用 键

9. 点击 "正面"

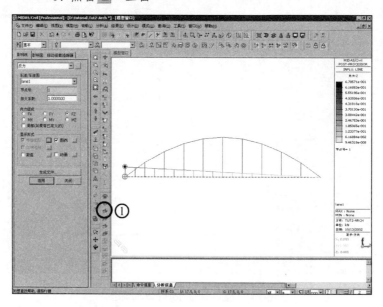

图 6.244　对支点反力的影响线

对支点反力的影响线结果通过动画来查看。如图 6.245 所示。

1. 点击▣"标准视图"

2. 在"显示形式"选择栏中选择"数值"、"图例"

3. 点击 ▢适用▢ 键

4. 点击▣"记录"键

5. 查看结果后点击▢"关闭"键回到原来的画面

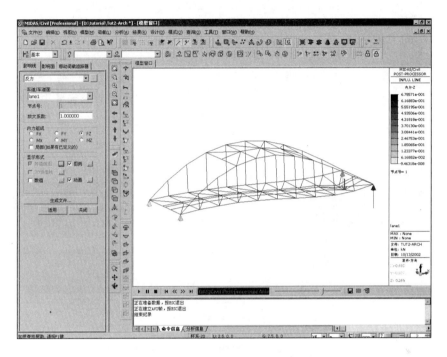

图 6.245　对支点反力影响线的动画处理画面

下面查看对挠曲的影响线结果。

点击▣"正面":

1. 在"影响线/影响面"工具条中点击▽"位移"(图 6.246❶)

2. 在"车道/车道面"选择栏中确认"lane1"

🎧 在"Key Nod/ Elem"输入栏中 也可利用"Mous e Editor"功能来 选择单元或节点。

3. 在"节点号"输入栏中输入"15"🎧

4. 在"放大系数"输入栏中输入"2.0"

5. 在"内力组成"选择栏中选择"Dz"

6. 在"显示形式"选择栏中确认"图例"

7. 点击 ▢适用▢ 键

对弯矩的影响线。

1. 在"影响线/影响面"工具条中点击 ▱"梁单元内力"(图 6.247 的❶)

2. 在"车道/车道面"选择栏中确认"线 2"

3. 在"单元号"输入栏中输入"23"

4. 在"放大系数"输入栏输入"2.0"

5. 在"位置"选择栏中确认"i"

6. 在"内力组成"选择栏中确认"My"

7. 在"显示形式"选择栏中确认"图例"

8. 点击 适用 键

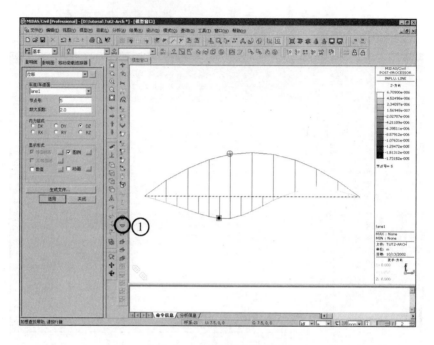

图 6.246　对挠曲的影响线

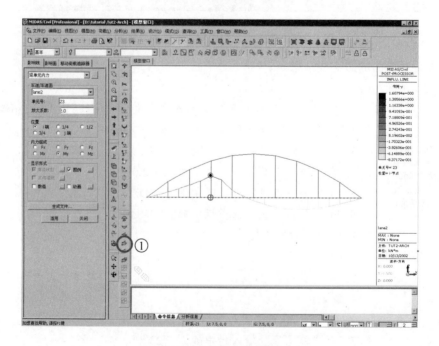

图 6.247　对弯矩的影响线

利用移动荷载追踪器查看车辆移动所引起的建筑物的反力。

🎧 Moving Load Tra cer可在进行车辆移动荷载结构分析时对所得到的结果予以使用。是根据结果推算车辆的施荷状态并将其以影响线（影响面）的形式来表现的功能。

1. 点击 📄 "标准视图"
2. 点击 🔲 "用平面选择"（图6.248的❶）
3. 在"平面"表单中选择"XY平面"并输入节点1
4. 点击 关闭 键
5. 点击 🔲 "激活"
6. 在"主菜单"中选择"结果"＞"移动荷载追踪器"＞"反力"
7. 在"移动荷载追踪器"选择栏中选择"MVmax：MVL-C-AL"
8. 在"单元号"输入栏中输入"1"
9. 在"放大系数"输入栏中确认"1.0"
10. 在"位置"选择栏中确认"FZ"
11. 在"显示形式"选择栏中确认"等值线图"、"图例"、"适用荷载"
12. 点击 适用 键

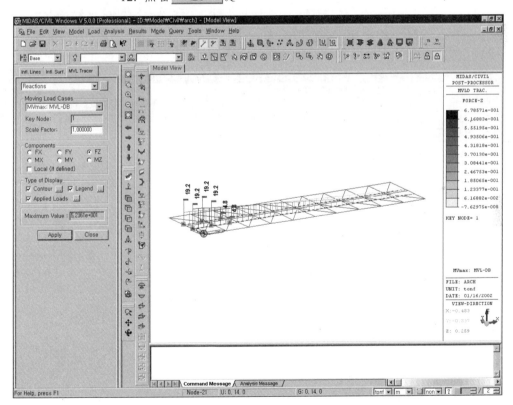

图6.248 利用移动和载追踪器确认移动荷载的施加位置

（4）剪力图与弯矩图。

剪力图与弯矩图结果的查看方法基本相同，故在这里只以查看弯矩图为例进行说明。另外不是查看整个建筑物的弯矩图，而只查看一部分的结果。这里以 X-Z 平面为例介绍显示该平面弯矩图的步骤。

🎧　实际工作中经常需要对某一特定部位的分析结果进行查看、分析，此时可以利用 🖼 "平面选择" 功能输出相应平面上的分析结果。

1. 点击 🔲 "全部激活"

2. 点击 🔲 "用平面选择"

3. 在 "平面" 表单中选择 "XZ 平面"

4. 用鼠标在 X-Z 平面选择节点 1

5. 点击 ▭关闭▭ 键

6. 点击 🔲 "激活"

7. 点击 🗔 "正面"

8. 在 "结果" 工具条中点击 🔽 "梁单元内力图"（图 6.249 的 ❶）

9. 在 "荷载工况/荷载组合" 选择栏中选择 "MVall：MVL-C-AL" ⁸

10. 在 "内力组成" 选择栏中确认 "My"

11. 在 "显示选择" 选择栏中选择 "5 点"、"Line Fill"

12. 在 "系数" 输入栏中确认 "2.0"

13. 在 "显示形式" 选择栏中确认 "等值线图" 的 "✓" 标记

14. 点击 ▭适用▭ 键

🎧　MVmin：车辆荷载作用于建筑物时构件的最小值
Mvmax：车辆荷载作用于建筑物时构件的最大值

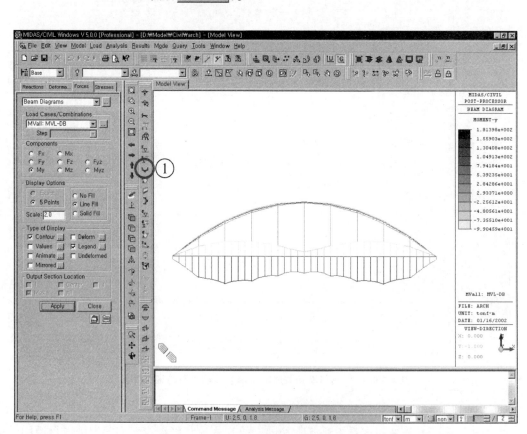

图 6.249　梁的弯矩图（X-Z 平面）

6.6 悬索桥的成桥阶段和施工阶段分析

1. 概 要

悬索桥是由主缆、索鞍、加劲梁、吊杆、塔墩、锚碇等主要构件组成的较柔性的结构形式，广泛应用于大跨度桥梁中。

悬索桥的结构分析主要分为成桥阶段分析和施工阶段分析两部分。

成桥阶段分析是指在所有工程竣工后，即在成桥状态下分析桥梁的静力和和动力反应。悬索桥在成桥状态下处于结构自重平衡状态，又称为悬索桥的初始平衡状态，计算初始平衡状态下主缆的坐标和张力称为初始平衡状态分析。成桥阶段分析包括初始平衡状态分析以及在其他外力作用下的结构效应分析（见图6.250）。

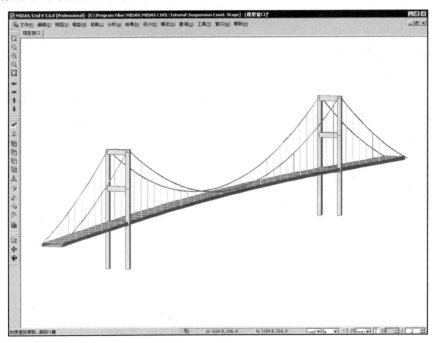

图6.250 分析模型

悬索桥在施工阶段具有很明显的非线性反应，但在给主缆以及吊杆施加了足够的张力的成桥阶段，其他荷载（车辆荷载、风荷载等）作用下的结构效应显示为线性。所以可以将初始平衡状态下的主缆和吊杆的张力转换为几何刚度，对于其他静力荷载可以做线性化的分析。将初始平衡状态下构件的内力转换为几何刚度后做线性化分析的方法称为线性化有限位移法。因为线性化有限位移法在成桥阶段分析中具有足够精确的解，所以在成桥阶段分析中采用线性化有限位移法。

为了确认施工时的安全性以及施工时临设的设计，需要对各施工阶段做施工阶段分析。因为在各施工阶段结构的位移很大，所以要对各施工阶段使用大位移理论（几何非线性理论）建立针对变形后的平衡方程组。悬索桥的施工阶段分析是从成桥阶段采用逆施工顺序（或称倒退循环）进行的。

本节中的桥梁为承重式悬索桥，在此将详细介绍成桥阶段和施工阶段的建模方法和确认结果方法。

2. 桥梁基本数据

如图 6.250 为长 650 m 的承重式悬索桥，详细的桥梁基本数据参见图 6.251。

桥梁跨度组成：$L=125.0+400.0+125.0=650$ m
桥梁宽度：$B=11.0$ m

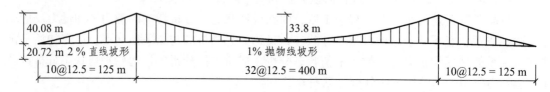

图 6.251 纵向立面图

3. 建立成桥阶段模型

（1）建立结构模型。

本例题中建立悬索桥模型的步骤是首先建立成桥阶段模型，然后做成桥阶段分析，最后使用其他名称做施工阶段分析。

建立悬索桥成桥阶段模型的详细步骤如下：

1. 定义材料以及截面特性值
2. 初始平衡状态分析
3. 为生成索塔水平杆件分割索塔构件
4. 连接索塔和加劲梁
5. 修改加劲梁位置
6. 复制主缆、吊杆和索塔
7. 生成索塔水平构件
8. 刚性连接加劲梁和吊杆
9. 输入边界条件
10. 输入中间跨跨中支撑
11. 输入质量数据（加劲梁的回转质量）
12. 输入特征值分析数据
13. 输入静力荷载

（2）设定建模环境。

打开新项目（☐新项目），以"Suspension.mcb"文件名保存（💾保存）文件，指定单位体系。如图 6.252 所示。

文件/☐新项目

文件/💾保存（Suspension）

工具/单位体系

长度 > m；力 > tonf

图 6.252　设定单位体系

本例题将做三维空间分析，程序自动将自重转换为节点质量。如图 6.253 所示。

模型/结构类型

结构类型 > 3-D

将模型重量转换为质量 > 转换方向 X，Y，Z

重力加速度（9.806）

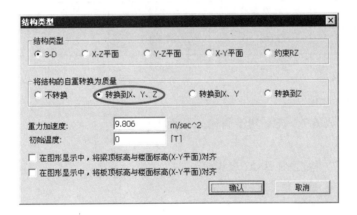

图 6.253　指定分析条件

（3）定义构件材料。

定义主缆（cable）、吊杆（hanger）、加劲梁（deck）、索塔（tower）的材料。如图 6.254 所示。

模型/特性值/材料

名称 > 主索

类型 > 用户定义

弹性模量（2.0e+7）

比重（8.267）

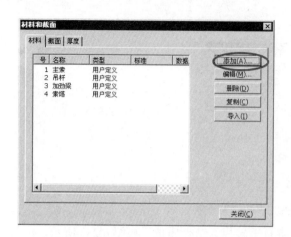

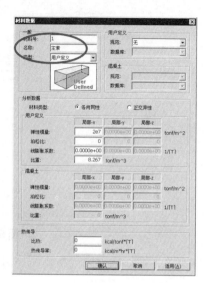

图 6.254　定义构件材料

参照表 6.6 按上述方法输入吊杆、加劲梁、索塔的材料。

表 6.6　构件材料

项　目	主　缆	吊　杆	加劲梁	索　塔
类　型	用户定义	用户定义	用户定义	用户定义
弹性模量	2.0×10^7	1.4×10^7	2.1×10^7	2.1×10^7
比　重	8.267	7.85	7.85	7.85

（4）定义截面特性值。

参照图 6.255 和表 6.7，按下列步骤输入截面特性值。

模型/特性值/**I**截面

特性值表单

截面号（1）；名称（主索）

尺寸 > D（0.23）；计算特性值 > Area（0.04178）

表 6.7　材料以及截面特性值（m）

项　目	加劲梁	主　索	吊　杆	索　塔	索塔水平构件
Area	0.5395	0.04178	0.00209	0.16906	0.1046
Ixx	0.4399	0	0	0.1540	0.1540
Iyy	0.1316	0	0	0.1450	0.1080
Izz	3.2667	0	0	0.1143	0.0913

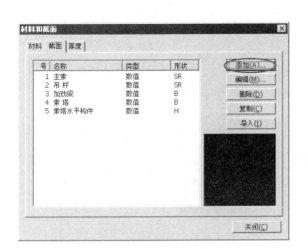

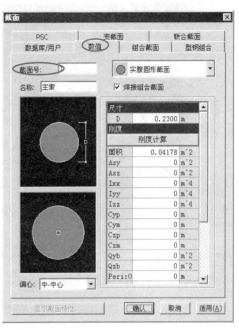

图 6.255　输入截面特性值（主缆）

参照图 6.256 和图 6.257 输入其他构件的截面特性值。

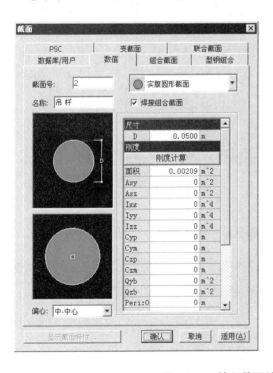

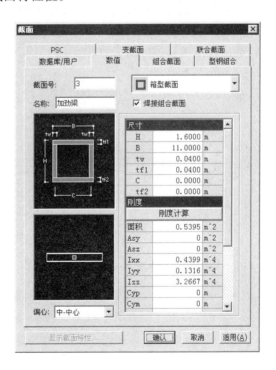

图 6.256　输入截面特性值（吊杆、加劲梁）

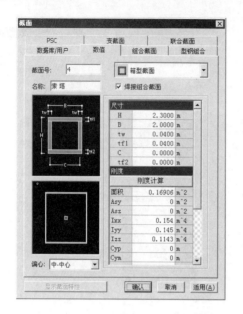
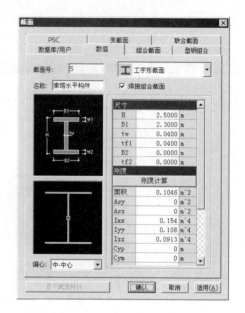

图 6.257　输入截面特性值（索塔、索塔水平构件）

（5）初始平衡状态分析。

　　悬索桥的成桥阶段在加劲梁自重作用下发生位移后，处于平衡状态。初始平衡状态下的主索坐标和张力不能由用户任意输入，需要通过力的平衡状态计算。

　　用户在"悬索桥建模助手"中只需输入悬索桥的垂度、吊杆间距等基本数据以及各吊杆上作用的荷载，程序将自动计算出初始平衡状态下主缆的坐标和主索、吊杆的初拉力，然后将计算出的主缆和吊杆的张力转换为"几何刚度初始荷载"，并用其自动构成几何刚度。如图6.258 所示。

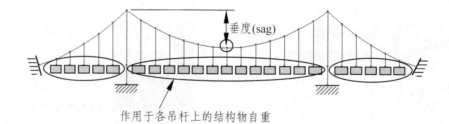

图 6.258　悬索桥二维基本形状

　　为了计算初拉力和成桥阶段基本形状，参照图 6.259 在"悬索桥建模助手"中输入基本数据。

模型/结构建模助手/悬索桥建模助手

类型 ＞ 对称桥梁

	X（m）	Z（m）
A	（0）	（20.48）
A1	（3.6）	（20.72）
B	（128.6）	（60.8）

C　　　（328.6）　　　　　（27）

索塔高度（60.8）

材料 >

主缆（1：主缆）；吊杆（2：吊杆）

加劲梁（3：加劲梁）；索塔（4：索塔）

截面 >

主缆（1：主缆）；吊杆（2：吊杆）

加劲梁（3：加劲梁）；索塔（4：索塔）

选择主缆和吊杆单元类型 > 只受拉单元（索单元）

加劲梁形状 > 左侧坡度（%）（2）；弧形坡度弦长（m）（400）

吊杆间距和荷载

左侧跨（10@12.5）；（9@30.89）

中间跨（32@12.5）；（31@30.89）

> 🎧　选择只受拉单元（索单元）时，主缆和吊杆将被定义为索单元。索单元在线性分析时自动按等效桁架单元计算，非线性分析时自动按弹性悬索单元计算。

作用于吊杆的恒荷载：

加劲梁：$W_d/2 \times L_d = 4.235/2 \times 12.5 = 26.469$　tonf

主　缆：$W_c \times L_c = 0.3454 \times 12.8 = 4.4421$　tonf

合　计：30.89 tonf

在此：

W_d（加劲梁单位长度重量）：4.235 tonf/m（假设）

W_c（主缆单位长度重量）：0.3454 tonf/m（假设）

L_d（吊杆纵向间距）：12.5 m

L_c（吊杆间主索平均长度）：12.8 m

忽略吊杆自重。

如前所述，悬索桥的几何形状尤其是主缆的坐标不能由用户任意输入，而应该通过悬索平衡条件计算。

"悬索桥建模助手"利用内含的悬索公式自动计算出悬索桥的几何形状和初拉力。如图6.259 所示，用户只需输入索塔的坐标、垂度（B-C）、加劲梁的坡度、吊杆间距以及作用在吊杆上的结构自重，程序将自动计算出包含主索坐标在内的所有坐标。

图 6.260 是使用"悬索桥建模助手"功能生成的二维悬索桥模型。主缆和吊杆生成为索单元加劲梁和索塔生成为梁单元。如图 6.260 所示，程序自动给出了成桥阶段主缆的坐标以及主缆、吊杆、索塔的内力。内力将自动转换为"几何刚度初始荷载"形成几何刚度。

在模型空间确认"几何刚度初始荷载"的方法如下：

🖥 *显示 > 杂项表单 > 几何刚度初始荷载（开）*

窗口缩放

荷载/荷载表格/几何刚度初始荷载

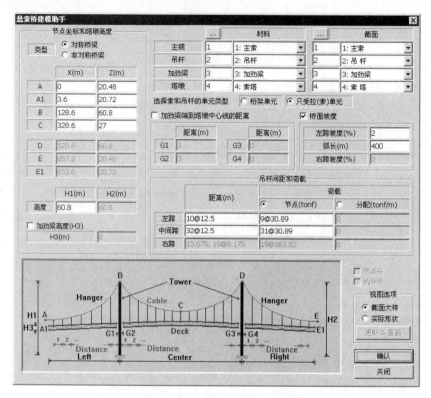

图 6.259 "悬索桥建模助手"对话框

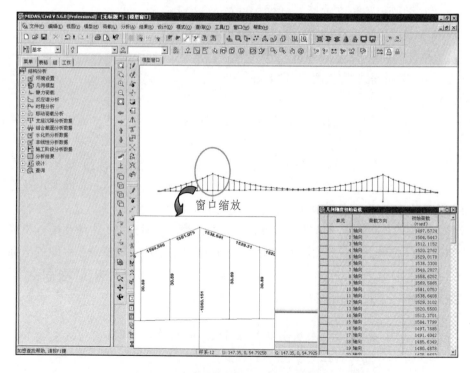

图 6.260 使用"悬索桥建模助手"做初始平衡状态分析

（6）为生成索塔水平杆件分割索塔构件。

为生成索塔水平杆件，如图 6.261 所示分割索塔构件。

🎧　从索塔顶端开始输入索塔水平构件。

模型/单元/🔧分割单元

⬆单选（单元：154，155）

分割 > 单元类型 > 杆系

不等间距（1.25，18.75，17.58）⚑

⬛收缩单元

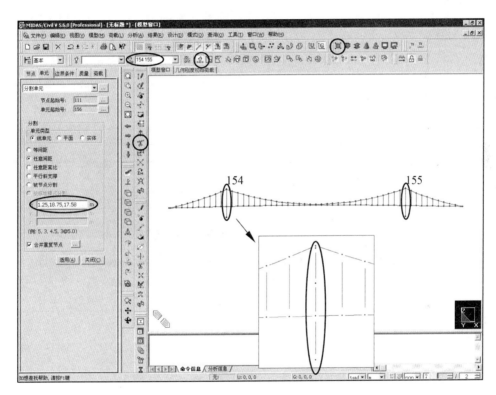

图 6.261　分割索塔构件

（7）连接索塔和加劲梁。

在索塔和加劲梁相交的地方合并节点，将加劲梁和索塔连接起来。索塔-加劲梁连接位置的建模将在定义边界条件时详细说明。

模型/节点/🔧合并节点

🔲窗口选择（节点：图 6.262 的①、②）

合并 > 选择

删除重复节点（开）

（8）修改加劲梁位置。

因为将加劲梁按一个梁建模，所以将加劲梁的位置移动到桥梁中心线位置。加劲梁与吊杆为刚性连接，详细内容后面将有介绍。如图 6.263 所示。

桥梁工程计算机辅助设计——Midas/Civil 教程
QIAOLIANGGONGCHENG JISUANJI FUZHUSHEJI — Midas/Civil JIAOCHENG

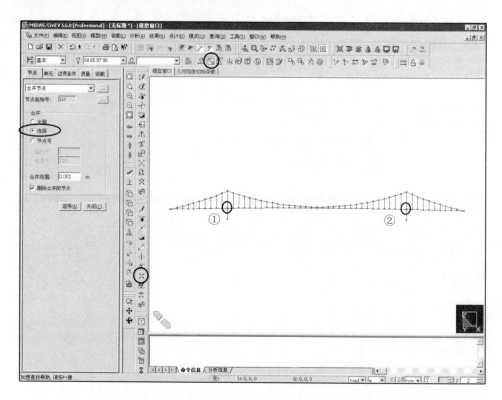

图 6.262　合并索塔和加劲梁连接位置的节点

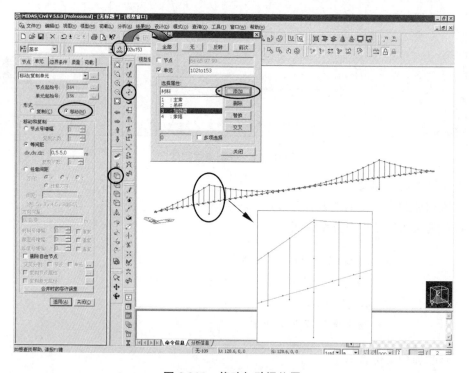

图 6.263　修改加劲梁位置

🎧 为了建模方便，忽略加劲梁的高度，将加劲梁中和轴的位置与吊杆下端的位置看成在同一高度位置。

　🗂标准

　模型/单元/🔧移动和复制

　🔍选择属性-单元

　选择类型＞材料＞3：Deck

　模式＞移动

　间距＞等间距＞dx，dy，dz（0，5.5，0）🎧

（9）复制主缆、吊杆和索塔。

　　复制主缆、吊杆和索塔，复制距离为桥梁宽度，形成三维悬索桥空间模型。如图 6.264 所示。

🎧 复制时连同主缆、吊杆、索塔的几何刚度初始荷载一同复制。

　模型/单元/🔧移动和复制

　🔲选择平面

　平面＞XZ平面；Y轴位置（0）

　模式＞复制

　间距＞等间距＞dx，dy，dz（0，11，0）

　复制单元属性（开）🎧

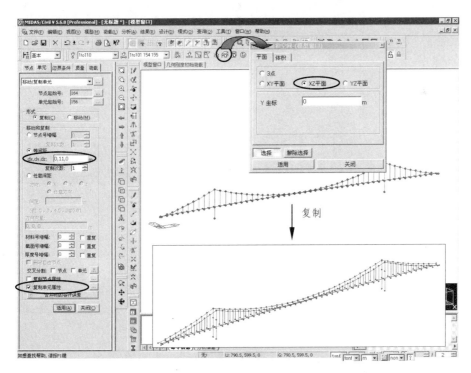

图 6.264　复制主缆、吊杆和索塔

（10）生成索塔水平构件。

按下列步骤生成索塔水平构件：

　　　　⟪窗口缩放（如图 6.265 所示，放大左侧索塔部分）

　　　　模型/单元/🖊建立单元

　　　　单元类型＞一般梁/变截面梁

　　　　材料＞4：索塔；截面＞5：索塔水平构件

　　　　交叉分割＞节点（开）；单元（开）

　　　　连接节点（273，64）；（272，112）；（270，111）🖱

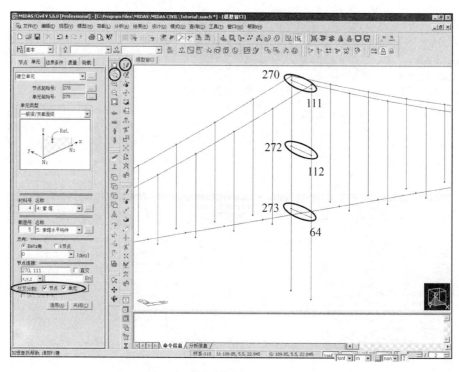

图 6.265　生成索塔水平构件（左侧索塔）

生成右侧索塔水平构件：

　　　　⟪对齐缩放

　　　　⟪窗口缩放（如图 6.266 所示，放大左侧索塔部分）

　　　　模型/单元/🖊建立单元

　　　　单元类型＞一般梁/变截面梁

　　　　材料＞4：Tower；截面＞5：索塔水平构件

　　　　交叉分割＞节点（开）；单元（开）

　　　　连接节点（276，97）；（275，114）；（271，113）🖱

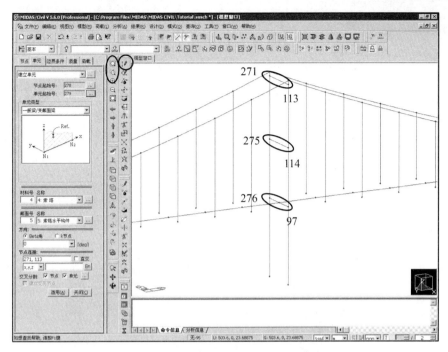

图 6.266 生成索塔水平构件（右侧索塔）

（11）刚性连接加劲梁和吊杆。

使用"弹性连接"中的"刚性连接"类型将加劲梁和吊杆刚接。为了正确输入"弹性连接"，只激活吊杆下部节点和加劲梁。如图 6.267 所示，首先使用"窗口缩放"和"窗口选择"功能选择吊杆下部节点和加劲梁，然后将其激活。

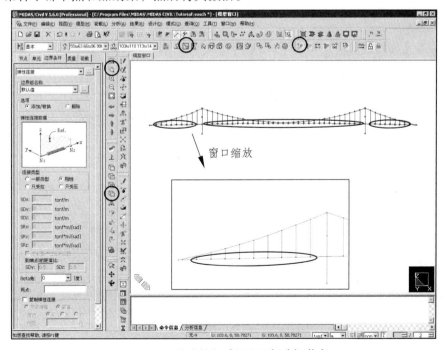

图 6.267 为连接加劲梁和吊杆选择节点

正面

窗口缩放 窗口选择

激活

激活所要连接的加劲梁和吊杆下部节点后，使用"弹性连接"功能将其刚接。

顶面

模型/边界条件/弹性连接

边界群名称 > 内定值

选项 > 添加/替换

连接类型 > 刚性连接

复制弹性连接（开）

复制轴向（y）；距离 >（5.5）

2 点（55，115）

2 点（56，117）

2 点（57，118）

⋮

按上述步骤连接中间跨和右边跨的加劲梁和吊杆。如图 6.268 所示。

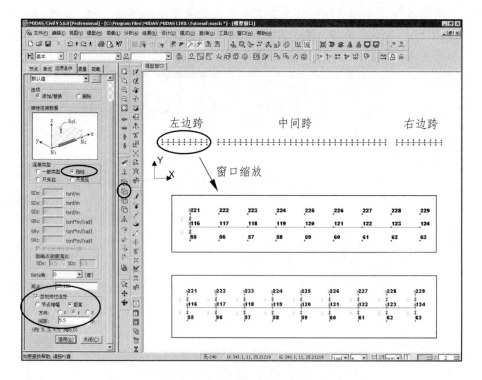

图 6.268　刚性连接加劲梁和吊杆

图 6.269 显示的是吊杆和加劲梁刚性连接后的状态。在"显示选项"里将"弹性连接"的颜色调整为在模型空间中容易查看的颜色。

　　　　　　　　💻 显示 ＞ 边界条件 ＞ 弹性连接（开）
　　　　　　　　🖥 显示选项
　　　　　　　　颜色 ＞ 边界条件 ＞ 弹性连接 ＞ 颜色

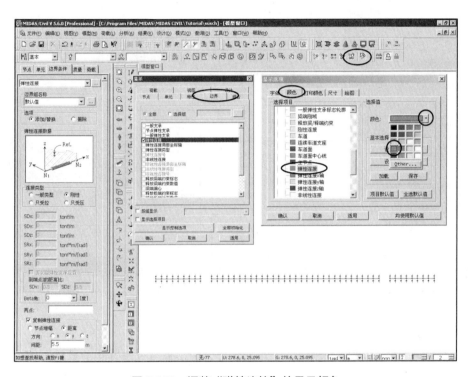

图 6.269　调整"弹性连接"的显示颜色

（12）输入边界条件。

输入索塔、主缆锚碇、边跨端部的边界条件。如图 6.270 所示。

主缆锚碇：固端（节点：1，168，53，220）

索塔底部：固端（节点：109，274，110，277）

边跨端部：约束垂直、桥梁纵向、桥梁横向（铰支）（节点：115，167）

　　　　　　　　🗐 标准；🎧 全部激活；🔍 窗口缩放
　　　　　　　　模型/边界条件/支撑
　　　　　　　　🔩 单选（节点：1，168，109，274，110，277，53，220）
　　　　　　　　边界群名称 ＞ 内定值
🎧　在加劲梁端
部约束绕加劲
梁纵轴的旋转。
　　　　　　　　选项 ＞ 添加
　　　　　　　　支撑类型 ＞ D-ALL（开）；R-ALL（开）
　　　　　　　　🔍 对齐缩放；🔍 窗口缩放

单选（节点：115，167）

支撑类型＞D-ALL（开）；Rx（开）；Rz（开）🎧

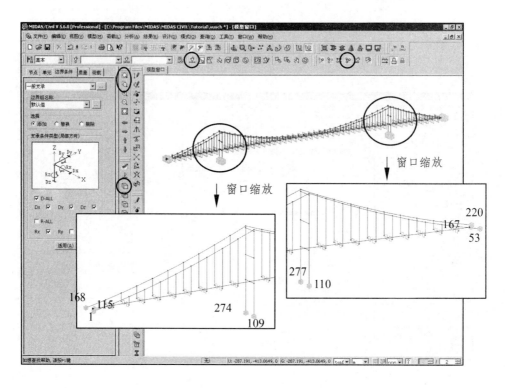

图 6.270　输入边界条件

如图 6.271 所示，本例题中的加劲梁在索塔位置的边界条件为互相分离且为铰支座。使用"释放梁端约束"功能生成铰支座。

对齐缩放

窗口缩放（如图 6.271 所示，放大左侧索塔部分）

模型/边界条件/释放梁端约束

边界群名称＞内定值

选项＞添加/替换

单选（单元：111）

一般形式和固定形式

Fx（j-节点）（开）；My（j-节点）（开）

单选（单元：112）

一般形式和固定形式

Fx（i-节点）（开）；My（i-节点）（开）

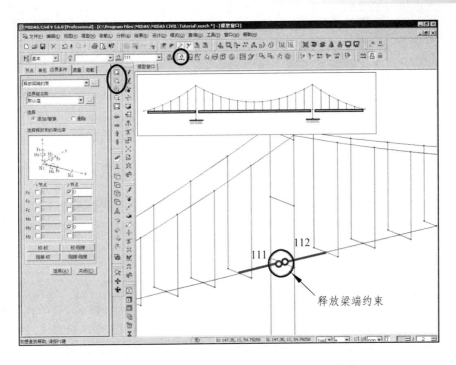

图 6.271　输入加劲梁与索塔的连接条件（左侧索塔）

输入加劲梁在右侧索塔位置的边界条件。

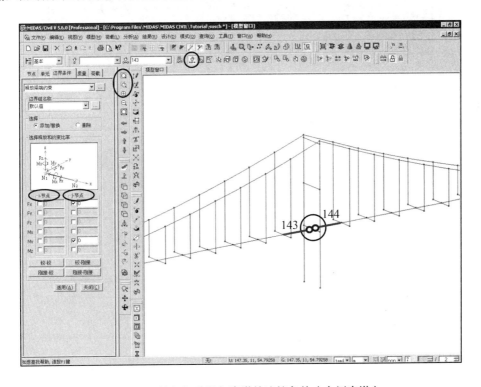

图 6.272　输入加劲梁与索塔的连接条件（右侧索塔）

Q对齐缩放

Q窗口缩放（如图 6.272，放大左侧索塔部分）

模型/边界条件/释放梁端约束

边界群名称 > 内定值

选项 > 添加/替换

单选（单元：143）

一般形式和固定形式

Fx（j-节点）（开）；My（j-节点）（开）

单选（单元：144）

一般形式和固定形式

Fx（i-节点）（开）；My（i-节点）（开）

（13）输入中间跨跨中支撑（Center Stay）。

建立在中间跨跨中位置的连接加劲梁和主缆的中央支撑模型。中央支撑的作用是使加劲梁和主缆沿桥梁方向能作为一个整体工作。中央支撑的结构形式有中央对角支撑方式和将主缆和加劲梁垂直连接的方式。本例题使用的是将主缆和加劲梁垂直连接的方式，支撑模型采用"刚性连接"实现。如图 6.273 所示。

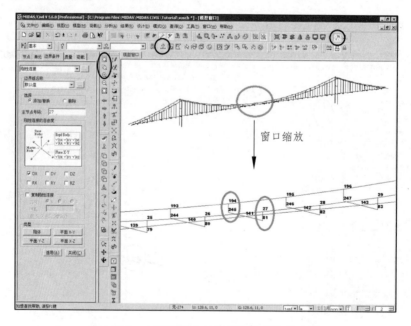

图 6.273 中间跨跨中的加劲梁和吊杆间支撑

Q对齐缩放；Q窗口缩放

n节点号（开）

模型/边界条件/刚性连接

边界群名称 > 内定值

选项＞添加/替换

主节点号（27）

单选（节点：81）

刚性连接的自由度＞DX（开）

主节点号（194）

单选（节点：245）

刚性连接的自由度＞DX（开）

（14）输入加劲梁的质量数据。

因为加劲梁的质量是以结构质量的形式输入的，所以要另外计算出加劲梁的回转质量。计算加劲梁回转质量的方法如图 6.274 所示，假设沿桥梁横向在吊杆底端作用有每跨加劲梁（吊杆纵向间距）的 1/4 质量，然后按表 6.8 的方法计算加劲梁的回转质量。

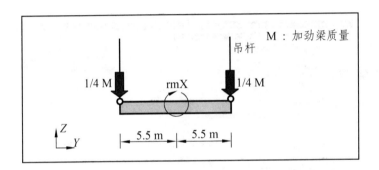

图 6.274 加劲梁、吊杆的横向坐标

加劲梁单位长度重量：4.235 tonf/m

表 6.8 加劲梁纵向惯性质量（tonf，m，sec）

	加劲梁单位长度质量/m	纵向长度（l）	M（$m×l$）	作用于吊杆的质量 M_i（$=1/4\,M$）	r^2	加劲梁的回转质量 $\sum M_i×r^2$
①	4.235/9.81	12.5/2	2.698	0.6745	5.5^2	40.809
②	4.235/9.81	12.5	5.396	1.349	5.5^2	81.615

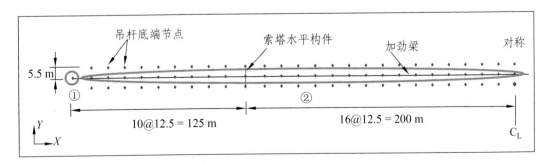

图 6.275 加劲梁、吊杆的纵向坐标

参照图 6.275 和表 6.8，输入加劲梁的回转质量。

　　　　　⚒选择属性–单元

　　　　　选择类型 > 材料 > 3：Deck

　　　　　⚒激活

　　　　　模型/质量/节点质量

　　　　　选项 > 添加

　　　　　⚒窗口选择（节点：图 6.276 的①）

　　　　　节点质量 > rmX（40.809）

　　　　　⚒窗口选择（节点：图 27 的②）

　　　　　节点质量 > rmX（81.615）

　　　　　⚒标准；⚒全部激活

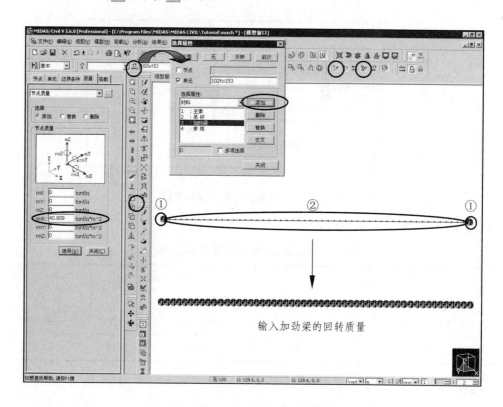

图 6.276　输入加劲梁的回转质量

（15）输入特征值分析数据。

输入特征值分析所必需的数据。如图 6.277 所示。

　　　　　分析/特征值分析控制数据

　　　　　输出特征频率数量（30）

图 6.277　特征值分析控制数据对话框

（16）输入静力荷载。

为了了解悬索桥成桥阶段车辆荷载作用下的结构效应，按图 6.278 输入车辆荷载。假设每辆车的重量为 46tonf 分别作用于图 6.278 中的三个位置，并分别定义为三个荷载工况。

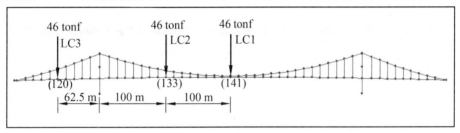

图 6.278　车辆荷载的大小和作用位置

荷载/静力荷载工况（参考图 6.279）

名称（LC1）

类型（用户定义的荷载）

名称（LC2）

类型（用户定义的荷载）

名称（LC3）

类型（用户定义的荷载）

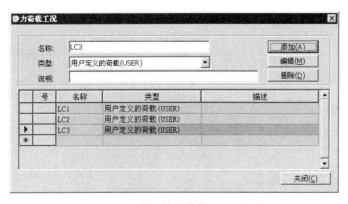

图 6.279　定义静力荷载工况对话框

输入作用于加劲梁的静力荷载。如图 6.280 所示。

荷载/节点荷载

选择属性-节点（141）

荷载工况名称＞LC1

荷载群名称＞内定值；选项＞添加

节点荷载＞FZ（-46）

选择属性-节点（133）

荷载工况名称＞LC2

节点荷载＞FZ（-46）

选择属性-节点（120）

荷载工况名称＞LC3

节点荷载＞FZ（-46）

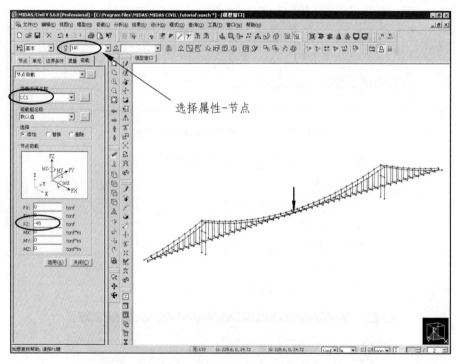

图 6.280　输入静力荷载（LC1）

4. 运行结构分析（成桥阶段分析）

建立了成桥阶段模型之后运行结构分析。

分析/运行分析

5. 查看成桥阶段分析结果

（1）静力分析结果。

查看三个静力荷载工况的位移和内力等。

① 查看位移。

查看位移形状。

　　　　🗔 正面

　　　　结果/变形表单/🡄 变形形状

　　　　荷载工况/荷载组合 > ST：LC1（参考图 6.281）

　　　　组成成分 > DXYZ

　　　　显示类型 > 变形前（开）；图例（开）

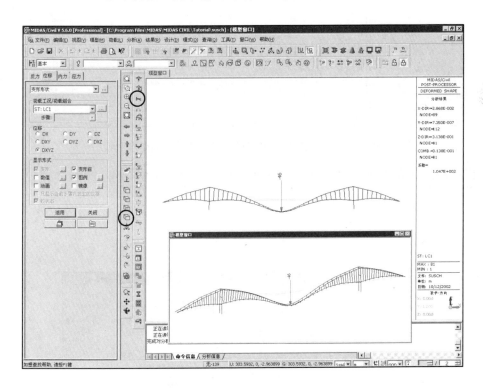

图 6.281　变形形状（LC1）

按同样的方法查看荷载工况 2 和荷载工况 3 作用下的变形形状。如图 6.282 所示。

　　　　结果/变形表单/🡄 变形形状

　　　　荷载工况/荷载组合 > ST：LC2

　　　　组成成分 > DXYZ

　　　　显示类型 > 变形前（开）；图例（开）

　　　　荷载工况/荷载组合 > ST：LC3

　　　　组成成分 > DXYZ

　　　　显示类型 > 变形前（开）；图例（开）

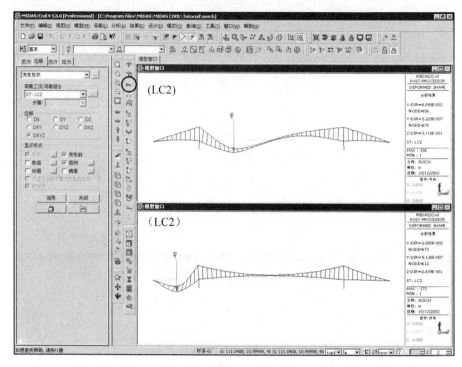

图 6.282　荷载工况 2 和荷载工况 3 作用下的变形形状

使用表格查看结果。查看荷载作用点处的位移。如图 6.283 所示。

　　　　　结果/结果表格/位移

　　　　　纪录激活对话框 > 节点或单元 > 120 133 141

　　　　　荷载工况/荷载组合 > LC1，LC2，LC3（开）

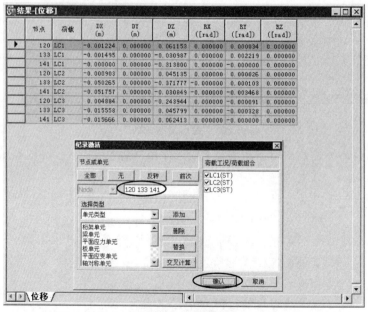

图 6.283　位移表格

② 查看弯矩。

查看加劲梁的弯矩。如图 6.284 所示。

> 结果/内力/✎梁内力图
>
> 荷载工况/荷载组合＞ST：LC1；组成成分＞My
>
> 显示选项＞5 点（开）；填充线（开）
>
> 显示类型＞等高线（开）；图例（开）

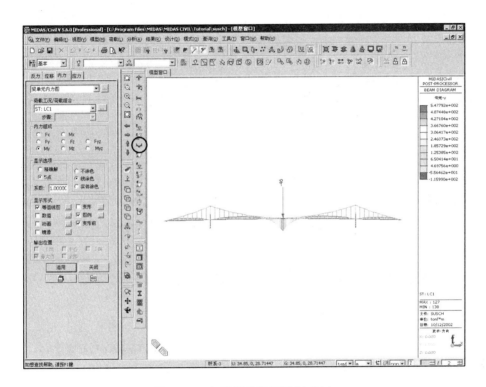

图 6.284　加劲梁的弯矩图（LC1）

③ 查看轴力。

查看主缆的最大轴力。参考图 6.285。

> 结果/内力/✎桁架单元内力
>
> 荷载工况/荷载组合＞ST：LC1
>
> 内力成分＞全部
>
> 显示类型＞图例（开）
>
> 显示类型＞数值...
>
> 小数点下有效数字（2）
>
> 最大值和最小值（开）＞最大绝对值（开）；最大比例（%）（0.1）
>
> 适用于点击确认时（开）
>
> 选择输出位置＞最大值

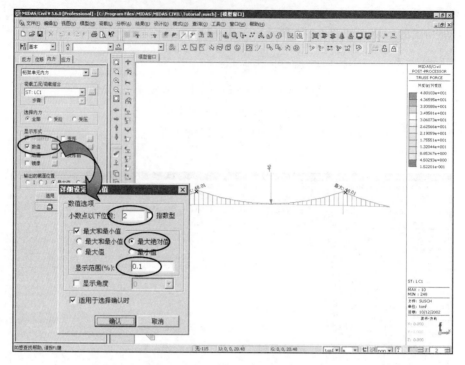

图 6.285　主缆和吊杆的张力变化

使用表格查看主缆的轴力。参考图 6.286。

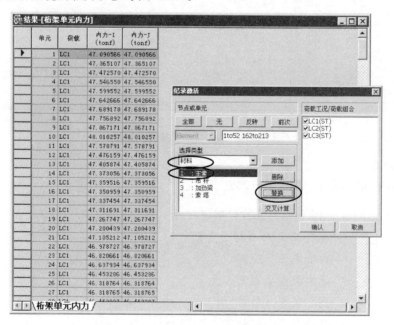

图 6.286　主缆和吊杆的张力变化表格

结果/结果表格/桁架单元/内力
纪录激活对话框 > 节点或单元 >

选择类型 > 材料 > 1：Cable   <kbd>替换</kbd>

荷载工况/荷载组合 > LC1，LC2，LC3（开）

注：以上输出的轴力是在主缆和吊杆增加的轴力。主缆和吊杆内的总轴力为初始平衡状态下因结构自重产生的轴力与因其他荷载（如车辆荷载等）产生的轴力之和。因自重产生的几何刚度初始内力只用于形成几何刚度，用户如果想输出包含初拉力的单元内力，可按下列步骤进行。

荷载/初始荷载控制数据

给单元添加初始荷载（开）

（2）特征值分析结果。

查看特征值分析结果。参考图 6.287。

结果/〰️振型形状

荷载工况（振型号）> 振型 1

组成成分 > Md-XYZ

显示类型 > 图例（开）

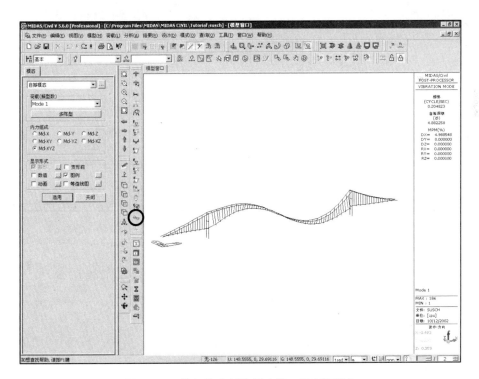

图 6.287 特征值分析结果（第一垂直振型）

使用动画查看特征振型。

> 结果/∿ 振型形状
> 荷载工况（振型号）> Mode 1
> 组成成分 > Md-XYZ
> 显示类型 > 图例（开）；动画（开）
> ▣ 记录
> ▣ 关闭

如果想保存动画文件，可以在动画进行过程中点击▣ "保存"按钮即可保存为 avi 文件。如图 6.288 所示。

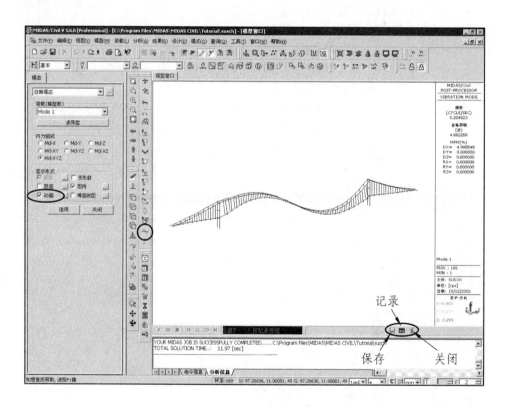

图 6.288　使用动画查看特征振型

使用表格查看固有频率、固有周期以及振型质量参与度。如图 6.289 所示。

> 结果/结果表格/∿ 振型形状
> 纪录激活对话框 > 振型 > 取消

结果-[特征值模态]

特征值分析

模态号	频率 (rad/sec)	频率 (cycle/sec)	周期 (sec)	容许误差
1	1.286942	0.204823	4.882258	6.7034e-016
2	1.377679	0.219264	4.560703	1.1699e-016
3	1.595292	0.253899	3.938580	3.4900e-016
4	2.261783	0.359974	2.777979	6.9448e-016
5	2.372702	0.377627	2.648114	1.5777e-016
6	3.235802	0.514994	1.941771	8.4827e-016
7	3.325326	0.529242	1.889494	1.1245e-015
8	3.527510	0.561421	1.781196	1.4276e-016
9	3.943534	0.627633	1.593288	2.2845e-016
10	4.093190	0.651451	1.535034	1.2723e-015
11	4.135590	0.658200	1.519296	0.0000e+000
12	4.475532	0.712303	1.403897	3.5473e-016
13	4.695971	0.747387	1.337995	7.4108e-014
14	5.063916	0.805947	1.240776	2.7709e-016
15	5.131721	0.816739	1.224382	6.7453e-016
16	5.283621	0.840914	1.189182	3.8178e-016
17	5.283621	0.840914	1.189182	5.0905e-016
18	5.903566	0.939582	1.064303	6.1162e-016
19	6.169292	0.981873	1.018461	2.6137e-015
20	6.205300	0.987604	1.012551	1.5810e-005
21	6.354480	1.011347	0.988780	1.5932e-012
22	6.778020	1.078755	0.926994	0.0000e+000
23	6.958614	1.107498	0.902936	1.7265e-004
24	6.959784	1.107684	0.902785	3.7093e-003
25	7.017803	1.116918	0.895321	1.1830e-010
26	7.096291	1.129410	0.885418	1.5120e-012
27	8.258686	1.314411	0.760797	9.1467e-014
28	8.264898	1.315399	0.760225	7.0633e-009
29	8.564227	1.363039	0.733655	9.7141e-009
30	9.321182	1.483512	0.674076	1.6603e-006

结果-[特征值模态]

节点	模态	UX	UY	UZ	RX	RY	RZ
	30	9.321182	1.483512	0.674076	1.6603e-006		

打印模型参与质量(%)

模态号	TRAN-X 质量	TRAN-X 合计	TRAN-Y 质量	TRAN-Y 合计	TRAN-Z 质量	TRAN-Z 合计	ROTN-X 质量	ROTN-X 合计	ROTN-Y 质量	ROTN-Y 合计	ROTN-Z 质量	ROTN-Z 合计
1	4.99	4.99	0.00	0.00	0.00	0.00	0.00	0.00	0.00	0.00	0.00	0.0
2	0.00	4.99	46.35	46.35	0.00	0.00	0.00	0.00	0.00	0.00	0.00	0.0
3	0.00	4.99	0.00	46.35	9.13	9.13	0.00	0.00	0.00	0.00	0.00	0.0
4	0.00	4.99	0.00	46.35	0.47	9.60	0.00	0.00	0.00	0.00	0.00	0.0
5	2.43	7.42	0.00	46.35	0.00	9.60	0.00	0.00	0.00	0.00	0.00	0.0
6	0.00	7.42	0.00	46.35	66.92	76.52	0.00	0.00	0.00	0.00	0.00	0.0
7	0.01	7.42	0.00	46.35	0.00	76.52	0.00	0.00	0.00	0.00	0.00	0.0
8	0.00	7.42	0.00	46.35	0.00	76.52	0.00	0.00	0.00	0.00	0.00	0.0
9	0.00	7.42	0.00	46.35	0.00	76.52	0.00	0.00	0.00	0.00	0.00	0.0
10	0.00	7.42	1.46	47.81	0.00	76.52	0.00	0.00	0.00	0.00	0.00	0.0
11	0.00	7.42	0.00	47.81	0.00	76.52	0.00	0.00	0.00	0.00	0.00	0.0
12	0.00	7.42	0.00	47.81	0.00	76.52	0.00	0.00	0.00	0.00	0.00	0.0
13	0.00	7.42	0.00	47.81	4.15	80.67	0.00	0.00	0.00	0.00	0.00	0.0
14	0.00	7.42	12.63	60.44	0.00	80.67	0.01	0.01	0.00	0.00	0.00	0.0
15	0.00	7.42	0.00	60.44	0.00	80.67	0.00	0.01	0.00	0.00	0.00	0.0
16	0.00	7.42	0.00	60.44	0.00	80.67	0.00	0.01	0.00	0.00	0.00	0.0
17	0.00	7.42	0.00	60.44	0.00	80.67	0.00	0.01	0.00	0.00	0.00	0.0
18	0.00	7.42	5.06	65.50	0.00	80.67	0.01	0.02	0.00	0.00	0.00	0.0
19	0.00	7.42	0.00	65.50	0.00	80.67	0.00	0.02	0.00	0.00	0.00	0.0
20	4.19	11.61	0.00	65.50	0.00	80.67	0.00	0.02	0.00	0.00	0.00	0.0
21	0.00	11.61	0.01	65.51	0.00	80.67	37.75	37.77	0.00	0.00	0.00	0.0
22	0.00	11.61	0.00	65.51	0.00	80.67	0.00	37.77	0.00	0.00	0.00	0.0

图 6.289　特征值分析结果表格

查看图 6.290 中振型质量参与度比较大的振型形状。

结果/振型

显示类型 > 图例（关）

多阵型 > 选择振型 > 振型 1，振型 2，振型 6，振型 21[①]

垂直排列（开）

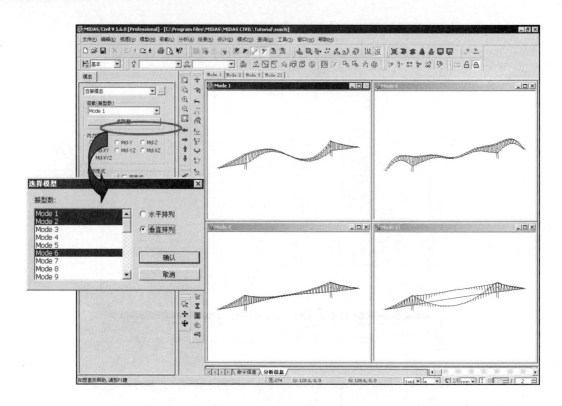

图 6.290　第 1、2、6、21 振型形状

6. 建立施工阶段分析模型

悬索桥的施工阶段与成桥阶段相比结构的稳定性较差，在各施工阶段发生的位移量较大，因此使用线性化有限位移法或有限位移法（P-Delta）做悬索桥的施工阶段分析，其结果将产生很大的误差。为了获得比较正确的结果，需使用能考虑结构变形后形状的几何非线性分析（大位移分析）理论，而且在做当前施工阶段分析时必须考虑前一施工阶段发生的内力和变形。

本章节将利用前面建立的成桥阶段模型做悬索桥的逆施工阶段分析。本例题逆施工阶段顺序参见图 6.291。

（1）设定建模环境。

为利用成桥阶段分析模型建立施工阶段分析模型，首先将成桥阶段模型使用其他名字另存。

文件/另存为（悬索桥-施工阶段）

使用成桥阶段模型建立施工阶段分析模型需增加的建模内容和分析步骤如下：

① 建模。

➢ 定义施工阶段步骤

　　定义各施工阶段的单元、边界条件、荷载。

➢ 定义结构群

　　将各施工阶段添加或拆除的单元建立为结构群。

> 定义边界群

将各施工阶段添加或拆除的边界条件建立为边界群。

> 定义荷载群

将各施工阶段添加或拆除的荷载建立为荷载群。

② 分析。

> 非线性分析（几何非线性分析）

> 施工阶段分析（各施工阶段分析）

本程序不能同时运行几何非线性分析和特征值分析，所以先删除特征值分析数据。如图 6.292 所示。

分析/特征值分析控制数据

删除特征值分析数据

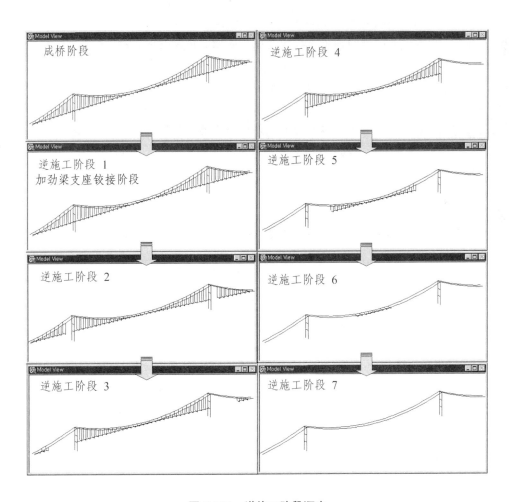

图 6.291　逆施工阶段顺序

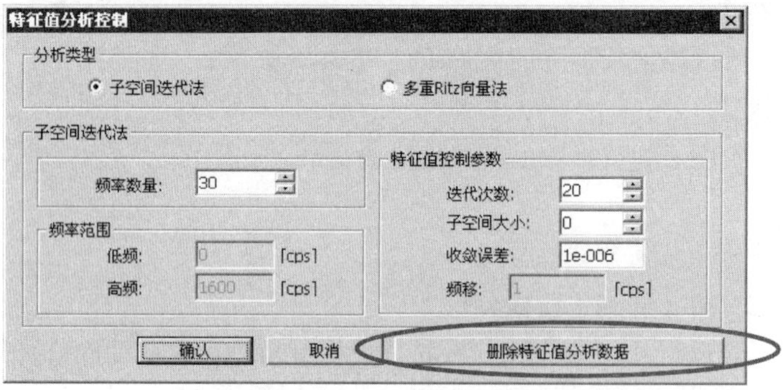

图 6.292　删除特征值分析数据

（2）定义施工阶段名称。

为了做逆施工阶段分析，应先定义施工阶段名称。

首先利用施工阶段对话框定义所有施工阶段名称，然后定义结构群、边界群和荷载群，最后将定义的结构群、边界群和荷载群分配给各施工阶段。

如图 6.293 所示，本例题的施工阶段包括成桥阶段在内共有 8 个施工阶段。

荷载/施工阶段分析数据/⊞定义施工阶段

施工阶段 ＞　生成(G)

施工阶段 ＞名称（CS）；序列（0to7）♀

保存结果 ＞施工阶段（开）♀

🎧　　可以在相同的名称后面增加具有一定间隔的序列号，批量生成施工阶段名称。

🎧　　可以按施工阶段输出分析结果。

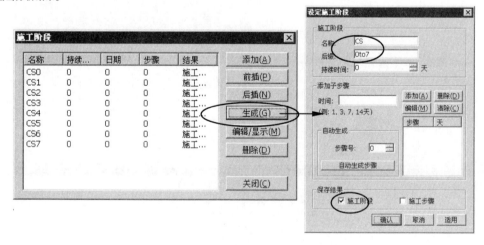

图 6.293　使用施工阶段对话框定义施工阶段名称

（3）定义结构群。

将各施工阶段添加和拆除的单元建立为结构群。首先定义结构群名称，然后赋予相应单元。如图 6.294 所示。

树形菜单 > 群表单

群 > 结构群 > 新建...

名称（S_G）；序列（0，2to7）

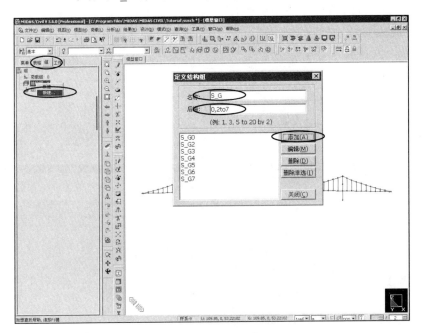

图 6.294 定义结构群

将各施工阶段添加或拆除的单元赋予相应的结构群。

成桥阶段（CS0）和加劲梁铰接阶段（CS1）单元布置相同，只有边界条件不同，所以将所有单元所属的结构群定义为"S_G0"。如图 6.295 所示。

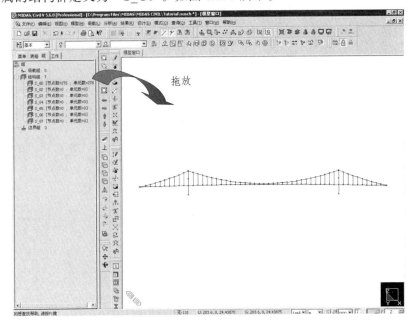

图 6.295 定义结构群（S_G0）

树形菜单 > 群表单

〔全选

群 > 结构群 > S_G0（拖放）

将逆施工阶段 CS2 中拆除的加劲梁和吊杆所属的结构群定义为"S_G2"。如图 6.296 所示。

为了正确定义结构群，可将已定义的结构群钝化处理，以免与其他结构群重复。

树形菜单 > 群表单

〔窗口选择（单元：图 6.296 的①、②）

群 > 结构群 > S_G2（拖放）

C S_G2 > 钝化

选择单元时，由右侧向左侧形成窗口选择时，与窗口边框交叉的单元均被选择。

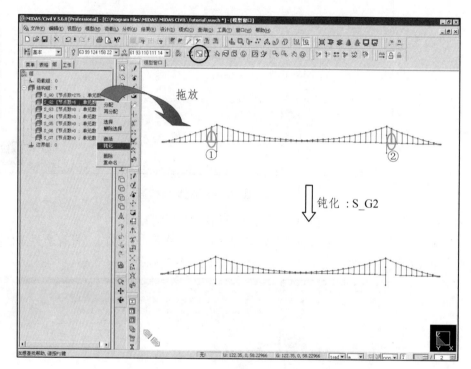

图 6.296　定义结构群（S_G2）

将逆施工阶段 CS3 中拆除的加劲梁和吊杆所属的结构群定义为"S_G3"。如图 6.297 所示。

树形菜单 > 群表单

〔窗口选择（单元：图 6.297 的①、②）

群 > 结构群 > S_G3（拖放）

C S_G3 > 钝化

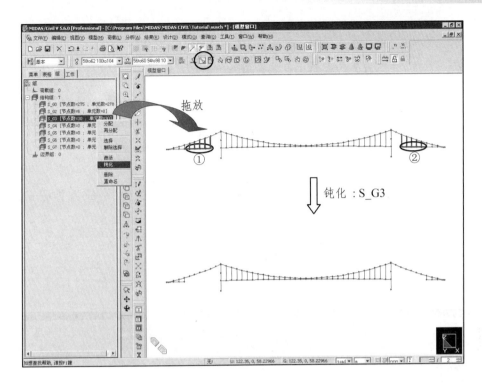

图 6.297　定义结构群（S_G3）

将逆施工阶段 CS4 中拆除的加劲梁和吊杆所属的结构群定义为"S_G4"。如图 6.298 所示。

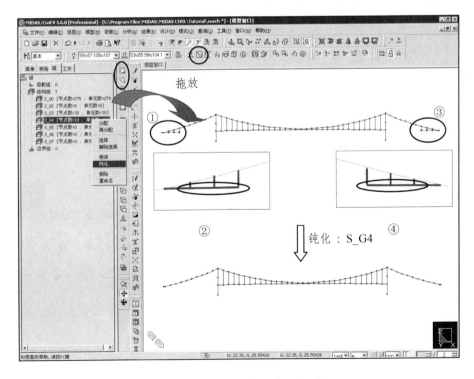

图 6.298　定义结构群（S_G4）

　　　　　树形菜单 > 群表单

　　　　　窗口缩放（图 6.298 的①）

　　　　　窗口选择（单元：图 6.298 的②）

　　　　　对齐缩放

　　　　　窗口缩放（图 6.298 的③）

　　　　　窗口选择（单元：图 6.298 的④）

　　　　　群 > 结构群 > S_G4（拖放）

　　　　　C S_G4 > 钝化

将逆施工阶段 CS5 中拆除的加劲梁和吊杆所属的结构群定义为"S_G5"。如图 6.299 所示。

　　　　　树形菜单 > 群表单

　　　　　窗口选择（单元：图 6.299 的①、②）

　　　　　群 > 结构群 > S_G5（拖放）

　　　　　C S_G5 > 钝化

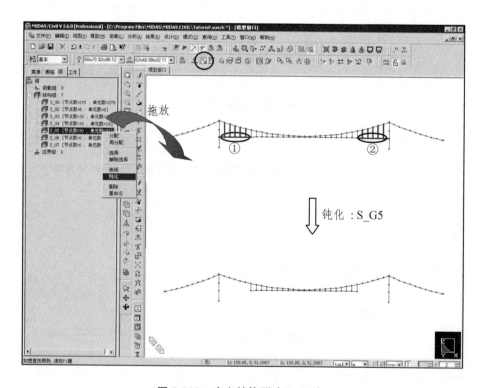

图 6.299　定义结构群（S_G5）

将逆施工阶段 CS6 中拆除的加劲梁和吊杆所属的结构群定义为"S_G6"。如图 6.300 所示。

　　　　　树形菜单 > 群表单

　　　　　窗口选择（单元：图 6.300 的①、②）

　　　　　群 > 结构群 > S_G6（拖放）

　　　　　C S_G6 > 钝化

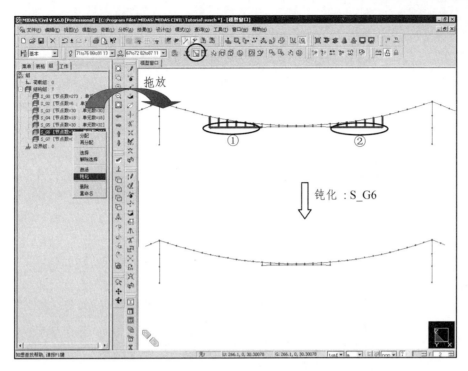

图 6.300　定义结构群（S_G6）

将逆施工阶段 CS7 中拆除的加劲梁和吊杆所属的结构群定义为"S_G7"。如图 6.301 所示。

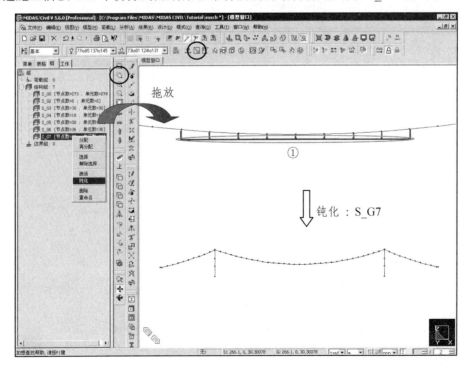

图 6.301　定义结构群（S_G7）

树形菜单 > 群表单

🔍 窗口缩放（图 6.301 的①）

🔲 窗口选择（单元：图 6.301 的①）

群 > 结构群 > S_G7（拖放）

C̄ S_G7 > 钝化

（4）定义边界群。

将各施工阶段的边界条件定义为边界群。

首先定义各边界群的名称，然后将各施工阶段的边界条件赋予相应的边界群。如图 6.302 所示。

🐾 全部激活

C̄ 群 > 边界群 > 新建 > 索塔、主缆固定端

C̄ 群 > 边界群 > 新建 > 加劲梁端部

C̄ 群 > 边界群 > 新建 > 加劲梁-索塔连接部位（边跨）

C̄ 群 > 边界群 > 新建 > 加劲梁-索塔连接部位（中间跨）

C̄ 群 > 边界群 > 新建 > 加劲梁-吊杆连接部位

C̄ 群 > 边界群 > 新建 > 支撑

C̄ 群 > 边界群 > 新建 > 铰接

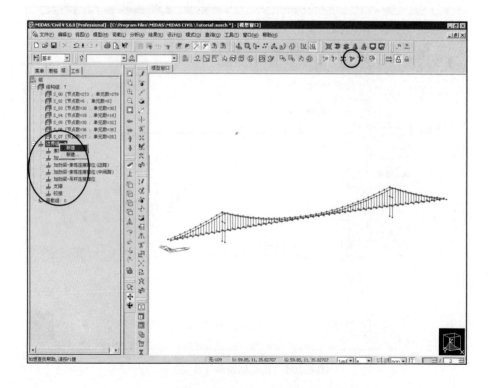

图 6.302　定义边界群名称

将索塔、主缆固定端以及加劲梁端部边界条件赋予相应边界群。如图 6.303 所示。

　　　　　🔍窗口缩放（放大左侧边跨）

　　　　　🔲窗口选择（节点：1，109，168，274）

　　　　　🔍对齐缩放；🔍窗口缩放（放大右侧边跨）

　　　　　🔲窗口选择（节点：53，110，220，277）

　　　　　树形菜单 > 群表单

　　　　　群 > 边界群 > 索塔、主缆固定端（拖放）

　　　　　选择边界类型

　　　　　🔍对齐缩放；🔍窗口缩放（放大左侧边跨）

　　　　　🔲窗口选择（节点：115）

　　　　　🔍对齐缩放；🔍窗口缩放（放大右侧边跨）

　　　　　🔲窗口选择（节点：167）

　　　　　树形菜单 > 群表单

　　　　　群 > 边界群 > 加劲梁端部（拖放）

　　　　　选择边界类型

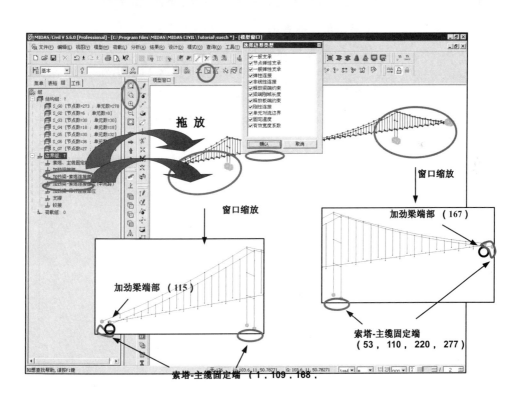

图 6.303　建立索塔–主缆固定端和加劲梁端部边界群

① 加劲梁-索塔连接部位的边界条件。

将使用"释放梁端约束"功能定义的边跨加劲梁的边界条件赋予"加劲梁-索塔连接部位（边跨）"边界群。如图 6.304 所示。

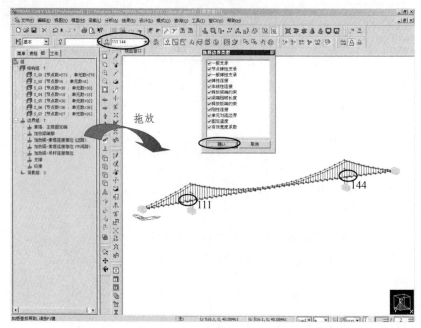

图 6.304　指定加劲梁–索塔连接部位（边跨）边界条件

　　树形菜单 > 群表单

　　🛠选择属性–单元（111 144）

　　边界群 > 加劲梁–索塔连接部位（边跨）（拖放）

　　选择边界类型 > 释放梁端约束（开）

　　将使用"释放梁端约束"功能定义的中间跨加劲梁的边界条件赋予"加劲梁-索塔连接部位（中间跨）"边界群。如图 6.305 所示。

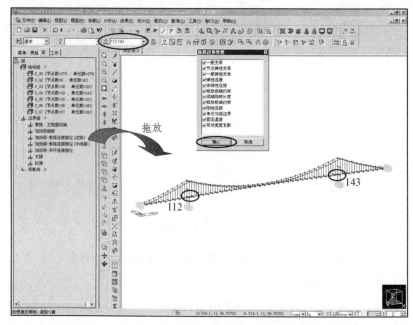

图 6.305　指定加劲梁–索塔连接部位（中间跨）边界条件

树形菜单 > 群表单

选择属性-单元（112 143）

边界群 > 加劲梁-索塔连接部位（中间跨）（拖放）

选择边界类型 > 释放梁端约束（开）

② 加劲梁-吊杆连接部位边界条件。

将使用"弹性连接"功能定义的加劲梁-吊杆连接部位的边界条件赋予"加劲梁-吊杆连接部位"边界群。如图 6.306 所示。

树形菜单 > 群表单

全选

边界群 > 加劲梁-吊杆连接部位（拖放）

选择边界类型 > 弹性连接（开）

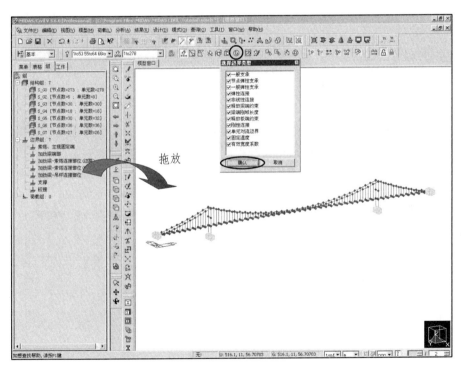

图 6.306　指定加劲梁-吊杆连接部位边界条件

③ 中间跨支撑边界条件。

将使用"刚性连接"功能定义的中间跨跨中位置的支撑边界条件赋予"支撑"边界群。如图 6.307 所示。

树形菜单 > 群表单

全选

边界群 > 支撑（拖放）

选择边界类型 > 刚性连接（开）

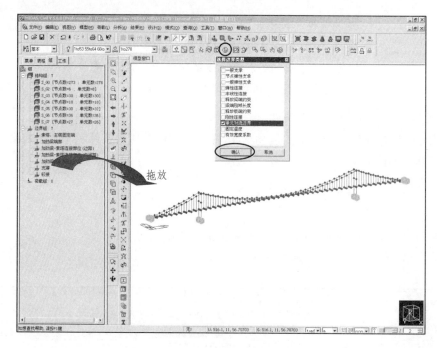

图 6.307　指定中间跨支撑部位的边界条件

（5）加劲梁的铰接。

施工悬索桥加劲梁的方法有边施工边刚接加劲梁的刚接法，以及在施工过程中不刚接施工完所有加劲梁段后，最后将加劲梁全长刚接起来的铰接法。本例题采用的是在成桥阶段刚接加劲梁、在施工阶段铰接加劲梁的铰接法。

为了便于赋予加劲梁铰接条件，只激活加劲梁和索塔。如图 6.308 所示。

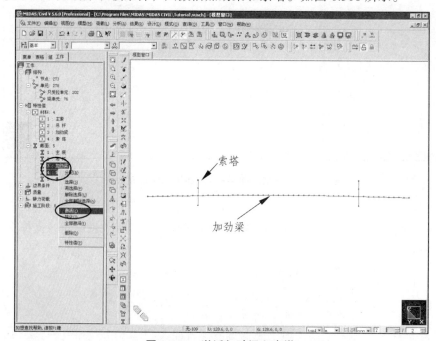

图 6.308　激活加劲梁和索塔

树形菜单 > 工作表单

C 特性值 > 截面 > 3：加劲梁；4：索塔（激活）

　　铰接法的特点为加劲梁只是作为荷载作用于吊杆上（参见图 6.258），在施工阶段加劲梁不产生内力。所以采用铰接法施工的悬索桥，在施工阶段分析中可以不建立加劲梁模型，而直接将加劲梁作为荷载施加在吊杆上。

　　为了更直观地观察各施工阶段加劲梁的施工过程，一般将加劲梁模型添加进各施工阶段，并且为了更接近实际施工过程中的结构体系，将加劲梁之间的连接定义为铰接。加劲梁之间的铰接条件是通过"释放梁端约束"功能实现的。使用"释放梁端约束"功能定义加劲梁之间的铰接时需注意如下事项：

　　如图 6.308（a）所示与刚体相连的两个加劲梁的端部，如果对弯矩（M_y）方向均设置为可以自由旋转，则刚体绕 y 方向也将无约束自由旋转，因此结构模型将成为不稳定体系。为了防止刚体绕 y 轴无约束自由旋转，应参照图 6.309（b）将其中一个加劲梁的一端中绕 y 旋转的自由度约束起来。

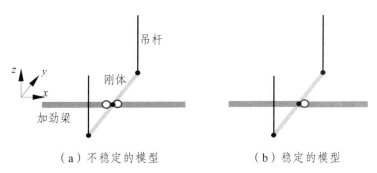

（a）不稳定的模型　　　　　　　（b）稳定的模型

图 6.309　加劲梁铰接法模型

　　如图 6.310 所示，在① 桥梁段只释放 j 端绕 y 轴方向约束，在② 桥梁段只释放 i 端绕 y 轴约束。

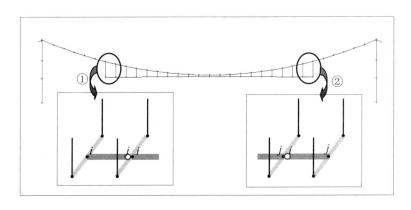

图 6.310　加劲梁铰接法模型（施工阶段）

　　如图 6.311 所示，将①、②区段的加劲梁单使用"释放梁端约束"功能，将 i 端绕 y 轴的约束释放，并且将其赋予名称为"铰接"的结构群。

> 模型/边界条件/释放梁端约束
> 边界群名称 > 铰接
> 选项 > 添加/替换
> ⬚ 窗口选择（单元：图 6.311 的①、②）
> 一般形式和固定形式 > My（i-节点）（开）

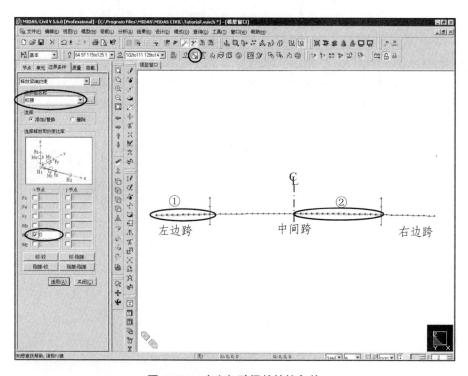

图 6.311　定义加劲梁的铰接条件

如图 6.312 所示，将①、②区段的加劲梁单使用"释放梁端约束"功能，将 j 端绕 y 轴的约束释放，并且将其赋予名称为"铰接"的结构群。

> 模型/边界条件/释放梁端约束
> 边界群名称 > 铰接
> 选项 > 添加/替换
> ⬚ 窗口选择（单元：图 6.312 的①、②）
> 一般形式和固定形式 > My（j-节点）（开）

注意：为了防止中间跨跨中节点左右两侧桥梁段绕 y 轴约束均被释放，跨中节点右侧（或左侧）一跨不释放约束（参见图 6.311 和图 6.312）。

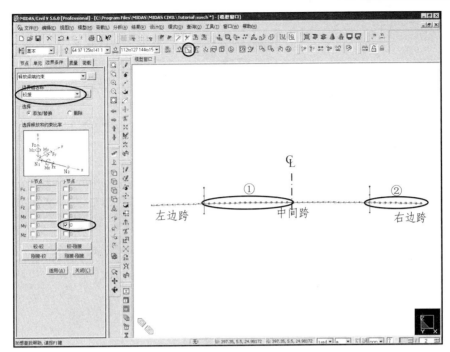

图 6.312　定义加劲梁的铰接条件

（6）定义各施工阶段荷载和荷载群。

在悬索桥逆施工阶段分析中，将各施工阶段中拆除的单元的自重沿重力方向反向加载到各施工阶段。

因为在成桥阶段没有定义过施工阶段荷载，在输入施工阶段荷载之前应先定义荷载和荷载群。如图 6.313、6.314 所示。

首先将施工阶段荷载名称定义为"C_Load"。

🎧　必须在荷载类型中选择施工阶段荷载。

荷载/静力荷载工况

名称（C-Load）

类型（施工阶段荷载）🎧

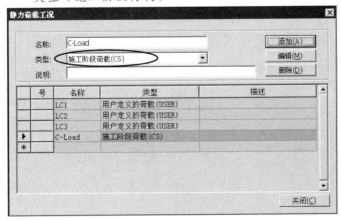

图 6.313　定义施工阶段静力荷载工况

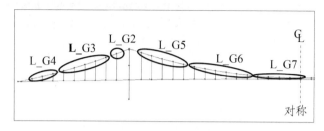

图 6.314　各施工阶段荷载群

输入各施工阶段荷载以及相应的荷载群。如图 6.315 所示。

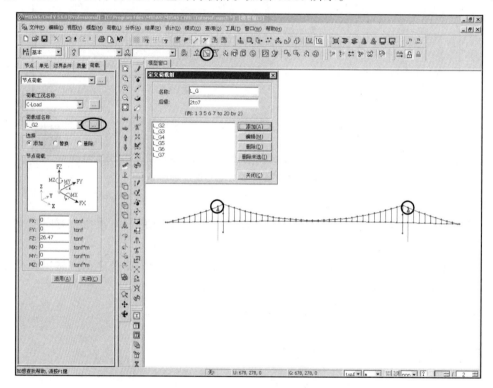

图 6.315　定义荷载群和荷载

作用在吊杆上的加劲梁自重：4.235/2×12.5 = 26.47 tonf

荷载/节点荷载

荷载工况名称 > C_Load

🎧　从逆施工阶段C
S2开始拆除加劲梁
单元。

荷载群名称 > …

定义荷载群 > 名称（L_G）；序列（2to7）🎧

🔲窗口选择（节点：10，44，177，211）

荷载群名称 > L_G2

选项 > 添加

Fz（26.47）

按下列步骤输入其他施工阶段的荷载和荷载群。如图 6.316 所示。

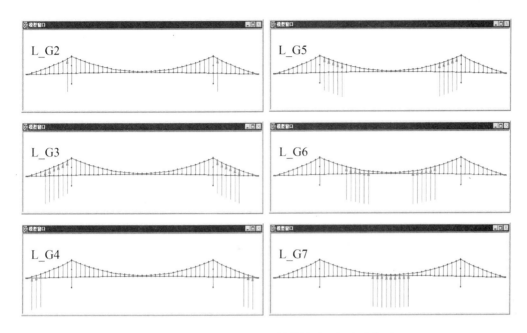

图 6.316 输入各施工阶段荷载并赋予相应结构群

荷载/节点荷载

◪窗口选择（节点：5to9，45to49，172to176，212to216）

荷载群名称 > L_G3

Fz（26.47）

◪窗口选择（节点：2to4，50to52，169to171，217to219）

荷载群名称 > L_G4

Fz（26.47）

◪窗口选择（节点：12to16，38to42，179to183，205to209）

荷载群名称 > L_G5

Fz（26.47）

◪窗口选择（节点：17to22，32to37，184to189，199to204）

荷载群名称 > L_G6

Fz（26.47）

◪窗口选择（节点：23to31，190to198）

荷载群名称 > L_G7

Fz（26.47）

（7）定义施工阶段。

将前面定义的结构群、边界群、荷载群分配给相应的施工阶段。表 6.9 列出了各施工阶段中应激活和钝化的结构群、边界群和荷载群。

表 6.9　各施工阶段单元、边界条件、荷载群

施工阶段	结构群		边界群		荷载群	
	激活	钝化	激活	钝化	激活	钝化
CS0	S_G0		索塔、主缆固定端 加劲梁端部 加劲梁-索塔接部位（边跨） 加劲梁-索塔连接部位（中间跨） 加劲梁-吊杆刚接 支撑			
CS1			铰接	支撑		
CS2		S_G2				L_G2
CS3		S_G3				L_G3
CS4		S_G4				L_G4
CS5		S_G5				L_G5
CS6		S_G6				L_G6
CS7		S_G7				L_G7

注：
CS0：成桥阶段；
CS1：刚接加劲梁之前的施工阶段；
CS2~CS7：施工加劲梁和吊杆的施工阶段。

定义施工阶段 CS0（成桥阶段）。如图 6.317 所示。

荷载/施工阶段分析控制数据/⊞定义施工阶段

名称＞CS0　　编辑/显示(M)

保存结果＞施工阶段（开）

单元＞群列表＞S_G0；激活＞　　添加(A)

边界条件＞群列表＞

索塔-主缆端部；加劲梁端部；加劲梁-索塔连接部位（边跨）

加劲梁-索塔连接部位（中间跨）；加劲梁-吊杆连接部位；支撑

激活＞　　添加(A)

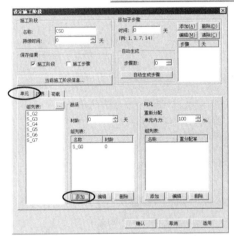 

图 6.317　定义施工阶段 CS0

可以按上述步骤确定其他施工阶段（CS1~CS7），但为了提高效率，可以使用"MCT 命令窗口"功能。像定义施工阶段这样的需要反复输入的操作使用"MCT 命令窗口"功能将获得事半功倍的效果。下面是在"MCT 命令窗口"中输入施工阶段信息的步骤。

工具 > MCT 命令窗口

命令或数据（*STAGE）　　插入数据

如图 6.318 所示，施工阶段包含 8 类信息，每类信息都有一英文名称代表，各英文名称所代表的信息内容如下：

Name：施工阶段名称，施工持续时间，是否保存分析结果

STEP：时间步骤

AELEM：应激活的结构群和初期材龄

DELEM：应钝化的结构群和因单元的添加和拆除引起的内力再分配率

ABNDR：应激活的边界群和激活位置

DBNDR：应钝化的边界群

ALOAD：应激活的荷载群和时间步骤

DLOAD：应钝化的荷载群和时间步骤

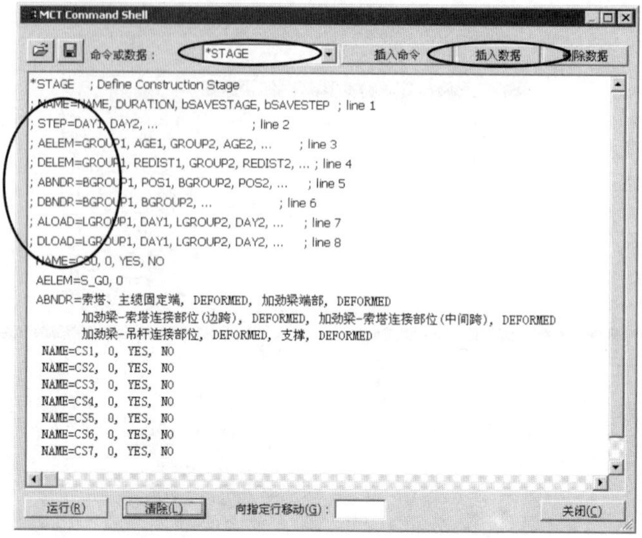

图 6.318　MCT 命令窗口

如图 6.319 所示，在"MCT 命令窗口"中修改施工阶段 CS1~CS7 的信息。

图 6.319　MCT 命令窗口

按图 6.319 所示输入完后点击　运行(R)　键，将自动生成施工阶段。
在模型空间上查看是否正确输入了施工阶段。如图 6.320 所示。

施工阶段
工具条

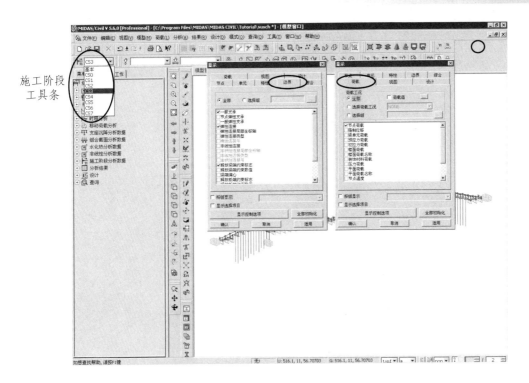

图 6.320　在模型空间查看定义的施工阶段（CS3）

🎧　将鼠标移动到施工阶段工具条上，使用键盘上的上下移动键选择施工阶段，在模型空间上将显示所选施工阶段的模型。

查看/🖥显示

边界条件表单

支撑条件（开）；释放梁端约束（开）

刚性连接（开）；弹性连接（开）

荷载表单

荷载工况＞全部（开）；Nodal Load（开）

施工阶段＞CS3🎧

（8）输入施工阶段分析控制数据。

选择施工阶段分析的最终施工阶段和分析方法。

因为悬索桥在各施工阶段位移很大，分析时需要考虑变形后的形状，所以应选择大位移分析（large displacement analysis）。

施工阶段＞基本

分析/施工阶段分析控制数据

最终阶段＞最后阶段（开）（参考图 6.321）

分析选项＞考虑非线性分析（开）

收敛条件＞位移条件（开）

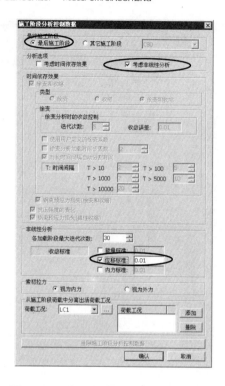

图 6.321 施工阶段分析控制数据对话框

7. 运行结构分析（施工阶段分析）

建立了各施工阶段分析模型之后，运行结构分析。

分析/ 运行分析

8. 查看各施工阶段分析结果

查看各施工阶段变形形状和内力变化。

（1）查看变形形状。

查看各施工阶段变形形状，掌握各施工阶段结构的变化。

图 6.322 显示的是只有索塔和主缆的施工阶段 CS7 的变形形状。

🎧　程序默认的变
形显示比例过大时，
用户可以调整变形
显示比例后再查看
结果。

🎧　使用键盘上的
上下移动键在"施工
阶段"工具条上选择
"施工阶段"及时查
看各施工阶段的变
形形状。

结果/变形表单/ 变形形状

荷载工况/荷载组合 > CS：施工阶段

组成成分 > DXYZ

显示类型 > 变形前（开）；图例（开）

变形 ... > 显示变形比例（0.2）🎧

施工阶段工具条 > CS7🎧

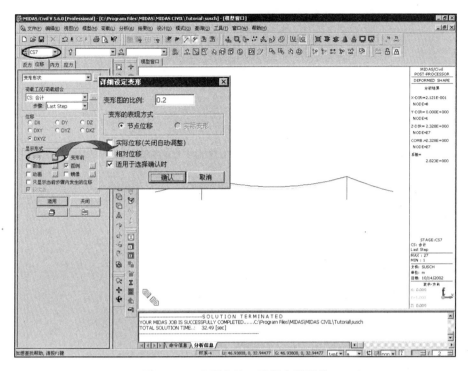

图 6.322 查看各施工阶段变形形状

中间跨主缆的垂度变化是控制施工精确度的标准之一。下面使用图形查看各施工阶段垂度变化量。如图 6.323 所示。

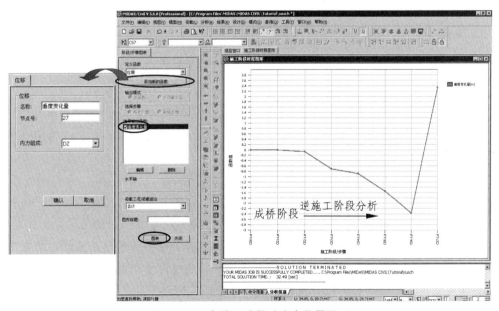

图 6.323 各施工阶段垂度变化量图形

结果/施工阶段/步骤时程图形

定义函数 > 位移 >   添加新的函数

位移 > 名称（垂度变化量）；节点号（27）

组成成分 > DZ

定义的函数列表 > 垂度变化量（开）

【图表】

（2）决定后仰量（set back）。

施工加劲梁在吊杆之前的施工阶段决定索塔的后仰量。

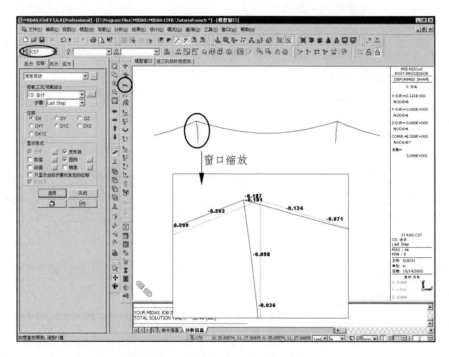

图 6.324　查看各施工阶段变形形状

结果/变形表单/▟ 变形形状（参考图 6.324）

施工阶段工具条 > CS7

荷载工况/荷载组合 > CS：施工阶段

组成成分 > DX

显示类型 > 变形前（开）；图例（开）

　　注：后仰量：在悬索桥的成桥阶段设计中，一般使悬索桥索塔顶端处于力的平衡状态，所以成桥阶段索塔不产生弯矩。施工时如果将主缆直接架设在与成桥阶段相同跨长的索塔上，则施工后索塔顶端在水平方的力处于不平衡状态，主缆将向中间跨滑动或索塔顶端向中间跨方向发生水平位移。因此为了在成桥阶段使索塔左右端主缆的水平方向力处于平衡状态，一般使用缆绳将索塔顶端的位置向边跨预先移动一些（也可称为预拱度），该操作称为后仰（set back），移动量称为后仰量。

　　使用图形查看索塔顶端在各施工阶段的水平位移。

　　如图 6.325 所示，逆施工阶段 CS7 的水平位移量为索塔的后仰量。

结果/施工阶段/步骤时程图形

定义函数 ＞ 位移 ＞ 　添加新的函数　

位移 ＞ 名称（索塔水平位移）；节点号（43）

组成成分 ＞ DX

定义的函数列表 ＞ 索塔水平位移（开）

选择输出的函数 ＞ 垂度变化量（关）

　图表　

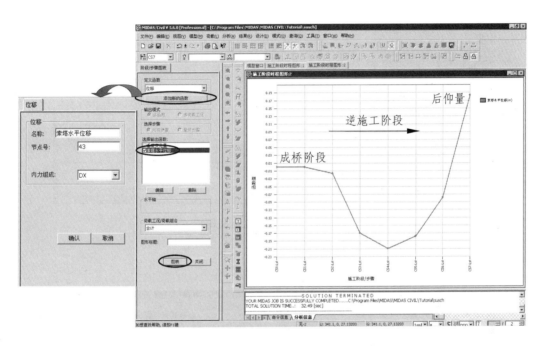

图 6.325　各施工阶段索塔水平位移量

（3）查看弯矩。

查看各施工阶段加劲梁和索塔的弯矩。

自承式悬索桥的特点是在施工阶段和初始平衡状态，在结构自重作用下加劲梁不发生弯矩。索塔在初始平衡状态因为在顶端左右跨主缆的水平力处于平衡状态，所以不发生弯矩。但图 6.326 所示索塔在施工阶段发生弯矩。

结果/内力/∪ 梁内力图

荷载工况 ＞ 荷载组合 ＞ CS：施工阶段

组成成分 ＞ My

显示选项 ＞ 5 点（开）；填充线（开）

显示类型 ＞ 等高线（开）；变形（开）

图例（开）；变形前（开）

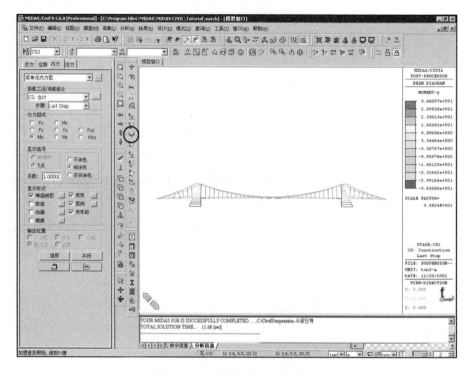

图 6.326　查看各施工阶段弯矩

（4）查看轴力。

查看各施工阶段的主缆和吊杆的张力。如图 6.327 所示。

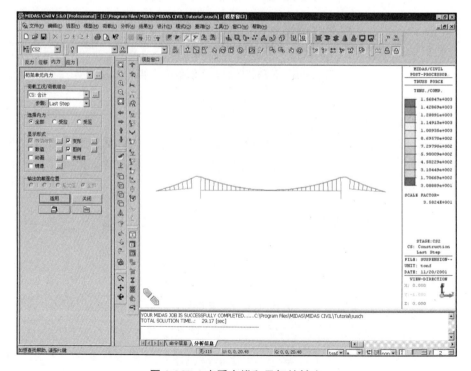

图 6.327　查看主缆和吊杆的轴力

结果/内力/□桁架单元内力

荷载工况/荷载组合 > CS：施工阶段

内力成分 > 全部

显示类型 > 变形（开）；图例（开）

使用"图形"查看与右侧索塔相连的主缆在各施工阶段的张力变化。如图 6.328 所示。

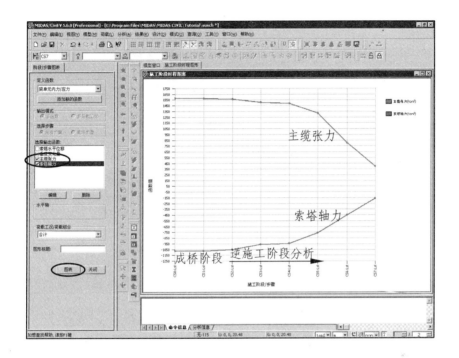

6.328　各施工阶段主缆张力变化图形

结果/施工阶段/步骤时程图形

定义函数 > 桁架单元内力 >　　添加新的函数

桁架单元内力 > 名称（主缆张力）；单元号（43）

内力；节点 > i-节点

　定义函数 > 梁单元内力 >　　添加新的函数

梁单元内力 > 名称（索塔轴力）；单元号（161）

内力；节点 > i-节点；组成成分 > 轴力

定义的函数列表 > 主缆张力；索塔轴力（开）

　　图表

（5）使用动画查看变形形状。

使用动画功能查看各施工阶段变形形状。如图 6.329 所示。

　　　　消隐

　　　　结果/变形/□位移等高线

　　　　组成成分 > DXYZ

显示类型＞变形（开）；图例（开）；动画＞ ...

动画详细控制＞动画等高线（开）

每秒显示线框架（5～50）＞（1）

施工阶段选项＞施工阶段动画＞从＞CS0；到＞CS7

纪录

关闭

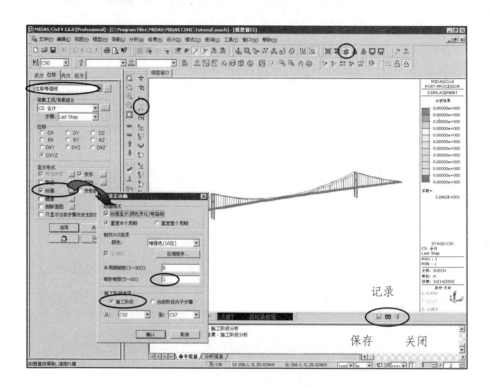

图 6.329　使用动画查看各施工阶段变形形状

6.7　斜拉桥成桥阶段和施工阶段分析

1. 概　要

斜拉桥的特点是拉索和主梁有机地结合在一起，不仅桥形美观，而且根据所选的索塔形式以及拉索的布置能形成多种多样的结构形态，易与周边环境融合，是符合环境设计理念的桥梁形式之一。

斜拉桥对设计和施工技术的要求非常严格，其结构分析与设计与其他桥梁形式有很大不同，设计人员需具有较深厚的理论基础和较丰富的设计经验。在斜拉桥设计中，不仅要对恒荷载和活荷载做静力分析，而且必须做特征值分析、移动荷载分析、地震分析和风荷载分析。

为了确定各施工阶段中设置拉索时的张力，首先要确定在成桥阶段自重作用下的初始平衡状态，然后按顺序做施工阶段分析。

　　在本例题中将介绍建立斜拉桥分析模型的方法、计算拉索初拉力的方法、施工阶段分析的步骤以及查看分析结果的方法。本例题中的桥梁模型图 6.330 所示三跨连续斜拉桥，中间跨径为 220 m、边跨跨径为 100 m。

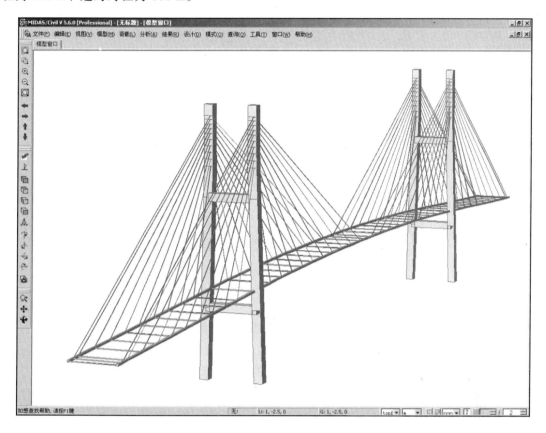

图 6.330　斜拉桥分析模型

2. 桥梁基本数据

　　为了说明斜拉桥分析的步骤，本例题桥梁采用了比较简单的分析模型，可能与实际桥梁设计内容有所不同。如图 6.331 所示。

　　本例题桥梁的基本数据如下：

桥梁形式：　　　　三跨连续斜拉桥（自锚式）

桥梁等级：　　　　1 级

桥梁全长：　　　　100.0 m + 220.0 m + 100.0 m = 420.0 m

桥梁宽度：　　　　15.6 m

设计车道：　　　　2 车道

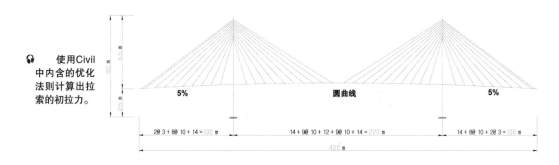

🎧 使用Civil中内含的优化法则计算出拉索的初拉力。

图 6.331 斜拉桥纵向立面图

3. 荷 载

（1）自重：由程序内部自动计算。

（2）二期恒载：桥面铺装、护墙荷载等。

（3）拉索初拉力：满足成桥阶段初始平衡状态的拉索张力🎧。（参考图 6.332）

4. 设定建模环境

为了做斜拉桥的成桥阶段分析，首先打开新项目（⬜新项目）以"cable stayed"名字保存（💾保存）文件。然后将单位体系设置为"tonf"和"m"。该单位体系可以根据输入的数据类型更换。如图 6.333 所示。

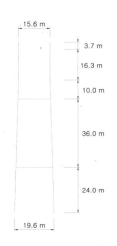

图 6.332 索塔

文件/⬜新项目
文件/💾保存（cable stayed）
工具/单位体系
长度 > m；力 > tonf

5. 定义材料和截面的特性值

输入拉索、主梁、索塔、横向系梁、索塔横梁的材料特性值。在"特性值"对话框中的材料表单里点击 添加(A)... 键。如图 6.334 所示。

🎧 定义多种材料时，使用 应用(A) 按钮会更方便一些。

模型/特性值/⊞材料
名称（拉索）
类型 > 用户定义
弹性模量（2.0e7），泊松比（0.3）
比重（7.85）🎧

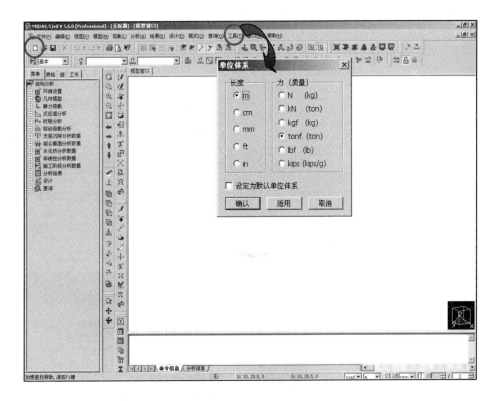

图 6.333 设定单位体系

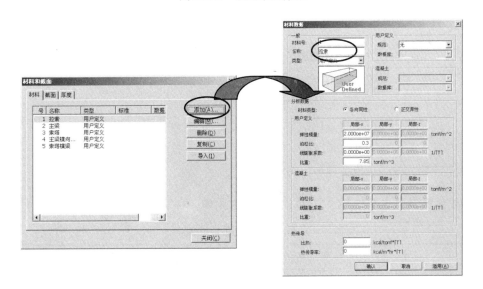

图 6.334 定义材料特性对话框

按上述方法参照表 6.10 输入主梁、索塔、主梁横向系梁、索塔横梁等的材料特性值。

表 6.10　材料特性值

号	项目	弹性模量/（tonf/m²）	泊松比	比重/（tonf/m³）
1	拉索	2.0×10^7	0.3	7.85
2	主梁	2.1×10^7	0.3	7.85
3	索塔	2.0×10^6	0.17	2.5
4	主梁横向系梁	2.0×10^7	0.3	7.85
5	索塔横梁	2.0×10^6	0.17	2.5

输入拉索、主梁、索塔、主梁横向系梁、索塔横梁等的截面特性值。在"特性值"对话框中的截面表单里点击 添加(A)... 键。如图 6.335 所示。

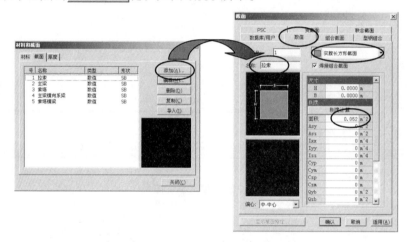

图 6.335　"定义截面特性"对话框

模型/特性值/▮截面

特性值表单

截面号（1）；名称（拉索）

截面形状 > 实心长方形

计算特性值 > Area（0.0052）

按上述方法参照表 6.11 输入主梁、索塔、主梁横向系梁、索塔横梁等的截面特性值。

表 6.11　截面特性值

号	项目	Area/m²	I_{xx}/m⁴	I_{yy}/m⁴	I_{zz}/m⁴
1	拉索	0.0052	0.0	0.0	0.0
2	主梁	0.3902	0.007	0.1577	4.7620
3	索塔	9.2000	19.51	25.5670	8.1230
4	主梁横向系梁	0.0499	0.0031	0.0447	0.1331
5	索塔横梁	7.2000	15.79	14.4720	7.9920

6. 成桥阶段分析

本例题在建立了成桥阶段模型后将计算因自重和二期恒载引起的拉索初拉力，然后利用拉索的初拉力做成桥阶段初始平衡状态分析。

首先使用 Midas/Civil 提供的"斜拉桥建模助手"功能生成二维斜拉桥模型，然后利用二维模型通过复制等手段建立三维斜拉桥模型。

使用包含有优化法则的"未知荷载系数"功能可以很方便地求出成桥阶段的拉索初拉力。

斜拉桥成桥阶段模型参见图 6.336。

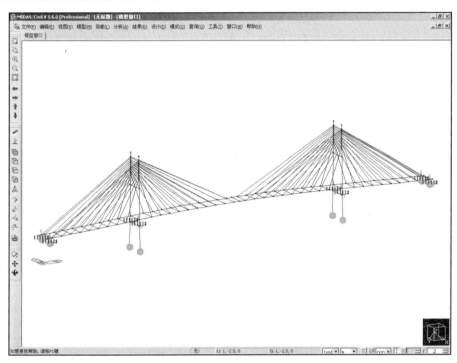

图 6.336　斜拉桥成桥阶段模型

7. 结构建模

本例题中建立斜拉桥模型的步骤是首先建立成桥阶段模型，然后做成桥阶段分析，最后使用其他名称做施工阶段分析。

建立斜拉桥成桥阶段模型的详细步骤如下：

1. 生成斜拉桥二维模型：利用斜拉桥建模助手
2. 建立索塔模型
3. 扩建为三维模型
4. 建立主梁横向系梁
5. 生成索塔上的主梁支座
6. 生成桥墩上的主梁支座
7. 输入边界条件
8. 计算拉索初拉力：利用未知荷载系数功能

9. 输入荷载及荷载条件

10. 运行结构分析

11. 计算未知荷载系数

8. 生成二维模型

在 Midas/Civil 提供的"斜拉桥建模助手"中输入结构的一些基本数据，程序将自动生成斜拉桥的二维模型。如图 6.337 所示。

在"斜拉桥建模助手"中输入以下数据：

> 只要在斜拉桥建模助手中输入拉索、主梁、索塔的材料和截面特性值以及基本布置，程序将自动生成斜拉桥二维模型。

🔲正面　　　　🔲点栅格（关）　　　🔲捕捉点栅格（关）

🔲捕捉轴网（关）　🔲捕捉节点（开）　🔲捕捉单元（开）

模型/结构建模助手/⚓斜拉桥建模助手⏎

类型 > 对称桥梁

A > X（m）（0）；Z（m）（25）；B > X（m）（100）；Z（m）（90）

索塔高度 > H1（m）（90）⏎

> 将拉索和吊杆的单元类型选择为桁架单元时，拉索和吊杆将按桁架单元单元计算；选择为只受拉单元（索单元）时，线性分析时拉索按等效桁架单元计算，非线性分析时拉索按弹性悬索单元计算。

材料 > 拉索 > 1：拉索；主梁 > 2：主梁；索塔 > 3：索塔

截面 > 拉索 > 1：拉索；主梁 > 2：主梁；索塔 > 3：索塔

选择拉索和吊杆的单元类型 > 桁架单元　🎧

桥面形状（开）> 左侧坡度（%）（5）；弧形坡度弦长（m）（220）⏎

拉索间距和高度

左边跨（3，8@10，14）；（1.2，3@1.5，3@2，2@2.3，45）

中间跨（14，9@10，12，9@10，14）

> 两侧边跨坡度为5%，中间跨为与两边跨相切的圆弧曲线。

> 查看选项中选择实际图形时，在建模助手窗口中将显示实际输入的斜拉桥二维模型形状。（参考图6.338）

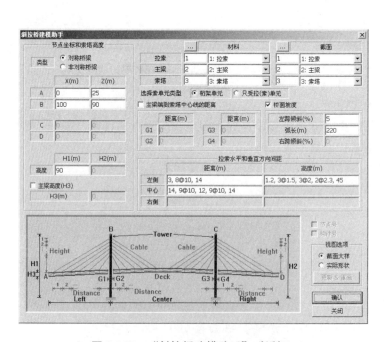

图 6.337　"斜拉桥建模助手"对话框

　　使用"斜拉桥建模助手"建立斜拉桥模型时，边跨和中间跨主梁均被建成为简支梁，所以在主梁与索塔相交处，将生成重复的节点。因为本例题桥梁为自锚式斜拉桥，所以主梁应为三跨连续梁形式，重复的节点需使用"合并节点"功能删除，从而使主梁满足连续条件。

　　　　🔲^{n}节点号（开）🔲正面
　　　　模型/单元/🔲合并节点
　　　　合并 > 全部
　　　　合并误差（0.001）
　　　　删除重复节点（开）

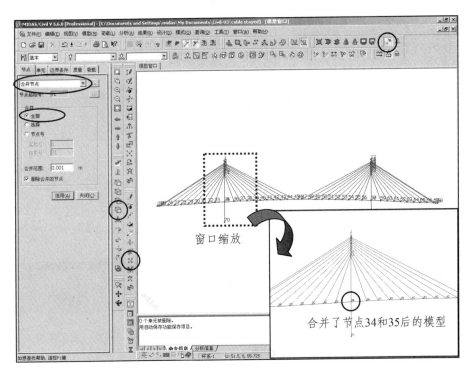

图6.338　生成斜拉桥二维模型

9. 建立索塔模型

　　本例题中的斜拉桥模型索塔顶部宽度为 15.6 m、底部宽度为 19.6 m。为了建立倾斜的索塔模型，使用"移动和复制节点"功能将索塔底端向 Y 轴方向移动-2 m。

　　　　🔲左面　　🔲自动对齐　　🔲^{n}节点号（关）
　　　　模型/节点/🔲移动和复制节点
　　　　🔲窗口选择（节点：图 6.339 的①）
　　　　模式 > 移动；间距 > 不等间距
　　　　方向 > y；距离（m）（-2）

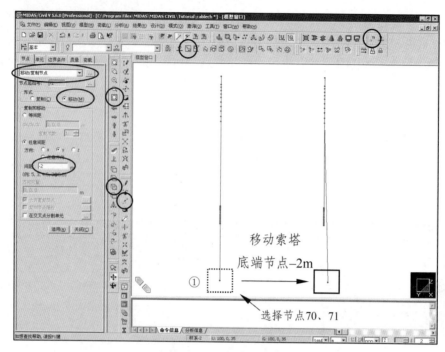

图 6.339　倾斜布置索塔

倾斜布置的索塔构件的单元坐标轴因节点的移动发生了变化。这是因为 Midas/Civil 根据单元的布置方向确定"Beta 角"。🎧

为了便于查看分析结果，将索塔构件的"Beta 角"修改为-90°，使索塔上部和下部单元的单元坐标轴一致。

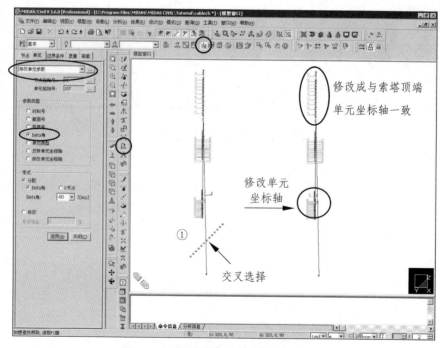

图 6.340　修改索塔构件的单元坐标轴

📺显示

单元 > 局部坐标轴（开）

模型/单元/🔧修改单元特性值

⚙交叉选择（单元：图 6.340 的①）

参数类型 > Beta 角

Beta 角（度）（-90）

> 关于Beta角的详细说明，请参照"三维框架例题"或土木结构分析中的"单元类型以及主要考虑事项"章节中"桁架单元"部分。

为了建立索塔横梁，使用"分割单元"功能沿 Z 轴方向分割单元。如图 6.341 所示。

模型/单元/✂分割单元

🔲选择前次

分割 > 单元类型 > 杆系（开）；不等间距（开）

x（m）（10，36）🎧

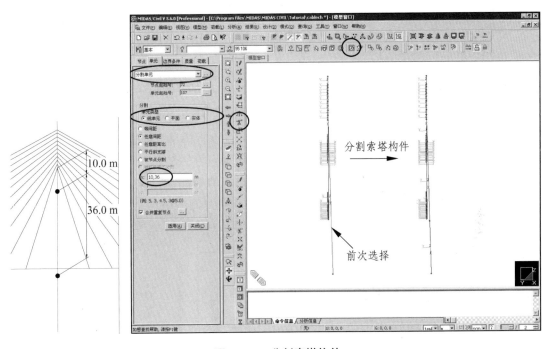

图 6.341 分割索塔构件

10. 建立三维模型

因为桥梁宽度为 15.6 m，所以首先将二维斜拉桥模型沿 Y 轴方向移动-7.8 m。如图 6.342 所示。

模型/节点/➹移动和复制节点

🔲全选

模式 > 移动；间距 > 不等间距

方向 > y；距离（m）（-7.8）

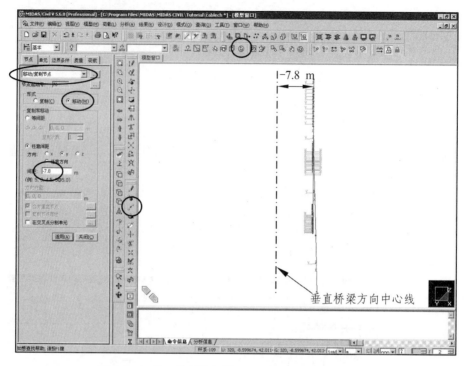

图 6.342　将二维斜拉桥模型沿 Z 轴方向移动−7.8 m

　　使用"镜像单元"功能将拉索、主梁、索塔单元以垂直桥梁方向中心线镜像复制。为了使复制的索塔的单元坐标系与原来的一致，打开"镜像 Beta 角"选项。如图 6.343 所示。

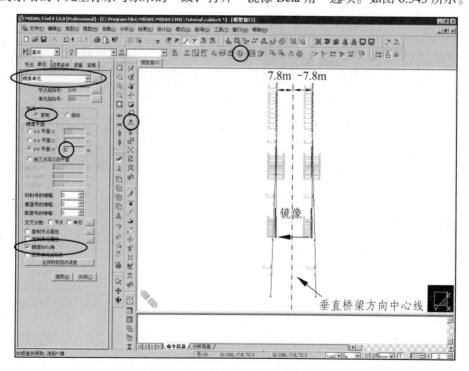

图 6.343　建立斜拉桥三维模型

模型/单元/⚡镜像单元

⟲全选

模式 > 复制

镜像面 > z-x 平面（m）（0）

镜像 Beta 角（开）

11. 建立主梁横向系梁

关闭显示单元坐标轴，使用"扩展单元"中"由节点生成线单元"的功能建立主梁的横向系梁。如图 6.344 所示。

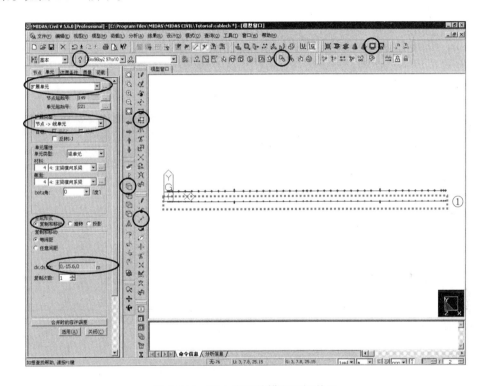

图 6.344　建立主梁的横向系梁单元

⊞顶面

🖥显示

单元 > 局部坐标轴（关）

模型/单元/⊞扩展单元

🔧选择属性-节点

选择类型 > 材料

节点（开）；单元（关）

（2：主梁）

🔲解除选择窗口（节点：图 6.344 的①）

扩展类型 > 节点 > 线单元

单元属性 > 单元类型 > 梁单元

材料 > 4：主梁的横向系梁

截面 > 4：主梁的横向系梁

生成方式 > 复制

间距 > 等间距；dx，dy，dz（0，-15.6，0）

复制次数（1）

12. 建立索塔横梁

为了提高建立模型的效率，在建立索塔横梁模型之前只将索塔构件激活。

正面

窗口选择（图 6.345 的①）

激活

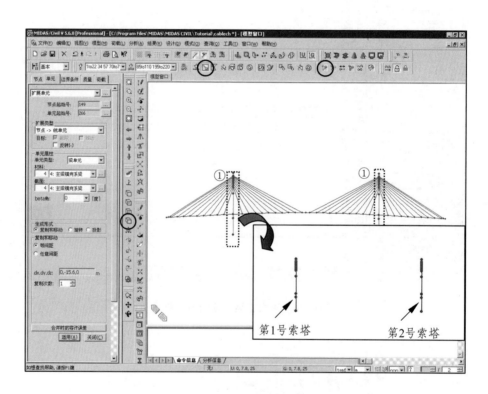

图 6.345　选择索塔构件

使用"建立单元"功能建立索塔横梁单元。如图 6.346 所示。

标准　　节点号（开）　　捕捉单元（关）

模型/单元/建立单元

单元类型 > 一般梁/变截面梁

材料 > 5：索塔横梁

截面 > 5：索塔横梁

连接节点（142，72）（145，73）（144，74）（147，75）

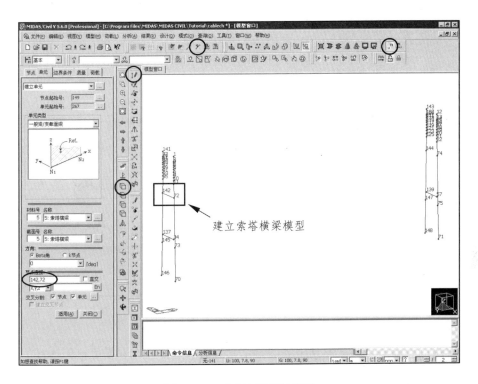

图 6.346　建立索塔横梁模型

13. 生成索塔上的主梁支座

使用"投影节点"功能，设置主梁在索塔上的支座位置。

模型/节点/投影节点

窗口缩放（图 6.347 的①）

模式 > 复制；投影类型 > 投影节点到线上

窗口选择（节点：图 6.347 的②）

定义基准线 > P1（145）；P2（73）；方向 > 法向

合并重复节点（开）

窗口缩放（图 6.347 的③）

模式 > 复制；投影类型 > 投影节点到线上

窗口选择（节点：图 6.347 的④）

定义基准线 > P1（147）；P2（75）；方向 > 法向

合并重复节点（开）

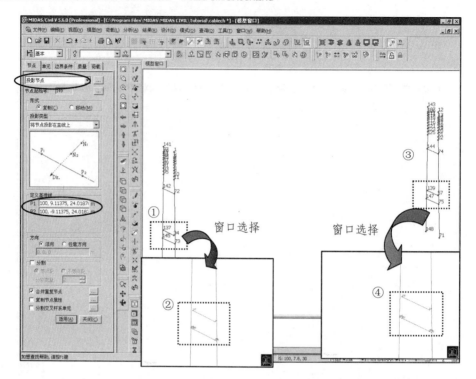

图 6.347　生成索塔上的主梁支座节点

因为使用"投影节点"复制到索塔横梁单元上的节点并没有和横梁单元连接（只是投影在横梁单元上），所以应使用"分割单元"功能分割索塔横梁单元。

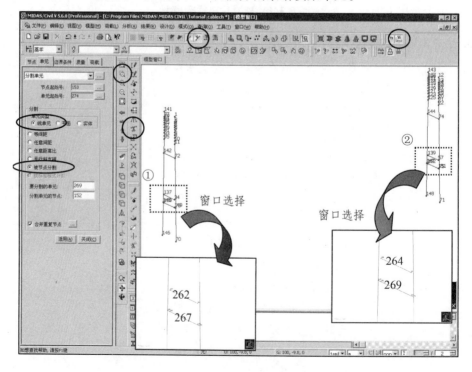

图 6.348　分割索塔横梁

　　以投影在索塔横梁上的节点为分割点分割单元。

🎧 捕捉单元（开）　🔢 单元号（开）

模型/单元/🔲 分割单元

🔍 窗口缩放（图 6.348 的①）

单元类型 > 杆系（开）；被节点分割（开）🎧

被分割的单元（267）🖰；分割点（149）🖰

被分割的单元（267）🖰；分割点（150）🖰

　　用鼠标选择或直接输入欲分割的单元号，然后选择分割点分割单元。

🔍 窗口缩放（图 6.348 的②）

被分割的单元（269）🖰；分割点（151）🖰

被分割的单元（269）🖰；分割点（152）🖰

　　使用"移动和复制节点"功能，在索塔的主梁支座位置生成节点。

🔢 单元号（关）

模型/节点/✏️ 移动和复制节点

🔍 窗口缩放（图 6.349 的①）

✒️ 窗口选择（节点：150，149）

🔍 窗口缩放（图 6.349 的②）

✒️ 窗口选择（节点：152，151）

模式 > 复制；间距 > 等间距

dx，dy，dz（0，0，0.27）

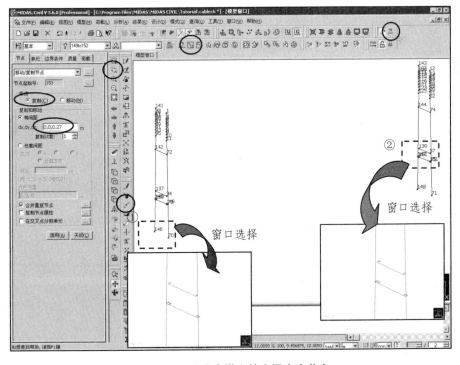

图 6.349　生成索塔上的主梁支座节点

桥梁工程计算机辅助设计——Midas/Civil 教程
QIAOLIANGGONGCHENG JISUANJI FUZHUSHEJI — Midas/Civil JIAOCHENG

使用"弹性连接单元"（Elastic Link）模拟索塔上的支座。

支座的基本数据如下：

SDx：20，367，407 tonf/m，SDy：7，483 tonf/m，SDz：7，483 tonf/m

模型/边界条件/弹性连接

🔍 窗口缩放（图 6.350 的①）

选项 > 添加/替换；连接类型 > 一般类型

🎧 输入索塔间距
220 m，同时输入
两个索塔上的弹
性连接单元。

SDx（tonf/m）（20367407）；SDy（tonf/m）（7483）；

SDz（tonf/m）（7483）

复制弹性连接（开）> 方向 > x；距离 s（m）（220）🎧

2 点（150，154）🎧

2 点（149，153）🎧

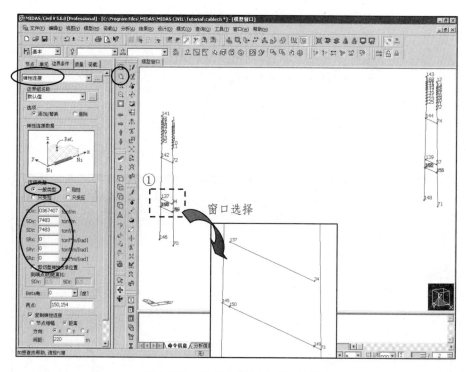

图 6.350　生成索塔上的主梁支座

14. 生成桥墩上的主梁支座

使用"移动和复制节点"功能，在桥墩上的主梁支座位置生成节点。

🔍 全部激活

模型/节点/🖊移动和复制节点

🔍 窗口缩放（图 6.351 的①）

🔍 单选（节点：76，24）

🔍 窗口缩放（图 6.351 的②）

单选（节点：135，68）

模式＞复制；间距＞不等间距

方向＞z；距离（m）（-4.5，-0.27）

适用(A)

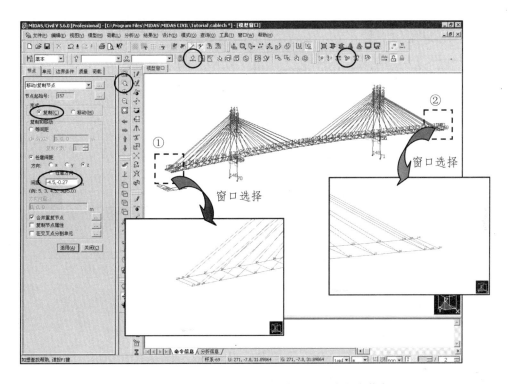

图 6.351　生成桥墩节点和主梁在桥墩上的支座节点

使用"弹性连接单元"（Elastic Link）模拟桥墩上的支座。

支座的基本数据如下：

SDx：20，367，407 tonf/m，SDy：7，483 tonf/m，SDz：7，483 tonf/m

自动对齐

模型/边界条件/弹性连接

窗口缩放（图 6.352 的①）

选项＞添加/替换；连接类型＞General 类型

SDx（tonf/m）（20367407）；SDy（tonf/m）（7483）；

SDy（tonf/m）（7483）

复制弹性连接（开）＞方向＞x；距离 s（m）（414）

2 点（163，159）

2 点（161，157）

> 同时生成右侧桥墩的弹性连接单元。桥墩间距为420-3×2=414 m

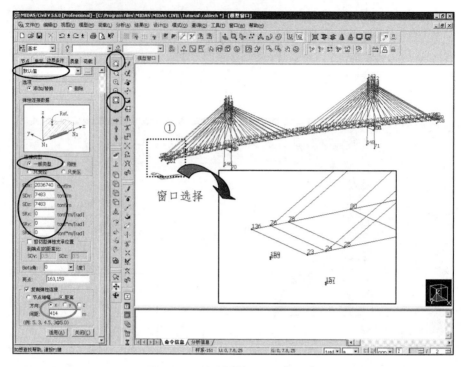

图 6.352　生成桥墩上的主梁支座

15. 输入边界条件

本例题中斜拉桥模型的边界条件如下：

（1）索塔、桥墩下端：固端（Dx，Dy，Dz，Rx，Ry，Rz）。

（2）主梁与支座的连接：弹性连接（Dx，Dy，Dz，Rx，Ry，Rz）。

输入索塔和桥墩下端的边界条件。

> 🔲自动对齐　　🔲正面
> 选择节点 161、163　　选择节点 162、164
> 模型/边界条件/支撑条件
> 🔲窗口选择（节点：图 6.353 的①，②，③，④）
> 边界群名称＞默认值
> 选项＞添加；支撑类型＞D-ALL，R-ALL

"刚性连接"主梁形心和索塔支座。

> 🔲标准
> 模型/边界条件/刚性连接
> 🔍窗口缩放（图 6.354 的①）
> 边界群名称＞默认值；选项＞添加/替换
> 刚性连接的自由度＞Dx，Dy，Dz，Rx，Ry，Rz（开）
> 复制弹性连接（开）；方向＞x；距离 s（m）（220）

主节点号（154）；单选（节点：137）

主节点号（153）；单选（节点：34）

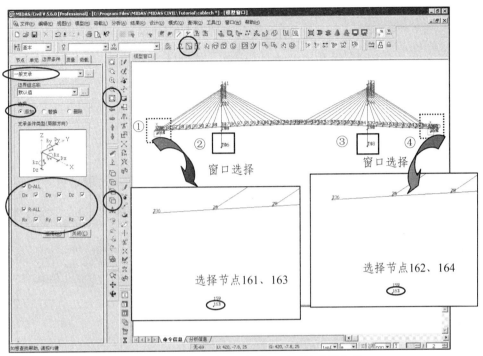

图6.353 输入索塔以及桥墩下端固端边界条件

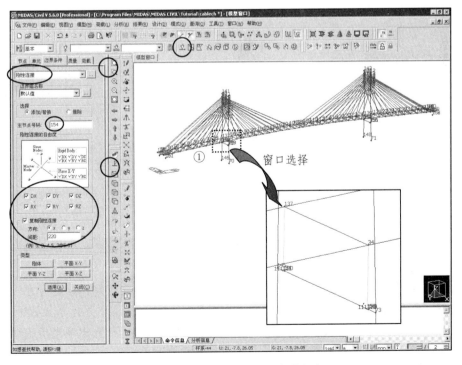

图6.354 刚性连接主梁和索塔支座

"刚性连接"主梁形心和桥墩支座。

🔲 自动对齐

模型/边界条件/刚性连接

🔍 窗口缩放（图 6.355 的①）

边界群名称＞默认值；选项＞添加/替换

刚性连接自由度＞Dx，Dy，Dz，Rx，Ry，Rz（开）

复制弹性连接（开）；方向＞x；距离 s（m）（414）

主节点号（159）；⬇单选（节点：76）

主节点号（157）；⬇单选（节点：24）

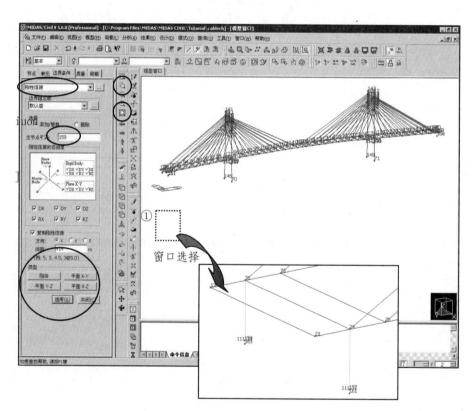

图 6.355　刚性连接主梁和桥墩支座

16. 计算拉索初拉力

为了改善斜拉桥成桥阶段主梁、索塔、拉索以及支座的受力状态，给拉索施加一定的初拉力，使之与结构自重平衡。

因为斜拉桥是高次非静定结构，计算拉索的初拉力需要多次反复计算。另外，因为各拉索的张力并不是只有唯一的解，所以对于同一个斜拉桥不同的设计人员会得出不同的初拉力。

Midas/Civil 的"未知荷载系数"功能使用了优化法则，可以计算出满足指定约束条件下的结构最优的荷载系数，所以在计算斜拉桥拉索的初拉力时非常有效。

使用"未知荷载系数"功能计算斜拉桥拉索初拉力的步骤参见图 6.356。

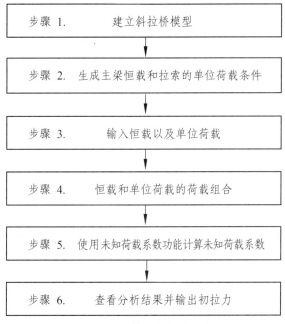

图 6.356　计算拉索初拉力流程

17. 输入荷载条件

为了计算恒载引起的初拉力，输入自重、二期恒载、拉索的单位初拉力等荷载条件。

本例题中的斜拉桥为索塔两侧各有拉索 20 根的对称结构，所以所需的未知荷载系数为 20 个。输入荷载条件如下：

> 🎧　使用 MCT 命令窗口输入荷载条件会更方便一些。
> 　　MCT 命令窗口的使用方法参见 "斜拉桥成桥阶段分析例题" 动画。

荷载/静力荷载工况
名称（自重）；类型 > 恒载 🎧
描述（自重）
名称（二期恒载）；类型 > 恒载
描述（二期恒载）
名称（张力 1）；类型 > 用户定义荷载
描述（拉索 1-单位初拉力）
…
名称（张力 20）；类型 > 用户定义荷载
描述（拉索 20-单位初拉力）

输入荷载条件（张力 1）~（张力 20）。如图 6.357 所示。

18. 输入荷载

输入结构自重、作用于主梁的二期恒载、拉索的单位初始张拉荷载。

使用 "自重" 功能输入结构自重。二期恒载包括护墙、桥面铺装荷载等。

输入所求拉索的单位初拉力。

首先，使用 "自重" 功能输入结构自重。如图 6.358 所示。

图 6.357　建立恒载和单位荷载条件

[Q]对齐缩放　　[n]节点号（关）

荷载/自重

荷载工况名称 > 自重

荷载群名称 > 默认值

自重系数 > Z（-1）

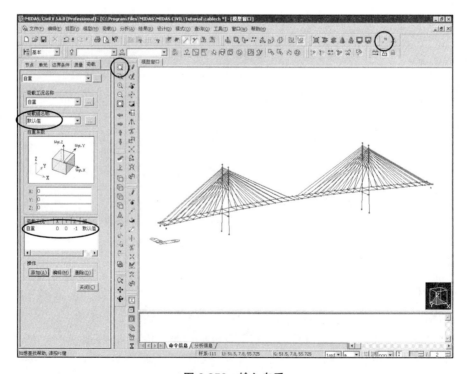

图 6.358　输入自重

输入作用于主梁的二期恒载。因为主梁模型为两个三跨连续梁，所以将二期恒载等分作用于主梁。

使用"梁单元荷载"输入护墙和桥面铺装荷载，荷载大小为-1.865tonf/m。如图6.359所示。

荷载/梁单元荷载

选择属性-单元

择类型 > 材料 > 主梁

激活　　全选

荷载工况名称 > 二期恒载；选项 > 添加

荷载类型 > 均布荷载；方向 > 全局 Z

投影 > 是

数值 > 相对值；x1（0），x2（1），W（-1.865）

输入倾斜构件的二期恒载时，计算时使用构件的实际长度。

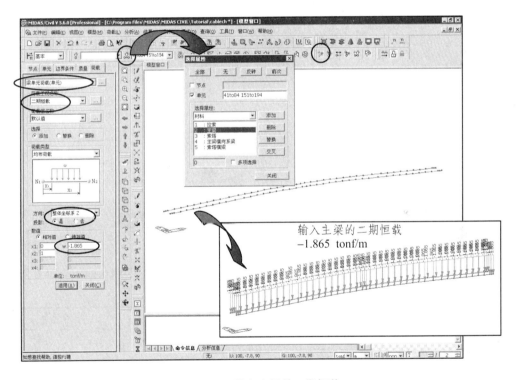

图 6.359　输入主梁的二期恒载

以桥梁中央为对称轴赋予两侧拉索以相同的单位初拉力。

全部激活　　　正面

荷载/预应力荷载/初拉力

窗口缩放（图6.360的①）

交叉选择（单元：图6.360的②）

窗口缩放（图6.360的③）

交叉选择（单元：图6.360的④）

荷载工况名称＞张力 1；荷载群名称＞默认值

选项＞添加；初拉力（1）

……

荷载工况名称＞张力 20；荷载群名称＞默认值

选项＞添加；初拉力（1）

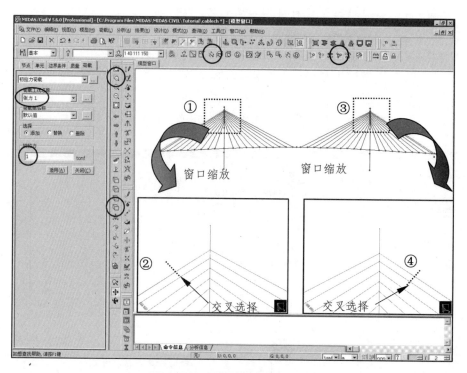

图 6.360　赋予拉索单位初拉力

参照表 6.12 输入张力 2~张力 20 的拉索单位初拉力。使用 MCT 命令窗口输入会更方便一些。

表 6.12　荷载条件和单元号

荷载条件	单元号	荷载条件	单元号
张力 1	1, 40, 111, 150	张力 11	20, 21, 130, 131
张力 2	2, 39, 112, 149	张力 12	19, 22, 129, 132
张力 3	3, 38, 113, 148	张力 13	18, 23, 128, 133
张力 4	4, 37, 114, 147	张力 14	17, 24, 127, 134
张力 5	5, 36, 115, 146	张力 15	16, 25, 126, 135
张力 6	6, 35, 116, 145	张力 16	15, 26, 125, 136
张力 7	7, 34, 117, 144	张力 17	14, 27, 124, 137
张力 8	8, 33, 118, 143	张力 18	13, 28, 123, 138
张力 9	9, 32, 119, 142	张力 19	12, 29, 122, 139
张力 10	10, 31, 120, 141	张力 20	11, 30, 121, 140

查看已输入的拉索单位初拉力。如图 6.361 所示。

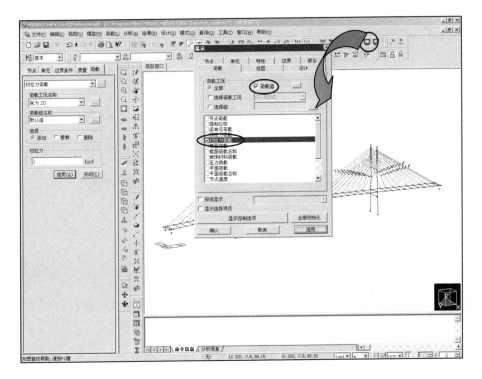

图 6.361 已输入的拉索单位初拉力

20. 运行结构分析

做结构自重、二期恒载、拉索的单位初拉力等荷载条件的静力分析。

分析/🔀运行分析

21. 建立荷载组合

使用拉索的单位初拉力（20 个荷载条件）和结构自重以及二期恒载建立荷载组合。

结果/荷载组合
荷载组合列表＞名称＞LCB1
荷载工况＞自重（ST）；分项系数（1.0）
荷载工况＞二期恒载（ST）；分项系数（1.0）
荷载工况＞张力 1（ST）；分项系数（1.0）
...
荷载工况＞张力 20（ST）；分项系数（1.0）

输入张力 1（ST）～张力 20（ST）的拉索荷载条件。如图 6.362 所示。

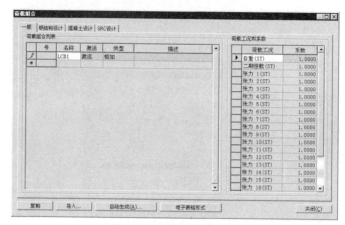

图 6.362　输入荷载组合

22. 计算未知荷载系数

计算荷载组合 LCB1 作用下满足指定约束条件的未知荷载系数。约束条件为约束主梁垂直方向的位移（D_z）。

在"未知荷载系数"对话框中输入荷载条件、约束条件、构成目标函数的方法等。

首先，将拉索的单位荷载条件定义为未知荷载。如图 6.363 所示。

结果/未知荷载系数

未知荷载系数群 > 添加新的

项目名称（未知）；荷载组合 > LCB1

目标函数类型 > 平方；未知荷载符号 > 正负

荷载工况 > 张力 1（开）

荷载工况 > 张力 2（开）

…

荷载工况 > 张力 20（开）

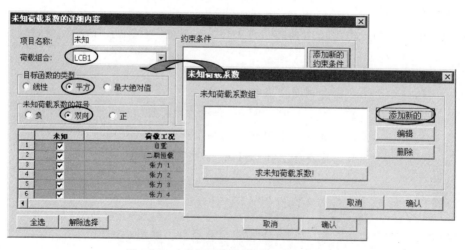

图 6.363　"未知荷载系数"详细对话框

在"约束"中输入主梁垂直方向（D_z）的约束条件。

☊　　本例题将主梁
垂直位移作为约束
条件。因为是对称模
型，所以只约束1/2
主梁模型。约束节点
23～节点45的垂直
方向位移。

约束 ＞ ［添加新的约束条件］

约束名称（节点 23（U））

约束类型 ＞ 位移

节点号（23）☊

约束成分 ＞ Dz

相等/不等条件 ＞（＜=）；数值（0.01）

约束 ＞ ［添加新的约束条件］

约束名称（节点 23（L））

约束类型 ＞ 位移

节点号（23）

约束成分 ＞ Dz

相等/不等条件 ＞（＞=）；数值（-0.01）

　　输入节点 24～节点 45 的约束条件。因为节点 35 曾使用"合并节点"功能删除，所以不包含节点 35。☊如图 6.364 所示。

☊　　可以使用MCT
命令窗口方便地输
入计算未知荷载系
数的约束条件。使用
方法参照"斜拉桥成
桥阶段分析例题"。

图 6.364　"约束条件"对话框

　　在"未知荷载系数结果"中查看约束条件以及相应的未知荷载系数。☊

☊　　关于未知荷载系
数计算的详细说明，
参见土木结构分析的
"使用优化法则求未
知荷载系数"章节。

未知荷载系数详细 ＞　［确认］

未知荷载系数群 ＞　　［求未知荷载系数!］

　　图 6.365 为使用"未知荷载系数"功能计算的未知荷载系数结果。

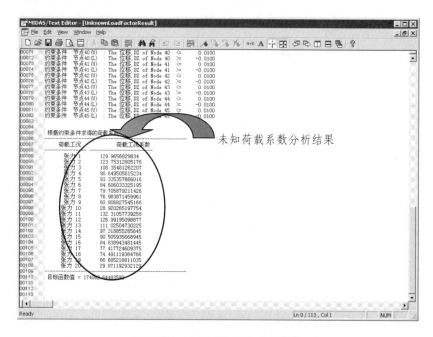

图 6.365　未知荷载系数分析结果

建立未知荷载系数建立新的荷载组合，查看新的荷载组合的分析结果是否满足约束条件。

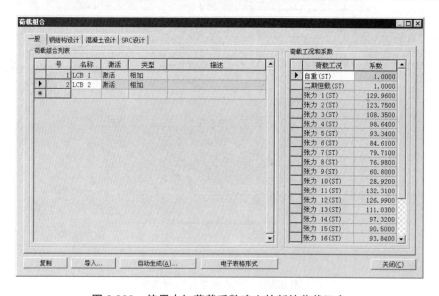

图 6.366　使用未知荷载系数建立的新的荷载组合

结果/荷载组合

荷载组合列表 > 名称 >（LCB2）

荷载工况 > 自重（ST）；分项系数（1.0）

荷载工况 > 二期恒载（ST）；分项系数（1.0）

荷载工况 > 张力 1（ST）；分项系数（136.46）

荷载工况 > 张力 2（ST）；分项系数（126.08）

．
．
．

荷载工况 > 张力 20（ST）；分项系数（21.09）

参照图 6.365 中未知荷载系数的分析结果，输入张力 3（ST）～张力 20（ST）的未知荷载系数，如图 6.366 所示。

23. 查看成桥阶段分析结果

查看拉索初拉力、结构自重以及二期恒载同时作用下的成桥阶段的位移结果。

结果/变形/⤵ 变形形状

荷载工况/荷载组合 > CB：LCB 2

位移成分 > DXYZ

🎧 　程序默认的变形显示比例系数较大时，用户可以调整显示系数。

显示类型 > 变形前（开）；图例（开）

变形 ⋯ > 变形显示比例（0.2）🎧

🔍 窗口缩放（图 6.367 的①、②）

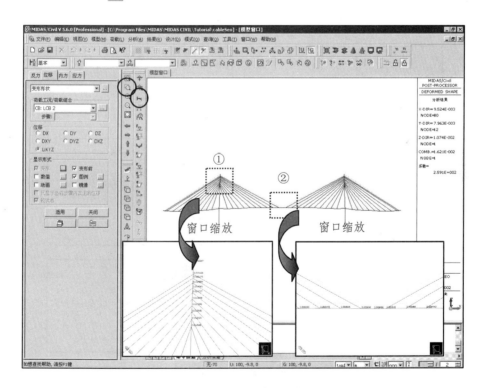

图 6.367　查看变形形状

24. 施工阶段分析

根据施工方案的不同，斜拉桥的结构体系会发生很大变化，而施工阶段中的结构体系的变化与成桥阶段结构体系相比，可能会处于更不稳定的结构状态。因此在设计斜拉桥时，应严密、准确地分析所有发生结构体系变化的各施工阶段的安全度以及应力变化。

在施工阶段中施加的拉索张力可以通过逆施工阶段计算。

在施工阶段分析中，应将主梁、拉索、拉索锚固位置、边界条件、荷载条件的变化阶段均设置为施工阶段。

（1）施工阶段分类。

施工阶段分析中应考虑各阶段的边界条件和荷载条件的变化。

本例题的施工顺序是从施工完索塔和边跨阶段开始到加载二期恒载阶段。

本例题斜拉桥的施工方案如下（见图 6.368）：

① 索塔。

下部工程：大拼块工法

上部工程：大拼块工法

② 主梁。

边跨：临设排架+大拼块工法

中间跨：使用移动吊车的小拼块工法

③ 拉索。

采用吊机法。

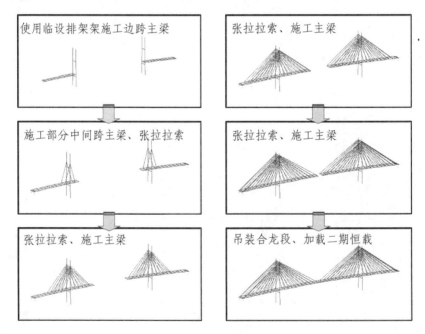

图 6.368　模型的施工顺序

（2）逆施工阶段分类。

本例题以斜拉桥成桥阶段为基础，考虑了荷载条件和边界条件的变化，将成桥阶段模型分解为 33 个施工阶段。

本例题斜拉桥的逆施工阶段参见表 6.13。

表 6.13　逆施工阶段列表

施工阶段	内　容	施工阶段	内　容
CS 0	成桥阶段（自重+二期恒载+初拉力）	CS 17	拆除主梁（主梁第 6 号构件）
CS 1	拆除二期恒载	CS 18	拆除拉索（15，26）
CS 2	添加临设排架 拆除合龙段（主梁第 11 号构件）	CS 19	拆除拉索（6，35）
CS 3	拆除拉索（20，21）	CS 20	拆除主梁（主梁第 5 号构件）
CS 4	拆除拉索（1，40）	CS 21	拆除拉索（14，27）
CS 5	拆除主梁（主梁第 10 号构件）	CS 22	拆除拉索（7，34）
CS 6	拆除拉索（19，22）	CS 23	拆除主梁（主梁第 4 号构件）
CS 7	拆除拉索（2，39）	CS 24	拆除拉索（13，28）
CS 8	拆除主梁（主梁第 9 号构件）	CS 25	拆除拉索（8，33）
CS 9	拆除拉索（18，23）	CS 26	拆除主梁（主梁第 3 号构件）
CS 10	拆除拉索（3，38）	CS 27	拆除拉索（12，29）
CS 11	拆除主梁（主梁第 8 号构件）	CS 28	拆除拉索（9，32）
CS 12	拆除拉索（17，24）	CS 29	拆除主梁（主梁第 2 号构件）
CS 13	拆除拉索（4，37）	CS 30	拆除拉索（11，30）
CS 14	拆除主梁（主梁第 7 号构件）	CS 31	拆除拉索（10，31）
CS 15	拆除拉索（16，25）	CS 32	拆除主梁（主梁第 1 号构件）
CS 16	拆除拉索（5，36）		

注：①1 号拉索是左侧边跨外侧拉索，10 号拉索是左侧边跨内侧拉索。

　②11 号、30 号拉索是中间跨内侧拉索，20 号、21 号拉索是中间跨外侧拉索。

　③31 号拉索是右侧边跨内侧拉索，40 号拉索是左侧边跨外侧拉索。

　④按拉索间距划分中间跨主梁构件，11 号主梁单元为合龙段。

（3）逆施工阶段分析。

斜拉桥施工阶段分析按施工顺序分为顺施工阶段分析和逆施工阶段分析。顺施工阶段分析是按照实际施工的顺序分析的方法；逆施工阶段分析是按照与实际施工顺序相反的方向，由处于初始平衡状态的成桥阶段模型逐阶段拆除单元和荷载的方法进行的分析方法。

通过逆施工阶段分析，可以得到分析模型的结构效应、拉索张力的变化以及结构位移、弯矩的变化过程。

逆施工阶段分析的顺序参见图 6.369。

将成桥阶段分析模型另存为其他名称以用于施工阶段分析模型。

文件/另存（斜拉桥施工阶段）

建立施工阶段分析模型的步骤如下：

1. 输入拉索初拉力

将成桥阶段分析模型中使用的桁架单元转换为索单元

将使用"未知荷载系数"功能计算出的未知荷载系数作为初拉力使用

2. 定义施工阶段名称：

划分施工阶段并定义施工阶段名称

3. 定义结构群：

将各施工阶段添加和拆除的单元定义为结构群

4. 定义边界群：

将各施工阶段添加和拆除的边界定义为边界群

5. 定义荷载群：

将各施工阶段添加和拆除的荷载定义为荷载群

6. 定义施工阶段：

定义各施工阶段的单元群、边界群、荷载群

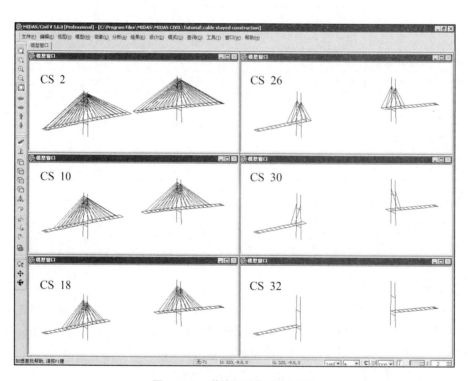

图 6.369　逆施工阶段分析顺序

24. 输入拉索初拉力

为了建立施工阶段模型，首先需要删除成桥阶段分析模型中的荷载组合 LCB 1、2 和单位初拉力张力 1～张力 20。

为了将使用优化法则计算出的未知荷载系数输入为"初拉力"，应将初拉力定义为新的荷载工况。如图 6.370 所示。

结果/荷载组合

荷载组合列表 > 名称 > 删除 LCB1，LCB2

荷载/静力荷载工况

名称（张力 1）～名称（张力 20）　删除(D)

名称（初拉力）；类型 > 用户定义

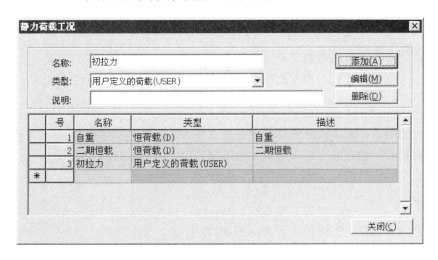

图 6.370　将初拉力定义为荷载工况

斜拉桥施工阶段分析中应考虑索单元的几何非线性。

为了考虑斜拉桥拉索构件垂度的影响，将成桥阶段分析中使用的桁架单元转换为索单元。斜拉桥中使用的索单元是考虑了轴向刚度的等效桁架单元。如图 6.371 所示。

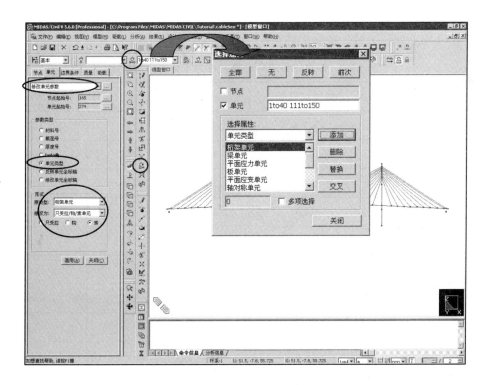

图 6.371　将桁架单元转换为索单元

模型/单元/🔧修改单元特性值

🔧选择属性–单元

选择类型 > 单元类型

节点（关）；单元（开）

（桁架单元）

参数类型 > 单元类型（开）

模式 > 由 > 桁架单元（开）；修改为 > 只受拉/钩/索（开）

索（开）

使用优化法则计算索单元的未知荷载系数，并将其输入为"初拉力"。

输入"初拉力"的方法与输入索单元的单位初拉力的方法相同。

荷载/预应力荷载/初拉力

窗口缩放（图 6.372 的①）

交叉选择（单元：图 6.372 的②）

窗口缩放（图 6.372 的③）

交叉选择（单元：图 6.372 的④）

荷载工况名称 > 初拉力

荷载群名称 > 默认值

选项 > 添加

初拉力（127.3）

将表 6.14 中的初拉力赋予各索构件。

表 6.14 使用优化法则计算初拉力（初拉力荷载）

单元号	初拉力荷载	单元号	初拉力荷载
1，40，111，150	127.3	20，21，130，131	131.8
2，39，112，149	121.0	19，22，129，132	126.3
3，38，113，148	104.9	18，23，128，133	110.5
4，37，114，147	94.5	17，24，127，134	96.8
5，36，115，146	89.1	16，25，126，135	88.8
6，35，116，145	81.8	15，26，125，136	81.8
7，34，117，144	77.8	14，27，124，137	76.6
8，33，118，143	72.4	13，28，123，138	73.2
9，32，119，142	49.8	12，29，122，139	57.8
10，31，120，141	21.8	11，30，121，140	23.2

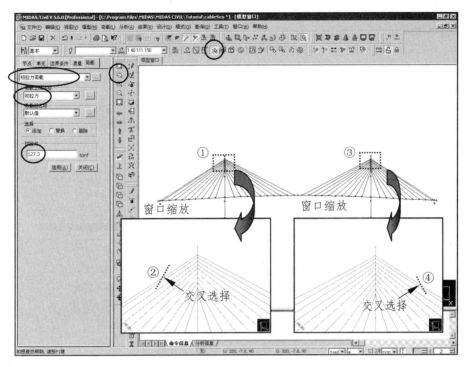

图 6.372　输入索单元的初拉力

25. 定义施工阶段

为了做逆施工阶段分析，需要定义各施工阶段。首先在施工阶段对话框中输入各施工阶段名称。如图 6.373 所示。

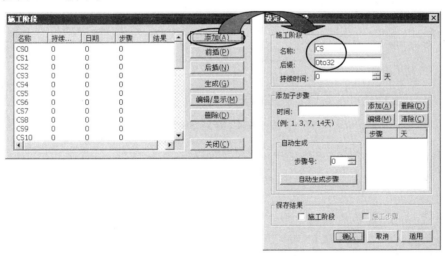

图 6.373　"施工阶段"对话框

本例题定义了包括成桥阶段在内的 33 个施工阶段。

🎧　赋予相同名称
以序列号可以同时
定义多个施工阶段。

荷载/施工阶段分析数据/⊞施工阶段 > ▭ 生成(G) ▭

定义施工阶段

🎧　**输出分析结果时，可以按施工阶段输出。**

施工阶段＞名称（CS）；序列（0to32）🎧

保存结果＞施工阶段（开）🎧

26. 定义结构群

将各施工阶段添加和删除的单元定义为结构群。

首先定义结构群名称，然后将各单元赋予结构群。如图 6.374 所示。

群表单

C 群＞结构群＞新建…

名称（CS）；序列（0to32）　添加(A)…

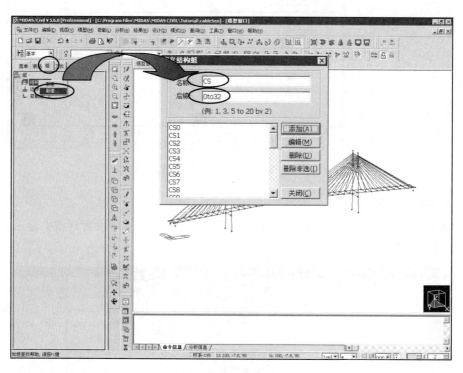

图 6.374　定义结构群

将各施工阶段添加和删除的单元赋予各结构群。

将成桥阶段定义为 CS0。因为在 CS1 中只是拆除二期恒载，没有添加和拆除单元，所以在此省略。

🎧　**为了准确定义结构群，将已定义的结构群钝化处理，以免与其他结构群重复。**

🗔　正面

群＞结构群

全选

CS0（拖放）

窗口选择（图 6.375 的①）

CS2（拖放）

C 钝化🎧

参照表 6.12 的逆施工阶段列表按顺序拆除施工阶段 CS3～CS32 的主梁和索单元,并将其定义为结构群。

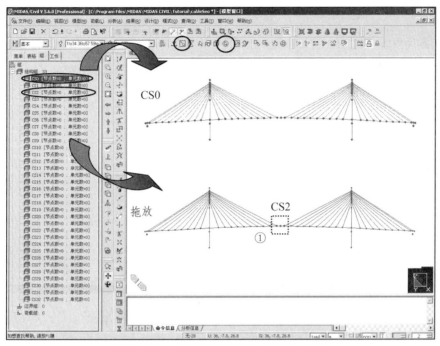

图 6.375　生成结构群 CS0、CS1、CS2

定义逆施工阶段分析的最后阶段(CS32)的结构群。

在逆施工阶段 CS32 中,所有索单元和中间跨的主梁单元均被拆除,边跨架设了脚手架。该阶段在本例题中为第一施工阶段。

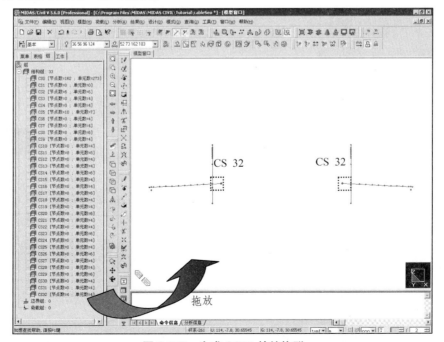

图 6.376　生成 CS32 的结构群

☑️ 窗口选择（图 6.376 的①）

CS 32（拖放）

C̲ 钝化

27. 指定边界群

将各施工阶段中添加和拆除的边界条件设定为边界群。如图 6.377 所示。
首先建立边界群名称，然后将边界条件赋予边界群。

🔧 全部激活

群表单

C̲ 群 > 边界群 > 新建...

名称（固定端）

名称（弹性连接）

名称（脚手架）

名称（刚性连接）

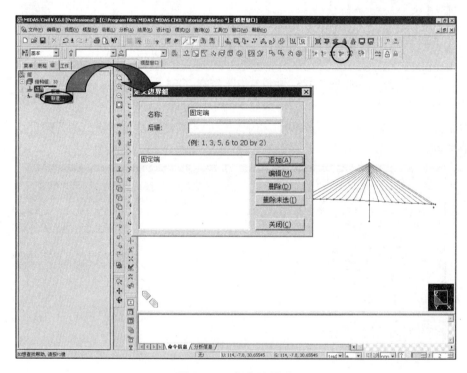

图 6.377　指定边界群

将成桥阶段定义的固定端、弹性连接、刚性连接条件重新分配给各施工阶段的边界群。
如图 6.378 所示。

群 > 边界群

🔄 全选

固定端（拖放）

选择边界类型＞支撑条件（开）

群＞边界群

🖱全选

弹性连接（拖放）

选择边界类型＞弹性连接（开）

群＞边界群

🖱全选

刚性连接（放）

选择边界类型＞刚性连接（开）

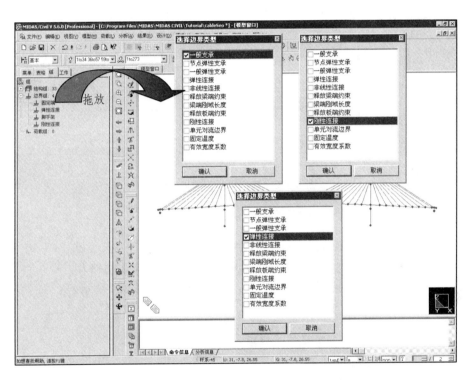

图 6.378　建立固定端、弹性连接、刚性连接边界群

将脚手架的边界条件指定为边界群。

将脚手架定义为边跨中央的铰支支撑（D_x，D_y，D_z，R_z）。如图 6.379 所示。

🗇标准

模型/边界条件/支撑条件

🔦选择属性-节点（节点：86，29，130，63）

边界群名称（脚手架）

选项＞添加

支撑类型＞D-ALL（开）；Rz（开）

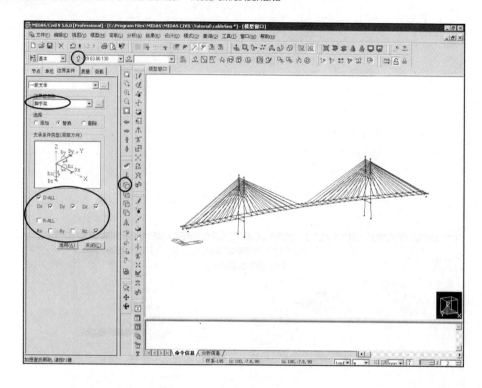

图 6.379　建立脚手架边界条件

28. 指定荷载群

将各施工阶段添加和拆除的荷载条件分配到荷载群。

本例题逆施工阶段分析中考虑的荷载为自重、二期恒载、拉索初拉力。

首先建立荷载群名称，然后将荷载条件赋予荷载群。如图 6.380 所示。

> 群表单
> C 群 > 荷载群 > 新建...
> 名称（自重）
> 名称（二期恒载）
> 名称（初拉力）

将成桥阶段分析中默认荷载群修改为"自重"。如图 6.381 所示。

> 模型/荷载/自重
> 荷载工况名称 > 自重
> 荷载工况 > 自重 0 0-1 默认值（开）
> 荷载群名称 > 自重
> 操作 > 编辑(M)

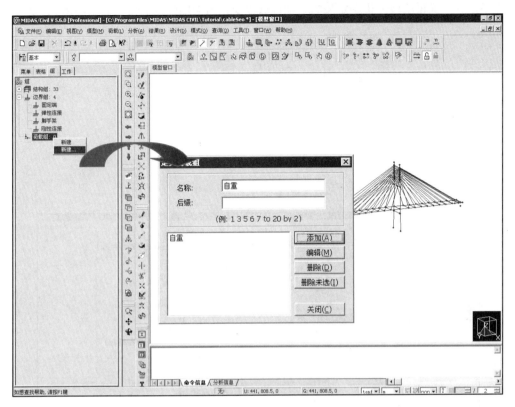

图 6.380 建立荷载群

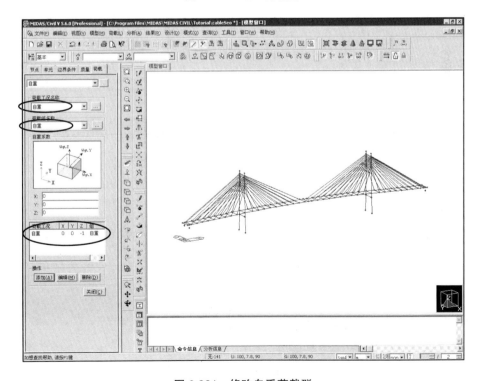

图 6.381 修改自重荷载群

重新定义在成桥阶段分析中定义的二期恒载以及拉索初期张力的荷载群。如图 6.382 所示。

> 群 > 荷载群
>
> ⑥全选
>
> 二期恒载（拖放）
>
> 选择荷载类型 > 梁单元荷载（开）
>
> 群 > 荷载群
>
> ⑥全选
>
> 初拉力（拖放）
>
> 选择荷载类型 > 初拉力（开）

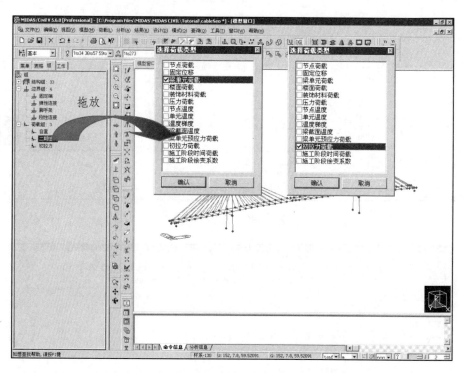

图 6.382　指定二期恒载以及初拉力荷载群

29. 建立施工阶段

将前面定义的结构群、边界群、荷载群分配给各施工阶段。

首先将成桥阶段定义为逆施工阶段分析的第一阶段（CS0）。如图 6.383 ~ 6.385 所示。

> 荷载/施工阶段分析数据/▦定义施工阶段
>
> CS0 编辑/显示(M)
>
> 保存结果 > 施工阶段（开）
>
> 单元表单 > 群列表 > CS0
>
> 激活 > 添加(A)...
>
> 边界表单 > 群列表 > 固定端，弹性连接，刚性连接
>
> 激活 > 添加(A)...

荷载表单 > 群列表 > 固定端，弹性连接，刚性连接

激活 > 添加(A)...

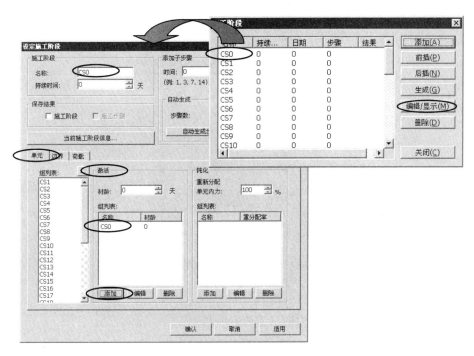

图 6.383 定义施工阶段 CS0 的单元

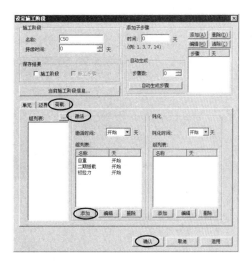

图 6.384 定义施工阶段 CS0 的边界条件   图 6.385 定义施工阶段 CS0 的荷载条件

参考表 6.13 的逆施工阶段划分输入施工阶段 CS1 ~ CS32 的信息。

30. 输入施工阶段分析数据

分析/施工阶段分析控制数据

最终阶段 > 最后阶段（开）（参考图 6.386）

403

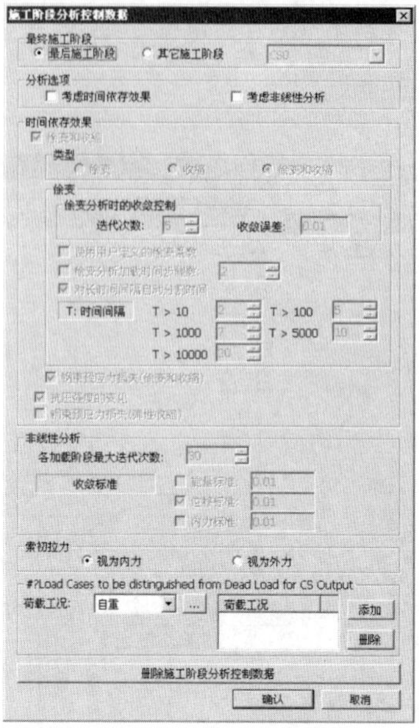

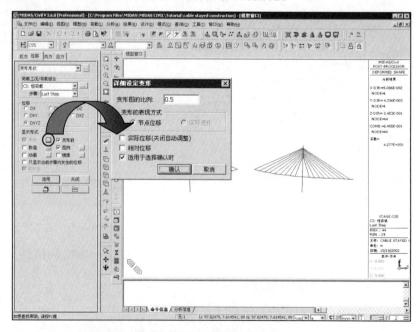

图 6.386　施工阶段分析控制数据对话框

31. 运行结构分析

对自重、二期恒载、拉索初拉力做施工阶段分析。

分析/⇔运行分析

32. 查看施工阶段分析结果

通过施工阶段分析查看各施工阶段的变形形状和构件内力的变化。

将鼠标移动到施工阶段工具条内，使用键盘中的移动键上下移动选择施工阶段，在模型空间上会即时显示各施工阶段的模型。

图 6.387　逆施工阶段分析中各施工阶段的变形形状

（1）查看变形形状。

查看主梁和索塔在各施工阶段的变形形状。

　　程序默认的变形
显示比例过大时，用
户可以随意调整显示
比例。

结果/变形/➤ 变形形状（参考图 6.387）

荷载工况/荷载组合 > CS：施工阶段

位移成分 > DXYZ

显示类型 > 变形前（开）；图例（开）

变形 ... > 变形显示比例（0.5）

施工阶段工具条 > CS5

（2）查看弯矩。

查看主梁以及索塔在各施工阶段的弯矩，如图 6.388 所示。

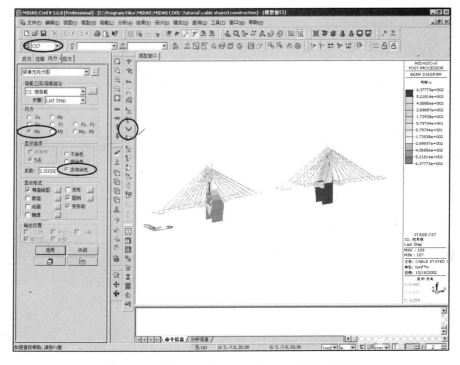

图 6.388　逆施工阶段分析中各施工阶段的弯矩图

结果/内力/➤ 梁单元内力图

荷载工况 > 荷载组合 > CS：施工阶段

内力成分 > My

显示选项 > 5 点；实体填充

显示类型 > 等高线（开）；图例（开）；Undeformed（开）

施工阶段工具条 > CS7

（3）查看轴力。

查看拉索在各施工阶段的轴力，如图 6.389 所示。

结果/内力/桁架单元内力

荷载工况/荷载组合 > CS：施工阶段

内力选项 > 全部

显示类型 > 变形（开）；图例（开）

变形 ... > 变形显示比例（0.5）

施工阶段工具条 > CS15

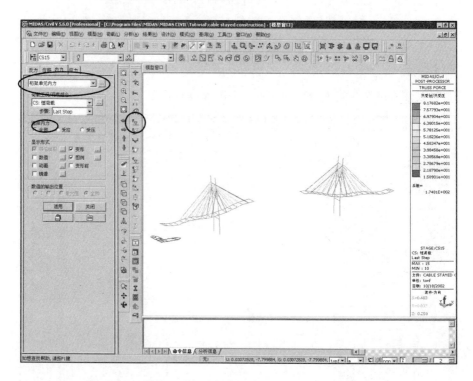

图 6.389　逆施工阶段分析中各施工阶段的构件轴力的变化

（4）施工阶段分析变化图形。

使用施工阶段分析变化图形，可以查看各施工阶段结构形状的变化。

下面查看各施工阶段索塔的水平位移和主梁边跨 1/4 位置的竖向位移。

结果/施工阶段/各施工阶段变化图形（参考图 6.390）

定义函数 > 位移 >　添加新的函数

位移 > 名称（索塔水平位移）；节点号（1）

位移成分 >（DX）

位移 > 名称（边跨 1/4 位置竖向位移）；节点号（27）

位移成分 >（DZ）

定义的函数列表 > 索塔水平位移 >（开）

定义的函数列表 > 边跨 1/4 位置竖向位移 >（开）

图形标题（各施工阶段变形形状）>　图表

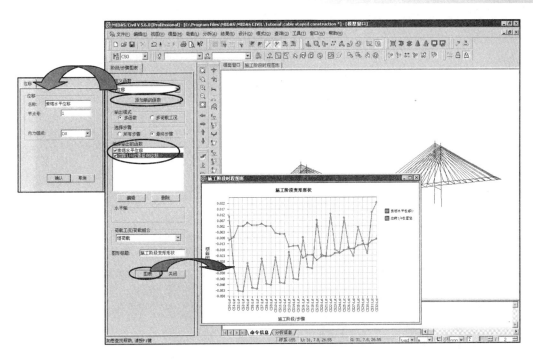

图 6.390 各施工阶段形状变化图形

使用施工阶段分析变化图形查看拉索张力的变化量。

查看索塔内侧拉索从成桥阶段（CS0）到施工阶段分析的最后阶段（CS32）各施工阶段张力的变化。

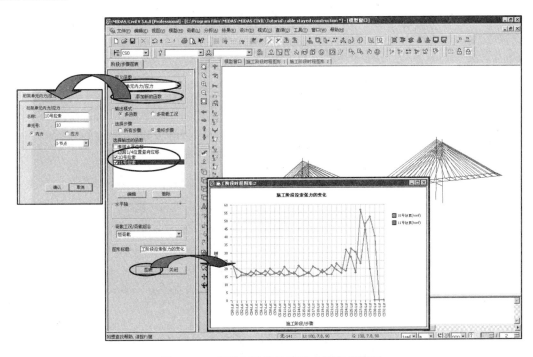

图 6.391 各施工阶段拉索张力的变化图形

结果/施工阶段/各施工阶段变化图形（参考图 6.391）

定义函数 > 桁架单元内力/应力 > 添加新的函数

桁架单元内力/应力 > 名称（10 号拉索）；单元号（10）

内力（开）；位置 > I-节点

桁架单元内力/应力 > 名称（11 号拉索）；单元号（11）

内力（开）；位置 > I-节点

定义的函数列表 > 10 号拉索 >（开）

定义的函数列表 > 11 号拉索 >（开）

图形标题（各施工阶段拉索张力的变化）> 图表

使用施工阶段分析变化图形查看各施工阶段的主梁和索塔的弯矩变化。
下面查看索塔底部和主梁边跨 1/4 位置在各施工阶段的弯矩。

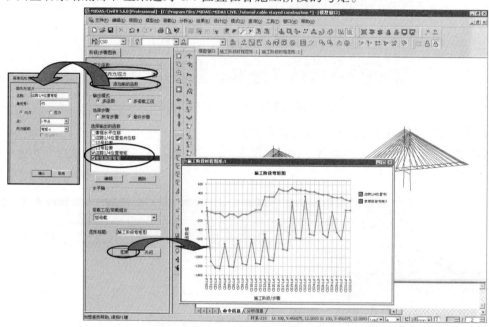

图 6.392　各施工阶段弯矩变化图

结果/施工阶段/各施工阶段变化图形（参考图 6.392）

定义函数 > 梁单元内力/应力 > 添加新的函数

梁单元内力/应力 > 名称（边跨 1/4 位置弯矩）；单元号（45）

内力（开）；位置 > I-节点；内力成分 > 弯矩-y

位移 > 名称（索塔底部弯矩）；单元号（108）

内力（开）；位置 > I-节点；内力成分 > 弯矩-y

定义的函数列表 > 边跨 1/4 位置弯矩 >（开）

定义的函数列表 > 索塔底部弯矩 >（开）

图形标题（各施工阶段弯矩图）> 图表

第 7 章　毕业设计案例

7.1　概　要

1. 毕业设计案例 Midas 电算分析

本桥为预应力三跨混凝土连续梁桥，利用 Midas Civil 2013 模拟，进行上部结构计算。

通过本例题，重点介绍 Midas Civil 软件的模型建立、施工阶段分析功能、普通钢筋的输入方法、钢束预应力荷载的输入方法、移动荷载的输入方法和查看分析结果的方法、PSC 设计、计数据的输入方法和查看设计结果的方法等。

2. 桥梁基本概况

桥梁跨径布置：28 m+48 m+28 m=98 m。

桥梁宽度：1.5 m（路肩）+3.75 m（左车行道）+1 m（中间带）+3.75 m（右车行道）+1.5 m（路肩）=11.5 m。

主梁高度：支座处梁高 4 m，跨中及桥台处梁高 2 m。

桥梁横坡：1.5%。

施工方法：采用悬臂浇筑法，首先悬臂施工 T 构部分，满堂支架施工边跨现浇段，边跨合龙时中跨体系转换为简支单悬臂结构，拆除施工支架，然后进行中跨合龙。

预应力布置形式：T 构部分配置顶板预应力，边跨配置底板预应力。

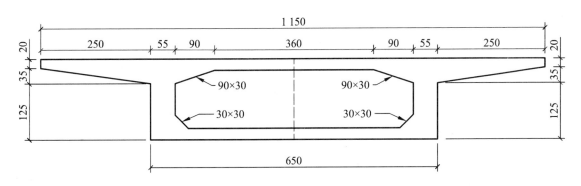

图 7.1　跨中箱梁截面

3. 设计荷载

（1）恒载。

一期恒载：主要为主梁自重。预应力钢筋混凝土重度为 26 kN/m³。

二期恒载：取下层铺设防水混凝土 10 cm、上层铺 6 cm 等厚度的沥青混凝土作为面层和栏杆。其中沥青混凝土重度 23 kN/m³，C25 防水混凝土重度 24 kN/m³。桥面铺装荷载：0.16×11.5×24=44.16 kN/m。

（2）活载。

车辆荷载：公路 I 级。

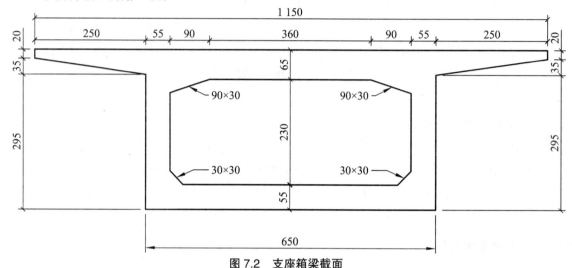

图 7.2　支座箱梁截面

4. 使用材料

（1）混凝土。

主梁采用 JTG04（RC）规范的 C50 混凝土。

（2）钢材。

采用 JTG04（S）规范，在数据库中选 Strand1860。

5. 荷　载

（1）恒荷载。

自重：在程序中按自重输入，由程序自动计算。

一期恒载：主要为主梁自重。预应力钢筋混凝土重度为 26 kN/m³。

二期恒载：取下层铺设防水混凝土 10 cm、上层铺 6 cm 等厚的沥青混凝土作为面层和栏杆。其中，沥青混凝土重度 23 kN/m³，C25 防水混凝土重度 24 kN/m³。桥面铺装荷载：0.16×11.5×24=44.16 kN/m。

（2）活载。

预应力

钢束（ϕ15.2 mm×19）

截面面积：A_u = 2660 mm²。

孔道直径：107 mm。

张拉力：抗拉强度标准值的 75%，张拉控制应力 1 395 MPa。

（3）移动荷载。

适用规范：公路工程技术标准（JTG B01—2003）。

荷载种类：公路 I 级，车道荷载，即 CH-CD。

7.2　设置操作环境

1. 新建项目

打开新文件（新项目），以"毕业设计"为名保存（保存）。

将单位体系设置为"N"和"mm"。该单位体系可根据输入数据的种类任意转换，见图 7.3。

Midas 图标/新项目

Midas 图标/保存（毕业设计）

工具/单位系

长度 > mm；力 > N

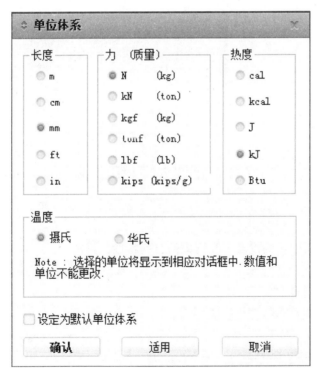

图 7.3　设置单位体系

2. 设置结构类型

由于是连续梁结构，所以在进行结构计算时考虑平面分析即可，见图 7.4。

结构 > 结构类型

结构类型 > X-Z 平面

将结构的自重转换为自重

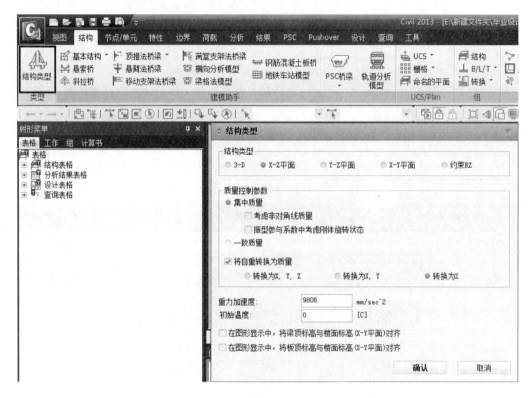

图 7.4

7.3 定义材料和截面

1. 定义材料

下面定义模型中所使用的混凝土和钢束的材料特性，见图 7.5。

特性 > 材料特性值 > 材料

添加 > 名称 > 混凝土

设计类型 > 混凝土；规范 > JTG04（RC）

数据库 > C50 名称

添加 > 名称 >（Strand1860）

设计类型 > 钢材；规范 > JTG04（S）

数据库 > Strand1860

（1）定义材料时间依存特性并连接。

施工过程中需要考虑主梁和桥墩的收缩/徐变特性，为了考虑徐变、收缩，下面定义混凝土材料的时间依存特性，见图 7.6。

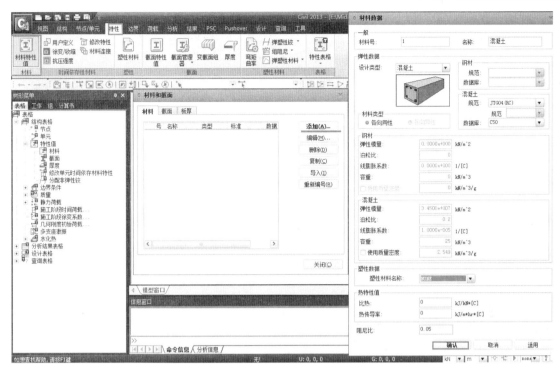

图 7.5　定义材料对话框

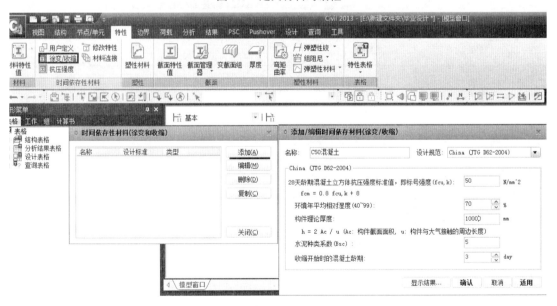

图 7.6　定义时间依存性材料（收缩/徐变）

材料的时间依存特性参照以下数据来输入：

¾标号强度：$f_{cu, k}$ = 50 000 kN/m² （主梁）

¾相对湿度：RH = 70%

¾理论厚度：1 m（采用程序自动计算）

¾拆模时间：3 天

特性 > 时间依存性材料 > 徐变和收缩

名称（C50 混凝土）

设计标准 > China（JTG D62—2004）

标号强度（50）

环境年平均相对湿度（40~99）（70）

构件的理论厚度（1 000 mm）

水泥种类系数（Bsc）：5

开始收缩时的混凝土材龄（3）

（2）定义时间依存性材料（抗压强度）。

特性 > 时间依存性材料 > 抗压强度 > 添加

名称：C50

类型：设计规范

强度发展 > CEB-FIP

混凝土 28 天抗压强度：50

水泥类型：N，R：0.25 > 确认

如图 7.7 所示。

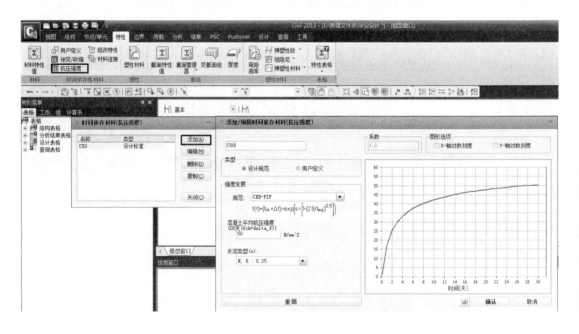

图 7.7　定义时间依存性材料（抗压强度）

（3）时间依存性材料连接。

将一般材料特性和时间依存材料特性相连接，即将时间依存材料特性赋予相应的材料，如图 7.8 所示。

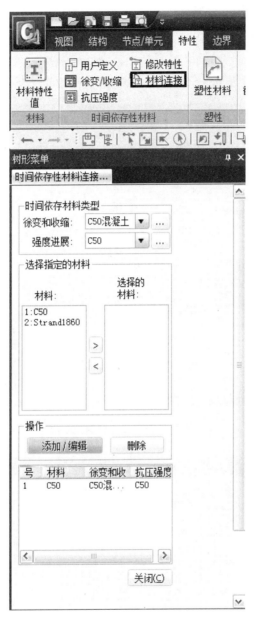

图 7.8　时间依存性材料连接

特性 > 材料连接 >

时间依存材料类型 >

徐变和收缩 >

C50 混凝土

强度进展 >

C50

选择指定的材料 >

材料 > 1：C50 >

选择的材料 > 添加

2. 定义截面

预应力混凝土连续梁通常采用箱梁截面，可以使用截面数据库中的设计截面来定义。首先定义控制位置的一般截面，即跨中和支座截面，然后再使用一般截面定义变截面（见图 7.9、7.10）。（注：因为对于主梁要进行 PSC 设计和 RC 设计，所以主梁截面必须用设计截面来定义。）

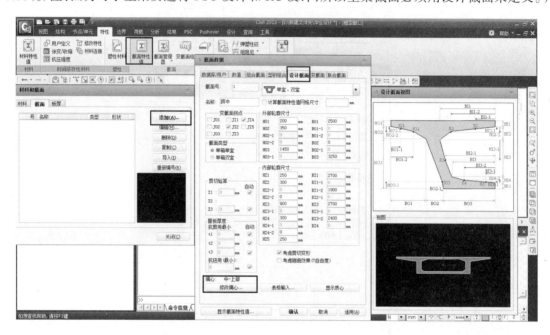

图 7.9　定义跨中位置处截面

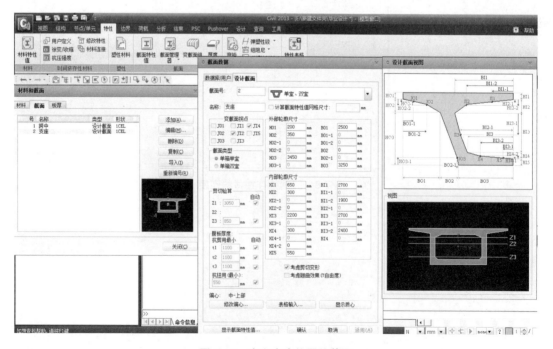

图 7.10　定义支座位置处截面

材料特性值 > 材料和截面特性 > 截面 > 添加

截面数据 > 设计截面 > 单箱单室

截面号（1）；名称（跨中）

输入跨中位置处截面的各控制尺寸，并且打开程序自动定义剪切验算值

偏心 > 中-上部

适用后继续添加支座截面：

偏心 > 中-上部

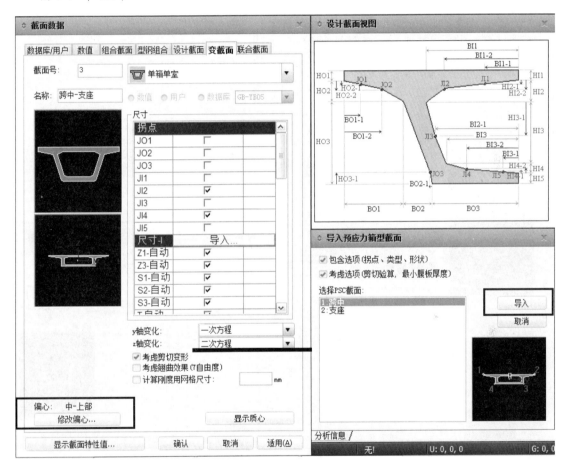

图 7.11　变截面"跨中–支座"定义对话框

定义变截面的步骤如下：

材料特性值 > 材料和截面特性 > 截面 > 添加

截面类型 > 变截面 > 单箱单室

截面号（3）；名称（跨中-支座）

偏心 > 中-上部

Z 轴变化 > 二次方程

如图 7.11 所示。

截面 I、J 端通过导入已经定义的跨中截面和支座截面来定义。

在变截面 I 端导入跨中截面、J 端导入支座截面。

适用〉

截面号（4）；名称（支座–跨中）

偏心 〉 中–上部

Z 轴变化〉二次方程

在变截面 J 端导入跨中截面、I 端导入支座截面，如图 7.12 所示。

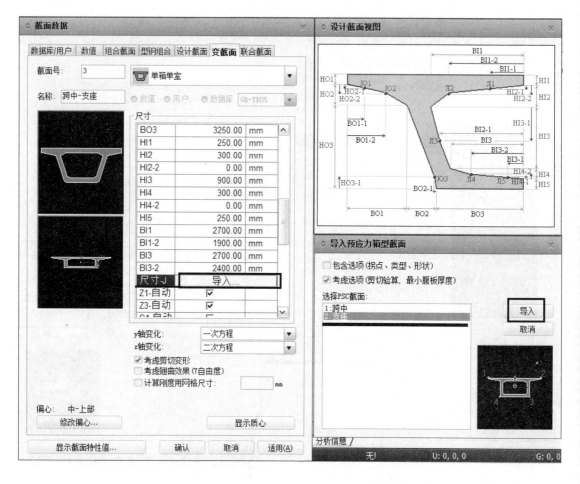

图 7.12 变截面"支座–跨中"定义对话框

7.4 建立结构模型

1. 建立节点

利用建立节点和扩展单元的功能来建立单元，如图 7.13 所示。

模型 〉 节点 〉 建立节点

坐标（0，0，0）

图 7.13　建立节点

2. 利用节点扩展建立单元

单元信息如表 7.1 所示，具体步骤如下：

表 7.1　单元信息表

单元	截面	长度
1	跨中	4 m
2—6	跨中-支座	5×4 m
7—10	支座	4×1 m
11—15	支座-跨中	5×4 m
16	跨中	2 m
17—21	跨中-支座	5×4 m
22—25	支座	4×1 m
26—30	支座-跨中	5×4 m
31	跨中	4 m

节点/单元 > 扩展单元

单元类型 > 梁单元；

材料 > 1：C50

截面 > 1：跨中

生成形式 > 复制和移动

复制和移动 > 等间距 > dx, dy, dz >（4000，0，0）

复制次数＞（6）

选中节点（1）

如图 7.14 所示。

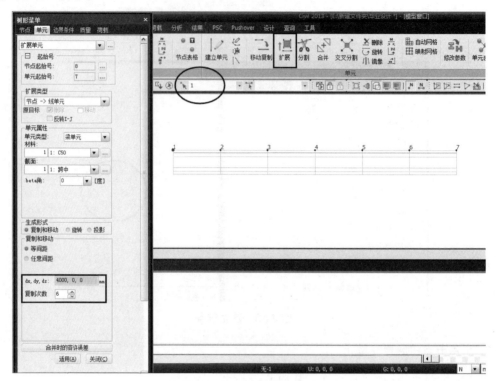

图 7.14 有限元模型建立

节点/单元＞扩展单元

单元类型＞梁单元；

材料＞1：C50

截面＞2：支座

生成形式＞复制和移动

复制和移动＞等间距＞dx, dy, dz＞（1000, 0, 0）

复制次数＞（4）

选中节点 7

如图 7.15 所示。

节点/单元＞扩展单元

单元类型＞梁单元

材料＞1：C50

截面＞2：支座

生成形式＞复制和移动

复制和移动＞等间距＞dx, dy, dz＞（4000, 0, 0）

复制次数＞（4）

选中节点 11

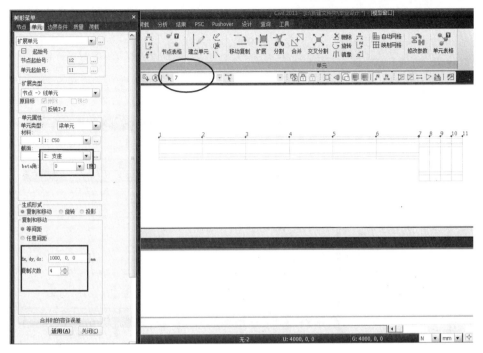

图 7.15

如图 7.16 所示。

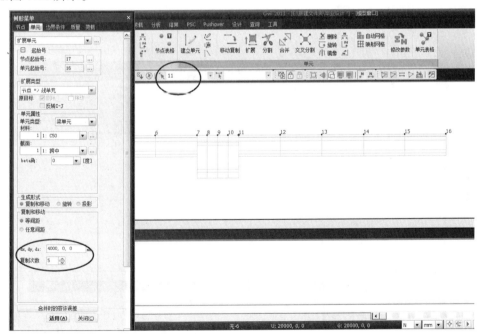

图 7.16

节点/单元 > 扩展单元

单元类型 > 梁单元

材料 > 1：C50

截面 > 2：支座

生成形式＞复制和移动

复制和移动＞等间距＞dx，dy，dz＞（4000，0，0）

复制次数＞（4）

选中节点 11

如图 7.17 所示。

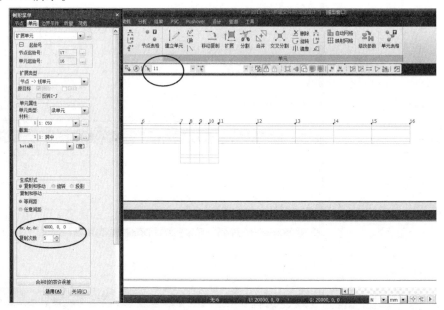

（a）

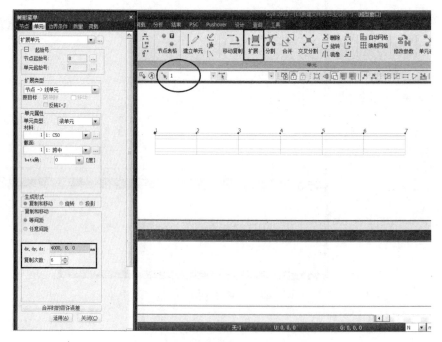

（b）

图 7.17

按照以上操作依次完成另外半跨结构单元扩展。

3. 建立支座处节点

节点/单元 > 复制和移动

复制和移动 > 等间距

间距：(0，0，-4000)

复制次数：1 次

选中节点 8to10 22to24 适用

如图 7.18 所示。

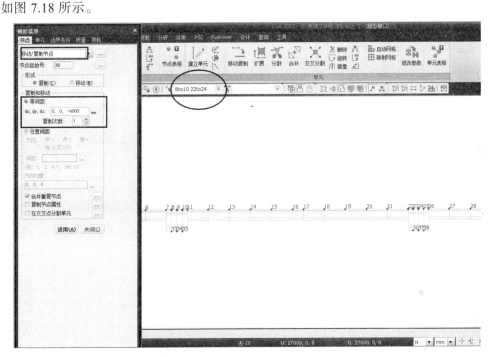

图 7.18　建立支座处节点

4. 赋予单元截面信息

根据桥梁所处位置给各桥梁段赋予实际的截面信息。首先通过窗口选中单元 2—6 以及单元 17—21，然后在树形菜单中选择"跨中-支座"截面，按住鼠标左键不放，拖放至模型窗口，松开鼠标左键，则原模型窗口中被选择的单元的截面信息被重新赋予给"跨中-支座"截面，如图 7.19 所示。

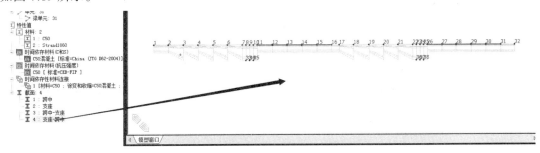

图 7.19　选择要修改截面信息的单元

5. 定义变截面组

修改截面信息后，应变截面梁段截面出现锯齿状，梁变化不连续，因此要对变截面梁段定义变截面组，如图 7.20 所示。

特性 > 截面 > 变截面组

组名称 > 跨中-支座

单元列表 > 2to617to21（可以直接输入单元编号，也可以在模型窗口中选择单元）

截面形状的变化

z 轴 > 多项式（2 m），对称平面，i，距离：0 m

y 轴 > 线性 添加

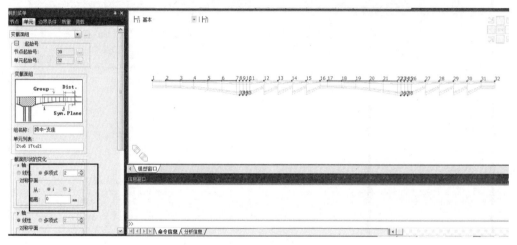

图 7.20　定义变截面组

组名称 > 支座-跨中

单元列表 > 11to1526to30

截面形状的变化

z 轴 > 多项式（2 m），对称平面，j，距离：0 m

y 轴 > 线性添加

如图 7.21 所示。

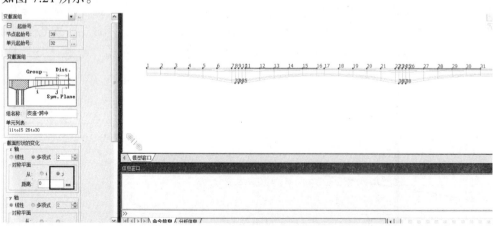

图 7.21　定义变截面组后结构显示形状

6. 修改单元理论厚度

特性＞修改特性

修改单元的材料时间依存特性

选项＞添加/替换

单元依存材料特性＞

构件的理论厚度

自动计算（开）

规范＞中国标准

公式为：a（0.5）

全选适用

如图 7.22 所示，修改单元的理论厚度，主梁建立完成后，就可以通过程序自动计算每个单元的构件理论厚度。

7. 定义结构组、边界组和荷载组

为了进行施工阶段分析，将在各施工阶段（construction stage）所要激活和钝化的单元、边界条件、荷载定义为组，并利用组来定义施工阶段。

组＞结构组＞新建...

定义结构组＞名称（0 号块）

名称（悬臂现浇）

名称（边跨现浇合龙）

名称（中跨合龙）

名称（主梁）

分配结构组：整个桥梁分为 5 个施工阶段，共涉及 5 个结构组，各结构组对应的具体单元内容如表 7.2 所示。

图 7.22　修改单元理论厚度

表 7.2　结构组单元分配表

结构组	单元号	节点编号
0 号块	7-10 22-25	7to11 22to26 33to38
悬臂现浇	2to6 11to15 17to21 26to30	2to7 11to22 26to31
边跨合龙	1 31	1 2 31 32
中跨合龙	16 17	16
主梁	1to32	1to31

选中相应单元与节点（节点 7-11、22-26、33-37，单元 7-10、22-25），鼠标左键长按 0 号块，拖到模型界面，即可将各单元赋予相应组里，如图 7.23 所示。如此操作剩下的结构组。

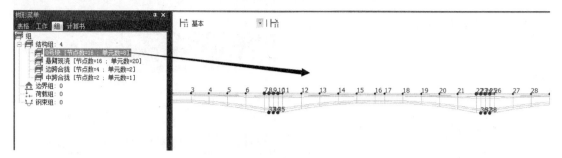

图 7.23 结构组列表

组 > 边界组 > 新建...

定义边界组 > 名称（墩顶临时固结）> 添加

名称（边跨永久支座）> 添加

名称（体系转换）> 添加

名称（墩顶永久支座）> 添加

如图 7.23 所示。

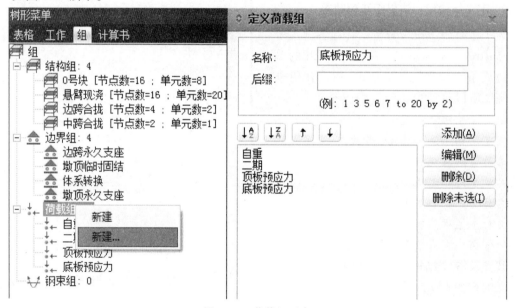

图 7.24 荷载组列表

组 > 荷载组 > 新建...

定义荷载组 > 名称（自重）> 添加

名称（二期）> 添加

名称（顶板预应力）> 添加

名称（底板预应力）> 添加

如图 7.24 所示。

8. 输入边界条件

（1）施工 0 号块，模拟临时固结约束。

边界/边界条件/弹性连接

边界组名称 > 墩顶临时固结

选项 > 添加

连接类型 > 刚性两点 > (33, 8), (35, 10), (36, 23), (38, 25) 适用

如图 7.25 所示。

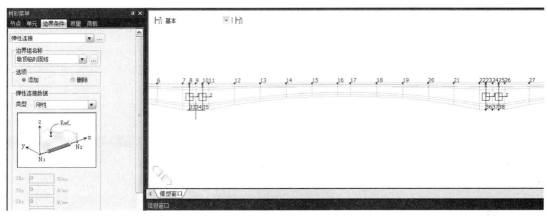

图 7.25　墩顶弹性连接

边界 > 边界条件 > 一般支承

窗口选择"节点：33, 34"

边界组名称 > 墩顶临时固结

选择 > 添加

支承条件类型 > Dx, Dy, Dz, Rx, Rz（开）

如图 7.26 所示。

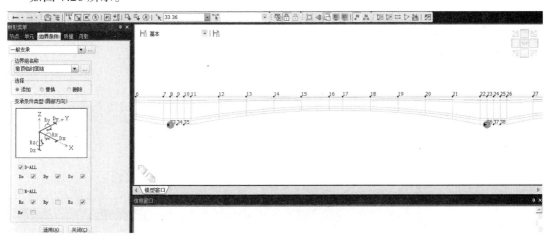

图 7.26　墩顶一般支承

边界 > 边界条件 > 一般支承

窗口选择"节点：35, 37"或者鼠标点选

边界组名称 > 墩顶临时固结

选择 > 添加

支承条件类型 > Dy，Dz，Rx，Rz（开）

如图 7.27 所示。

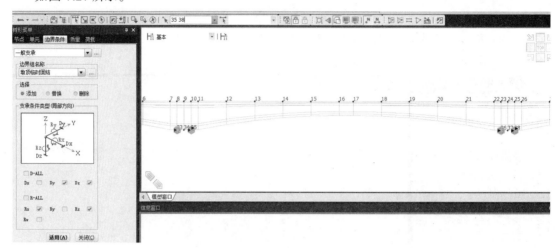

图 7.27　墩顶临时固结

（2）定义边跨永久滑动支座，边跨采用现浇合龙，使用一般支承方式定义边跨永久滑动支座。

　　边界/边界条件/一般支承

　　选中"节点：1 32"

　　边界组名称 > 边跨永久支撑

　　选择 > 添加

　　支承条件类型 > Dy，Dz（开）□

　　如图 7.28 所示。

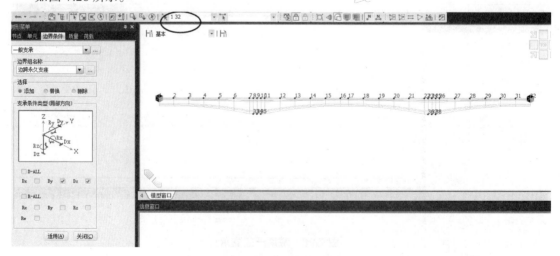

图 7.28　边跨永久支座

（3）边跨合龙之后，钝化墩顶临时固结，激活体系转换，使结构体系变为简支单悬臂结构。

　　边界/边界条件/弹性连接

　　边界组名称 > 体系转换

选项 > 添加

连接类型 > 刚性两点 >（34，9），（37，24）

边界 > 边界条件 > 一般支承

窗口选择"节点：34"

边界组名称 > 体系转换

选择 > 添加

支承条件类型 > Dx，Dz（开）

如图 7.29 所示。

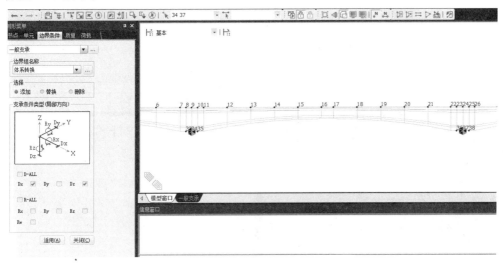

图 7.29　体系转换

边界 > 边界条件 > 一般支承

窗口选择"节点：37"

边界组名称 > 体系转换

选择 > 添加

支承条件类型 > Dx，Dz（开）

如图 7.30 所示。

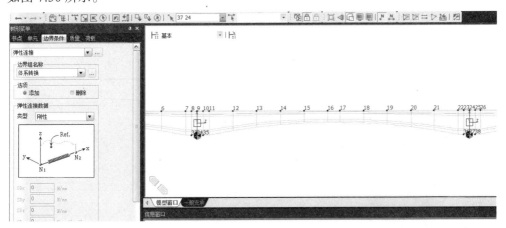

图 7.30　弹性连接

（4）中跨合龙之后，钝化体系转换，激活墩顶永久支座。

边界/边界条件/弹性连接

边界组名称 > 墩顶永久连接

选项 > 添加

连接类型 > 刚性

两点 >（34，9），（37，24）> 适用

边界 > 边界条件 > 一般支承

窗口选择"节点：34"

边界组名称 > 墩顶永久支座

选择 > 添加

支承条件类型 > Dz（开）

如图 7.31 所示。

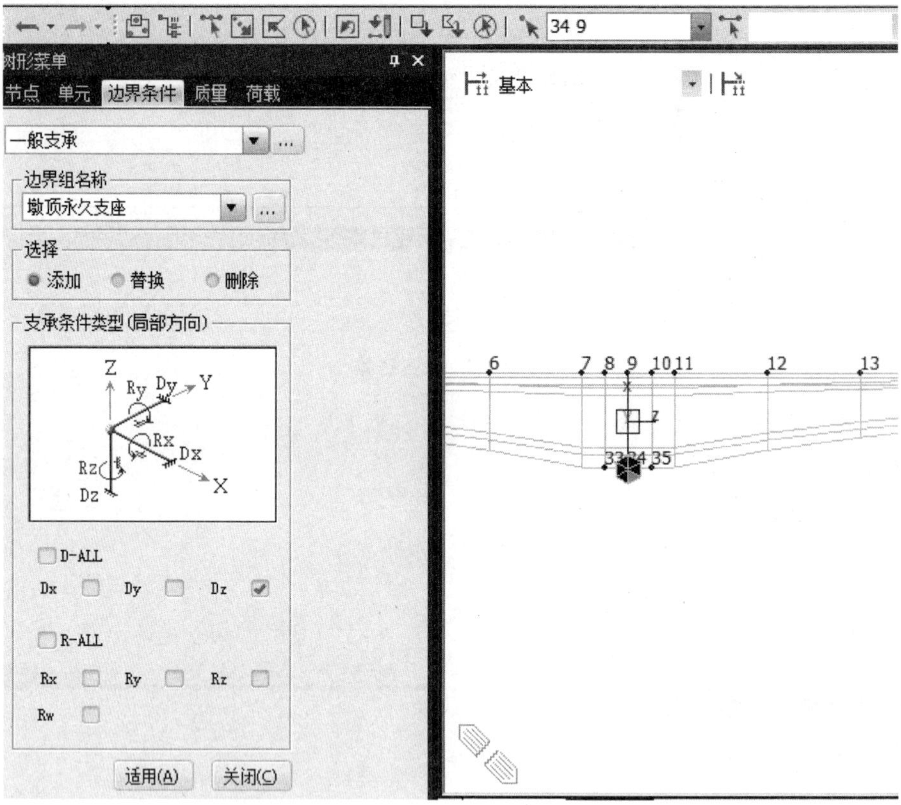

图 7.31　墩顶永久支座

边界 > 边界条件 > 一般支承

窗口选择"节点：37"

边界组名称 > 墩顶永久支座

选择 > 添加

支承条件类型 > Dx，

Dz（开）

如图 7.32 所示。

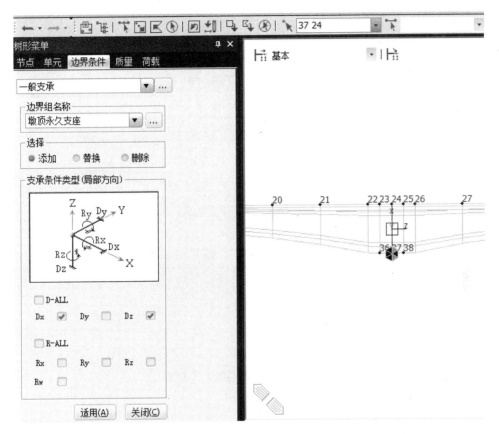

图 7.32　墩顶永久支座

7.5　输入荷载

输入施工阶段分析中的自重荷载、预应力荷载和铺装荷载。

本例题对实际结构进行了简化，对于成桥的温度荷载这里略去没有模拟，关于温度荷载的说明可以参考 Midas 的"在线帮助"和其他技术资料。

荷载/静力荷载/静力荷载工况

名称（自重）

类型（施工阶段荷载）＞添加

名称（预应力）

类型（施工阶段荷载）＞添加

名称（二期）

类型（施工阶段荷载）＞添加

如图 7.33 所示。

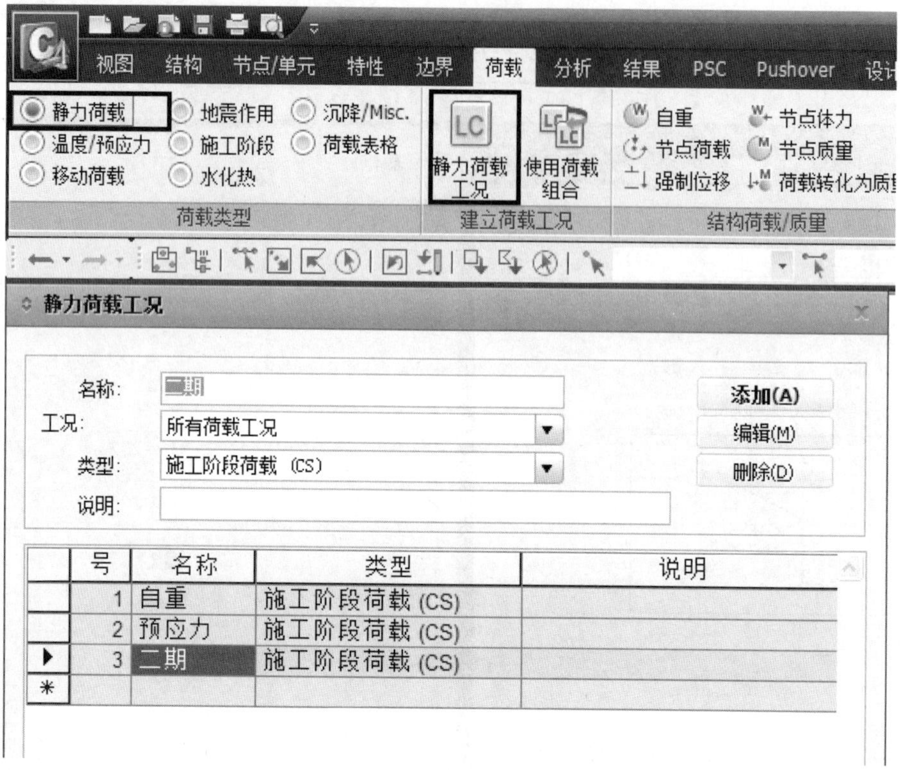

图 7.33   定义静力荷载工况名称

1. 恒　载

使用自重功能输入自重荷载。

静力荷载/自重

荷载工况名称 > 自重

荷载组名称 > 自重

自重系数 > Z（-1.05）

如图 7.34 所示。

使用梁单元荷载功能输入铺装荷载。

选择单元：（1to31）

荷载/梁荷载/单元

荷载工况名称 > 二期

荷载组名称 > 二期

选项 > 添加

荷载类型 > 均布荷载

偏心 > 关

方向 > 整体坐标系 Z

数值 > 相对值 x1：0 x2=1 w：-44.16 KN/m 适用

如图 7.35 所示。

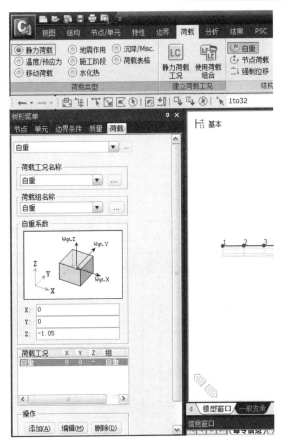

图 7.34　输入自重荷载

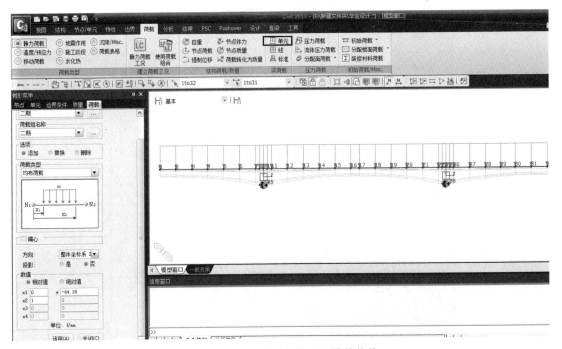

图 7.35　用梁单元荷载定义铺装荷载

2. 移动荷载

（1）定义车道。

荷载/移动荷载/移动荷载规范/china

荷载/移动荷载分析数据/交通车道线

添加：车道名称（C1 车道）

车道荷载的分布 > 车道单元

车辆移动方向 > 往返（开）

偏心距离（2250）

车轮间距（0）

桥梁跨度（98000）

选择>两点（1, 98000）鼠标点选节点 1 和 32 即可

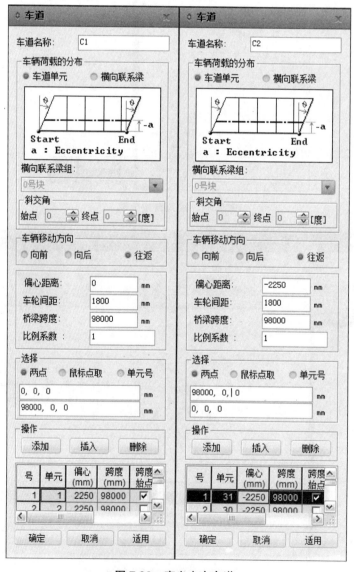

图 7.36　定义左右车道

跨度始点：单元 1（开）

车道名称（C2 车道）

车道荷载的分布 > 车道单元

车辆移动方向 > 往返（开）

偏心距离（–2250）

车轮间距（0）

桥梁跨度（98000）

选择 > 两点（0，98000）

跨度始点：单元 31（开）

如图 7.36 所示。

（2）输入车辆荷载。

输入数据库中的标准车辆荷载 CH-CD。

荷载/移动荷载分析数据/车辆

车辆 > 添加标准车辆

标准车辆荷载 > 规范名称 > 公路工程技术标准（JTG B01—2003）

车辆荷载名称 > CH-CD > 确认

如图 7.37 所示。

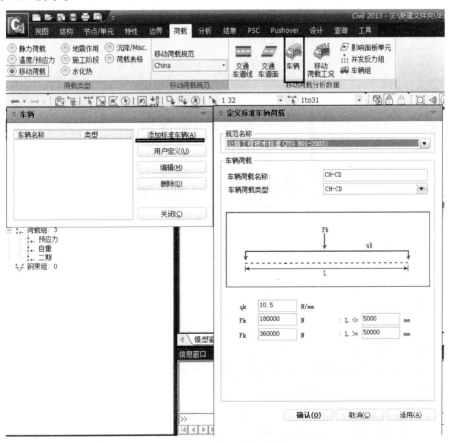

图 7.37　输入车辆荷载

（3）输入移动荷载工况。

荷载/移动荷载数据分析/移动荷载工况

荷载工况（移动荷载）

子荷载工况 >

车辆组 > VL：CH-CD

可以加载的最少车道数（0）

可以加载的最大车道数（2）

车道列表 > C2，C2 选择的车道列表 > C1，C2 > 确认

移动荷载工况 > 添加 > 确认

如图 7.38 所示。

图 7.38 移动荷载工况的输入窗口

（4）移动荷载分析控制。

分析/移动荷载

加载位置 > 影响线加载

每个线单元上影响线点数量（3）

计算位置 > 杆系单元 > 内力（最大值+当前其他内力）（开），应力（开）

计算选项 > 反力，位移，内力（全部）（开）

汽车荷载等级 > 公路-I 级

冲击系数 > 规范类型（JTG D60—2004），结构基频方法（用户输入），f[Hz]（1.2）

如图 7.39 所示。

图 7.39　移动荷载分析选项

3. 主控数据分析

在执行分析前，必须在主菜单"分析下定义"各项分析所需的分析控制数据，如图 7.40 所示。如果截面配有普通钢筋，且在分析过程中需要考虑普通钢筋对换算截面特性的影响以及普通钢筋在结构验算时的作用，则在分析的主控数据中必须选择"在 PSC 截面刚度计算时考虑普通钢筋"；否则，在计算过程中程序不考虑普通钢筋对换算截面特性的作用。对于 B 类部分预应力混凝土构件，必须输入普通钢筋的数据；否则"使用阶段裂缝宽度验算"程序不运行。

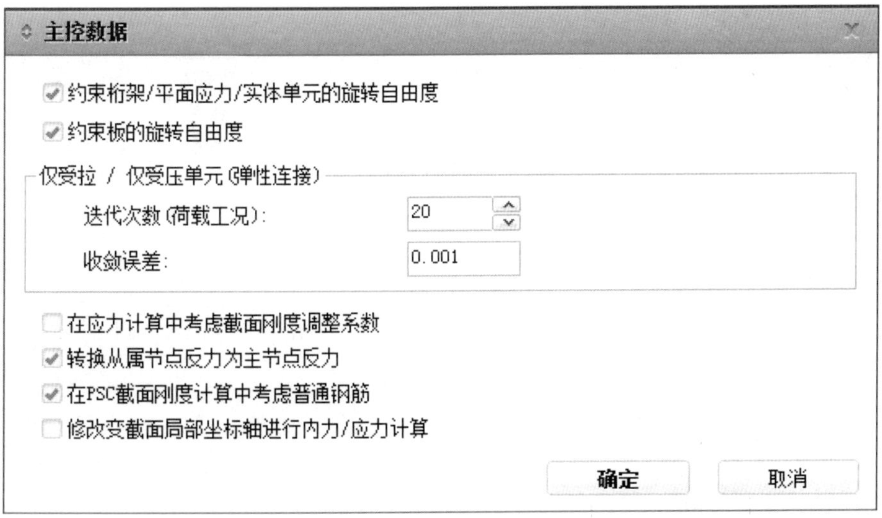

图 7.40　分析主控数据

7.6　定义施工阶段

荷载/施工阶段/定义施工阶段〉

1. 第一阶段

名称（0 号块）

持续时间（30）

保存结果〉施工阶段（开）；施工步骤（关）

单元

激活〉组列表〉0 号块〉材龄（7）〉添加

边界

激活〉组列表〉墩顶临时固结〉添加

荷载

激活〉组列表〉自重〉添加

激活〉激活时间〉开始；适用

如图 7.41 所示。

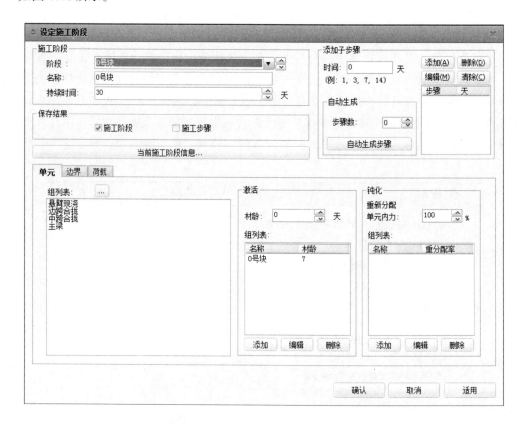

（a）

第 7 章　毕业设计案例

设定施工阶段

施工阶段
- 阶段：　0号块
- 名称：　0号块
- 持续时间：　30　天

添加子步骤
- 时间：　0　天
- （例：1, 3, 7, 14）

自动生成
- 步骤数：　0
- 自动生成步骤

添加(A)　删除(D)
编辑(M)　清除(C)

步骤	天

保存结果
- ☑ 施工阶段　□ 施工步骤

当前施工阶段信息...

单元　边界　荷载

组列表：　...
- 边跨永久支座
- 体系转换
- 墩顶永久支座

激活
支承条件/弹性支承位置
- ○ 变形前　● 变形后

组列表：

名称	位置
墩顶临时固结	变形后

钝化
组列表：

名称

添加　编辑　删除
添加　删除

确认　取消　适用

（b）

设定施工阶段

施工阶段
- 阶段：　0号块
- 名称：　0号块
- 持续时间：　30　天

添加子步骤
- 时间：　0　天
- （例：1, 3, 7, 14）

自动生成
- 步骤数：　0
- 自动生成步骤

添加(A)　删除(D)
编辑(M)　清除(C)

步骤	天

保存结果
- ☑ 施工阶段　□ 施工步骤

当前施工阶段信息...

单元　边界　荷载

组列表：　...
- 二期
- 顶板预应力
- 底板预应力

激活
激活时间：　开始　天

组列表：

名称	天
自重	开始

钝化
钝化时间：　开始　天

组列表：

名称	天

添加　编辑　删除
添加　编辑　删除

确认　取消　适用

（c）

图 7.41　定义施工阶段

2. 第二阶段

名称（悬臂现浇）

持续时间（90）

保存结果 > 施工阶段（开）；施工步骤（关）

单元

激活 > 组列表 > 悬臂现浇 > 材龄（7）> 添加

如图 7.42 所示。

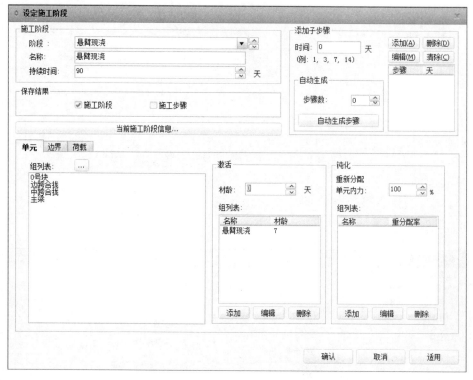

图 7.42　定义悬臂现浇施工阶段

3. 第三阶段

名称（边跨合龙）

持续时间（5）

保存结果 > 施工阶段（开）；施工步骤（关）

单元

激活 > 组列表 > 边跨合龙 > 材龄（7）> 添加

边界

激活 > 组列表 > 边跨永久支座 > 变形后 > 添加

激活 > 组列表 > 体系转换 > 变形后 > 添加

钝化 > 组列表 > 墩顶临时固结 > 添加

如图 7.43 所示。

第 7 章　毕业设计案例

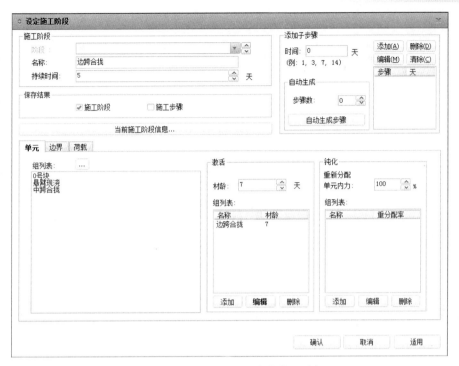

图 7.43　定义边跨现浇合龙施工阶段

4. 第四阶段

名称（成桥）

持续时间（1）

保存结果 > 施工阶段（开）；施工步骤（关）

单元

激活 > 组列表 > 中跨合龙 > 材龄（7）> 添加

边界

激活 > 组列表 > 墩顶永久支座 > 变形后 > 添加

钝化 > 组列表 > 体系转换 > 添加

如图 7.44 所示。

5. 第五阶段

名称（收缩徐变）

持续时间（3650）

保存结果 > 施工阶段（开）；施工步骤（关）

单元

激活 > 组列表 > 主梁 > 材龄（7）> 添加

荷载

激活 > 组列表 > 二期 > 添加

激活 > 激活时间 > 开始；适用

如图 7.45 所示。

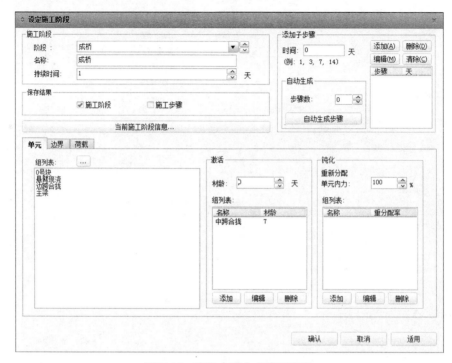

图 7.44　定义中跨合龙施工阶段

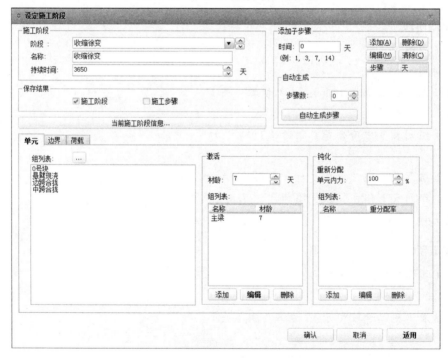

图 7.45　定义收缩/徐变施工阶段

6. 施工阶段分析控制

分析/施工阶段

最终阶段

考虑时变效应 > 时变效应控制

徐变和收缩（开）；类型 > 徐变和收缩

徐变分析时的收敛控制

迭代次数（5）；收敛误差（0.01）

考虑徐变和收缩引起的钢束预应力损失（徐变和收缩）（开）

考虑钢筋的约束效果（开）

考虑抗压强度的变化（开）

考虑弹性变形引起的钢束预应力损失（开）

如图 7.46、7.47 所示。

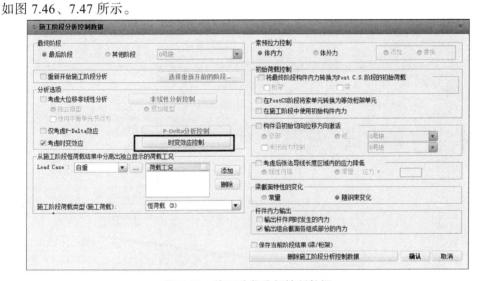

图 7.46　施工阶段分析控制数据

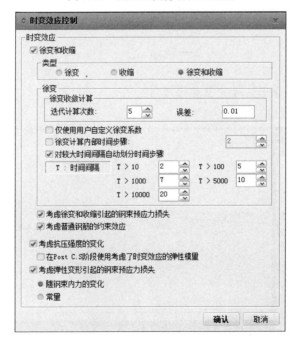

图 7.47　指定施工阶段分析选项

7.7　运行结构分析

建模、定义施工阶段、移动荷载数据全部输入结束后，运行结构分析。

分析/运行分析

查看分析结果

1. 荷载组合

荷载 > 荷载组合 > 混凝土设计 > 自动生成 > 确认

如图 7.48 所示。

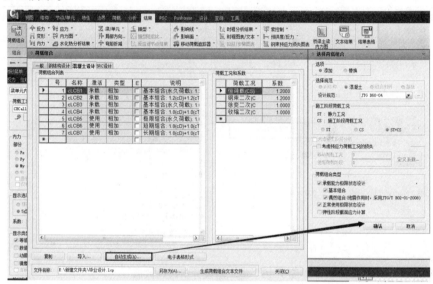

图 7.48　荷载组合选项

2. 查看内力图

结果 > 内力 > 梁单元内力图

在荷载工况/荷载组合中选择要查看的组合

如图 7.49 所示。

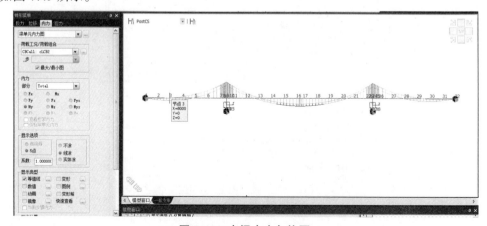

图 7.49　主梁内力包络图

3. 查看内力数值

结果 > 结果表格 > 梁单元 > 内力

如图 7.50 所示。

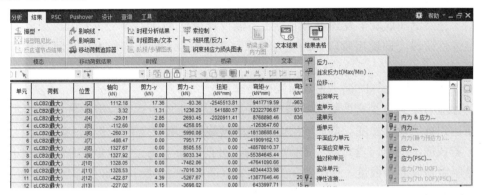

图 7.50　基本组合内力数值

也可以按图 7.51 操作。

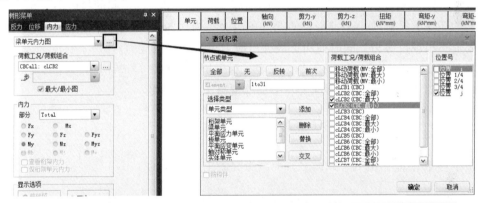

单元	荷载	位置	轴向 (kN)	剪力-y (kN)	剪力-z (kN)	扭矩 (kN*m)	弯矩-y (kN*m)	弯矩-z (kN*m)
16	cLCB2(最大)	J[17]	2002.18	12.01	1071.90	0.51	35565.07	-29240.41
17	cLCB2(最大)	J[18]	-6.87	-9.61	2417.17	-111.42	31919.16	-30318.96
18	cLCB2(最大)	J[19]	-55.72	17.18	3819.09	-2298.05	22880.69	-21109.29
19	cLCB2(最大)	J[20]	-155.87	-27.08	5329.05	1114.06	8817.14	-40449.53
20	cLCB2(最大)	J[21]	-316.33	0.00	7005.06	0.00	-10844.21	0.00
21	cLCB2(最大)	J[22]	-551.81	0.00	8907.49	0.00	-36471.74	0.00
22	cLCB2(最大)	J[23]	1331.59	0.00	9449.25	0.00	-43879.60	0.00
23	cLCB2(最大)	J[24]	1331.19	0.00	9961.66	0.00	-51455.30	0.00
24	cLCB2(最大)	J[25]	1330.53	0.00	-6383.15	0.00	-44802.09	0.00
25	cLCB2(最大)	J[26]	1330.15	0.00	-5916.83	0.00	-38566.31	0.00
26	cLCB2(最大)	J[27]	-323.49	4.39	-4029.38	0.00	-15177.59	205.48
27	cLCB2(最大)	J[28]	-146.64	3.15	-2368.62	0.00	1073.95	157.91
28	cLCB2(最大)	J[29]	-39.26	660.38	-841.25	-1623.62	10511.96	-11544.11
29	cLCB2(最大)	J[30]	12.83	43.19	620.54	-663.57	13492.68	8626.39
30	cLCB2(最大)	J[31]	17.24	-1.23	2074.49	-2526.43	10036.66	7076.88
31	cLCB2(最大)	J[32]	1201.87	-32.38	3554.82	5102.28	-29.68	-19175.95
1	cLCB2(最小)	J[2]	1112.18	17.36	-1926.89	-5065.83	2833.64	-9636.83
2	cLCB2(最小)	J[3]	-9.63	0.97	-474.80	-1980.55	1271.68	9290.51
3	cLCB2(最小)	J[4]	-87.67	1.79	987.26	-4546.66	-4906.65	8302.25
4	cLCB2(最小)	J[5]	-179.95	-1.93	2518.26	-2525.37	-16035.79	-111.17
5	cLCB2(最小)	J[6]	-360.15	-2.97	4183.93	-2523.67	-32730.19	-158.13
6	cLCB2(最小)	J[7]	-626.51	-4.16	6048.51	-2520.03	-56452.54	-205.81
7	cLCB2(最小)	J[8]	1327.67	0.00	6534.48	-2416.13	-63949.31	0.00
8	cLCB2(最小)	J[9]	1327.92	0.00	7000.04	-2416.13	-71714.77	0.00
9	cLCB2(最小)	J[10]	1328.05	0.00	-9626.95	-2416.13	-62413.69	0.00
10	cLCB2(最小)	J[11]	1328.53	0.00	-9114.77	-2416.13	-53662.49	0.00

图 7.51　梁单元内力表

7.8 输入钢束

1. 钢束计算

根据《公路钢筋混凝土及预应力混凝土桥涵设计规范》（JTGD 62—2004）规定，预应力梁应满足弹性阶段（即使用阶段）的应力要求和塑性阶段（即承载能力极限状态）的正截面强度要求。

按承载能力极限计算时满足正截面强度要求：

（1）预应力梁到达受弯的极限状态时，受压区混凝土应力达到混凝土抗压设计强度，受拉区钢筋达到抗拉设计强度。截面的安全性是通过截面抗弯安全系数来保证的。

（2）若截面承受双向弯矩时，需配双筋的，可据截面上正、负弯矩按上述方法分别计算上、下缘所需预应力筋数量。忽略实际上存在的双筋影响时（受拉区和受压区都有预应力筋）会使计算结果偏大，但作为力筋数量的估算是允许的。

按正常使用极限状态的应力要求计算：

规范（JTJD62—2004）规定，截面上的预压应力应大于荷载引起的拉应力，预压应力与荷载引起的压应力之和应小于混凝土的允许压应力（为 $0.5f_{ck}$），或为在任意阶段，全截面承压，截面上不出现拉应力，同时截面上最大压应力小于允许压应力。

规范（JTG D62—2004 的 6.3.1 条）规定，对于抗裂验算，写成计算式为：

在最大弯矩 M_{max} 作用下，截面上、下翼缘混凝土应力满足

$$0.8\sigma_{y下} - \frac{M_{max}}{W_下} \geqslant 0 \ 或 \ 0.8\sigma_{y下}W_下 \geqslant M_{max}$$

在最小弯矩 M_{min} 作用下，截面上、下翼缘混凝土应力满足

$$0.8\sigma_{y上} - \frac{M_{min}}{W_上} \geqslant 0 \ 或 \ 0.8\sigma_{y上}W_上 \geqslant -M_{min}$$

可将上式改为

$$0.8\sigma_{y上} \geqslant -\frac{M_{min}}{W_上}$$

$$0.8\sigma_{y下} \geqslant -\frac{M_{max}}{W_下}$$

式中　　$\sigma_{y上}$，$\sigma_{y下}$——由预应力在截面上缘和下缘所产生的应力；

$W_上$，$W_下$——截面上、下翼缘抗弯模量（可按毛截面考虑）；

M_{max}，M_{min}——荷载最不利组合时的计算截面内力，当为正弯矩时取正值，当为负弯矩时取负值，且按代数值取大小。

即利用 $0.8\sigma_{y上} \geqslant -\dfrac{M_{min}}{W_上}$ 和 $0.8\sigma_{y下} \geqslant -\dfrac{M_{max}}{W_下}$ 进行计算。由预应力钢束产生的截面上缘应力 $\sigma_{y上}$ 和截面下缘应力 $\sigma_{y下}$ 分为 3 种情况讨论：

① 截面上、下缘分别配有力筋 $N_{y上}$ 和力筋 $N_{y下}$ 以抵抗正负弯矩，由于力筋 $N_{y上}$ 和 $N_{y下}$ 在截面上下缘产生的压应力分别为

$$\frac{N_{y\pm}}{A}+\frac{N_{y\pm}e_{\pm}}{W_{\pm}}+\frac{N_{y\mp}}{A}-\frac{N_{y\mp}e_{\mp}}{W_{\pm}}=\sigma_{y\pm}$$

$$\frac{N_{y\pm}}{A}-\frac{N_{y\pm}e_{\pm}}{W_{\mp}}+\frac{N_{y\mp}}{A}-\frac{N_{y\mp}e_{\mp}}{W_{\mp}}=\sigma_{y\mp}$$

将式（5-3）、（5-4）分别代入式（5-5）和（5-6），解联立方程后得

$$0.8N_{y\pm}=\frac{M_{max}(e_{\mp}-K_{\mp})-M_{min}(K_{\pm}+e_{\mp})}{(K_{\pm}+K_{\mp})\ (e_{\pm}+e_{\mp})}$$

$$0.8N_{y\mp}=\frac{M_{max}(K_{\mp}+e_{\pm})+M_{min}(K_{\pm}-e_{\mp})}{(K_{\pm}+K_{\mp})\ (e_{\pm}+e_{\mp})}$$

令 $N_{y\pm}=n_{\pm}A_{y}R_{y}$, $N_{y\mp}=n_{\mp}A_{y}R_{y}$, 代入式式（2-7）、（2-8）得

$$n_{\pm}\geqslant\frac{M_{max}(e_{\mp}-K_{\mp})-M_{min}(K_{\pm}+e_{\mp})}{(K_{\pm}+K_{\mp})\ (e_{\pm}+e_{\mp})}\times\frac{1}{0.8A_{y}R_{y}}$$

$$n_{\mp}\geqslant\frac{M_{max}(K_{\mp}+e_{\pm})+M_{min}(K_{\pm}-e_{\mp})}{(K_{\pm}+K_{\mp})\ (e_{\pm}+e_{\mp})}\times\frac{1}{0.8A_{y}R_{y}}$$

式中　A_{y}——每束预应力筋的面积；

　　　R_{y}——预应力筋的永存应力（可取 0.5 ~ 0.75 $R_{y}{}^{b}$ 估算）；

　　　e——预应力力筋重心离开截面重心的距离；

　　　K——截面的核心距；

　　　A——混凝土截面面积，可取毛截面计算：

其中　　　$$K_{\mp}=\frac{W_{\pm}}{A}\quad K_{\pm}=\frac{W_{\mp}}{A}$$

② 当截面只在下缘布置力筋 $N_{y\mp}$ 以抵抗正弯矩时：

当由上缘不出现拉应力控制时：

$$n_{\mp}\leqslant\frac{M_{min}}{e_{\mp}-K_{\mp}}\times\frac{1}{0.8A_{y}R_{y}} \tag{7.1}$$

当由下缘不出现拉应力控制时：

$$n_{\mp}\geqslant\frac{M_{max}}{e_{\mp}+K_{\pm}}\times\frac{1}{0.8A_{y}R_{y}} \tag{7.2}$$

③ 当截面中只在上缘布置力筋 $N_{y\pm}$ 以抵抗负弯矩时：

当由上缘不出现拉应力控制时：

$$n_{\pm}\geqslant\frac{M_{min}}{e_{\mp}-K_{\mp}}\times\frac{1}{0.8A_{y}R_{y}} \tag{7.3}$$

当由下缘不出现拉应力控制时：

$$n_{\pm}\leqslant\frac{M_{max}}{K_{\pm}-e_{\pm}}\times\frac{1}{0.8A_{y}R_{y}} \tag{7.4}$$

主梁的预应力筋采用 $7\phi5$ 型号，采用 OVM15-19，公称直径为 15.24 mm，截面面积是 $A_{p}=140\times10^{-6}$ （ m^{2} ）。预应力筋的永存应力为

$R_y = 0.55 R_y^b = 0.55 \times 1\ 860 = 1\ 023$（MPa）

计算时，乘以 0.8 的折减系数：

$0.8R_y = 0.8 \times 1\ 023 = 818.4$（MPa）

2. 截面特性值

结果 > 结果表格 > 施工阶段 > 最终阶段梁截面特性值
分别如图 7.52、7.53 和表 7.3、7.4 所示。

图 7.52　面特性值

单元	位置	面积 (m^2)	bxx (m^4)	Iyy (m^4)	Izz (m^4)	Cyp (m)	Cym (m)	Czp (m)	Czm (m)	WArea (m^2)	中和轴移动距离 局部-y (m)	局部-z (m)
1	J	7.2297	9.1638	3.9210	64.8232	5.7457	5.7543	0.7764	1.2236	7.1050	0.0043	-0.0010
2	J	7.8734	10.3605	4.6194	70.3274	5.7539	5.7461	0.7787	1.3013	7.3442	-0.0039	0.0311
3	J	8.6307	14.1755	6.3721	74.0954	5.7536	5.7464	0.8759	1.4441	8.0618	-0.0036	0.0382
4	J	9.8168	21.9398	10.1718	79.7130	5.7500	5.7500	1.0460	1.6740	9.2578	0.0000	0.0449
5	J	11.5309	35.6559	17.6192	88.1340	5.7500	5.7500	1.2918	1.9882	10.9322	-0.0000	0.0509
6	J	13.7234	57.3570	31.4551	98.8520	5.7500	5.7500	1.6138	2.3862	13.0850	0.0000	0.0570
7	J	13.3388	56.4878	30.5564	94.6870	5.7500	5.7500	1.6570	2.3430	13.0850	0.0000	0.0138
8	J	13.3388	56.4878	30.5596	94.6870	5.7500	5.7500	1.6568	2.3432	13.0850	0.0000	0.0140
9	J	13.3388	56.4878	30.5564	94.6870	5.7500	5.7500	1.6570	2.3430	13.0850	0.0000	0.0138
10	J	13.3388	56.4878	30.5482	94.6870	5.7500	5.7500	1.6574	2.3426	13.0850	0.0000	0.0134
11	J	11.1678	35.6559	17.0215	83.4939	5.7500	5.7500	1.3311	1.9489	10.9322	-0.0000	0.0116
12	J	9.4537	21.9398	9.7912	75.0729	5.7500	5.7500	1.0824	1.6376	9.2578	0.0000	0.0085
13	J	8.2577	14.1755	6.1591	69.2982	5.7357	5.7643	0.9124	1.4076	8.0618	0.0018	0.0018
14	J	7.5600	10.3605	4.5070	65.8840	5.7425	5.7575	0.8162	1.2638	7.3442	0.0075	-0.0063
15	J	7.2910	9.2495	4.0033	64.5082	5.7380	5.7620	0.7845	1.2155	7.1050	0.0120	-0.0090
16	J	7.3091	9.1638	4.0150	65.3653	5.7380	5.7620	0.7883	1.2117	7.1050	0.0120	-0.0128
17	J	7.9330	10.3605	4.7089	70.6786	5.7390	5.7610	0.7878	1.2922	7.3442	0.0110	0.0220
18	J	8.6803	14.1755	6.4678	74.3518	5.7435	5.7565	0.8843	1.4357	8.0618	0.0065	0.0299
19	J	9.8565	21.9398	10.2271	80.0636	5.7380	5.7620	1.0507	1.6693	9.2578	0.0120	0.0402
20	J	11.5309	35.6559	17.6192	88.1340	5.7500	5.7500	1.2918	1.9882	10.9322	-0.0000	0.0509
21	J	13.7234	57.3570	31.4551	98.8520	5.7500	5.7500	1.6138	2.3862	13.0850	0.0000	0.0570
22	J	13.3388	56.4878	30.5564	94.6870	5.7500	5.7500	1.6570	2.3430	13.0850	0.0000	0.0138
23	J	13.3388	56.4878	30.5596	94.6870	5.7500	5.7500	1.6568	2.3432	13.0850	0.0000	0.0140
24	J	13.3388	56.4878	30.5564	94.6870	5.7500	5.7500	1.6570	2.3430	13.0850	0.0000	0.0138
25	J	13.3388	56.4878	30.5482	94.6870	5.7500	5.7500	1.6574	2.3426	13.0850	0.0000	0.0134
26	J	11.1678	35.6559	17.0215	83.4939	5.7500	5.7500	1.3311	1.9489	10.9322	-0.0000	0.0116
27	J	9.4537	21.9398	9.7912	75.0729	5.7500	5.7500	1.0824	1.6376	9.2578	0.0000	0.0085

最终阶段梁截面特性值

图 7.53　截面特性值

表 7.3　梁截面特征值（m）

单元	位置	面积/m^2	I_{yy}/m^4	C_{zp}/m	C_{zm}/m	$W_上$	$W_下$	$K_上$	$K_下$	$E_上$	$E_下$
1	J	7.2297	3.921	0.7764	1.2236	5.0502	3.2045	0.6985	0.4432	0.6264	1.0736
2	J	7.8734	4.6194	0.7787	1.3013	5.9322	3.5498	0.7534	0.4509	0.6287	1.1513
3	J	8.6307	6.3721	0.8759	1.4441	7.2749	4.4125	0.8429	0.5113	0.7259	1.2941
4	J	9.8168	10.1718	1.046	1.674	9.7245	6.0763	0.9906	0.6190	0.8960	1.5240
5	J	11.5309	17.6192	1.2918	1.9882	13.6393	8.8619	1.1828	0.7685	1.1418	1.8382
6	J	13.7234	31.4551	1.6138	2.3862	19.4913	13.1821	1.4203	0.9606	1.4638	2.2362
7	J	13.3388	30.5564	1.657	2.343	18.4408	13.0416	1.3825	0.9777	1.5070	2.1930
8	J	13.3388	30.5596	1.6568	2.3432	18.4450	13.0418	1.3828	0.9777	1.5068	2.1932
9	J	13.3388	30.5564	1.657	2.343	18.4408	13.0416	1.3825	0.9777	1.5070	2.1930
10	J	13.3388	30.5482	1.6574	2.3426	18.4314	13.0403	1.3818	0.9776	1.5074	2.1926
11	J	11.1678	17.0215	1.3311	1.9489	12.7875	8.7339	1.1450	0.7821	1.1811	1.7989
12	J	9.4537	9.7912	1.0824	1.6376	9.0458	5.9790	0.9569	0.6325	0.9324	1.4876
13	J	8.2577	6.1591	0.9124	1.4076	6.7504	4.3756	0.8175	0.5299	0.7624	1.2576
14	J	7.56	4.507	0.8162	1.2638	5.5219	3.5662	0.7304	0.4717	0.6662	1.1138
15	J	7.291	4.0033	0.7845	1.2155	5.1030	3.2935	0.6999	0.4517	0.6345	1.0655
16	J	7.3091	4.015	0.7883	1.2117	5.0932	3.3135	0.6968	0.4533	0.6383	1.0617
17	J	7.933	4.7089	0.7878	1.2922	5.9773	3.6441	0.7535	0.4594	0.6378	1.1422

续表

单元	位置	面积/m²	I_{yy}/m⁴	C_{zp}/m	C_{zm}/m	$W_上$	$W_下$	$K_上$	$K_下$	$E_上$	$E_下$
18	J	8.6803	6.4678	0.8843	1.4357	7.3140	4.5050	0.8426	0.5190	0.7343	1.2857
19	J	9.8565	10.2271	1.0507	1.6693	9.7336	6.1266	0.9875	0.6216	0.9007	1.5193
20	J	11.5309	17.6192	1.2918	1.9882	13.6393	8.8619	1.1828	0.7685	1.1418	1.8382
21	J	13.7234	31.4551	1.6138	2.3862	19.4913	13.1821	1.4203	0.9606	1.4638	2.2362
22	J	13.3388	30.5564	1.657	2.343	18.4408	13.0416	1.3825	0.9777	1.5070	2.1930
23	J	13.3388	30.5596	1.6568	2.3432	18.4450	13.0418	1.3828	0.9777	1.5068	2.1932
24	J	13.3388	30.5564	1.657	2.343	18.4408	13.0416	1.3825	0.9777	1.5070	2.1930
25	J	13.3388	30.5482	1.6574	2.3426	18.4314	13.0403	1.3818	0.9776	1.5074	2.1926
26	J	11.1678	17.0215	1.3311	1.9489	12.7875	8.7339	1.1450	0.7821	1.1811	1.7989
27	J	9.4537	9.7912	1.0824	1.6376	9.0458	5.9790	0.9569	0.6325	0.9324	1.4876
28	J	8.2379	6.1165	0.9087	1.4113	6.7310	4.3339	0.8171	0.5261	0.7587	1.2613
29	J	7.5302	4.4371	0.8096	1.2704	5.4806	3.4927	0.7278	0.4638	0.6596	1.1204
30	J	7.2513	3.9209	0.7751	1.2249	5.0586	3.2010	0.6976	0.4414	0.6251	1.0749
31	J	7.2397	3.9113	0.7748	1.2252	5.0481	3.1924	0.6973	0.4410	0.6248	1.0752

表 7.4　预应力钢筋配置根数表格

单元	位置	普通预应力钢筋				实际取用/束（19根每束）	
		$n_上 \geqslant$	$n_上 \leqslant$	$n_下 \geqslant$	$n_下 \leqslant$	顶板	底板
2	J	57	16	−6		3	
3	J	36	−55	20		2	
4	J			56	−117		3
5	J			95	−3877		5
6	J			135	8451		7
7	J			157	3422		8
8	J			176	3918		9
9	J			153	3356		8
10	J			132	2817		7
11	J			70	3376		4
12	J	23	−17	6	2308	1	2
13	J	90	154			5	
14	J	147	295			8	

续表

普通预应力钢筋						实际取用/束	
单元	位置	$n_上 \geqslant$	$n_上 \leqslant$	$n_下 \geqslant$	$n_下 \leqslant$	（19 根每束）	
						顶板	底板
15	J	176	366			9	
16	J	177	371			9	
7	J	148	287			8	
18	J	94	163			5	
19	J	31	5	−2	891	2	2
20	J			59	−2318		3
21	J			119	7354		6
22	J			143	3091		8
23	J			166	3640		9
24	J			147	3156		8
25	J			130	2693		7
26	J			88	3692		5
27	J	4	−138	48	385		3
28	J	44	−35	12	1579		1
29	J	64	34	−12	1735	2	
30	J	50	49	−17	1214	3	
31	J	0	0	0	−4	2	
32	J	47	39	−14		2	
33	J	57	16	−6		3	
34	J	36	−55	20		2	
35	J			56	−117		3
36	J			95	−3877		5
37	J			135	8451		7
38	J			157	3422		8
39	J			176	3918		9
40	J			153	3356		8
41	J			132	2817		7
42	J			70	3376		4
43	J	23	−17	6	2308	1	2
44	J	90	154			5	
45	J	147	295			8	

续表

普通预应力钢筋						实际取用/束	
单元	位置	$n_上 \geqslant$	$n_上 \leqslant$	$n_下 \geqslant$	$n_下 \leqslant$	（19 根每束）	
						顶板	底板
46	J	176	366			9	
47	J	177	371			9	
48	J	148	287			8	
49	J	94	163			5	
50	J	31	5	-2	891	2	2
51	J			59	-2318		3
52	J			119	7354		6
53	J			143	3091		8
				166	3640		9
				147	3156		8
				130	2693		7
				88	3692		5
		4	-138	48	385		3
		44	-35	12	1579		1
		64	34	-12	1735	2	
		50	49	-17	1214	3	
		0	0	0	-4	2	

3. 输入钢束特性值

荷载 > 温度 > 预应力 > 钢束特性

钢束预应力的特性值 > 添加

名称（钢束）

预应力钢束的类型 > 内部（后张）

材料 > 2：Strand1860

钢束总面积（0.00266）

或者

钢铰线公称直径 > 15.2 mm（1×7）

钢铰线股数（18）

导管直径（0.107）

钢束松弛系数（开）：JTG04 0.3

预应力钢筋与管道壁的摩擦系数：0.3

管道每米局部偏差对摩擦的影响系数：0.0066（1/m）

锚具变形、钢筋回缩和接缝压缩值：

开始点：0.006 m

结束点：0.006 m

粘结类型 > 粘结

如图 7.54 所示。

图 7.54　输入钢束特性值

4. 钢束形状

Midas 中输入箱梁预应力钢束坐标如表 7.5 所示。

表 7.5　半跨结构钢束形状参考表格（m）

钢束名称	位置	X	Y	Z	R	钢束数量	分配单元
B1-1	1	0	3.1	-0.7	0	1	1to3
	2	4	3.1	-1.85	10		
	3	10	3.1	-2.05	10		
	4	14	3.1	-1.65	0		
B1-2	1	2	-3.1	-1.05	0	2	2to3
	2	4	-3.1	-1.65	10		
	3	8	-3.1	-1.85	10		
	4	12	-3.1	-1.35	0		
T1-1	1	6	2.85	-0.55	0	2	3to14
	2	12	2.85	-0.15	50		
	3	40	2.85	-0.15	50		
	4	46	2.85	-0.55	0		
T1-1′	1	6	-2.85	-0.55	0	2	3to14
	2	12	-2.85	-0.15	50		
	3	40	-2.85	-0.15	50		
	4	46	-2.85	-0.55	0		

续表

钢束名称	位置	X	Y	Z	R	钢束数量	分配单元
T1-2	1	12	−2.85	−1.05	0	1	4to13
	2	16	−2.85	−0.35	20		
	3	36	−2.85	−0.35	20		
	4	40	−2.85	−1.05	0		
T1-2′	1	12	2.85	−1.05	0	1	4to13
	2	16	2.85	−0.35	20		
	3	36	2.85	−0.35	20		
	4	40	2.85	−1.05	0		
T1-3	1	16	3.1	−1.45	0	2	5to12
	2	20	3.1	−0.55	20		
	3	32	3.1	−0.55	20		
	4	36	3.1	−1.45	0		
T1-3′	1	16	−3.1	−1.45	0	2	5to12
	2	20	−3.1	−0.55	20		
	3	32	−3.1	−0.55	20		
	4	36	−3.1	−1.45	0		
T1-4	1	20	3.1	−1.85	0	2	6to11
	2	26	3.1	−0.65	10		
	3	32	3.1	−1.85	0		
T1-4′	1	20	−3.1	−1.85	0	2	6to11
	2	26	−3.1	−0.65	10		
	3	32	−3.1	−1.85	0		
ZD1-1	1	34	3.1	−1.85	0	2	13to19
	2	40	3.1	−2.05	50		
	2	49	3.1	−1.85	100		
	2	58	3.1	−2.05	50		
	2	64	3.1	−2.05	0		
ZD1-2	1	38	0	−2.25	0	2	14to18
	2	49	0	−1.85	50		
	3	60	0	−2.25	0		
ZD1-3	1	38	−3.1	−1.25	0	2	14to18
	2	42	−3.1	−2.05	20		
	3	49	−3.1	−1.85	50		
	4	56	−3.1	−2.05	20		
	5	60	−3.1	−1.25	0		
ZD1-4	1	34	2.85	−2.05	0	2	13to19
	2	40	2.84	−2.25	10		

续表

钢束名称	位置	X	Y	Z	R	钢束数量	分配单元
ZD1-4	3	49	2.85	-1.85	20	2	13to19
	4	58	2.85	-2.25	10		
	5	64	2.85	-2.45	0		
ZD1-5	1	44	3.1	-1.45	0	1	15to17
	2	49	3.1	-1.65	10		
	3	54	3.1	-1.45	0		

5. 钢束输入

荷载 > 温度/预应力 > 钢束形状

钢束布置形状 > 添加

首先输入边跨底板束（BD1-1）的形状

如图 7.55 所示。

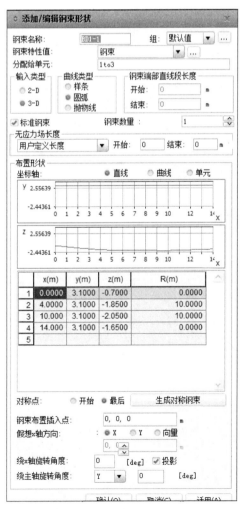

图 7.55　编辑钢束 BD1-1 形状

依次输入所有钢束形状特性值，如图 7.56 所示。

图 7.56　钢束布置图

6. 非预应力钢筋

对于非全预应力结构，应输入"普通钢筋特性/截面管理器/钢筋"。如图 7.57、7.58 所示。

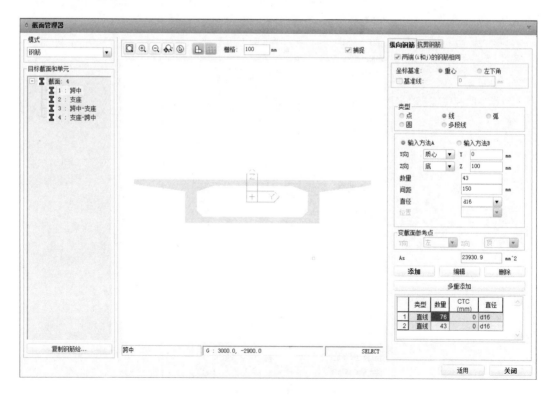

图 7.57　输入跨中普通纵向钢筋

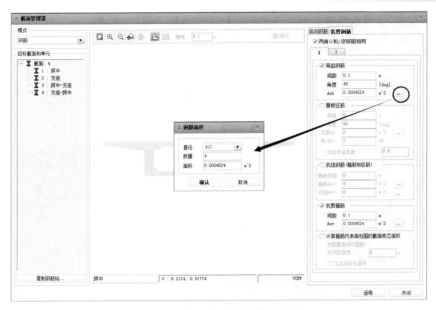

图 7.58 输入跨中普通抗剪钢筋

7. 重新定义施工阶段

在第二施工阶段和第四施工阶段激活预应力钢束，如图 7.59 所示。

荷载/施工阶段/定义施工阶段 >

悬臂现浇 > 编辑

荷载

激活 > 组列表 > 顶板预应力钢束 > 添加

激活 > 激活时间 > 最后；适用

图 7.59 定义悬臂现浇施工阶段

荷载/施工阶段/定义施工阶段 >

成桥 > 编辑

荷载

激活 > 组列表 > 底板预应力钢束 > 添加

激活 > 激活时间 > 最后；适用

如图 7.60 所示。

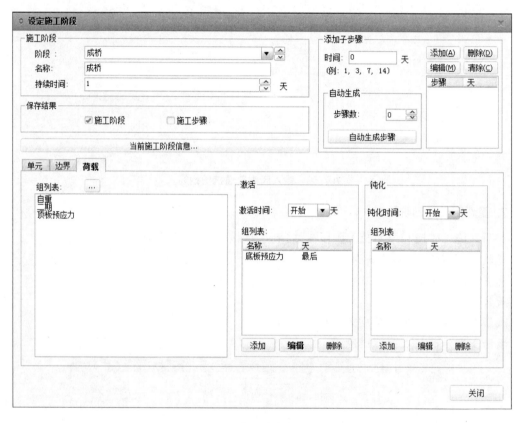

图 7.60　定义成桥施工阶段

7.9　PSC 设计

对于设计截面，Midas/Civil 提供了一个 PSC 设计功能，在结构运算结束后可以通过 PSC 设计功能对 PSC 截面进行设计。PSC 设计参数确定利用 PSC 设计参数设定 PSC 截面设计的类型、设计内容，如图 7.61 所示。

设计 > PSC > PSC > 参数 > 设计规范（JTG D62—2004）

设计参数

截面设计内力 > 三维（开）

构件类型 > A 类部分预应力（开）

公路桥涵结构的设计安全等级 > 一级（开）

构件制作方法 > 现浇（开）

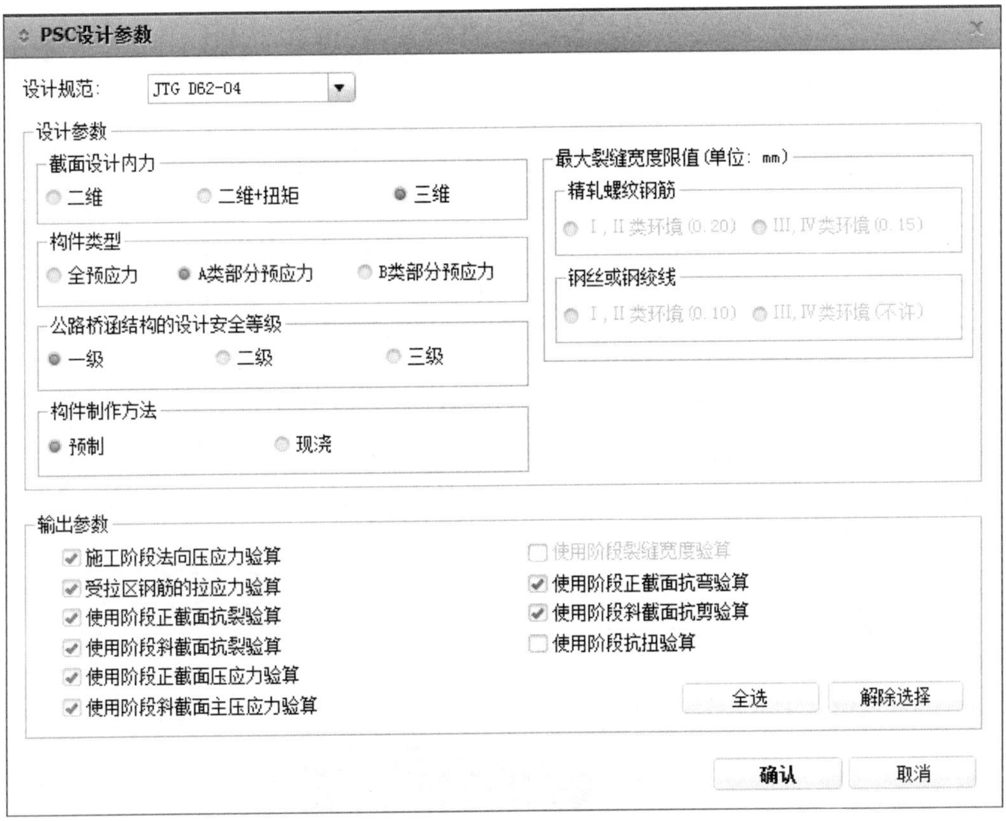

图 7.61　PSC 设计参数

定义 PSC 设计材料：

设计 > PSC > PSC 设计材料

混凝土材料

设计规范（JTG04（RC））

等级 > C50

钢筋

设计规范（JTG04（RC））

主筋等级（HRB400）

箍筋等级（HRB335）

如图 7.62 所示。

图 7.62　编辑 PSC 设计钢筋混凝土材料特性

定义 PSC 设计截面位置：

PSC ＞ 输出/位置 ＞ PSC 设计位置

选项 ＞ 添加/替换（开）

弯矩 ＞ I & J（开）

剪力 ＞ I & J（开）

选择单元：全选（1to31）

如图 7.63 所示。

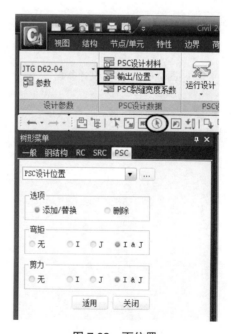

图 7.63　面位置

分析 ＞ 运行分析（F5）进入后处理模式，如图 7.64 所示。

图 7.64　运行分析

PSC＞运行设计＞梁设计，如图 7.65 所示。

图 7.65　PSC 设计

单元激活＞

全部

位置号

位置 i（开）

位置 j（开）

最大/最小

最大（开）

最小（开）

如图 7.66 所示。

图 7.66　施工阶段法向压应力

1. 利用 PSC 结果表格查看施工阶段混凝土法向应力

结果表格＞施工阶段法向压应力计算

桥梁工程计算机辅助设计——Midas/Civil 教程
QIAOLIANGGONGCHENG JISUANJI FUZHUSHEJI — Midas/Civil JIAOCHENG

如图 7.67 所示。

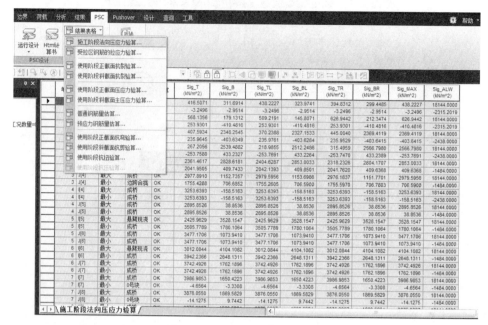

图 7.67　施工阶段法向压应力

2. 利用 PSC 结果表格查看受拉区钢筋的拉应力

结果表格 > 受拉区钢筋的拉应力验算

激活记录 > 全部

位置号 > 位置 i（开）；位置 j（开）

最大/最小 > 最大（开）

如图 7.68 所示。

图 7.68　受拉区钢筋的拉应力

3. 利用 PSC 结果表格查看使用阶段正截面法向应力

结果表格 > 使用阶段正截面抗裂验算

激活记录 > 单元 > 全部

如图 7.69 所示。

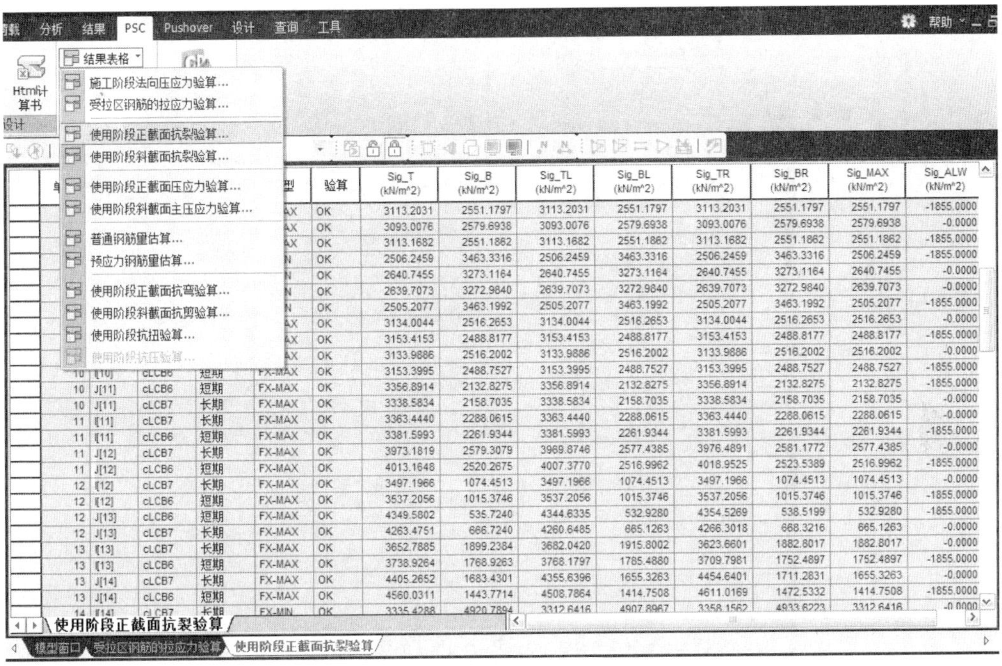

图 7.69　使用阶段正截面抗裂验算

4. 利用 PSC 结果表格查看使用阶段斜截面法向应力

结果表格 > 使用阶段斜截面抗裂验算

激活记录 > 单元 > 全部

如图 6.70 所示。

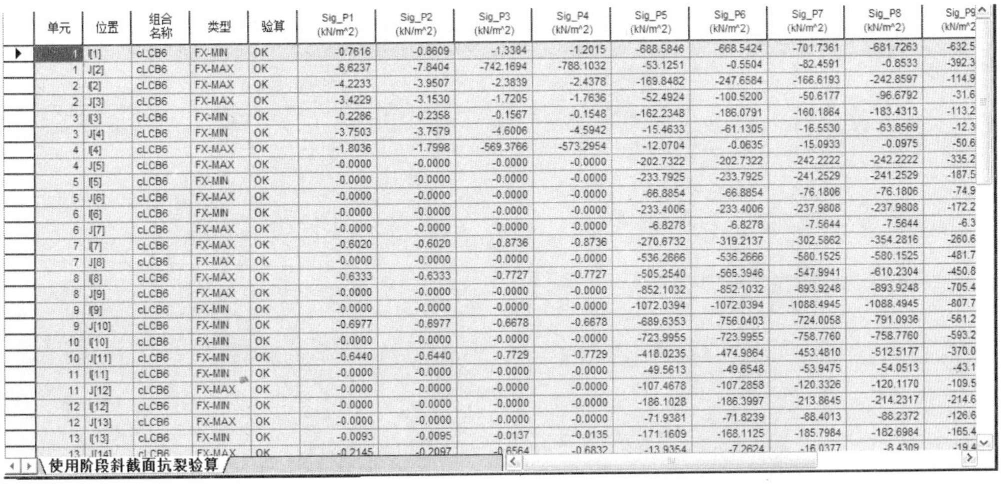

图 6.70　使用阶段斜截面抗裂验算

桥梁工程计算机辅助设计——Midas/Civil 教程

QIAOLIANGGONGCHENG JISUANJI FUZHUSHEJI — Midas/Civil JIAOCHENG

5. 利用 PSC 结果表格查看使用阶段正截面弯矩

结果表格 > 使用阶段正截面抗弯验算

激活记录 > 单元 > 全部

如图 6.71 所示。

图 6.71　正截面抗弯承载力验算

6. 利用 PSC 结果表格查看使用阶段斜截面剪力

结果表格 > 使用阶段斜截面抗裂验算

激活记录 > 单元 > 全部

如图 6.72 所示。

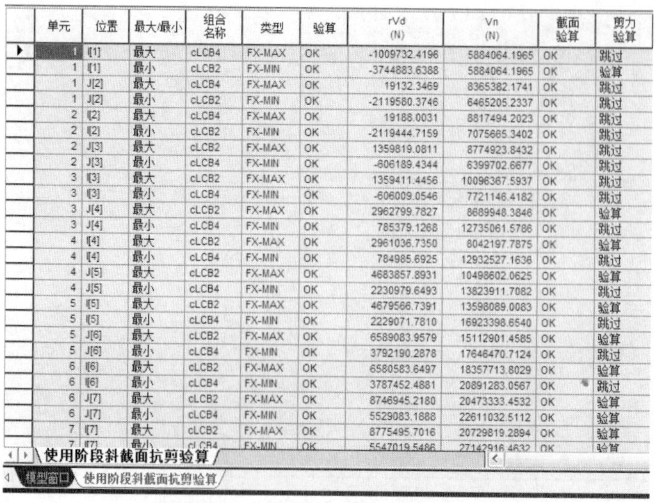

图 6.72　使用阶段斜截面验算

参考文献

[1] 邵旭东. 桥梁工程[M]. 北京：人民交通出版社，2014.

[2] 姚玲森. 桥梁工程[M]. 北京：人民交通出版社，2008.

[3] 葛俊颖. 桥梁工程软件 midas Civil 使用指南[M]. 北京：人民交通出版社，2013.

[4] 邱顺冬. 桥梁工程软件 midas Civil 应用工程实例[M]. 北京：人民交通出版社，2011.

[5] 周水兴. 桥梁结构电算：有限元分析方法及其在 MIDAS/Civil 中的应用[M]. 北京：人民交通出版社，2013.

[6] JTG D62—2004 公路钢筋混凝土及预应力混凝土桥涵及设计规范[S]. 北京：人民交通出版社，2004.

[7] JTG D60—2004 公路桥涵设计通用规范[S]. 北京：人民交通出版社，2004